La mythologie
celtique

collection
marabout université

© Editions Jean Picollec, 1981

Toute reproduction d'un extrait quelconque de ce livre par quelque procédé que ce soit, et notamment par photocopie ou microfilm est interdite sans autorisation écrite de l'éditeur.

I

LE PATRIMOINE MYTHIQUE DES CELTES

Bien des races d'hommes se sont succédé, par vagues, sur notre terre d'Occident. Mais une vague d'envahisseurs ne faisait pas disparaître les habitants en place. Elle les soumettait seulement à sa domination, et peu à peu leurs sangs se mêlaient. La race dominante s'efforçait d'imposer sa civilisation sans pouvoir effacer tout ce qui existait avant elle, et il se produisait entre la nouvelle culture et l'ancienne un phénomène d'osmose. La langue, l'éthique, l'organisation sociale et la religion des nouveaux arrivants avaient, certes, recouvert celles qui étaient en usage jusque-là dans le pays, mais cette couche de surface était perméable et se laissait imbiber par le tréfonds qu'elle voilait. Une culture est toujours le produit de l'ensemble des conceptions morales et sociales et de l'ensemble des traditions des peuples divers dont est issue la communauté dépositaire de cette culture.

Je ne pense pas qu'il soit jamais arrivé qu'une religion nouvelle prêchée à une population donnée ait pu évincer toutes les croyances et toutes les pratiques religieuses qui étaient familières à cette population. Force lui est de s'en incorporer une partie. De même que le christianisme a bien été obligé d'adopter la fête celtique de la Toussaint, de bénir et de placer sous le vocable de saints les antiques fontaines sacrées et de christianiser les feux druidiques du solstice – feu de la Saint-Jean et bûche de Noël – de même la religion celtique avait-elle dû adopter certains des cultes et certains des mythes des pays où les Celtes s'étaient installés.

La plus puissante des civilisations qui, dans nos contrées, ont précédé celle des Celtes, celle qui a le plus profondément marqué l'âme collective, a été celle des constructeurs de mégalithes. On ne sait ni d'où venait, ni ce qu'était au juste ce curieux peuple qui, ne possédant d'autre outillage que des haches de pierre et des leviers de bois, éprouvait le besoin de déménager d'énormes quartiers de roche, pesant parfois le poids de trois locomotives, pour les aligner en files parallèles de plusieurs kilomètres, dessiner avec eux, en pointillé, des enceintes circulaires, ou en former, par un prodige d'équilibre, des chapelles funéraires et des allées couvertes. Ce que l'on peut déduire du travail colossal qu'il a réalisé, c'est qu'il s'agissait d'un peuple puissamment organisé, hiérarchisé et discipliné, et profondément religieux. Mais comme les historiens de l'Antiquité (Diodore de Sicile, Apollodore) nous disent qu'avant l'arrivée des Ibères en Espagne les habitants de toute la côte occidentale de l'Europe, depuis les régions hyperboréennes jusqu'aux Colonnes d'Hercule, étaient appelés « Atlantes », parce que leur premier roi était Atlas, je suis assez porté à croire que Mégalithiens et Atlantes c'est tout un... et que la fameuse Atlantide (que, bizarrement, on s'évertue à rechercher sous la mer ou à identifier avec les Canaries, les Açores, les îles du Cap-Vert, les Bahamas, le Groenland, l'île de Santorin ou même le Sahara) c'était tout simplement le littoral de l'Océan qu'on appelle justement « Atlantique ». Platon ne nous dit-il pas que l'empire atlante s'étendait sur beaucoup d'îles et portions du continent? Et puis, enfin, quelle idée baroque que d'aller chercher l'Atlantide ailleurs que là où vivaient les Atlantes! D'autant que l'on sait, de toute certitude, que depuis l'époque des mégalithes une partie de ce littoral a été submergé par l'élévation du niveau de la mer d'une dizaine de mètres.

Nous possédons quelques renseignements sur les croyances des Atlantes grâce aux signes gravés dont ils ont orné menhirs et dolmens, et surtout grâce aux survivances qu'elles ont laissées dans le folklore commun de l'Europe. Ainsi savons-nous que leur divinité principale, ou peut-être unique, était la Déesse-Mère, divinité chtonienne par excellence, déesse de la Mort en même temps que de la Fécondité (puisque la vie vient de la mort). A son adoration était lié le culte du Taureau, qui est, par nature, symbole à la fois de fécondité et de mort. Ce culte taurin, marque d'une civilisation pastorale, remplaçait le culte du cerf qui avait été celui des habitants précédents, vivant davantage de la chasse (les sépultures néolithiques étaient souvent recouvertes de ramures de cerfs), mais la substitution n'a pas été totale : une certaine assimilation devait subsister, en symbolique sacrée, entre le taureau et le cerf.

Les Celtes n'ont pas succédé directement aux Atlantes. Avant la celtisation, on a vu se répandre à travers l'Europe divers groupes ethniques : celui des chasseurs-pasteurs ibères buvant dans des gobelets en forme de cloches, celui des hommes aux haches de combat, celui des paisibles laboureurs des Champs d'Urnes, et d'autres encore. Née au cœur de l'Europe, dans la région du Moyen Danube, la civilisation des Celtes, tribus de cavaliers possédant des armes de fer, s'est, entre le VIIIe et le IIIe siècle avant notre ère, répandue peu à peu sur la plus grande partie de notre continent. A la vérité, ce ne sont pas les guerriers celtes qui ont conquis tout cet immense territoire, c'est leur culture qui a gagné de proche en proche comme une tache d'huile, aidée seulement dans sa diffusion par les migrations de peuplades, fréquentes à l'époque.

La plupart des peuples qui, après les Ibères, se sont infiltrés en Europe appartenaient à la famille des Indo-Européens, et ils ont indo-européanisé la quasi-totalité du continent. Aujourd'hui, tous les Européens parlent des langues indo-européennes, à la seule exception des Basques (sans doute les derniers Ibères), des Magyars, des Finnois, des Lapons et des Samoyèdes. Les Celtes, en particulier, étaient des Indo-Européens.

La culture indo-européenne semble avoir pris naissance il y a quelque cinq mille ans chez les cavaliers nomades qui parcouraient les steppes de l'est de l'Europe, faisant paître leurs troupeaux de bêtes à cornes et de moutons. Ils connaissaient l'or, l'argent et le bronze, tissaient la laine et fabriquaient des poteries. Leur organisation sociale était de type patriarcal. La famille était monogamique et le père en était le chef. Plusieurs familles formaient une tribu, dirigée par un roi. La société était répartie en trois classes : la classe sacerdotale, la classe des guerriers et la classe des producteurs. La fonction de roi relevait à la fois de la fonction sacerdotale et de la fonction guerrière. Les Indo-Européens inhumaient leurs morts, et leur religion était un polythéisme admettant à la tête des autres dieux une Trinité conçue sous un aspect essentiellement masculin et en rapport avec la division tripartite de la société.

La langue commune de ces tribus cavalières appartenait à la catégorie des langues à inflexion (c'est-à-dire marquant les relations grammaticales par des modifications de désinences) alors que les peuplades voisines, ouralo-altaïques, parlaient des langues agglutinantes. Bien entendu, à mesure que croissait le nombre de ceux qui la pratiquaient et que s'étendait le territoire où elle était en usage, cette langue primitivement unique allait se diversifiant. Elle s'est séparée en deux branches, la branche indo-iranienne – ou aryenne – et la branche occidentale. L'une et l'autre se sont à leur tour ramifiées. De l'indo-iranien sont issus le sanskrit, le zend, le vieux-perse, puis les parlers modernes de l'Inde du Nord et de l'Ouest (hindoustani, bengali, etc.), le persan moderne, l'afghan, le kurde. La branche occidentale a éclaté en une dizaine de rameaux linguistiques, parmi lesquels le slave, le germanique, l'italique, l'hellénique et le celtique, d'où devaient sortir les multiples langues européennes.

Les Celtes, donc, étaient un des peuples indo-européens. Ce n'était pas seulement leur langue qui dérivait de celle des cavaliers nomades des steppes, c'était toute leur culture, y compris leur mythologie. Comme les Aryens de l'Inde védique et de l'Iran prézoroastrien, comme les Romains et les Grecs des bords de la Méditerranée ou les Germains de la grande forêt septentrionale, ils étaient polythéistes. Mais il faut s'entendre sur ce que signifie le polythéisme. Pour la masse des fidèles, bien sûr, il évoque l'existence d'une pléiade d'êtres surnaturels, tous invisibles mais bien distincts les uns des autres, qui coopèrent au gouvernement de l'Univers (on ne sait pas très bien comment, mais ça ne préoccupe guère le bon peuple des fidèles : l'essentiel est d'avoir des noms vers qui faire monter ses prières). Ces dieux et ces déesses, les uns tutélaires, les autres malfaisants, font un peu penser aux anges et aux démons de la tradition chrétienne, avec cette différence qu'on ne s'inquiète pas de savoir s'il y a au-dessus d'eux un Dieu unique et inconnaissable qui les a créés. On a bien l'idée d'un dieu suprême qui a autorité sur toutes les autres divinités, mais il n'est pas d'une nature différente. Par contre, les prêtres et les initiés ont accès à une forme plus haute de religion et s'efforcent de progresser dans la connaissance de ce Dieu unique que l'esprit humain est impuissant à se représenter et dont ils savent très bien que les divinités du panthéon ne sont que des figures. Elles sont des aspects diversifiés de l'infinie transcendance. Il faut bien traduire ce qui est ineffable en termes accessibles aux pauvres mortels, pour qu'ils puissent tourner leurs pensées vers le ciel.

Au premier rang de ces diverses émanations du divin, les anciens Indo-Européens plaçaient une Trinité toute-puissante : Indra-Varouna (ou Ahoura)-Mithra pour les Aryens, Jupiter-Mars-Quirinus pour les Romains, Wotan-Tiwaz-Donar pour les Germains. On ne sait pas lesquels des dieux celtes composaient cette Trinité, mais elle existait si bien que, dans la statuaire, on la représentait par un dieu unique à trois têtes. Toute tentative d'identification a des chances de rester vaine, car les Celtes, qui poussaient le trinitarisme bien plus loin que les autres peuples, ne se contentaient pas d'une seule triade de divinités, ils en avaient des quantités : les trois chefs des Tuatha Dé Danann (Lug, Ogma et Nuada), les trois Déesses-Mères, les trois dieux cités par Lucain, Ésus-Teutatès--Taranis, les trois fils d'Ogma (Mac Cuill, Mac Cecht et Mac Gréine), les trois frères Fidemna, les trois Fothaïd (Oendia, Tréndia et Caendia), etc. Très souvent, ces trois dieux ou ces trois déesses étaient considérés comme une seule divinité en trois personnes, telles la triple Brigitte ou les trois Macha.

***

Tout comme la langue, la mythologie commune des Indo-Européens des origines a évolué en se diversifiant. Il n'a guère subsisté de points communs entre la mythologie fantastique des Celtes et celle, rationalisée, de leurs voisins, les peuples méditerranéens. On sait que ce qui caractérise la religion grecque et ses mythes, c'est l'idéalisation de l'ordre, de l'équilibre, de la mesure. La sacralité s'y puise dans la perfection des formes. Et la société des dieux y est étroitement hiérarchisée. Ils ont un chef, Zeus, qui est le garant de l'ordre universel, le gardien des lois, l'incarnation même de la Loi. Sous ses ordres, chaque dieu, chaque déesse exerce une fonction bien déterminée, possède ses attributions propres : il y a le dieu du Commerce, celui de la Guerre, celui des Arts, la déesse de l'Amour et celle de la Chasse. Arès ne se permettrait pas d'intervenir en matière de commerce et il ferait beau voir qu'Artémis se mêlât d'une affaire de cœur. Toute la vie céleste est bien réglée, bien policée.

On ne trouve rien de semblable dans la mythologie celtique qui est beaucoup plus bouillonnante et échevelée. Les dieux n'y sont ni hiérarchisés ni spécialisés. Ils peuvent avoir des caractères très accusés, vivre des aventures époustouflantes, mais ils ne sont jamais cantonnés dans une fonction définie et ont de tout autres préoccupations que de maintenir dans l'Univers l'ordre et l'équilibre. Ils sont conscients qu'un harmonieux désordre est un effet de l'art. Loin d'incarner la mesure, ils font éclater, au contraire, la fantaisie et la démesure. On ne les imagine pas comme des parangons de beauté : ce qui importe, ce n'est pas la perfection des formes, c'est l'étrangeté.

Les Romains, qui, eux, n'avaient pas trop d'imagination, voulaient à tout prix assimiler les divinités celtiques aux leurs. Jules César appelait « Lug » : Mercure, « Ogmios » : Mars et « Taranis » : Jupiter. Mais Lug n'a jamais été un dieu du Commerce, Ogmios un dieu de la Guerre, ni Taranis un chef des dieux. Ils en présentaient certains traits, mais parmi d'autres. Certains mythologues modernes, incapables de se dégager des conceptions latines qu'on leur a inculquées, tombent dans le même travers. S'ils se rendent compte de l'inanité de l'*interpretatio romana,* ils vont chercher des concordances entre dieux celtes et dieux germains. Mais les dieux des Germains étaient des divinités militaires, des dieux-généraux, des dieux-capitaines, des dieux-adjudants. Quels points communs pourrait-on leur trouver avec les divinités « bonnes à tout » des Celtes? Il est parfaitement vain de tenter des rapprochements entre les personnages du panthéon celtique et ceux de n'importe quel autre panthéon, car ils ne ressemblent qu'à eux-mêmes.

Mais où la mythologie celtique se différencie le plus radicalement des mythologies méditerranéennes, c'est en ce qui concerne le séjour des immortels. Les divinités gréco-romaines constituent une petite société très structurée, semblable aux sociétés humaines, mais vivant à l'écart des hommes au sommet du mont Olympe et de quelques autres montagnes inaccessibles. Elles n'en descendent qu'exceptionnellement et n'ont de rapports avec les mortels que pour des opérations ponctuelles. Au contraire, les dieux celtes vivent en tribus nombreuses sur terre, dans la mer et dans les airs, et se mêlent volontiers aux vivants. Les deux mondes s'interpénètrent. Primitivement, les immortels logeaient même comme les humains dans des habitations construites sur le sol, mais, à la suite de la victoire remportée sur eux par les Fils de Mile, ils ont dû se réfugier dans les entrailles de la terre. Ils ont fixé leur demeure dans les dolmens et les tumulus, sous les collines et dans des palais de verre au fond des lacs et des océans. L'ensemble de ces habitats constitue l'Autre Monde, le monde merveilleux du bonheur et de la paix que les Irlandais appellent le « Sid » (ce nom même signifie « Paix »).

Mais l'Autre Monde est également situé de l'autre côté de l'océan, dans une île paradisiaque où il n'y a ni mort, ni souffrance, ni mal, où tout est beau et pur. Elle porte, dans la tradition gaélique[1], les noms de « Tir na n-Og », la Terre des Jeunes, « Tir na m-Beo », la Terre des Vivants, « Mag Meld », la Plaine du Plaisir, « Tir Tairngire », la Terre du Bonheur, « Mag Mor », la Grande Plaine, « Tirr Aill », l'Autre Monde, ou encore « Tir na m-Ban », la Terre des Femmes. Pour les Bretons, c'est l'île d' « Avalon », l'île des Pommes (la pomme a toujours été le symbole de la Connaissance). De toute façon, cette île habitée par les fées est le pays du bonheur sans mélange, de l'amour, des jeux.

Les habitants du Sid – aussi bien du monde souterrain des tertres et des dolmens que de Tir na n-Og – ne sont pas seulement les dieux et les déesses. Tous les êtres surnaturels, fées, génies, korrigans, en font partie. Et aussi les défunts. Voici qui nous éloigne encore plus des croyances des Grecs et des Romains et nous rapproche, par contre, de l'eschatologie chrétienne. Pour les anciens Celtes, les morts allaient rejoindre dans un monde meilleur les personnes divines, les anges et les autres esprits bienheureux.

L'historien Procope, au VIe siècle, racontait que bien souvent les pêcheurs de nos côtes d'Armorique sont réveillés par des coups heurtés à leur porte, et appelés à conduire une cargaison invisible d'âmes trépassées jusqu'à une île lointaine (il croyait, lui, qu'il s'agissait de la Grande-Bretagne, mais c'est qu'il n'avait rien compris). Leur barque qui semble vide est si chargée que l'eau affleure au plat-bord. Ils abordent, sans savoir comment, à de mystérieux rivages où soudain l'embarcation s'allège de tout ce poids et ils peuvent alors

1. Précisons, parce que beaucoup de personnes font la confusion, à commencer par le Petit Larousse, que le mot « gaélique » ne s'applique qu'à la branche septentrionale du peuple celte comprenant les Irlandais, les Écossais et les Manxois. Bretons, Gallois et Corniques représentent la branche « brittonique ».

revenir chez eux, couvrant en un temps infime une distance qui devrait normalement demander des semaines de navigation. Cette croyance qui, au temps de Procope, devait être plusieurs fois séculaire a persisté jusqu'au seuil de notre époque. Selon la légende populaire, c'est un pêcheur des environs de la pointe du Van, à l'entrée de la baie de Douarnenez, qui est tiré de son sommeil, la nuit de la Toussaint, pour se rendre à la baie des Trépassés et y prendre la barre d'une barque chargée des péris en mer de l'année qu'il doit conduire à leur dernier repos.

Cela n'empêche pas que les notions de transmigration des âmes et de métempsychose avaient aussi leur place dans les croyances celtiques. Les écrivains de l'Antiquité l'ont affirmé et on en trouve, par ailleurs, des témoignages dans plus d'un mythe, comme celui d'Etaine, celui de la naissance de Cûchulainn ou celui de Tuan, dernier survivant de la race de Partholon, qui vécut trois cents ans sous la forme d'un bœuf sauvage, deux cents ans sous celle d'un bouc, trois cents ans sous celle d'un oiseau et cent ans sous celle d'un saumon, avant d'être mangé par la femme du roi Muiredach Muinderg et de renaître d'elle sous forme humaine. Et jusqu'à nos jours a subsisté dans les pays celtiques la croyance que l'âme des morts quitte leur enveloppe charnelle sous la forme d'un insecte ou d'un petit animal : un moucheron, une souris blanche (Bretagne), un papillon (Irlande), etc. On raconte aussi des histoires de défunts réincarnés en lièvres, en corbeaux, en chats noirs, en cochons, en oies ou en colombes.

Tout cela, vont observer les esprits un peu trop épris de logique, semble difficilement conciliable. Les trépassés descendent-ils dans les demeures souterraines qui se cachent sous les collines et les dolmens, ou bien sont-ils transportés dans les barques des passeurs jusqu'aux îles d'éternelle jeunesse, ou se réincarnent-ils dans des insectes, des oiseaux ou des mammifères? Il faudrait choisir!... Eh bien non, il n'y a pas à choisir. La question n'a pas de sens : ce qui nous paraît incompatible, parce que nous sommes situés dans un temps et un espace dimensionnels, ne l'est pas pour ceux qui ne sont plus soumis au temps ni à l'espace. Mais si l'on est en présence d'une telle ripopée de croyances qui semblent mal concorder, c'est que ces croyances sont d'origines différentes : les unes sont pré-celtiques et même pré-indo-européennes, tandis que les autres, nées dans la steppe circassienne, ont été importées en Occident par les cavaliers celtes et se sont superposées aux premières sans les éliminer. On ne peut pas arracher à un peuple ses convictions les plus profondes, même quand on le convertit. Lorsque, par la suite, le christianisme s'implantera en Celtie, la croyance au Paradis, à l'Enfer et au Purgatoire viendra seulement s'ajouter à l'ensemble mais n'en évincera rien. On continuera, dans nos campagnes, à croire que les âmes des défunts peuvent aller habiter un menhir ou un arbre, prendre la forme d'un moucheron ou d'un oiseau, renaître dans un descendant, s'abîmer dans les entrailles de la terre (le marais du Yeun Ellez, au cœur des monts d'Arrée, n'est-il pas l'entrée du monde souterrain?) ou voguer vers ces îles Fortunées qui se confondent si bien avec le Paradis chrétien que les moines irlandais du Moyen Age sillonnaient les mers sur de frêles esquifs dans l'espoir de les atteindre.

Il y a toujours eu, chez les Celtes, une certitude fondamentale, c'est que l'âme est immortelle. Nous avons là-dessus les témoignages formels de Diodore de Sicile, César, Strabon, Pomponius Mela, Lucain, Valère Maxime. Et ce que les Romains n'arrivaient pas à comprendre, c'était que les druides pussent enseigner que les Ombres ne gagnent pas le sinistre séjour des Enfers, mais que « le même esprit gouverne un corps dans un autre monde[2] ». Voilà qui les dépassait complètement... mais qui était bien près de la conception chrétienne de la résurrection de la chair et de la vie éternelle!

L'âme est immortelle : seulement, dans le cadre de cette immortalité, subsiste tout un éventail de possibilités. Qui empêche, après tout, que dans l'Au-delà nous vivions les uns et les autres des destins différents, aussi variés que l'auront été nos existences terrestres?

La tradition celtique ignore l'idée de châtiment éternel. On se demande, d'ailleurs, comment de bons chrétiens ont pu inclure dans leur enseignement quelque chose d'aussi contraire au dogme de l'infinie bonté de Dieu! La réponse classique : « Si Dieu est infiniment bon, Il est aussi infiniment juste » n'est qu'une argutie. Créer de sa propre volonté des êtres imparfaits en décidant qu'à cause de cette imperfection même certains seront punis de souffrances horribles qui n'auront pas de fin (jamais... jamais!), ce ne serait plus de la justice! Soupçonner le Créateur d'avoir pu faire cela est un abominable blasphème. Il est le Dieu d'amour, Il n'a donc pas pu instituer l'Enfer pour l'éternité. Qu'il ait prévu une géhenne de feu à l'intention des âmes souillées, soit : le feu est purificateur. Mais qui dit purification dit rémission. Personnellement, j'ai été juge, président de tribunal correctionnel, j'ai siégé aux assises, j'ai condamné (sans plaisir) des malfaiteurs, des criminels à expier leurs forfaits entre les quatre murs d'une prison, mais ce n'était que pour quelques mois ou quelques années, et si l'on me saisissait des dossiers des âmes les plus noires que la Terre a portées depuis qu'il existe des hommes, en me donnant le pouvoir de les condamner au feu éternel – éternel, vous rendez-vous compte? – je n'infligerais une telle sanction à aucune

2. Lucain, *Pharsale*, I, 450-458.

d'elles. A aucune. Or vous n'allez tout de même pas soutenir que moi, qui ne vaux pas plus cher que vous, je suis meilleur que le Bon Dieu! L'enseignement des druides était mieux en accord avec l'idée que nous devons nous faire de l'amour divin.

Il n'y avait donc pas, pour les anciens Celtes, de châtiment dans l'Autre Monde des fautes commises dans celui-ci. Mais cela n'empêche nullement que le sort de chacun, après la mort, soit fonction de ses aspirations, de ses efforts, de la personnalité qu'il s'est forgée. On ne peut, évidemment, recevoir dans l'éternité que la béatitude à laquelle on est prêt. Celui qui a pu s'élever peu à peu, par un constant effort de dépassement, et qui a su s'accomplir, sera en état de goûter dans le Sid la plus haute félicité. Celui qui s'est laissé asservir par la matière, qui a cédé à la facilité et à la lâcheté, ne pourra jouir que de petites satisfactions à sa mesure. Ce n'est pas un châtiment. Il n'en souffrira pas, puisqu'il n'a jamais eu d'autres aspirations. Mais il semble, par ailleurs, assez normal que celui qui a bel et bien raté son existence terrestre, que cela lui soit imputable ou non, soit appelé à recommencer l'épreuve en parcourant le cycle des renaissances. Pythagore, qui, à ce que l'on croit, avait reçu l'initiation druidique, n'enseignait rien d'autre.

La certitude de l'immortalité a toujours assuré aux Celtes une grande sérénité devant la mort. Les historiens latins, confondant l'effet et la cause, accusaient même les druides d'avoir imaginé cette doctrine pour inspirer aux guerriers une intrépidité surhumaine. Il est vrai que c'était un bon moyen d'excuser toutes les fuites éperdues des légionnaires romains devant les armées gauloises. Mais il est de fait que les guerriers celtes n'avaient aucun regret de quitter ce monde, puisque c'était pour gagner un monde meilleur.

Ce qu'il y a peut-être de plus déroutant, de plus

difficile à comprendre dans la tradition celtique, c'est que, tout en n'étant situés ni dans le même espace, ni dans le même temps, le monde des vivants et l'Autre Monde s'interpénètrent. C'est peut-être aussi ce qu'il y a de plus profond. Car cela exprime combien la réalité terrestre est illusoire et combien l'espace et le temps sont relatifs. Tout intégrés qu'ils soient à l'éternité, donc soustraits à l'écoulement du temps, les gens du Sid peuvent se manifester dans le temps terrestre et fréquenter les humains. Les divinités, les fées, les lutins peuvent nous apparaître et nous dispenser leurs bienfaits ou leurs maléfices. Quant aux défunts, que les Bretons appellent le peuple des Anaon, ils se retrouvent en certaines occasions sur les lieux où ils ont vécu, en particulier dans les nuits sacrées qui jalonnent l'année, principalement celle de Samain (1er novembre).

Que les esprits surnaturels et les Anaon, qui n'appartiennent pas à ce monde, puissent y être vus, qu'un paysan ait pu rencontrer dans son champ, à y travailler, l'ancien propriétaire mort depuis dix ans, voilà qui faisait hausser les épaules aux beaux esprits du siècle dernier. On ne peut pas voir ni entendre, tranchaient-ils, quelqu'un qui n'est pas présent en chair et en os. Et pourtant la science moderne leur a infligé un cinglant démenti en nous permettant de capter les ondes invisibles qui nous entourent. Grâce à un petit écran, dans un coin de notre salon, nous voyons et entendons des gens qui se trouvent en chair et en os à des centaines de kilomètres, ou bien même qui sont morts depuis belle lurette. Il n'est pas dit qu'il n'existe pas d'autres ondes que celles-là, qu'il ne se produise pas autour de nous des phénomènes que nos sens, normalement, ne peuvent percevoir, et que parmi tous ces phénomènes il n'y en ait pas qui représentent une communication entre l'Autre Monde et le nôtre...

Parce que la vie naît de la mort, parce qu'elle est

même, en définitive, l'autre face de la mort, des échanges âme pour âme se réalisent entre ce monde-ci et le Sid. C'est ce qu'exprime bien cet épisode du *Mabinogi de Peredur* (le héros dont les Français et les Anglais ont fait Perceval et les Allemands Parsifal) : « *Peredur se dirigea vers la vallée arrosée par une rivière. Les contours en étaient boisés : mais, des deux côtés de la rivière, s'étendaient des prairies unies. Sur l'une des rives, il y avait un troupeau de moutons blancs et, sur l'autre, un troupeau de moutons noirs. A chaque fois que bêlait un mouton noir, un mouton blanc traversait l'eau et devenait noir.* » Le texte précise, d'ailleurs, qu'au bord de cette rivière se dressait un grand arbre dont une moitié brûlait depuis la racine jusqu'au sommet, tandis que l'autre portait un feuillage vert, ce qui symbolise bien l'ambivalence de l'existence qui procède à la fois de la vie et de la mort. « Les Celtes croient que la vie d'un homme ne peut se racheter que par la vie d'un autre homme », disait César (*De Bello gallico,* VI, 16); les échanges entre les deux mondes se font donc vie pour vie. Ce thème des moutons noirs et des moutons blancs était commun à tout le monde celtique. Si on le trouve dans les *Mabinogion* gallois, on le trouve également dans les textes irlandais. Dans l'*Immram Mailduin (La Navigation de Mael Duin)* figure, en effet ce passage : « *Ils aperçurent une nouvelle île avec une palissade hérissée qui partageait l'île en deux. Il y avait beaucoup de moutons, un troupeau noir d'un côté de la palissade et un troupeau blanc de l'autre. Et ils virent un gros homme qui séparait les moutons. Quand il jetait un mouton blanc par-dessus la palissade, celui-ci devenait aussitôt noir. De même, quand il jetait un mouton noir par-dessus la palissade, celui-ci devenait aussitôt blanc.* » Et Mael Duin de faire une expérience : il jette une petite branche noire du côté des moutons blancs et elle devient blanche; il jette une petite branche blanche du côté des moutons noirs et elle devient noire. Ce qui prouve que l'on ne peut pénétrer dans l'Autre Monde qu'en revêtant la condition de trépassé et que l'on ne peut vivre une existence terrestre qu'en s'incarnant dans un corps matériel, mais ce qui signifie aussi que l'on ne peut entrer, par la voie initiatique, en union mystique avec l'Au-delà sans mourir à soi-même, renoncer au monde inférieur de la matière. Un initié de plus, c'est un matérialiste de moins, mais être repris par les préoccupations matérielles et la soif de biens terrestres fait perdre l'initiation. Peut-être aussi l'image des moutons noirs qui, franchie la rivière ou la palissade, deviennent blancs et des moutons blancs qui deviennent noirs, recèle-t-elle un autre enseignement plus subtil, c'est qu'à toute épreuve que nous subissons en cette vie correspond une joie ineffable en l'autre, et que toute vaine jouissance ici-bas se traduit par un manque dans l'Au-delà.

Si, en principe, la condition pour pénétrer dans le Sid est d'être trépassé, il est arrivé pourtant que des hommes d'exception aient pu y entrer volontairement sans avoir franchi les portes de la mort. Beaucoup ont cherché à le faire puisque, rappelons-le, au Moyen Age, des navigateurs celtes, qui étaient souvent des moines comme saint Brendan et ses compagnons, affrontaient hardiment les tempêtes, les brumes, les icebergs et tous les périls de la navigation pour courir les océans à la recherche des îles de l'éternel bonheur. Mais il n'est donné de réussir dans cette quête qu'à ceux qui ont reçu un appel, qui ont été invités par l'un des esprits du Sid. Plus d'un exemple en est fourni par les contes populaires qui racontent des voyages au pays des morts : citons, notamment, les contes bretons *Domestique chez le diable*[3] et *La*

3. Anatole Le Braz, *La Légende de la Mort*, CXII; F. M. Luzel, *Kontadennou ar Bobl e Breiz-Izel*, p. 91; Yann Brekilien, *Contes et légendes du pays breton*, p. 117.

Gwrac'h de l'île du Loc'h[4]. C'est aussi le thème de vieux récits irlandais comme l'*Histoire d'Oisin et de Niamh aux Cheveux d'or*, l'*Immram Brain mac Febail* (*La Navigation de Bran fils de Febal*) et l'*Echtra Condla Chaïm* (*L'Aventure de Conle le Beau*).

La navigation de Bran

Se promenant seul dans le voisinage du palais, Bran — dont le nom signifie « le Corbeau » — entendit de la musique dans son dos. Il se retourna... la musique venait toujours de derrière son dos. Une musique si douce qu'il tomba endormi. Quand il s'éveilla, il remarqua près de lui une branche d'argent sur laquelle scintillaient des fleurs blanches. Il l'emporta au palais, où était donnée une réception et où se pressait une nombreuse assemblée de rois et de guerriers. Soudain apparut au milieu de ces nobles personnages une femme dont les vêtements révélaient une origine étrangère. Nul ne savait d'où elle était venue, puisque l'enceinte était fermée. Elle se mit à chanter, en s'adressant à Bran, un long poème où elle décrivait tous les plaisirs et les merveilles de Tir na n-Og. Puis elle se retira, en emportant la branche d'argent qui avait sauté toute seule des mains de Bran dans les siennes. Et nul ne sut où elle était partie.

Bran avait été conquis. Et il répondit à l'appel de la femme mystérieuse. Dès le lendemain, il partit sur la mer avec un équipage de trois bordées de neuf hommes. Au bout de deux jours et deux nuits de navigation, il rencontra un homme qui roulait en char à la surface des flots. C'était Manannan mac Lir, le souverain de l'Autre

4. Émile Souvestre, *Le Foyer breton*; Yann Ar Floc'h, *Koñchennou eus Bro ar Ster Aon*, p. 121; Yann Brekilien, *Contes et légendes du pays breton*, p. 305; voir chapitre suivant.

Monde, cet Autre Monde qui se trouve par-delà l'océan. Manannan lui chanta un poème prophétique et termina en l'invitant à poursuivre sa route, car il n'était plus bien loin de la Terre des Femmes. Peu après, Bran arrivait en vue d'une île dont les habitants ne cessaient de rire. Il envoya vers eux un de ses matelots, mais l'homme, à peine débarqué, se mit à s'esclaffer aussi et ne répondit que par des quolibets et des éclats de rire quand il le rappela. L'île était « l'Île de la Joie ». Bran et ses compagnons reprirent le large et atteignirent avant le soir l'Île des Femmes, Tir na m-Bân. Une rangée de jolies filles les attendait sur le port et leur reine l'invita : « Viens dans mon pays, Bran fils de Febal; ton arrivée est la bienvenue ». Bran, cependant, hésitait à descendre à terre. La reine lui jette une pelote de fil droit dans la figure. Il tente de l'écarter d'un geste de la main, et la pelote s'attache à sa paume. La reine tire sur le bout du fil qu'elle avait conservé dans son poing et hale le bateau jusqu'au quai.

Les navigateurs furent reçus au palais, où un lit était préparé pour chacun... et sa chacune. Bran, bien sûr, était convié à partager la couche de la reine, et ses hommes avaient à choisir parmi les belles filles du pays. Les mets les plus raffinés étaient à leur disposition. Ils avaient beau puiser dans les plats, ceux-ci ne se vidaient jamais.

Le temps, qui s'écoulait dans les plaisirs, leur semblait court. Mais l'un d'eux, Nechtân fils de Collbran, finit par avoir le mal du pays. Ses camarades intervinrent pour lui auprès de Bran et, finalement, malgré les objurgations et les mises en garde de la reine, Bran décida de retourner en Irlande. En s'embarquant, les membres de l'équipage avaient le sentiment de n'avoir passé dans l'Île des Femmes qu'une petite année à peine.

Lorsqu'ils touchèrent terre, les gens d'Irlande leur demandèrent qui ils étaient.

« Je suis Bran, fils de Febal.

– Bran? Nous ne connaissons pas de Bran, lui fut-il répondu. C'est dans nos très anciennes annales qu'il est question de la navigation d'un certain Bran... »

Ne pouvant contenir son impatience, Nechtân saute du bateau. Mais à peine a-t-il pris contact avec le sol qu'il tombe en cendres comme s'il avait été en terre pendant des centaines d'années. Le temps du Sid n'est pas celui des vivants!... Quant à Bran, après avoir, depuis son bord, fait le récit de ses aventures, il reprit la direction du large, et nul ne sait ce qu'il est devenu.

*
* *

L'aventure de Conle le Beau

Conle le Beau, appelé aussi « le Rouge », était fils du roi Conn Cétchathach. Il se trouvait un jour, avec son père, sur la colline d'Uisnech, quand lui apparut brusquement une ravissante jeune fille habillée de façon étrange. Elle venait, disait-elle, de Tir na m-Béo, la Terre des Vivants, où il n'y a ni mort, ni péché, ni transgression. On s'y nourrit en des festins éternels sans avoir besoin de serviteurs. La paix y règne et les batailles y sont inconnues. Comme ce pays du bonheur se trouve situé à l'intérieur d'une grande colline, ses habitants sont appelés « le Peuple du Sid ».

Seul Conle voyait et entendait la jeune fille; elle était invisible à son père. Celui-ci, entendant son fils parler, lui demanda ce qui se passait. La jeune fille fit savoir qu'elle était d'une race noble que n'attendaient ni la mort ni l'âge, qu'elle aimait Conle le Rouge et qu'elle l'appelait dans la Plaine des Plaisirs où règne éternellement le roi Boadach (« le Triomphant ») dont le royaume est sans plainte et sans souffrance.

23

Le roi Conn supplie alors son druide, Coràn, d'empêcher par ses formules magiques que son fils succombe à l'attrait de la belle. La fille du Sid recule devant le pouvoir du druide, mais, avant de disparaître, jette une pomme à Conle (on se rappelle que la Plaine des Plaisirs est aussi l'Île des Pommes, fruits de la Connaissance). Conle s'en nourrit pendant un mois sans qu'elle diminue et sans avoir besoin d'autre nourriture. Il ne cesse de penser à la jeune fille.

Elle se manifeste de nouveau à lui, un jour qu'il est avec son père à Mag Achrommin, et lui renouvelle son invitation. Alors, sans hésiter, il déclare à son père que, malgré toute sa tendresse pour les siens, il ne peut renoncer à l'amour de la belle inconnue. Il saute dans la barque de cristal de la fille du Sid, et disparaît.

*
* *

Ces femmes du Sid qui apparaissent ainsi parfois aux humains sont les messagères des dieux : elles correspondent parfaitement aux anges de la tradition chrétienne. Sous cette seule réserve qu'il n'y avait pas lieu, en Celtie, de discuter comme à Byzance sur leur sexe : la question était résolue. Et si on ne se représente pas ces messagères célestes avec de grandes ailes blanches, c'est tout simplement qu'elles peuvent prendre à leur gré l'aspect d'oiseaux [5], en particulier de cygnes [6]. C'est sous la forme de deux cygnes reliés par une chaîne d'or rouge

5. Anatole Le Braz a recueilli un conte, *Le Voyage de Iannik,* dans lequel il est dit qu'à l'entrée du Paradis il y a une chambre où chantent des oiseaux : ce sont les anges qui sont chargés de souhaiter la bienvenue aux élus (A. Le Braz, *Légendes de la Mort,* CXVII).

6. Il a toujours été admis, en Bretagne, que le cygne est un oiseau qu'on ne doit pas chasser et que violer cet interdit entraîne le malheur et la mort.

que Fand et sa compagne Libane vinrent à Cûchulainn[7].
Fand était l'épouse de Manannan mac Lir, mais son
divin mari lui avait rendu sa liberté et elle s'était éprise
de Cûchulainn. Elle l'invita à la suivre dans le Sid, et ils
y vécurent ensemble tout un mois... ce que n'apprécia
pas du tout Emer, la légitime épouse de Cûchulainn.
C'est également sous l'apparence de deux cygnes reliés
par une chaîne d'or que se présentèrent au même
Cûchulainn et à son fils adoptif Lugaid la charmante
Derb Forgaill et sa suivante. Et, quand une autre fille du
Sid vint chercher le jeune Oengus, fils du Dagda, ils se
métamorphosèrent en deux cygnes, dormirent l'un près
de l'autre, firent trois fois le tour du lac et s'envolèrent
ensemble.

Le thème des femmes-oiseaux messagères de l'Autre
Monde a été conservé dans un grand nombre de contes
populaires des divers pays celtiques. Ainsi, par exemple,
dans le conte breton *Le Fils du roi de Poher*[8] voit-on, à
midi sonnant, trois cygnes au plumage immaculé se
poser au bord d'un lac et y prendre la forme de trois
ravissantes princesses qui tout aussitôt se déshabillent
pour prendre leur bain : ce sont, en réalité, les trois filles
du roi de la Vallée-Noire (on aura reconnu, bien sûr, en
ce roi le dieu des profondeurs souterraines de l'Autre
Monde), et le fils du roi de Poher s'empare des
vêtements de l'une d'elles pour qu'elle ne puisse pas
reprendre sa forme d'oiseau avant de lui avoir promis de
le transporter au palais du roi son père.

Il existe une curieuse christianisation des deux thèmes

---

7. Prononcer : « Cou(r)houlinn ».
8. Yann Ar Floc'h, *Konchennou eus bro ar Ster Aon,* p. 167 (voir
aussi p. 187, le conte *Merc'h roue Traonienn-an-Ein*); Yann
Brekilien, *Contes et légendes du pays breton,* p. 209. Dans le même
sens : Jean Markale. *La Tradition celtique en Bretagne armoricaine,* p. 186.

celtiques que nous venons d'évoquer, celui de l'oiseau messager de l'Au-delà et celui de la relativité du temps, c'est un conte de l'Europe du Nord dont il existe une version bretonne : un moine, le frère Yves, reçoit de son supérieur l'ordre d'aller couper du bois dans la forêt voisine. Il se met au travail, mais en est distrait par le chant d'un oiseau, un chant si beau qu'aucun rossignol n'aurait rivalisé avec lui. Il approche, mais l'oiseau va se poser un peu plus loin sans cesser son chant. Il l'y suit, l'oiseau repart. Il se laisse ainsi entraîner à travers toute la forêt et ne regagne son couvent qu'à la fin de la journée... Les autres moines ne le reconnaissent pas et il ne reconnaît pas les autres moines. C'est qu'en réalité il y a trois cents ans qu'il a quitté le couvent pour aller couper du bois. Il a erré trois cents ans dans la forêt enchantée – image du Tir na n-Og – à la suite de l'oiseau séducteur, et pour lui ce n'a été qu'une journée.

Si le cygne, gracieux oiseau au plumage lumineux, qui vient du nord, est l'oiseau-fée par excellence, celui dont les belles dames du Sid prennent l'aspect lorsqu'elles veulent offrir à un humain les blandices de l'amour céleste, il est d'autres oiseaux qui peuvent être aussi des manifestations de purs esprits appartenant au monde surnaturel. C'est ainsi que les divinités guerrières se métamorphosent en corbeaux : le grand corbeau *(corvus corax)* est l'attribut du dieu Lug lui-même; dans le Mabinogi *Le Songe de Ronabwy,* les guerriers qu'Owein oppose à ceux d'Arthur sont des corbeaux; et la triple déesse guerrière Morrigan (ou « les trois Morrigna ») a le pouvoir de se transformer en corneille (ou en trois corneilles) – d'ailleurs, on lui donne aussi le nom de Bodb, mot qui, en gaélique, signifie « corneille ». Et Bodb est également le nom d'un des fils du Dagda.

Ce ne sont ni des cygnes ni des corbeaux que représentent plusieurs monuments gaulois dédiés au dieu Ésus, un autel des *nautae parisiaci* et un autel de Trèves, mais des grues, associées à un taureau. L'autel parisien porte, d'ailleurs, l'inscription « *Tarvos trigaranus* », (« Le taureau aux trois grues »). On ignore évidemment ce que signifient ces trois grues, mais il est probable qu'elles sont la manifestation d'une triade divine de nature féminine, conductrice des âmes, car le taureau est en relation avec la mort.

* *
*

Nous avons pu constater combien la mythologie celtique diffère de la mythologie gréco-romaine, tant par la non-spécialisation des dieux que par la notion de l'immortalité de l'âme et la conception de l'Autre Monde. Il existe bien d'autres différences, et il y en a en particulier une qui, pour sembler secondaire, n'en est pas moins très révélatrice : c'est que chez les Méditerranéens, parmi les animaux sacrés, la primauté était donnée au taureau, tandis que chez les Celtes elle l'était au cheval. Le taureau est à la fois le symbole de la fécondité et celui de la force brutale. Il est l'animal qui assure la richesse, puisque c'est grâce à lui que se multiplient les troupeaux de bovins, mais il est aussi celui qui donne la mort. La mort violente. Ses charges furieuses ont vite fait de vous expédier de vie à trépas. Les rapports entre l'homme et ce monstre prennent la forme d'un affrontement sanglant. Le culte du taureau, qui est un culte rendu au profit, se révèle en même temps le culte de la violence et de la Mort.

Ce culte, il est vrai, n'était pas absent chez les Celtes. Le taureau aux trois grues de l'autel de Lutèce et le taureau mourant qui orne le fond du vase de Gundestrup attestent que les bovidés y tenaient leur place dans la mythologie, comme aussi l'épopée irlandaise de la *Tain bo Cualnge* (*La Razzia des bœufs de Cooley*) dont le sujet est la guerre pour la possession d'un taureau brun, le plus puissant du monde. Mais le culte taurin ne prend ici l'aspect que d'un culte paysan, lié à l'idée de fécondité. il passe bien après celui du cheval, l'animal noble grâce à qui les Celtes, peuple cavalier, ont pu étendre leur civilisation sur les deux tiers de l'Europe.

Le cheval est synonyme de fierté. Il ennoblit l'homme qu'il porte sur son dos, acceptant de lui obéir mais non d'être son esclave. Il fait de lui un autre homme. De pasteurs, les ancêtres des Celtes s'étaient métamorphosés en cavaliers, c'est-à-dire en hommes hardis, énergiques, souvent belliqueux, alliant au sang-froid le goût du risque et du défi. Le cheval n'assure pas forcément la richesse matérielle : ce qu'il procure se situe sur un plan bien plus élevé et est infiniment précieux. La déesse équine des Celtes, Épona, appelée aussi « Rigantona », était la Grande Reine, la Déesse-Mère. Un rôle capital était également tenu dans la mythologie irlandaise par Macha, qui, en état de grossesse, fut contrainte de disputer une course contre des chevaux, l'emporta et, à l'arrivée, accoucha de jumeaux. Quant au roi Marc du cycle de Tristan et Iseut, que l'on retrouve dans plusieurs légendes bretonnes, c'est le Roi-Cheval – Roue Marc'h – dont la figure mythique est riche de signification.

Dans beaucoup de contes populaires, le personnage essentiel est un cheval aux pouvoirs magiques, protecteur du héros comme dans le conte du Douzième Poulain, connu en Irlande sous le titre *Le Fils du fermier et le bidet vert*[9] et en Bretagne sous celui de *Trente de*

9. Douglas Hyde, *Contes gaéliques*, XII. Adapté en breton par Yann ar Floc'h, *Konchennou*, p. 177. Voir aussi Brekilien, *Contes et légendes*, p. 191.

Paris[10], ou hôte du monde des Morts comme dans *Domestique chez le diable*.

C'est le cheval qui, dans la tradition celtique, est l'animal funéraire. Il est le « passeur » qui emmène sur son dos les âmes vers l'Au-delà. La déesse Epona est une déesse psychopompe. Mais le symbole funéraire du cheval est tout à fait différent de l'incarnation de la Mort par le taureau. Les rapports entre l'homme et le cheval ne sont pas affrontement mais collaboration et même union étroite. Le cheval n'est pas celui qui donne la mort, il est celui qui la subit avec son maître. Il meurt dans les combats des hommes pour avoir lié sa destinée à la leur.

Il est encore quelques traits spécifiques de la mythologie celtique qui la séparent nettement des mythologies méditerranéennes. Le fait, tout d'abord, qu'on ne concevait pas que les dieux pussent être représentés sous des apparences humaines. Les images anthropomorphes que faisaient de leurs les Grecs et les Latins choquaient les Celtes et leur paraissaient témoigner d'un esprit grossier, vraiment bien peu évolué dans le domaine de la métaphysique. Lorsque le chef celte Brennos, après avoir écrasé l'armée macédonienne, vint mettre à sac le temple de Delphes (279 av. J.-C.), il laissa éclater son hilarité à la vue des bonshommes dorés qui prétendaient représenter les divinités du panthéon. Pour nos ancêtres, il était parfaitement ridicule de vouloir figurer en bois ou en pierre des êtres qui sont de purs esprits. Les quelques statues et bas-reliefs gaulois représentant des personnages ou des scènes mythologiques datent de la période gallo-romaine, et l'on y sent l'influence des autorités d'occupation. Les œuvres authentiquement celtiques

---

10. Luzel, *Kontadennou*, p. 13, voir aussi *les quatorze juments*, p. 29; *Louizik*, p. 55; Geneviève Massignon, *Contes traditionnels des teilleurs de lin du Trégor*, p. 169.

sont non figuratives, et, même si elles partent d'un thème comme la jument Epona ou le serpent à tête de bélier, elles le transcendent et expriment par la fantaisie des lignes et le rythme des courbes et des points des idées complexes et abstraites.

Enfin, il convient d'insister sur le fait qu'on ne trouve nulle part dans les mythes celtiques l'idée de Loi contraignante. La morale prêchée par les druides ne consistait pas en obligations et en interdictions, elle était incitation au dépassement de soi-même. Elle se résumait en cette formule qui contient tout : « Sois pieux, sois courageux, ne fais pas le mal ». A chacun de discerner, dans chaque circonstance, ce qui était un bien et ce qui était un mal. Le Celte moyen se comportait en général avec beaucoup de noblesse et beaucoup de délicatesse, puisqu'il ne pouvait pas se donner bonne conscience en se retranchant derrière des préceptes formels respectés dans la lettre mais non dans l'esprit. Il n'y avait pas de préceptes formels, mais seulement les grandes lignes d'un idéal. Ce n'est pas qu'il n'existât pas d'interdits, mais ils étaient individuels et imposés par le druide lors du « baptême », en fonction du destin prédit à l'enfant. La mythologie ne contient aucune trace d'interdits collectifs. L'enseignement éthique qui y reste présent, c'est toujours qu'il faut faire preuve de courage et qu'il ne faut pas faire de tort à autrui.

II

DE LA DÉESSE-MÈRE
A L'ENCHANTEUR MERLIN :
L'HÉRITAGE MÉGALITHIEN

Sur plusieurs des panneaux qui décorent le chaudron sacré de Gundestrup vous fixe le regard énigmatique d'une femme aux longs cheveux. Elle est représentée en buste, avec un mépris des proportions qui est manifestement intentionnel, car les petits personnages qui l'entourent sont parfaitement proportionnés. Ses bras sont trop courts et ses épaules démesurément larges. Elle a le front ceint d'un bandeau torsadé et son cou s'orne du torque princier. Elle presse ses mains sur sa poitrine comme pour en soutenir ses seins.

Or c'est là une image que l'on trouve déjà sur les parois de cavernes préhistoriques et sur divers monuments mégalithiques. C'est, en particulier, cette même femme que représente la statue-menhir néolithique de Saint-Sernin, dans l'Aveyron. Bien souvent, les gravures dolméniques schématisent à l'extrême sa représentation et la réduisent à un nez entre deux yeux, surmontant les deux ronds évocateurs de sa féminité. Il s'y ajoute parfois soit le collier, soit les deux mains pressées sur la poitrine. Souvent, par contre, la simplification est encore plus poussée et l'image se limite à une sorte d'écu renversé pourvu de deux oreilles et d'une chevelure hérissée, ou même, en tout et pour tout, à deux petites bosses rondes.

La concordance entre les gravures néolithiques où la divinité féminine appuie les mains sous ses seins et la bande dessinée du chaudron de Gundestrup témoigne que les Celtes avaient conservé un culte bien antérieur à leur arrivée en Europe occidentale. Ils l'ont conservé si fidèlement qu'à l'époque gallo-romaine encore on sculptait de petites statuettes d'une déesse aux mains posées sur la poitrine.

Ce culte remonte aux premiers âges de l'agriculture sédentaire. Pour les premiers laboureurs, émerveillés, la terre était vraiment la mère universelle. Mère, elle l'était pleinement. Lorsqu'ils l'avaient pénétrée de la lame de leur bêche ou du soc de leur charrue et avaient déposé en elle une pluie de semences, elle enfantait d'amples moissons. Ils la considéraient donc comme la manifestation d'une mère divine transcendante, La glèbe nourricière avait à leurs yeux valeur de théophanie et sa fécondité était le signe de la bienveillance de la divinité.

Il est naturel que le culte de la Terre Mère ait représenté l'attitude religieuse essentielle chez les premiers peuples cultivateurs, dont la grande crainte était que cessât le soutien divin mainteneur de l'ordre cosmique et de la fertilité de la nature. En se sublimant, en perdant ce qu'il pouvait avoir de trop utilitaire, il s'est mué en adoration de la Grande Déesse, la Déesse-Mère de qui procède toute vie, mais aussi toute mort, puisque la mort est la condition inéluctable de la renaissance.

La fonction maternelle de la Grande Déesse est exprimée de façon très curieuse par une figure gravée sur un support du dolmen de Luffang, en Crac'h (Morbihan). Le support lui-même est sculpté et l'on y distingue la forme en relief d'un corps féminin dans sa nudité, sans tête ni bras, mais avec de larges épaules. On identifie sans peine la gorge, les aisselles, le nombril, les hanches et le pubis. Par contre, les seins ne sont pas sculptés, ils sont seulement indiqués par deux petits ronds gravés, avec un point au milieu. Et c'est là que l'on entre dans le surréalisme : ces deux ronds avec leurs points servent d'yeux à une tête étrange dont le dessin occupe presque toute la surface du tronc de la femme. C'est un visage encadré de cheveux qui descendent jusqu'entre les yeux. Au milieu trône un nez énorme, mais la bouche manque. Et ce n'est pas tout : on est, en même temps, en présence d'une représentation fort claire du sexe féminin, car le gros nez est une image réaliste d'une vulve. Il est bien évident que par cette ambivalence de l'image l'artiste a voulu symboliser le double caractère de la Grande Déesse, à la fois être transcendant de nature purement spirituelle, ce qu'exprime son visage humain dominé par son regard aigu, et mère féconde qui engendre le monde de la matière, ce qu'évoque l'organe génital exposé sans aucune pudeur.

Lorsqu'ils ne sont pas des images stylisées de la Déesse-Mère, les signes gravés à l'intérieur des dolmens et des tumulus sont des représentations de ses divers attributs. Les plus fréquents sont la hache, insigne de l'autorité sacerdotale, puisqu'elle symbolise le pouvoir du sacrificateur, la crosse, attribut du pasteur, et le serpent. Le serpent est un animal tellurique. Il vit à même le sol et pénètre dans la terre. Or la Déesse-Mère était, par essence, une divinité tellurique. La bête rampante ne la représente pas mais lui est complémentaire : c'est la puissance qui féconde la matrice divine, c'est-à-dire l'esprit qui féconde la matière. Le signe du serpent orne les parois de maints dolmens et se retrouve sur quelques menhirs. On en compte six, dressés sur leur queue, sur le grand menhir du Manio, près des alignements de Carnac. Les Celtes ont maintenu toute sa valeur à ce symbole plusieurs fois millénaire et une stèle celtique très réaliste, conservée au musée de Toulouse, représente le serpent pénétrant la Déesse pour la féconder.

Comme il était naturel dans une civilisation agraire, l'animal sacré en liaison avec le culte de la Déesse-Mère était le taureau. Des ossements de bovidés ont été retrouvés dans les sépultures comme le tumulus Saint-Michel, à Carnac, et l'on voit des représentations de bestiaux, de jougs et de cornes sur les parois de monuments mégalithiques. D'ailleurs, cette sacralisation des bovins a survécu à la christianisation, dans tous les hauts lieux de la culture mégalithienne : c'est ainsi que la paroisse de Carnac est restée sous la protection du patron des bêtes à cornes, saint Cornély. Il y a des chapelles de saint Cornely (alias Corneille) en maints autres lieux possédant des monuments mégalithiques : à Languidic, à Plouhinec (Morbihan), à La Chapelle-des-Marais (Loire-Atlantique), pour ne parler que des sites bretons. A Carnac, comme à La Chapelle-des-Marais, le culte du saint patron comportait naguère, lors du pardon, une procession de bœufs. Deux bœufs sont sculptés au-dessus de la porte principale de l'église de Carnac.

Il existait une étroite relation entre la dévotion à la Déesse-Mère et la construction des dolmens. Les dolmens, cela ne se discute plus aujourd'hui, étaient des monuments funéraires. Seulement, il est impossible d'y voir de simples tombeaux. On y a trouvé des ossements, mais presque jamais de squelettes complets, et les os étaient dans le plus grand désordre. Nombre d'entre eux étaient brûlés ou cassés, sans que les traces laissées par le feu puissent être attribuées à la crémation du cadavre. Quelquefois, une petite collection de « reliques » est pieusement rangée dans des coffres de pierre. Tout cela suggère des funérailles en deux temps : les corps des défunts étaient d'abord exposés dans la chambre sépulcrale pendant tout le temps nécessaire à la décomposition. Puis, au bout de quelques années – probablement sept ans, comme le donnent à penser des légendes telles que celle de saint Nicolas, celle de la montagne de Roc'h-Karlez, celle de la truie aux sept cochons noirs et bien d'autres encore – on soumettait les ossements à l'action d'un feu purificateur et on les brisait afin de permettre à l'âme de s'en échapper. Par l'effet de cette purification et de cette libération, l'âme pouvait enfin quitter le sinistre séjour des entrailles de la terre pour aller renaître dans un nouveau corps.

Grotte artificielle, le dolmen matérialise la matrice de la Déesse-Mère. Il est le mystérieux creuset utérin à la paix ténébreuse, que la créature réintègre à la fin de son aventure terrestre, et où elle demeure à nouveau en gestation jusqu'à la renaissance à la lumière.

Les traditions populaires des pays celtiques ont conservé le souvenir de la Grande Déesse qui habite les dolmens. On l'appelle, en Bretagne, la « Gwrac'h », la Vieille Femme, et elle est la puissante reine des fées et des korrigans. Elle apparaît dans plus d'un conte populaire et l'on peut citer comme particulièrement typique celui de *La Grotte des Korrigans*[1].

La Grotte des Korrigans

Il était une fois un petit cordonnier, Saïg Le Quéré, qui avait cinq enfants à nourrir et dont les affaires n'allaient pas fort parce qu'il avait tellement plu, cette année-là, que les gens ne circulaient plus qu'en sabots de bois. Un soir où l'averse était plus violente que jamais et où la tempête faisait rage, il entendit frapper à sa porte. Lorsqu'il eut ouvert, il reconnut la vieille Katell, une

1. Yann Ar Floc'h, *Konchennou eus Bro ar SterAon*, p. 82; Yann Brekilien, *Contes et légendes du pays breton*, p. 181.

femme inquiétante qu'on disait sorcière. Nul ne savait de quoi elle vivait ni où elle demeurait. Surmontant sa répulsion, Saïg la pria d'entrer, car on doit être d'autant plus secourable à son prochain que ce prochain est plus misérable et méprisé.

« Venez vite vous chauffer au coin du feu, grand-mère. Vous êtes toute trempée. Vous ne devriez pas courir les routes à cette heure-ci, vous risquez de faire de mauvaises rencontres : Jean du Rivage, le Siffleur de Nuit, ou ces Lavandières de nuit qui vous obligent à tordre leurs draps avec elles et tordent vos bras, vous broient le corps, jusqu'à ce qu'il ne reste plus en vous un souffle de vie.

— Je n'ai à craindre ni Jean du Rivage, ni le Siffleur, ni les Lavandières de nuit.

— En tout cas, c'est un bien vilain temps pour être dehors.

— Tu peux le dire. Et malgré ce vilain temps personne, avant toi, ne m'a ouvert. On a même lâché les chiens sur moi en me traitant de " sorcière ". Foi de Katell, plus d'un me le paiera.

— Il faut pardonner les offenses, Katell.

— Ma loi est l'ancienne loi : cœur pour œil, tête pour bras et étalon pour cavale. »

L'épouse de Saïg servit une bonne soupe à la pauvresse et lui prépara une couche confortable dans le grenier. Le lendemain matin, avant de partir, Katell prit Saïg à part et lui dit qu'elle tenait à le récompenser de sa bonté. Dans sa cheminée, sous la pierre de foyer, il trouverait une clé et un anneau. La clé lui permettrait d'ouvrir le rocher qui se trouvait au fond du dolmen appelé « le Trou des Korrigans » : il lui suffirait de la poser sur la pierre en disant : « *Digor da zigor* ». Quant à l'anneau, lorsqu'il l'aurait mis à son doigt, il n'aurait qu'à en tourner le chaton vers l'intérieur de sa main pour devenir invisible. Avec cela, il pourrait conquérir le trésor des korrigans qui se trouvait sous le dolmen. Mais il lui faudrait se munir d'une bougie et quitter la caverne avant qu'elle ne soit éteinte. Sinon, malheur à lui!

Saïg ne fut pas long à desceller la pierre du foyer. Il trouva la clé et l'anneau et, dès que la nuit fut tombée, se rendit au dolmen. Il s'avança à tâtons jusqu'au fond, le cœur serré d'angoisse, alluma sa bougie et posa la clé sur la paroi en prononçant : « *Digor da zigor* ». Aussitôt la stèle devant laquelle il se tenait disparut, et il vit à ses pieds un escalier qui descendait dans les profondeurs de la terre. Il en entreprit la descente et arriva à l'entrée d'une grande salle brillamment éclairée. Ayant posé sa bougie et tourné son anneau pour devenir invisible, il put pénétrer dans cette salle sans se faire remarquer. Des centaines de korrigans et de korriganes y allaient et venaient et sur un trône de vermeil incrusté de pierreries siégeait leur roi vêtu de pourpre. Dans un renfoncement étincelaient des monceaux d'or et de pierres précieuses. Saïg se précipita en emplir ses poches et son chapeau, regagna l'escalier et, ayant repris sa bougie, remonta jusqu'à la pierre qui servait de porte. Il la toucha avec sa clé en disant : « *Digor da zigor* », et la pierre s'effaça devant lui.

Les hommes, hélas, sont ainsi faits que plus ils ont, plus ils veulent avoir. Au lieu de se dire que, désormais, sa famille était à l'abri du besoin, le petit cordonnier s'avisa que la nuit n'était pas encore très avancée et qu'il avait le temps de faire une seconde expédition. Ayant mis son premier butin à l'abri dans une pierre qu'il avait ouverte à l'aide de sa clé et de la phrase magique, il descendit de nouveau, invisible, dans la caverne des korrigans. Il prit la peine, cette fois, pour devenir encore plus riche, de trier soigneusement les pierres précieuses et il s'absorba si bien dans cette tâche qu'il en oublia sa chandelle, qui, pendant ce temps, achevait de se consumer. Quand il voulut la reprendre, la flamme venait de s'éteindre. Il dut remonter l'escalier dans l'obscurité et, arrivé en haut, il eut beau dire et redire sur tous les tons « *Digor da zigor* », la porte de pierre lui resta fermée. Et comme il était redevenu visible, car l'extinction de sa chandelle avait fait cesser le pouvoir de son anneau, les korrigans ne tardèrent pas à s'apercevoir de sa présence. Ils virent scintiller les diamants dans son chapeau, qu'il tenait à deux mains. Ils se saisirent de lui en le traitant de « voleur » et le conduisirent devant leur roi.

Le roi ne fut pas long à prononcer son jugement.

« Tu désirais de l'or? Eh bien, tu vas en avoir. Je te condamne à être enseveli sous un monceau d'or jusqu'à ce que tu périsses étouffé. »

Les korrigans se mirent à danser autour du malheureux Saïg en lui lançant des poignées d'or. Il en eut bientôt jusqu'à la poitrine.

« Que se passe-t-il ici? », demanda brusquement une voix féminine.

Les korrigans interrompent leur ronde et, d'un même mouvement, s'inclinent devant la vieille dame qui vient d'entrer. Saïg, stupéfait, reconnaît Katell. Mais, en un instant, elle se transfigure, ses traits rajeunissent, ses haillons deviennent de fins habits de soie. Devenue une jolie princesse, elle va s'asseoir à côté du roi.

« Ainsi, Saïg Le Quéré, dit-elle, tu n'as pas tenu compte de mon avertissement. Si je n'étais arrivée à temps, tu l'aurais payé de ta vie. Je te fais grâce parce que tu as été bon avec moi, mais tu n'auras ni or ni pierreries. Ta clé a perdu son pouvoir. »

Elle donne l'ordre aux korrigans de le délivrer.

« J'ai quand même pitié de toi, déclare-t-elle après un moment de réflexion. Je vais te donner un plat qui, trois fois par jour, se remplira de lui-même de nourriture pour toute ta famille. Mais tu seras, par cupidité, passé à côté de la richesse. »

Ce récit traditionnel est intéressant à bien d'autres titres que pour la leçon de morale qu'il entend donner à ceux qui sont trop avides de biens matériels. Il nous conserve l'image de la Grande Déesse telle que les Celtes, à la suite des hommes des mégalithes, la concevaient. Elle est la reine du monde souterrain. Il y a bien, à ses côtés, un roi, mais il est manifestement son inférieur, puisqu'elle ne se gêne pas pour abolir un ordre qu'il a donné. Ce n'est jamais que le roi des korrigans, un nain comme ses sujets, tandis qu'elle est d'une tout autre taille et règne sur l'ensemble du Sid. Elle ne dédaigne pas pour autant de se mêler aux mortels et de dispenser ses bienfaits à qui le mérite. Elle se manifeste tantôt sous l'aspect d'une vieille grand-mère, tantôt sous celui d'une séduisante jeune femme. Sa demeure est sous un dolmen : non pas à l'intérieur du monument, mais en dessous, dans les entrailles de la Terre, là où les vivants ne peuvent pas pénétrer s'ils n'y ont pas été invités. Cette invitation, c'est d'elle-même, la Grande Déesse, que le pauvre cordonnier, Saïg Le Quéré, l'a reçue... Et ç'aurait pu être sa perte, car il n'a pas su respecter les principes auxquels on doit se soumettre pour acquérir les richesses spirituelles qui ne sont pas de ce monde. Tout cela est en parfaite conformité avec les traditions de l'ancienne Celtie, et l'on notera cette parole que les vieux conteurs, bons chrétiens, plaçaient dans la bouche de la Gwrac'h : « Ma loi est l'ancienne loi ».

La Gwrac'h de l'île du Loc'h

Un autre conte breton bien connu qui met en scène la souveraine du monde d'En bas est celui qui s'intitule *La Gwrac'h de l'île du Loc'h* [2]. Le héros en est encore un

2. Yann Ar Floc'h, *Konchennou*, p. 121; Émile Souvestre. *Le Foyer breton;* Yann Brekilien, *Contes et légendes,* p. 305.

pauvre gars désargenté qui souhaite conquérir la fortune des fées. Houarn Pogamm aime la jolie Bellah Postic et aurait bien besoin d'un petit pécule pour pouvoir l'épouser. Il n'a pas reçu d'invitation pour se rendre dans l'Au-delà, mais il monte sur une barque et fait voile vers l'île du Loc'h, où il sait que vit une fée. Au milieu de cette île, il y a un étang et sur cet étang une barque. A tout hasard, il entre dans la barque, et voici qu'aussitôt elle se transforme en cygne. Le cygne, messager de l'autre monde, l'emporte sur son dos vers le milieu de l'eau et plonge, l'entraînant vers les profondeurs. Et voilà notre Houarn devant un palais de cristal[3] où l'attend une hôtesse d'une merveilleuse beauté. Après lui avoir fait boire des vins capiteux, la belle lui promet toutes ses richesses s'il accepte de l'épouser. Il ne peut résister à son charme et en oublie la pauvre Bellah. Pour leur repas de noces, la fée met à frire toutes sortes de poissons auxquels elle donne des noms d'hommes et qui, dans la poêle, gémissent comme des humains.

A un moment où elle l'a laissé seul, il entreprend d'en découper un avec le couteau que lui a donné Bellah avant son départ, et aussitôt le poisson de prendre forme humaine. Il les touche tous de son couteau, les uns après les autres, et tous redeviennent hommes, expliquant qu'ils étaient venus comme lui chercher les richesses de l'île du Loc'h, qu'ils avaient eux aussi accepté d'épouser la gwrac'h et qu'au matin suivant leur nuit de noces elle les avait métamorphosés en poissons.

Sur ces entrefaites, la gwrac'h revient, éclate d'un rire sinistre, jette son filet sur Houarn et le transforme en grenouille verte. Mais Bellah Postic, qui est en possession d'un certain nombre d'objets magiques, est avertie que son fiancé est en péril. Elle vole à son secours sur un

3. Le royaume de l'Au-delà, le Tir na n-Og, est parfois appelé « Tirho Thuinn », le Pays-sous-les-vagues.

cheval enchanté qui, pour traverser la mer, se change en oiseau.

Sa monture la conduit au sommet d'un rocher où, dans une anfractuosité, se tient accroupi un korrigan qui n'est autre que le mari de la gwrac'h, condamné par sa terrible épouse à couver sept œufs de pierre : il lui est interdit de s'en aller avant qu'ils ne soient éclos. Mais, lui révèle-t-il, il sera délivré lorsqu'elle aura délivré Houarn. Il lui confectionne un habit pour qu'elle se déguise en jeune garçon et, ainsi vêtue, elle parvient au palais de la fée, qui, la prenant pour un jeune homme plein de charme, lui offre son amour. Sous prétexte de l'éprouver, Bellah la prie de lui prêter son filet enchanté et, à peine l'a-t-elle entre les mains, qu'elle le jette sur elle et la transforme en champignon vénéneux. Après quoi, elle n'a plus qu'à toucher de la lame de son couteau la petite grenouille verte pour voir son fiancé recouvrer son apparence humaine. Du même coup, le sortilège qui frappait le korrigan mari de la gwrac'h est dénoué, et le voici qui arrive dans un char tiré par les sept vents : les sept vents qui sont éclos des sept œufs de pierre.

Si l'on sait que le poisson a, de tout temps, symbolisé l'âme immortelle, parce qu'il nage en état d'apesanteur dans les eaux primordiales (c'est à ce titre qu'il était l'insigne des premiers chrétiens), le conte est très riche d'enseignements. Il rappelle que nous ne pouvons acquérir les trésors dont regorge l'Autre Monde, si ce n'est en épousant la déesse de la mort qui nous fera passer de l'état d'homme à celui d'âme. Il révèle aussi que l'époux de la Grande Déesse est soumis à son pouvoir, et cela témoigne que le mythe remonte à la très lointaine époque de la civilisation matriarcale qui a précédé en Europe la société patriarcale [4]. Mais il contient aussi la

4. Cf. Jean Markale, *La Femme celte*, 2ᵉ partie, chap. III, et *Les Celtes*, p. 426 et s.

consolante annonce du retour à la vie opéré par la magie de l'amour, en précisant que la fin de l'enchantement est liée au nombre sept. Tout en faisant apparaître la corrélation entre le pouvoir de la mort et la fécondité, il met en relief le thème de la renaissance qui cache aussi celui de la quête initiatique.

L'ensemble de ces enseignements semble bien refléter les conceptions des populations qui occupaient l'Armorique avant les Celtes. Mais il est fait allusion, cependant, à la victoire finale de la religion celtique sur la religion antérieure : c'est, en effet, la puissance du fer – représentée par le petit couteau de Houarn – qui triomphe de tous les enchantements. Or, n'est-ce pas la possession du fer qui a permis aux Celtes de s'imposer aux peuples de l'âge du bronze? Le nom même de « Houarn » est, d'ailleurs, très révélateur, puisqu'il signifie justement « fer » en breton. Du moment que, par la vertu des armes de fer, la religion celtique a pu supplanter les cultes mégalithiques, on peut dire que le fer permet de l'emporter sur les gens du Sid et tous leurs maléfices.

*

Pour être une divinité chtonienne, la Déesse-Mère n'en est pas moins, en même temps, une divinité ouranienne dont la lune est une des théophanies. L'astre des nuits nous parle en secret, dans l'intimité de nos cœurs, c'est lui qui inspire les poètes, veille sur les amoureux. Il pose un regard de tendresse sur les malheureux affrontant l'horreur des ténèbres et les leur rend moins redoutables. Si elle n'est pas, comme le soleil, source de vie, la lune est régulatrice de nos existences. Elle règle le déroulement du temps, le rend mesurable par le rythme de ses disparitions et réapparitions. Grâce au cycle lunaire, l'humanité a pris conscience que le temps n'est pas incohérence, qu'il s'écoule de façon ordonnée et constitue une dimension de l'univers. Cela était d'autant plus sensible pour les Celtes qu'ils avaient l'habitude de compter par nuits et non par jours.

Présidant au retour des phénomènes périodiques comme les marées, la pluie, la germination des graines, le flux féminin, les chaleurs des femelles animales, les vers des petits enfants, la lune est une manifestation de la Toute-Puissance régulatrice qui assure la pérennité de l'ordre cosmique. En tant que telle, elle ne peut qu'être une théophanie révélant la Grande Déesse. D'autant plus qu'elle est en étroite corrélation avec les animaux sacrés que sont la vache et le taureau, puisque son croissant est une image de leurs cornes. Ou, plutôt, leurs cornes sont une image de son croissant. Voilà qui ne fait que renforcer le caractère de dispensatrice de la fertilité, qu'elle possède déjà par le rôle qu'elle joue dans la germination des plantes et dans le cycle de la fécondité féminine.

Par ailleurs, le cycle lunaire dans lequel se succèdent la régression vers les ténèbres, la disparition totale, puis la réapparition progressive et enfin la lumineuse plénitude, révèle le cycle des morts et des renaissances, auquel ne peut mettre fin qu'un effort mystique ou initiatique.

Lorsque les Indo-Européens se sont répandus en Europe, ils y ont trouvé des populations pratiquant une religion dont la Déesse-Mère était la figure centrale. Leur religion à eux, cavaliers des steppes, donnait la prépondérance aux divinités masculines et enseignait la survie dans l'Au-delà plutôt que la réincarnation. Comme il est de règle, leurs croyances se sont superposées à celles des habitants en place sans les faire disparaître, et il en est résulté un magma où la Grande Déesse, tout en ayant perdu sa prééminence, conservait une place importante. Il est attesté qu'existait chez tous les Celtes, aussi bien du continent que de Bretagne insulaire et d'Irlande, un culte de la Grande Mère qui était indissociable de celui d'une ou plusieurs trinités de « Matrones ». Si l'on parle, d'une part, de la Déesse-Mère et, d'autre part, des divers groupes trinitaires de Matrones, il ne faut pas croire pour autant qu'il s'agisse de divinités distinctes. On est en présence d'une seule déesse, envisagée tantôt dans son unicité, tantôt en trois personnes, sans qu'il y ait rien là de contradictoire, n'importe quel chrétien le comprendra aisément, puisque lui aussi parle tantôt de Dieu, tantôt de la sainte Trinité. Les divers noms sous lesquels elle est connue témoignent seulement de la multiplicité de ses aspects et de ses fonctions et cela aussi les chrétiens le comprendront sans peine, car, de nos jours, des noms aussi différents que Notre-Dame de Bon-Secours, Notre-Dame des Sept-Douleurs, Notre-Dame des Victoires, Notre-Dame de la Mer, Notre-Dame des Neiges, Notre-Dame du Rosaire, Notre-Dame de Lourdes, désignent une même mère céleste, envisagée en ses diverses relations avec l'humanité.

La Déesse-Mère des Celtes portait chez les Bretons le nom de « Rigantona » (devenu, en gallois, « Rhiannon ») : la Grande Reine. C'était une « déesse-jument », entendez par là une conductrice des âmes, puisque le cheval est symboliquement la monture qui transporte les défunts vers l'Autre Monde. Son royaume était, comme il se doit, le royaume des morts. Sa figure était identique chez les Gaulois, qui la nommaient « Epona », la Grande Jument. Nombreux sont les monuments et statuettes qui la représentent sous la forme d'une jeune femme assise – le plus souvent à droite – sur une jument marchant au pas et parfois accompagnée de son poulain. Il lui est fréquemment associé une pomme (par exemple, tenue dans sa main droite), un oiseau, un petit chien (sur ses genoux ou entre les pattes de la jument), ou un enfant. Sur une inscription de Docléa (Dalmatie) elle est qualifiée de « Regina » et sur une autre de Karlsburg (Transylvanie) de « Regina Sancta », ce qui montre bien qu'elle ne fait qu'une avec Rigantona.

Rhiannon

Le Mabinogi de « Pwyll, prince de Dyvet » nous apprend que Pwill (dont le nom signifie « Raison ») était assis sur un tertre d'où nul ne s'en allait sans avoir assisté à un prodige, quand il vit venir sur la route une femme en habit doré montée sur un grand cheval blanc. Il envoya vers elle un de ses hommes mais, bien que le cheval marchât au pas, il ne put jamais la rattraper. Pwyll revint le lendemain et la revit. Il dépêcha cette fois vers elle un homme à cheval. Mais ce cavalier avait beau éperonner sa monture, lancée au grand galop, la femme, qui maintenait la sienne au pas, le distançait de plus en plus. Le troisième jour, Pwyll se mit lui-même à la poursuite de l'inconnue, sur le plus rapide de ses coursiers. La distance entre eux ne diminuait pas. Alors, il s'écria : « Jeune fille, pour l'amour de l'homme que tu aimes le plus, attends-moi! » Pour être exaucé, il faut prier. A peine avait-il formulé sa prière, que la belle cavalière s'arrêtait pour l'attendre. Elle lui déclara qu'elle était Rhiannon et qu'elle souhaitait l'épouser. C'était aussi le plus cher désir de Pwyll, et ils auraient pu filer le parfait bonheur si, au repas de noces, ne s'était présenté un solliciteur qui dit au marié qu'il avait une requête à présenter. Voilà Pwyll bien obligé de répondre : « quel qu'en soit l'objet, si c'est en mon pouvoir, tu l'auras », car un roi breton qui aurait refusé un don sous prétexte qu'il ne savait pas ce qu'on allait lui demander se serait couvert de honte. Or, ce que réclame le nouveau venu, Gwawl fils de Clut (Lumière fils de Gloire), c'est Rhiannon elle-même. Pwyll ne peut plus se dédire. On interrompt le festin, et le mariage de Gwawl et de Rhiannon est fixé au bout de l'an. Seulement : à malin, malin et demi. Au nouveau repas de noces, Pwyll arrive, déguisé en mendiant, et demande qu'on remplisse de nourriture le sac qu'il tient à la main. C'est un sac magique que lui a remis Rhiannon : on a beau y enfourner toutes les provisions du palais, il n'arrive jamais à être plein. Pwyll explique alors qu'il ne pourra jamais être rempli si Gwawl lui-même n'y entre fouler la nourriture qu'on y a déversée. Sitôt Gwawl dans le sac, Pwyll tire les cordons. Son rival est pris, et bien pris. Pwyll fait bâtonner le sac jusqu'à ce que Gwawl crie grâce et lui rende Rhiannon. On retrouvera ce thème dans les légendes populaires bretonnes, où l'ennemi fourré dans le sac magique ne sera plus Gwawl fils de Clut, mais le diable, Satan en personne. Et la restitution qu'on exigera de lui ne sera plus celle d'une épouse, mais d'une âme.

Rhiannon est donc unie à Pwyll. Au bout de trois ans de mariage, elle met au monde un fils. Hélas! au matin, on découvre le berceau vide. Les six femmes qui avaient été engagées pour veiller sur le nouveau-né sont terrifiées à la pensée qu'on va sans doute leur faire payer cher de ne pas s'être mieux acquittées de leur charge. D'un commun accord, elles jurent que l'enfant a été tué par sa mère. Pwyll condamne la malheureuse Rhiannon à rester pendant sept ans à la porte du palais, près du montoir, et à proposer à tous les hôtes qui se présenteront de les porter sur son dos. On remarque ici l'insistance du mythe sur le caractère de déesse-jument que présente Rhiannon. Après avoir été cette cavalière que représentent les monuments gallo-romains, la voici devenue monture. Sur les pièces de monnaie armoricaines elle est, d'ailleurs, figurée sous l'aspect d'une jument à tête de femme. Bien entendu, les hôtes du palais que, selon le Mabinogi, elle porte sur son dos, symbolisent les âmes des défunts. L'histoire n'en connaît pas moins une « happy end ». Un noble du pays de Gwent, Teyrnon Twryv Liant (le Grand Maître du Bruit des Flots), possède une jument qui met bas chaque année, dans la nuit des calendes de mai, un poulain qui lui est aussitôt mystérieusement enlevé. Cette année-là, il décide de faire le guet. Il voit une main griffue pénétrer par la fenêtre et se saisir du poulain nouveau-né. D'un coup d'épée, il tranche cette main. Puis il s'élance à la poursuite du ravisseur. Mais celui-ci, après avoir poussé un terrifiant cri de douleur, a disparu. À sa place, il a laissé, devant la porte de l'écurie, un petit enfant. Teyrnon l'adopte et l'élève avec le poulain jusqu'à ses quatre ans. C'est alors qu'il apprend la mésaventure survenue à la princesse Rhiannon et l'injuste châtiment qui lui est infligé. La lumière se fait dans son esprit. Il s'avise que l'enfant qu'il a recueilli est tout le portrait de Pwyll. Ce ne peut être que le bébé disparu de son berceau. Il se décide donc à aller au palais le rendre à ses parents. Rhiannon est aussitôt réintégrée dans ses droits, et elle baptise son fils retrouvé « Pryderi », c'est-à-dire « Souci ».

Plus tard, Rhiannon étant restée veuve, son fils Pryderi lui fait épouser son meilleur ami, le dieu marin Manawyddan fils de Llyr, roi de la Terre de Promesse. Le Mabinogi de « Manawyddan fils de Llyr » nous raconte que le pays de Dyvet est un jour frappé d'un sortilège et se trouve complètement ruiné et stérile. Lors d'une chasse au sanglier, la bête que forcent Pryderi et Manawyddan les conduit à une forteresse qu'ils n'ont jamais vue en cet endroit. Poussé par la curiosité, Pryderi s'y aventure. Ne le voyant pas revenir, sa mère Rhiannon y pénètre, à sa recherche. Alors le château disparaît. Il avait été créé par la magie de Llwyt fils de

Kilcoet, qui entendait venger l'affront fait jadis à Gwawl fils de Clut. Avec lui ont disparu Pryderi et Rhiannon. Ils sont au pouvoir de Llwyt, qui condamne Pryderi à porter à son cou les marteaux de la porte, et Rhiannon, plus équidé que jamais, à ceindre le sien des licous des ânes après qu'ils ont été porter le foin. Il faut toute l'habileté de Manawyddan pour réussir, au prix de nombreuses ruses, à rompre le charme et à délivrer son épouse et son beau-fils. La postérité revient alors en Dyvet.

Il n'apparaît pas qu'en Irlande la Déesse-Mère ait eu ce caractère de déesse-jument que lui attribuaient Gaulois et Bretons. Plus que sur son rôle psychopompe, l'accent était mis sur sa fonction maternelle : elle était « Dana » ou « Ana », la mère des dieux. Nous avons déjà vu que les dieux étaient appelés Tuatha Dé Danann, Tribus de la Déesse Dana. Et pourtant, on ne lui voit jouer de rôle dans aucun récit mythologique. Elle est citée dans les textes comme la génitrice divine, et c'est tout. Le Dagda, Nuadu, Ogma, Lug, Goibniu et tous les autres grands dieux sont ses fils, et il suffit pour sa gloire qu'elle leur ait donné naissance. Il est dit encore qu'elle « nourrit les dieux », ce qui met en évidence son caractère de déesse de la Fertilité.

Telle quelle, elle n'est nullement inconnue dans les autres pays celtiques. A son nom gaélique correspond le nom gallois « Dôn » et la tradition galloise fait des dieux Amaethon Gilvaethwy, Govannon et Gwydyon – ces deux derniers correspondant respectivement à Goibniu et au Dagda – et de la déesse Arianrhod les enfants de Dôn. En Armorique, c'était sous son nom d'« Ana » que la Grande Mère était l'objet d'un culte fervent. Un des plus beaux monuments mégalithiques du Finistère est l'allée couverte du Mougau où sont gravés des attributs de la Déesse Mère. Or la commune sur laquelle est située cette allée couverte est baptisée « Commana » : la Combe d'Ana.

Le culte de la Mère divine est universel. Que ce soit sous le nom d'Isis, d'Ishtar, d'Aditi, d'Idzanami, d'Anâhita, de Cybèle ou de Freya, c'est l'honneur de l'humanité que d'avoir toujours voué une tendre dévotion à notre mère du ciel, reine de la paix et douce protectrice de ceux qui ont le cœur pur. Pour les chrétiens, elle porte le nom de Marie – Myriam – qui révèle qu'en elle s'incarne toute la féminité, puisqu'il signifie « la Femme ». Elle n'est pas une femme parmi d'autres, elle est *la* femme. Elle est la source d'amour, celle qui donne la vie, qui allaite et qui console, celle à qui l'on offre des fleurs pour un sourire, à qui l'on se dévoue corps et âme, celle dont la faiblesse fait la force. Elle est la Mère. La Mère dont la sollicitude veille sur nous tous qui sommes ses fils. La Mère que nous implorons avec confiance dans les dangers et dans la détresse. La Mère indulgente à nos erreurs. Ses bras maternels sont ouverts à tous les hommes, sans distinction. Car la mère de Dieu se veut si bien la mère de tous les humains qu'elle ne réserve pas ses apparitions à ceux-là seuls qui la nomment Marie, mais se montre aussi bien à d'autres qui l'invoquent sous d'autres noms. À Lourdes même, elle s'est bien gardée de se présenter en disant : « Je suis la Vierge Marie ». Bernadette ne l'a pas nommée et l'appelait simplement « la Dame ». Elle-même ne s'est pas donné d'autre titre que celui, céleste, d' « Immaculée Conception ». Une telle appellation, qui ne se rattachait à aucune tradition particulière, la situait hors du temps, des lieux, des races et des confessions.

Il est plus que probable qu'aux temps celtiques elle est apparue bien des fois à nos ancêtres. En tout cas, en se convertissant au christianisme, les Celtes n'ont rien eu à abandonner de leur culte de la Grande Reine – *Regina cœli* – qui est mère de Dieu – *Sancta Dei genitrix* – et porte du ciel – *Cœli porta*. Pour eux, déjà, elle se manifestait dans l'Aurore et l'étoile du matin – *Stella matutina* – et son attribut était le croissant de la lune, ce croissant de lune sur lequel les images pieuses la montrent posant les pieds. Bien plus, l'idée qu'elle fût à la fois vierge et mère leur était familière. Ils honoraient une *Virgo paritura* (Vierge devant enfanter), et le récit évangélique de la Nativité ne pouvait leur apparaître que comme la réalisation de ce qui était annoncé.

Aussi le culte marial a-t-il pris, dès l'origine, une grande importance dans les pays celtiques. En Irlande et en Bretagne, il a conservé jusqu'à nos jours son caractère fervent et coloré. Mais la Bretagne est restée aussi très attachée au culte de la Déesse-Mère sous son vieux nom d'« Ana ». La dévotion à Ana, qui occupait une grande place dans les cœurs armoricains, n'a pas eu à se modifier après la christianisation : Ana, mère des dieux et *mamm-goz* [5] des Bretons, s'est perpétuée en Anna, grand-mère du Dieu Sauveur, puisque mère de la Vierge Marie. Alors que le culte de sainte Anne n'a été officialisé par Rome qu'au XIVᵉ siècle, plus d'un village breton portait déjà son nom au haut Moyen Age et des chapelles lui étaient dédiées.

Si le nom de « Commana », attesté au XIᵉ siècle sous la forme « Cummana », est très certainement antérieur au christianisme, le lieu où s'élève aujourd'hui la basilique de Sainte-Anne d'Auray portait depuis un temps immémorial le nom de « Ker-Anna », et un sanctuaire y avait été élevé à une époque si ancienne qu'au début du VIIIᵉ siècle il était, de vieillesse, tombé en ruine. Était-ce une chapelle chrétienne bâtie par les premiers évangélisateurs de l'Armorique sous le vocable de la mère de la Vierge, ou un temple druidique consacré à Ana ? Nul ne peut le dire mais, après tout, qu'importe ? Anna assume Ana et le cœur des Bretons, plein d'amour pour elle, n'a pas changé. «*Avec Anne,* écrit le grand poète Charles Le

---

5. Grand-mère (littéralement : mère-vieille).

Quintrec, *on est entre nous. On est au cœur de son parentage. Qu'on fasse brûler des cierges devant sa statue polychrome n'y fait rien. Anne est de notre sang, de nos travaux, de notre fatigue et, par conséquent, immédiatement de notre prière et de notre espérance* [6]. »

A Ker-Anna, dans le champ du Bosenno, l'emplacement de l'ancien sanctuaire était demeuré sacré, et les animaux eux-mêmes refusaient d'y porter atteinte. Quand s'en approchait le soc de la charrue qu'ils tiraient, ils faisaient demi-tour et s'enfuyaient, comme emballés. Et voici que, l'an de grâce 1624, sainte Anne apparut à un brave paysan du village de Ker-Anna, Yvon Nicolazic, et lui fit part de sa volonté de voir reconstruire la chapelle qui avait existé autrefois au Bosenno, et les foules y venir prier. L'année suivante, une chandelle miraculeuse le conduisit jusqu'en un point du champ où il fit creuser la terre et découvrit une antique statue de bois qui était peut-être une statuette gallo-romaine de la déesse Ana, mais n'en était pas moins celle de Santez Anna, grand-mère de Jésus. Malgré les réticences et même l'hostilité du clergé, qui sont de règle quand le ciel se permet de faire entendre sa voix sans passer par son intermédiaire, une basilique a été construite, et chaque année les Bretons viennent par milliers invoquer l'aïeule bénie et lui confier leurs peines et leurs soucis.

*

Comme nous l'avons dit, la Déesse-Mère était volontiers adorée sous son aspect trinitaire. On l'appelait alors, en Gaule, les trois « Matræ » ou « Matrones » et on la représentait sous l'aspect de trois femmes assises l'une

6. Charles Le Quintrec, *Sainte Anne d'Arvor*, éd. S.O.S., Paris, 1977.

à côté de l'autre, celle du milieu tenant souvent sur ses genoux un nourrisson emmaillotté. Son rôle de triple déesse de la Fertilité était symbolisé par des corbeilles de fruits ou des cornes d'abondance.

En Irlande, cette trinité qui faisait l'objet d'un culte particulièrement fervent était appelée « la triple Brigitte ». Bien qu'elle fût l'une des figures de la Grande Déesse mère des dieux, et notamment mère du Dagda, Brigitte était fille du Dagda et mère seulement de la triade Brian, Iucharba et Luchar. Mais ces trois dieux, dans le Lebor Gabála, sont bel et bien les fils de la déesse Dana, mère du Dagda. En conclusion, je ne vous conseille pas d'essayer de dresser l'arbre généalogique des dieux celtiques. Vous y perdriez votre latin, ce qui serait, d'ailleurs, pour eux une savoureuse revanche. Dans une perspective rationaliste, un tel réseau de filiations est proprement impensable. Mais, pour accéder à la Vérité, il faut dépasser le rationalisme. Est-ce que la végétation n'est pas à la fois fille de l'humus et mère de l'humus, la violence fille et mère de l'injustice, la pureté du cœur fille et mère de la communion avec le divin? Il faut chercher dans les filiations divines un enseignement métaphysique et non pas une généalogie.

Brigitte incarnait à la fois l'habileté intellectuelle et l'habileté technique, elle était la protectrice des poètes, des forgerons et des médecins. Les Tri-Matrones gauloises aussi, d'ailleurs, étaient souvent conçues comme des déesses de la Médecine. À Aix-les-Bains, par exemple, elles étaient qualifiées de « Comedovæ » : « guérisseuses ». Déesse-Mère, la triple Brigitte présidait aux accouchements, et c'était elle qui était en mesure de procurer l'abondance aux foyers irlandais.

Comme celui d'Ana en Bretagne, le culte de Brigitte a survécu en Irlande à la christianisation. La patronne de l'île est sainte Brigitte, fondatrice de l'abbaye de Kildare (453-523), qui a pris tout naturellement la suite de la déesse dont elle portait le nom. Sa fête a été maintenue au 1ᵉʳ février et, tout comme au temps des prêtresses druidiques, un feu sacré est resté allumé au couvent de Kildare et veillé nuit et jour par dix-neuf nonnes. Ce « feu de sainte Brigitte » a perduré pendant sept siècles, jusqu'en 1220.

La sainte chrétienne a conservé tous les caractères de l'antique déesse-mère. C'est elle qui procure l'abondance aux paysans, signant les visites qu'elle fait à leurs foyers de la trace de son pas dans la cendre. Elle préside aux accouchements, et la légende populaire en fait même l'accoucheuse de la Vierge.

Si la déesse était particulièrement vénérée en Irlande, son culte était loin d'être ignoré des autres pays celtes. La forme gaélique « Brigit » correspond à une forme vieille-celtique « Brigantia », et le culte de la déesse Brigantia est largement attesté en Gaule et en Grande-Bretagne. Les occupants romains l'ont assimilée à Minerve (on peut en sourire, mais ces assimilations étaient chez eux une véritable manie). Elle était, comme en Irlande, déesse guérisseuse et déesse de la Fécondité, ainsi que protectrice des forgerons.

Son culte s'est conservé en Bretagne, où elle est devenue « Santez Berc'hed ». On l'a assimilée, bien entendu, à l'abbesse de Kildare vénérée par les cousins gaëls, ce qui a permis de lui dédier maintes chapelles et plusieurs paroisses, de donner son nom à de nombreux bourgs et hameaux sous les formes « Berhet », « Loperhet » ou « Sainte-Brigitte », et de composer en son honneur des cantiques qui, eux aussi, font d'elle l'accoucheuse de la Vierge. Une légende raconte – nous l'avons déjà vu – qu'elle était la fille de l'aubergiste de Bethléem et qu'elle avait offert son assistance à la future mère, alors qu'elle était née sans bras. Des bras lui poussèrent miraculeusement pour lui permettre de recevoir le divin enfançon.

Il faut noter qu'une autre sainte honorée par les

Bretons perpétue la figure des déesses-mères, c'est sainte Gwenn, dont le nom, qui signifie « blanc, blanche, béni, bénie », était au pays de Galles celui d'une divinité masculine. Mère de plusieurs saints, à défaut de dieux (saint Gwénolé, saint Jagu, saint Gwezenneg ou saint Kadvan, sainte Clervie), elle présente une curieuse particularité qui la rattache aux Tri-Matrones : pour pouvoir allaiter trois enfants à la fois, elle possède trois seins, ce pourquoi on la surnomme « Teirbronn ». Je me demande, d'ailleurs, s'il n'y a pas là une déformation de « teir bran », « trois corbeaux » ce qui nous ramènerait à l'image de la triple déesse guerrière d'Irlande Badba, dont le nom signifie « les trois corneilles ». La blancheur du corbeau serait un paradoxe bien celtique.

Cernunnos

Des peuples qui habitaient avant eux les pays où ils se sont installés, les Celtes n'ont pas hérité seulement le culte de la Déesse-Mère, mais aussi celui d'un personnage masculin qui lui était associé et que l'on représente avec des cornes de cerf au sommet du crâne. Cet attribut permet de penser que son origine se situe plus loin encore dans la nuit des temps que l'ère des mégalithes, à l'époque mésolithique, où l'animal sacré était le cerf et où, sans doute, les sorciers officiaient encore avec des bois de cervidé sur la tête, comme leur ancêtre que l'on voit figuré dans la grotte des Trois Frères, en Ariège.

La plupart du temps, ce dieu cornu nous est montré assis en tailleur, les jambes croisées, dans la posture du Bouddha. C'est ainsi qu'on le voit sur le chaudron de Gundestrüp, sur les monuments de Reims, de Vendœuvres, de Saintes, de Sommerecourt. Son cou est orné d'un collier ou d'un torque et il tient quelquefois dans une de ses mains un torque ou un objet rond qui peut être une pomme ou une bourse. Il arrive exceptionnellement que, sur sa tête, les bois de cerf soient remplacés par des cornes de bouc, comme sur l'autel de Beaune. Il est entouré d'animaux sauvages et l'on remarque presque toujours un serpent, soit dans une de ses mains, soit autour de son cou, soit simplement à ses côtés. Généralement, ce serpent est curieusement doté d'une tête de bélier [7].

On ne peut s'empêcher de rapprocher ce dieu figé dans une attitude de yoga de celui qui figure sur un sceau découvert à Harappa. Certes, il était naturel à des peuples utilisant peu les tables et les chaises de représenter leurs dieux accroupis, mais il est tout de même frappant que le personnage figuré sur le sceau remontant à l'Inde pré-aryenne soit lui aussi entouré d'animaux. Il est peu probable qu'il s'agisse d'une simple coïncidence. D'autant plus que, de l'avis unanime, le dieu indusien était l'archétype de Çiva, maître de la Nature, qui détruit la vie pour donner la vie, et que Çiva est représenté le corps entouré de serpents. Bien plus : on sait que Çiva est associé, au sein de la Trimûrti, à Vichnou, son opposé, donc son complément (réunis dans un même symbole, ils deviennent Harihara). Or les êtres que l'on voit accompagner le dieu celtique correspondent aux incarnations de Vichnou : poisson, tortue, sanglier, lion et nain.

Notre étrange personnage, fortement typé et abondamment représenté sur les monuments et dans la statuaire et la gravure celtiques, jouait manifestement un rôle de premier plan dans la mythologie. Son nom gaulois nous est révélé sur un des deux autels découverts

7. La plus ancienne représentation du dieu-cerf accompagné du serpent cornu est un dessin rupestre du Val Camonica (Italie), qui date du IVe siècle avant notre ère.

à Paris en 1710 et conservés au musée de Cluny : il y est appelé « Cernunnos »[8].

Avec le simplisme qui leur permet d'expliquer les phénomènes religieux en passant systématiquement à côté de la question, les savants ont émis à propos du dieu cornu diverses théories. Pour les uns, comme Salomon Reinach, il serait le dieu-cerf issu d'un antique totem de tribus vivant de la chasse. Pour d'autres, il serait le dieu

8. Prononcer, bien entendu, « Kernunnos » et non pas « Sernunnos ». La signification la plus vraisemblable de ce nom est « Bellement encorné », *kern* provenant d'un terme relatif aux cornes et *unnos* étant un suffixe augmentatif. D'aucuns le contestent, au motif que la racine du mot « corne » a, en celtique, la forme *karn-* et non pas *kern-*. L'objection n'est pas convaincante. Les deux formes ont une origine commune. Rien ne prouve, d'ailleurs, que les deux radicaux ne coexistaient pas, l'un pour le singulier, l'autre pour le pluriel : c'est ce qui se passe en breton moderne, où le pluriel de *korn* est *kern* ou *kerniel*. En réalité, d'une seule et même racine indo-européenne *ker-* sont issus en grec, en latin, en celtique et en germanique, tantôt en gardant le *e*, tantôt en le remplaçant par des *a*, des *o* ou des *i*, des quantités de mots désignant le cerveau, la tête, le crâne, le sommet du crâne, la cîme, la pointe, la corne, le coin, le cor ou le cerf. Il n'y a pas de cloisonnement entre leurs diverses formes, il n'a cessé de se produire entre elles des échanges. Loin qu'à une évolution en *a* ou en *o* corresponde un certain sens, alors que le maintien du *e* irait de pair avec un autre sens, on trouve aussi bien des *e* que des *o* dans les mots signifiant « la corne » : *keras* en grec, mais *cornu* en latin et *horn* en germanique, tandis qu'à la tête hellénique *kara, karanon,* correspond un cerveau italique *cerebrum* et germanique *hirn*. A l'inverse du grec, le vieux-celtique utilisait un radical en *a* pour la corne, *karnu,* et en *e* pour le sommet de la tête, *kerna. Kerna* désignait aussi la cîme, la pointe, le coin. Mais, en breton moderne, si la corne, matière des sabots des chevaux et des vaches, est bien toujours *karn,* et si la cîme, la pointe, le sommet de la tête sont restés *kern,* par contre on traduit aussi « les cornes » par *kern* ou *kerniel,* comme nous venons de le voir. C'est que, pour constituer l'ornement d'un sommet de crâne, il faut que les cornes soient une paire. On remarquera aussi que, bien que l'évolution phonétique qui donne *ô* en italique aboutisse à *â* en celtique, il n'en existe pas moins une correspondance entre le *korn-* latin et le *kern-* celte, puisque le nom de peuple *Cornovii* a donné en breton (d'Armorique et du Cornwall) le nom de pays *Kerneo,* mais en français *Cornouaille.*

protecteur des bêtes à cornes. Pour d'autres encore, nos ancêtres auraient adoré en lui la fécondité animale. Rien de tout cela n'est compatible avec les conceptions celtiques. Les Celtes n'ont jamais pratiqué le totémisme. Ils ne réduisaient pas la religion à des cultes utilitaires. Il ne leur serait pas davantage venu à l'idée de prendre pour objet de leur adoration la fécondité animale, ni aucun autre fait de la nature. Leurs mythes ont toujours été d'essence métaphysique et les images naturistes n'y ont jamais eu valeur que de symboles.

On peut encore moins attacher de crédit à l'interprétation des Romains qui assimilaient tout bonnement Cernunnos à leur Mercure. Bien sûr, on peut trouver des points communs entre Cernunnos et Mercure. Le dieu celtique est souvent représenté avec les attributs de son collègue gréco-latin, la bourse, le caducée, la tortue, le coq. Mais il est loin d'être le seul, et Lug, Ésus, Teutatès, Ogmios ont tout autant de raisons d'être tenus pour des équivalents de Mercure. En revanche, Cernunnos présente certaines caractéristiques de Mars, d'Hercule, de Pan, de Pluton... Comme les dieux celtiques sont éminemment polyvalents, on peut assimiler n'importe lequel d'entre eux à presque tous les dieux romains et inversement.

Ce qui est essentiel, pour la compréhension du personnage de Cernunnos et du symbole d'où est issu son mythe, c'est que la ramure qu'il porte sur la tête est celle d'un animal qui la perd chaque hiver pour la recouvrer plus splendide encore au printemps suivant. Les bois du cerf tombent en février et repoussent de mars à septembre, en comptant un andouiller de plus chaque année. Ils atteignent leur plein épanouissement au moment où toutes les forces de l'animal vont être consacrées, après une lutte contre les rivaux, à la fécondation des femelles. Son rôle de géniteur accompli, le mâle, épuisé, va redevenir célibataire, puis il perdra l'ornement qui faisait sa fierté. Ainsi Cernunnos symbolise-t-il à la fois la force fécondante et le cycle des renouvellements. Au déclin succède rajeunissement et enrichissement, et cela concerne aussi bien la vie de l'âme que celle de la Nature.

Cernunnos est souvent représenté seul, siégeant avec majesté au milieu d'une foule d'animaux, dans sa fonction de maître de la nature, dans toute sa gloire du début de l'automne, lorsqu'il a recouvré sa rayonnante ramure et n'a pas encore aventuré sa souveraineté, compromis ses forces et sa liberté, dans l'accomplissement de sa fonction reproductrice. Sur le chaudron de Gundestrüp, les animaux sur lesquels il règne sont un cerf, des taureaux, des lions, un sanglier, un poisson curieusement chevauché par un nain, et l'inévitable serpent. Le règne végétal est évoqué par de souples ramilles pourvues de leurs feuilles.

La présence simultanée du cerf et du taureau est très fréquente. On la retrouve, en particulier, sur le monument de Reims, où ces deux bêtes cornues grignotent ensemble la nourriture que leur dispense le dieu. Ainsi est affirmée la réconciliation devant le maître de la vie qui pourvoit aux besoins de toutes les créatures, des deux traditions préceltiques, celle des Hommes du Cerf de l'époque mésolithique qui vivaient de la chasse et de la cueillette ou, sur les côtes, se nourrissaient de coquillages, et celle des Hommes du Bœuf, constructeurs des mégalithes qui pratiquaient l'élevage et la culture. Réconciliation, en d'autres termes, de la vie forestière et de l'activité agricole.

Ce ne sont pas seulement de très anciens documents iconographiques qui nous montrent Cernunnos dans son rôle de maître de la Nature. La tradition orale nous en a conservé une description qui figure dans le Mabinogi « Owein et Lunet, ou la Dame de la Fontaine ». Un des guerriers du roi Arthur, Kynon, raconte une de ses aventures de jeunesse. Il était parti en quête de périlleux exploits et, sur son chemin, avait demandé l'hospitalité dans un château. Comme, au cours du repas, il insistait pour qu'on lui indiquât un adversaire terrifiant avec qui se mesurer, le châtelain lui explique comment il pourra rencontrer le chevalier noir, gardien d'une fontaine magique. Après avoir suivi un chemin bifurquant à droite, il aura à demander sa route au maître de la forêt : *« Suis le chemin jusqu'à une grande clairière unie; au milieu s'élève un tertre sur le haut duquel tu verras un grand homme noir, aussi grand au moins que deux hommes de ce monde-ci; il n'a qu'un pied et un seul œil au milieu du front; à la main il porte une massue de fer, et je te réponds qu'il n'y a pas deux hommes au monde qui n'y trouvassent leur faix. Ce n'est pas que ce soit un homme méchant, mais il est laid. C'est lui qui garde la forêt, et tu verras mille animaux sauvages paissant autour de lui. Demande-lui la route qui conduit hors de la clairière. Il se montrera bourru à ton égard, mais il t'indiquera un chemin qui te permette de trouver ce que tu cherches[9]. »*

Kynon, dès le lendemain, se rend à la clairière. Il lui semble qu'il s'y trouve trois fois plus d'animaux que ne lui avait dit son hôte. Il voit l'homme noir assis au sommet du tertre, qui lui paraît plus grand encore que son hôte ne le lui avait indiqué. Quant à la massue de fer, il a l'impression que ce n'est pas deux hommes, mais quatre, qu'il faudrait pour la soulever. Il salue l'homme noir, qui ne lui répond que de façon bourrue. Il lui demande quel pouvoir il a sur les animaux qui l'entourent et, pour lui en faire la démonstration, le géant prend son bâton et en décharge un bon coup sur un cerf. Le cerf

9. *Les Mabinogion,* traduction Joseph Loth, éd. Fontemoing, Paris, 1913, t. II, pp. 9 et 10. Ce texte a été réédité en 1980 par les Presses d'Aujourd'hui.

fait entendre un brâmement, et tout aussitôt accourent de toutes les directions des multitudes d'animaux « en aussi grand nombre que les étoiles dans l'air ». Il y a « des serpents, des vipères, toutes sortes d'animaux ». Le géant jette les yeux sur eux et leur ordonne d'aller paître. Ils baissent la tête, en lui prodiguant les mêmes marques de respect que des vassaux envers leur seigneur. « Vois-tu, petit homme, dit le Maître, le pouvoir que j'ai sur les animaux. » Et d'indiquer alors à Kynon la route à suivre et les merveilles qui se produiront lorsqu'il aura atteint la fontaine.

Dans ce récit, le Maître de la Nature n'arbore pas de ramure de cerf, mais les Mabinogion ont été mis par écrit par de bons chrétiens, probablement même des moines, qui ne pouvaient se permettre de dépeindre le dieu cornu de leurs ancêtres païens, à moins d'en faire le diable en personne, ce qui n'aurait eu aucun sens dans l'histoire de la quête de Kynon. Il est cependant manifeste qu'il s'agit bien de Cernunnos. Il est entouré d'animaux comme sur le vase de Gundestrüp; il est bien en connexion avec le cerf, puisque c'est par le truchement de cet animal qu'il exerce son pouvoir; et enfin on ne manque pas d'insister sur la présence de serpents, comme il convient toutes les fois que l'on a affaire à Cernunnos.

Le mythe nous apprend ici que le dieu forestier est un « homme noir », c'est-à-dire une divinité du monde souterrain, ce qui peut surprendre puisqu'il règne sur les plantes et les animaux, à la surface de la terre. Mais ce caractère de divinité chtonienne est attesté par l'iconographie gauloise : sur l'autel de Reims, Cernunnos est assis au-dessous d'un rat, symbole du monde inférieur. Et puis le serpent, sans lequel on ne le voit guère, est l'animal tellurique par excellence. On s'étonnera davantage de le voir doté d'un seul pied et d'un seul œil, alors qu'aucune représentation figurée n'en fait ainsi une espèce de Cyclope. Mais la tradition irlandaise nous présente sous cet aspect les Fomôiré, les démons qui habitaient le pays de temps immémorial et auxquels devaient se heurter les envahisseurs successifs : peuple de Partholon, Fir Bolg, Tuatha Dé Danann. C'étaient des guerriers sauvages, cruels, incarnant le Chaos originel. L'œil unique au milieu du front symbolise l'unité primordiale d'où tout procède, ainsi que la voyance surnaturelle. Il a le pouvoir de foudroyer : le regard de l'œil frontal du roi fomôiré Balor détruisait les ennemis comme le fameux « rayon de la mort » de cette mythologie moderne qu'on appelle « science-fiction ». Il est bien connu, d'ailleurs, que dans l'exercice de leur art les magiciens doivent, pour acquérir la puissance et la voyance, se tenir sur un pied, une main derrière le dos, et fermer un œil. Cernunnos aussi est un génie primordial et un maître de la magie. Il l'est éminemment, puisqu'il est l'Esprit divin et qu'il l'emporte en tout sur les Fomôiré. Et son inséparable compagnon, le serpent, représente la sagesse et la connaissance des secrets.

***

Dans la plupart des mythologies, on trouve l'idée d'un couple divin à l'origine de tout ce qui est, et cela nous incite tout naturellement à penser que les deux figures divines les plus archaïques de la tradition celtique devaient former un tel couple. Cernunnos, par conséquent, devait être l'époux de la Grande Reine, de la Terre-Mère. Cette présomption est confirmée par l'imagerie du chaudron de Gundestrüp, où ils figurent l'un et l'autre, et surtout par le monument gallo-romain de Saintes. Sur une des faces de ce monument, le dieu cornu est assis en posture de yoga, entre une femme debout tenant une corne d'abondance et un homme nu s'appuyant sur une massue. Sur l'autre face, la déesse est assise à côté du dieu en posture de yoga. Celui-ci tient un torque à la main, comme on voit souvent Cernunnos le faire, mais il n'a plus de cornes. Curieux, tout de même! C'est lorsque intervient dans l'existence du couple divin un troisième personnage, que Cernunnos porte des cornes. Inutile de chercher ailleurs l'origine de l'ornement attribué par la malice populaire aux maris trompés.

Qui est donc ce tiers venu jeter la perturbation dans le ménage? La sculpture gauloise ne nous le dit pas. Peut-être est-ce Ésus, le dieu destructeur. Sa massue ne nous renseigne pas, car elle est l'arme favorite de la plupart des dieux celtes, et elle est surtout un symbole phallique dont la présence ici est parfaitement justifiée.

Voici donc que nous possédons sur le mythe de Cernunnos un certain nombre de données fort claires. Il est à la fois maître de la Nature et dieu du Monde d'en dessous. Il est époux de la déesse de la Fécondité, mais il est un mari trompé. Il porte des cornes... Toutefois, ce sont des cornes de cervidé, qui tombent et repoussent : son aventure est donc une aventure cyclique. Dans une première phase, il règne avec son épouse sur le royaume souterrain du Sid; dans une seconde phase, il est abandonné par la reine mais devient le souverain de la nature régénérée, tandis que son rival a pris sa place sur le trône d'en bas. Mais il finit par triompher de ce rival et par reconquérir sa femme et son trône, tandis que la nature s'enfonce dans sa léthargie hivernale. Alors, il perd ses cornes.

Le symbolisme naturaliste qui apparaît au grand jour dans ce mythe recouvre, en fait, un enseignement beaucoup plus profond. Certes, la vie de la nature, chaque hiver, se réfugie sous terre pour en resurgir au printemps. Certes, lorsque, fécondée par la force créatrice, la Terre-Mère a accouché d'une vie nouvelle, elle

62

commence à tromper la puissance créatrice pour la puissance destructrice. La ramure de cerf qui, à ce moment, pousse à l'époux trahi symbolise à la fois l'épanouissement du règne animal et celui du règne végétal, puisque c'est un véritable arbre que l'animal forestier, le cerf, porte au sommet de la tête : ne parle-t-on pas de ses « bois », de sa « ramure »? Mais ce qui est infiniment plus important, c'est que, dans la symbolique sacrée de tous les peuples, les cornes, parce qu'elles jaillissent du crâne, représentent la Connaissance [10].

La mère que féconde le dieu au pouvoir créateur, c'est la matière que féconde l'esprit. « Mère », « matrice » et « matière » proviennent de la même racine indo-européenne *matr-,* qui exprime l'idée du principe féminin fécondé. Cernunnos, époux de la Déesse-Mère, c'est le principe masculin fécondant, c'est le Verbe créateur. Au plan métaphysique, la vie et même la simple existence supposent l'opération, sur la matière informelle, de la force spirituelle émanant de l'Esprit divin. Mais parce que le propre de la matière est d'évoluer dans le temps, parce qu'il lui faut constamment être créée, constamment régénérée, elle trahit cette force spirituelle qui l'a rendue féconde et se soumet à la destruction, jusqu'à ce que recommence le cyle.

Il en est de même pour la vie intérieure de l'individu. Dès l'instant qu'elle est fécondée par l'esprit, l'existence charnelle est sublimée et porte fruit. Mais l'harmonie entre l'âme et le corps contient en elle la menace de sa propre destruction, car la matière, par nature, est avide

10. Une coutume quimpéroise toujours en vigueur est une curieuse survivance du culte de Cernunnos : le jour de la Saint-Corentin, neuf jours avant le solstice d'hiver, on mange en famille des espèces de pains doux de forme trilobée (toujours ce chiffre 3, symbole divin) que l'on appelle des *kornigou,* des « petites cornes ».

de domination et tend à soumettre l'esprit à son empire. La Connaissance, positive et féconde, conduit facilement à la Science destructrice. Si l'esprit ne veut pas devenir esclave, la rupture se produit. Il y a divorce. L'homme doit renoncer à lui-même, accepter une ascèse, abandonner à l'ennemi les plaisirs qui l'empêcheraient de développer son pouvoir spirituel. C'est alors que lui poussent peu à peu les cornes de la vraie Connaissance et qu'il devient « maître de la Nature », c'est-à-dire s'élève très au-dessus de la vie animale et devient un être libre aux pouvoirs spirituels immenses.

*
* *

Si importante était la place de Cernunnos dans la mythologie celtique, que sa figure apparaît, plus ou moins transposée, dans d'innombrables récits. Il s'y manifeste à travers divers personnages, sous des noms différents.

En Irlande, Cernunnos est appelé « Némed » : le Sacré. Il est, selon le *Lebor Gabala (Le Livre des Conquêtes),* le chef de la deuxième race qui envahit l'île, après celle de Partholon. Il arrivait à la tête d'une flotte de trente-quatre bateaux, quand se leva une terrible tempête. Les vagues en furie fracassèrent ses bateaux contre les rochers de la côte, et neuf seulement touchèrent terre. Lorsque Némed et ceux de ses guerriers qui avaient échappé au naufrage débarquèrent, le seul survivant de la race de Partholon, Tuan, impatient de se mêler à eux, se transforma en cerf. Cela indique assez que le peuple de Némed était le peuple-cerf et son chef le dieu-cerf. Mais le temps de Némed fut un temps de souffrance, car les nouveaux occupants de l'Irlande furent douloureusement harcelés par les forces du mal, les Fomoîré, conduites par leur roi-magicien Balor. Ils soutinrent courageusement contre elles trois dures batailles, mais dans la quatrième ils furent défaits et les Fomoîré les massacrèrent jusqu'au dernier. On assiste donc à la même victoire des forces destructrices sur les forces créatrices que symbolise le triomphe du rival de Cernunnos, lui ravissant son épouse. Mais, de même que Cernunnos sait reconquérir sa reine et son royaume, une nouvelle race de conquérants, les Tuatha Dé Danann, viendra à bout des Fomoîré. La matière ne peut rester longtemps victorieuse de l'esprit.

Dans le Mabinogi de « Pwyll, prince de Dyvet » que nous avons déjà cité à propos de Rhiannon, la figure de Cernunnos apparaît dès le début du récit, bien avant la rencontre entre le héros et la déesse cavalière.

Pwyll, chef d'Annwvyn

Pwyll (dont le nom, rappelons-le, signifie « raison ») était à la chasse dans les bois de Glynn Cuch. Galopant derrière ses chiens, il perdit ses compagnons. Soudain, il entendit, venant à sa rencontre, les aboiements d'une autre meute. La voix des chiens n'était pas la même. Il débouchait, à ce moment, dans une vaste clairière et il y aperçut un cerf qui fuyait devant une meute de chiens comme il n'en avait jamais vu de semblables, des chiens d'un blanc éclatant et lustré, aux oreilles rouges, d'un rouge aussi éclatant que leur blancheur. Ces chiens atteignirent le cerf et le terrassèrent. Pwyll se permit alors l'indélicatesse de les chasser et d'appeler sa propre meute à la curée. Alors survint, vêtu de gris et monté sur un grand cheval gris-de-fer, le propriétaire des chiens aux oreilles rouges, qui lui reprocha sa conduite indigne. Honteux et confus, Pwyll lui présenta ses excuses et lui demanda comment il pourrait racheter son amitié.

« Je suis Arawn, roi d'Annwvyn, répondit le veneur. Quelqu'un dont les domaines sont juste en face des miens me fait continuellement la guerre : c'est Hafgan, roi d'Annwvyn. »

Si l'on sait que le nom *Annwvyn* ou *Annwn* signifie « abîme » et désigne souvent le Royaume des Morts, on ne peut avoir de doute sur l'identité entre Arawn et Cernunnos. Bien que roi de l'Abîme, il parcourt la forêt; il possède une meute de chiens blancs tachés de rouge, symboles des âmes trépassées; il poursuit un cerf; il a un rival qui non seulement lui dispute le pouvoir, mais partage avec lui le titre de roi d'Annwvyn.

« Si tu me débarrasses de ce fléau, poursuit Arawn, tu obtiendras sans peine mon amitié.

— Je le ferai volontiers, répond Pwyll. Indique-moi comment y parvenir.

— Nous allons nous jurer fraternité. Après quoi, je te mettrai à ma place en Annwvyn pendant toute une année. Tu auras mon visage et mon aspect, tu dormiras avec ma femme, qui est la plus belle que tu aies jamais vue. Je dois rencontrer Hafgan dans un an, sur le gué. Sois-y sous mes traits et donne-lui un seul coup. Il sera mortel. Hafgan t'en demandera un second, mais ne le lui donne pas, en dépit de ses supplications. Moi, j'avais beau le frapper, le lendemain il se battait avec moi de plus belle.

— Bien. Mais que va devenir, pendant ce temps, mon royaume de Dyvet?

— Je vais prendre tes traits, et c'est moi qui le gouvernerai à ta place, sans que nul ne puisse soupçonner la substitution. »

Pwyll s'installe donc au palais d'Arawn, et tout le monde le prend pour le roi dont il a reçu l'apparence. Il se réjouit de la vie fastueuse qui lui est offerte, du luxe qui l'entoure, de l'abondance de la table et de la succulence des mets, de l'attrait de la conversation de la reine, qui est aussi spirituelle que belle. Mais lorsqu'il entre au lit avec elle, il s'empresse de lui tourner le dos et reste jusqu'au matin le visage fixé de l'autre côté, sans lui dire un seul mot. Et pendant un an il en est de même toutes les nuits, alors que le jour il lui montre un visage avenant et lui témoigne de l'affection.

Au bout de l'an, il se rend avec ses chevaliers au gué où l'attend Hafgan. Il donne à sa troupe l'ordre de se tenir à l'écart et s'avance jusqu'au milieu du gué. Le combat s'engage aussitôt. Dès le premier choc, il transperce son adversaire de sa lance. Hafgan vide les étriers. Il est blessé à mort.

« Ah! prince, s'écrie-t-il, quel droit avais-tu à ma mort? Que t'ai-je donc fait? Mais, puisque tu as commencé, achève-moi.

– Prince, répond Pwyll, il se peut que je me repente de ce que j'ai fait. Je ne te tuerai pas. »

Alors Hafgan, se tournant vers ses guerriers, leur annonce qu'il abdique et qu'il n'y a plus qu'un seul roi en Annwvyn.

Après avoir reçu l'hommage de ses nouveaux vassaux et pris possession de l'ensemble du pays, Pwyll retourne à Glynn Cuch, au rendez-vous que lui a donné Arawn. Ils tombent dans les bras l'un de l'autre. L'échange des rôles est fini, chacun reprend son propre aspect.

Dès qu'Arawn, de retour dans son palais, entre dans le lit conjugal avec sa belle épouse, il n'a rien de plus pressé que de se livrer à des plaisirs dont il a été sevré toute une année. La reine, étonnée, lui demande des explications sur ce brusque changement d'attitude après les douze mois de continence qu'il lui a imposés. En lui révélant qu'il n'a pas dormi avec elle de tout ce temps, il s'émerveille de la fidélité que lui a gardée son ami.

De son côté, Pwyll, en retournant sur ses terres, constate que son royaume n'a jamais été aussi bien administré que pendant cette année. Sa prospérité est éclatante, tout le monde y chante les louanges de son bon prince. Il dévoile que le mérite ne lui en revient pas à lui-même, mais à son ami le roi d'Annwvyn. On le félicite d'avoir un tel ami et, en souvenir du succès de sa mission au royaume de l'Abîme, on cesse de l'appeler Pwyll prince de Dyvet, pour l'honorer désormais du titre de Pwyll chef d'Annwvyn.

Jusqu'ici, c'était Arawn qui se présentait comme identique à Cernunnos, et le thème de l'abandon conjugal que le roi doit souffrir pour assurer la prospérité à son peuple était exprimé par l'échange entre Pwyll et lui. C'était là, en quelque sorte, une version édulcorée du traditionnel adultère de la reine. Mais, dans la suite du Mabinogi, Pwyll lui-même sera un avatar du grand dieu chtonien. Il épouse en effet, nous l'avons vu, Rhiannon, la grande déesse. C'est elle qui l'a demandé en mariage : elle occupe donc, à ce moment, un rang supérieur au sien. Or, précisément, la civilisation qui a précédé celle des Celtes et dont les Celtes ont hérité le culte de la Grande Déesse et le mythe de Cernunnos était de type matriarcal. Et nous savons que, le jour de leurs noces, Rhiannon est obligée, malgré elle, de délaisser Pwyll pour son rival Gwawl, jusqu'à ce qu'au bout de l'an Pwyll la reconquière. Il y a là une sorte de doublet du scénario précédent, où l'on voyait l'épouse d'Arawn abandonnée par son mari à un autre partenaire, sans qu'elle l'ait voulu. Mais, l'année achevée, tout rentre dans l'ordre. L'esprit divin créateur l'a emporté sur les forces du mal. Celles-ci cherchent à se venger, c'est pourquoi elles dérobent l'enfant de Pwyll et de Rhiannon, mais elles seront finalement vaincues et l'ordre cosmique un moment perturbé sera rétabli.

Un second avatar de Cernunnos est le héros des sagas gaéliques Finn (ou Fionn, Find ou Fingal) mac Cumaill. Son nom (« Vindos » en vieux celtique) signifie « blanc », c'est-à-dire « sacré » et a donc absolument le même sens que celui de Némed.

Le mythe de Finn

Le dieu que César appelait « le Mars gaulois » était vraisemblablement le belliqueux Camulos auquel sont dédiées d'innombrables inscriptions à travers l'Europe entière, depuis Barhill, au nord de l'Angleterre, jusqu'à Salona en Dalmatie, en passant par Clermont. La forme gaélique de son nom est « Cumaill ». Guerrier redoutable, Cumaill était tombé amoureux de la ravissante Muirné, fille du druide Tagd, et, n'ayant pu obtenir sa main, l'avait enlevée. Tagd se plaignit au roi Conn aux Cent Batailles, et une armée fut envoyée contre Cumaill. Le combat eut lieu à Cnucha, et Cumaill y fut tué avec un grand nombre de ses Fianna, c'est-à-dire de son clan de guerriers. L'un des chefs qui commandaient l'armée du roi, Aed mac Morna, perdit un œil dans la bataille et fut dès lors appelé Goll : le Borgne. On remarquera que le fait de n'avoir qu'un œil l'apparentait aux Fomôiré et que son nom, Goll, rappelle curieusement celui de Gwawl, l'ennemi de Pwyll...

Après la mort de Cumaill, la belle Muirné accoucha d'un fils qu'elle appela Deimné. Par crainte d'une vengeance de Goll, elle le fit élever en secret par des druidesses au fond de la forêt de Sliabh Bloom. Lorsque, devenu grand, Deimné se mêla aux jeunes de son âge, il les domina tous par sa force et son adresse. Le bruit de ses exploits se répandit et Goll se mit à sa recherche. Quand il l'apprit, il chercha refuge chez le forgeron Lochan, qui lui forgea des armes et lui donna sa fille, Cruithné, en mariage pour un an (le mariage à l'essai, d'une durée d'un an, était parfaitement admis en droit celtique). Le forgeron, bien sûr, représente dans la symbolique mythique la puissance infernale qui tire des entrailles de la terre, pour les mettre à la disposition des héros, les deux moyens de dominer le monde : les armes et la charrue.

A peine a-t-il reçu ses armes, que Deimné va tuer une laie monstrueuse qui ravageait le Munster et en rapporte la tête au forgeron, comme don nuptial pour sa fille. En fait, il faut savoir que le sanglier était l'attribut du dieu Ésus, le dieu de la destruction, le rival sous différentes formes de Cernunnos. Puis le fils de Cumaill se met à la recherche de son oncle qui vit dans les forêts avec les Fianna survivants de la bataille de Cnucha. Il le trouve. Mais, pour être mis à la tête des Fianna, il faut que le jeune homme ajoute à l'initiation guerrière reçue chez les druidesses l'initiation poétique. Car la pensée divine qui régit la nature, ce n'est pas tant la force contraignante que l'harmonie du Verbe. Deimné s'en va donc s'instruire auprès de Finegas, un sage qui vit sur les bords de la Boyne. Depuis sept ans Finegas guettait le saumon Fintan, le Saumon de la Connaissance que l'on peut manger sans lui ôter la vie. Juste à ce moment, il le prend enfin. Il charge Deimné de le faire cuire, mais en lui interdisant d'en manger la moindre parcelle. Après avoir fait griller le poisson, le jeune homme l'apporte à son maître.

« As-tu mangé le moindre morceau de ce saumon? interroge Finegas.

– Non, mais, pendant que je le tournais sur le gril, une cloque, sur sa peau, a crevé et m'a brûlé le pouce. Alors, j'ai mis mon pouce dans ma bouche.

– Quel est ton nom, enfant?

– Deimné.

– Eh bien, tu ne seras plus Deimné, tu seras désormais Finn. Car c'est à Finn, selon la prophétie, qu'est destiné le Saumon de la Connaissance, et non à moi. »

Finn mange donc le saumon et est pénétré de la connaissance universelle. Toutes les fois qu'il porte son pouce à sa dent de sagesse, toutes choses en ce monde lui sont révélées.

Devenu ainsi un initié complet, habile aux armes, à la magie et à la poésie, Finn va offrir ses services au Haut-Roi, à Tara, lors de l'Assemblée de Samain (comme chacun sait, Samain, c'est la Nuit des Morts, le 1ᵉʳ novembre). Or tous les ans, dans la nuit de Samain, un certain Aillen, appartenant aux Tuatha Dé Danann, sort du Sid, joue sur la harpe du Dagda l'air qui fait dormir et, lorsque tous les hommes du Haut-Roi ont succombé au sommeil, souffle de sa bouche un jet de flammes et incendie Tara. Le Haut-Roi offre une récompense à qui vaincra le monstre. Finn, qui possède un javelot enchanté, décide de tenter sa chance. Il tue Aillen, sauvant Tara de la destruction. En récompense, on le proclame « premier homme d'Irlande après le Haut-Roi », et on lui confie le commandement des Fianna. Même son ennemi héréditaire, Goll mac Morna, se rallie à lui.

Les Fianna constituent une étrange milice. Sous leur aspect de guerriers errants, ils sont en réalité des génies de la forêt. Ils ne sont pas liés à un territoire, mais sont partout chez eux dans toute l'étendue de la nature sauvage. Ils s'adonnent davantage à la chasse qu'à la guerre et protègent l'Irlande au moins autant par leur force spirituelle que par leurs armes, car il faut, pour être admis parmi eux, être « un lettré excellent, versé dans les douze livres de la poésie ». Ce n'en sont pas moins des guerriers d'élite. Avant d'être reçu Fian, il faut avoir subi avec succès une série d'épreuves qui ne sont pas à la portée du premier venu. Le candidat doit descendre dans un trou d'où n'émerge que son buste et, à l'aide seulement de son bouclier et d'une baguette de noisetier, se défendre contre les javelots que lancent sur lui, tous ensemble, neuf guerriers placés à une distance de six sillons. Si un seul javelot le touche, il n'est pas reçu dans les Fianna. Il doit ensuite courir nu à travers la forêt, poursuivi par trois guerriers. S'il est rattrapé, ou si une seule tresse de sa chevelure est tant soit peu dérangée par une branche, ou si une brindille sèche craque sous son pied, il n'est pas reçu dans les Fianna. Il lui faut encore, pour être admis, passer en pleine vitesse par-dessus une barre placée à hauteur de son front et par-dessous une autre à hauteur de son genou. Il doit, enfin, arracher une épine de son talon sans ralentir sa course.

Dans son remarquable ouvrage *Le Secret des Celtes,* Lancelot Lengyel [11] fait très justement observer que les détails de ces épreuves sont des allusions à peine voilées aux cervidés : les tresses sur la tête du candidat évoquent les bois du cerf et sa course éperdue à travers la forêt, poursuivi par des guerriers, est celle de l'animal de vénerie forcé par la meute. Mais on ne peut plus douter de cette parenté lorsque l'on sait que le chef de la milice, Finn, épouse une biche et en a un fils, Ossian ou Oisin, dont le nom veut dire « faon ». Finn est donc bien le dieu-cerf et les Fianna les génies cervidés de la sylve.

La vie des Fianna est partagée en deux, au rythme des saisons, ainsi que le veut le mythe de Cernunnos. Ils se font héberger, l'hiver, chez l'habitant, veillant à l'application des lois et gardant les ports. L'été, ils chassent dans les forêts. Finn vit donc bien une partie de l'année « à l'intérieur », comme Cernunnos dans les entrailles de la terre, et l'autre partie, comme lui, en pleine nature, dans la forêt sauvage.

Mais avec Finn nous allons rencontrer le thème de l'adultère royal beaucoup plus net et précis que dans le mythe mal connu de Cernunnos ou dans ceux, pudiquement voilés d'une poétique transposition, d'Arawn et de sa reine ou de Pwyll et Rhiannon. Finn prend pour

11. Lancelot Lengyel, *Le Secret des Celtes,* éd. Robert Morel, 1969, p. 287.

épouse, malgré elle, la belle Grainné, qui le déteste. La jeune femme remplit d'un breuvage magique une coupe d'or ornée de pierres précieuses et fait boire ce breuvage à son mari et aux chefs des Fianna. Tous s'endorment, à l'exception d'Ossian et de Diarmaid. Elle propose à Ossian de s'enfuir avec elle, mais le fils de Finn refuse de trahir et humilier son père. Grainné n'insiste pas et fait la même proposition à Diarmaid, qui est, en réalité, celui qu'elle aime. Diarmaid commence par se récuser. « Honte sur toi! lui crie-t-elle alors. Je vais t'imposer un *geis* de danger et de destruction si tu ne m'emmènes pas avec toi hors de ce palais, dès cette nuit, avant que ne se réveillent Finn et les chefs d'Irlande. »

Un geis, c'est un interdit magique qu'on ne peut transgresser sans déchaîner les pires catastrophes. Diarmaid n'a pas le choix. Il ne peut que s'enfuir avec Grainné, qui lui confie : « Dans ma chambre à la belle vue, à travers mes fenêtres de verre bleu, je t'ai aperçu et admiré; et j'ai tourné ce jour-là la lumière de mes yeux vers toi, et je n'ai jamais, depuis, donné mon amour à un autre que toi et ne le donnerai à aucun autre ». Finn, plein de fureur, se lance à leur poursuite, accompagné de ses Fianna, qui participent sans enthousiasme à cette expédition policière, car toute leur sympathie va à Diarmaid.

Les deux fugitifs se réfugient dans une grotte, mais ils y vivent comme frère et sœur, car Diarmaid a peur du pouvoir de Grainné. Il faut qu'elle finisse par lui en faire reproche pour qu'il se décide à devenir son amant. Ils vivent alors une ardente passion qui les contraint à demeurer cachés, ne sortant qu'après la chute du jour pour se mettre en quête de leur nourriture.

Pendant sept ans, Finn les recherche. Il finit par retrouver leur trace mais, au lieu de mettre Diarmaid à mort, il feint de se réconcilier avec lui et l'oblige à aller chasser le sanglier monstrueux de Ben Gulbain. A sa grande déception, Diarmaid n'est pas massacré par le fauve et parvient à le tuer. Finn l'invite alors perfidement à mesurer avec ses pieds (comme le font encore les enfants dans leurs jeux) la longueur du sanglier mort. Dans cette opération, Diarmaid est blessé au pied par les soies venimeuses de la bête, et en meurt. Finn reprend possession de Grainné...

On aura reconnu dans ce mythe l'archétype du roman de Tristan et Iseult, le récit mythologique breton le plus connu des Français, mais le moins compris, car on n'y voit généralement qu'un très beau roman d'amour sans se pencher sur son contenu mythique ni l'appréhender en fonction de la psychologie des anciens Celtes.

Les aventures de Finn contiennent sans doute un certain nombre d'éléments historiques. Il est possible et même probable qu'a existé en Irlande, même à une date relativement récente (IIe siècle de notre ère), une communauté de guerriers d'élite errant à travers le pays et mettant ses armes au service tantôt d'un roi, tantôt d'un autre. Une bataille a effectivement eu lieu à Cnucha, en l'an 174. Et la défaite définitive des Fianna à la bataille de Gabhra, où ils avaient pour adversaire le roi Coirbré, n'est sans doute pas pure invention. Rien n'empêche qu'un chef historique ait porté le nom du dieu Finn de la mythologie ou que ce nom lui ait été attribué à titre de surnom. Mais il est bien plus important de retrouver dans le Finn du récit légendaire un avatar de Cernunnos revivant à sa manière les mésaventures du vieux dieu préceltique. Le thème du roi divin à qui la reine fait porter les cornes est un thème fondamental qui, d'une part, met en relief que le corollaire du pouvoir et la condition de son efficacité surnaturelle est la solitude et la souffrance et, d'autre part, exprime l'idée métaphysique que la création ne pourrait se maintenir ni se régénérer s'il n'y avait opposition entre le Verbe et la substance, si les forces spirituelles n'étaient de façon cyclique trahies par la matière soumise à la fatalité, qui se donne à d'autres forces moins légitimes mais ayant pour elles leur jeunesse et renfermant un principe de renouvellement.

Les avatars du dieu cornu Cernunnos sont très nombreux, et vouloir les étudier tous nous entraînerait beaucoup trop loin. Remarquons seulement que la christianisation n'a pas fait disparaître cette figure plusieurs fois millénaire mais lui a seulement fait subir plusieurs transpositions. On le reconnaîtra d'abord sous les traits populaires du diable, qui n'a pas grand-chose à voir avec le Satan de la Bible. Satan est un pur esprit, il représente la puissance négative sans laquelle l'Univers ne pourrait exister, puisqu'il serait parfait et que la perfection n'est qu'en Dieu. Le diable, dans l'imagerie populaire et dans les légendes, voire dans l'enseignement des terrifiants prédicateurs du XVIIe siècle, est un personnage bien en chair, pourvu de cornes sur la tête et de pieds fourchus. Que pouvaient faire, en effet, les évangélisateurs du monde celtique pour extirper le culte de Cernunnos, sinon le déclarer diabolique? « Ce dieu cornu que vous adorez, fulminaient-ils, c'est le Malin lui-même, l'Ennemi dont vous devez vous garder avec vigilance, le grotesque rival de Dieu. » De Cernunnos, messire le diable ne conserve pas seulement l'aspect physique. Comme lui, il est maître des Enfers. Comme lui, il est associé au serpent. Et il est même des contes populaires qui conservent le souvenir de la tension qui s'est installée entre lui et la déesse-jument et de la trahison de celle-ci. Tel le conte breton qui suit :

Domestique chez le diable

Il était une fois une pauvre veuve qui mendiait son pain de ferme en ferme. Elle avait un fils, Petit-Pierre, qui l'accompagnait dans ses tournées. Mais, lorsqu'il fut devenu un grand et fort gars, les gens s'indignèrent qu'il continuât à vivre dans l'oisiveté. Tant et si bien qu'elle finit par lui dire qu'il était temps pour lui de chercher du travail. Elle lui interdisait dorénavant de venir avec elle.

« Mais où voulez-vous que j'aille?

– Je m'en moque. Va-t-en au diable!

– Bien, maman », dit Petit-Pierre docilement.

Et de partir tout seul sur la grand-route. Il n'avait pas fait une lieue qu'il rencontra un cavalier richement vêtu qui lui demanda où il allait. Il répondit qu'il s'en allait au diable, puisque telle était la volonté de sa maman.

« Voilà qui tombe très bien! s'exclama le cavalier. Tu veux donc t'engager comme domestique chez le diable? Eh bien, monte en croupe derrière moi! »

Ils partirent au galop, si vite que Petit-Pierre ne put même pas distinguer les paysages qu'ils traversaient. Ils arrivèrent à un grand château, et y entrèrent. Quand ils eurent mis pied à terre, le cavalier expliqua :

« Tu es désormais mon domestique. Ton travail sera d'entretenir un feu... un feu d'enfer sous les quatre bassines que tu vois là et de balayer la maison chaque matin. Mais tu ne jetteras pas les balayures dehors : tu les laisseras en tas derrière la porte. Tu panseras aussi mon cheval, feras sa litière, lui donneras du foin et de l'avoine autant qu'il en voudra et le promèneras dans les allées autour du château. Pour ce qui est de la jument squelettique que tu verras dans le recoin le plus sombre et sale de l'écurie, la seule ration que tu lui donneras ce sera, deux fois par jour, une volée de coups de bâton. Et tu es prié de frapper de toutes tes forces, sans pitié, jusqu'à ce que tu ruisselles de sueur. Je te signale qu'il y a dans la cour une fontaine d'eau claire et fraîche où tu mèneras boire mon cheval. Mais attention! sous aucun prétexte tu ne devras mettre ta main ou plonger ta tête dans son eau, sinon malheur à toi! »

Le maître parti, Petit-Pierre entreprend de s'acquitter des tâches qui lui sont confiées. Il attise le feu sous la première bassine et voici que s'en élève une voix plaintive.

« Cesse d'activer ce feu qui me brûle, malheureux, car je suis ton père!

– Seigneur Jésus! C'est vous, mon père, qui êtes dans cette bassine? »

Il éteint le feu et s'en va attiser celui qui brûle sous la seconde bassine. Une plainte en sort aussitôt : cette fois, c'est celle de sa grand-mère. Dans la troisième bassine, il y a sa marraine; dans la quatrième, le recteur de sa paroisse. Il éteint les feux sous sa grand-mère et sa marraine, ne laissant cuire que son recteur, qui a eu le tort de le recaler trois fois à son examen de catéchisme. Il s'en va ensuite aux écuries mais est pris de pitié devant la jument famélique et, au lieu de la rouer de coups, lui donne un bon picotin d'avoine et une brassée du meilleur trèfle. Puis il étrille et bouchonne le cheval du diable, le promène dans les allées et l'emmène boire à la fontaine. C'est alors qu'il remarque, au fond de l'eau, une pomme tombée d'un pommier voisin. Il se dit que si le cheval l'avale il risque de périr étouffé. Il ne peut hésiter, il plonge le bras dans la fontaine pour l'en retirer. Mais, quand il le ressort, il a la stupéfaction de constater qu'il possède maintenant un bras en or.

Cela lui vaut une violente réprimande au retour de son maître. Mais enfin, tenant compte de la bonne intention, le diable lui pardonne pour cette fois. Et, quand il constate que la jument squelettique n'a pas eu sa ration de coups de bâton, Petit-Pierre s'excuse en prétextant un oubli. Il prétend aussi que c'est à son insu que trois des quatre feux se sont éteints. Il promet de faire plus attention une autre fois.

Lorsque le maître du château repart (il s'en va à la chasse aux hommes), Petit-Pierre empoigne un gourdin et s'apprête à bâtonner copieusement la pauvre jument. Mais, à sa grande surprise, elle se met à le supplier : « Ne me frappe pas, par pitié! Ne me frappe pas, car tu pourrais devenir comme moi. » Et d'expliquer qu'elle n'est pas vraiment une jument mais une princesse métamorphosée en punition de ses péchés. S'il accepte de faire ce qu'elle lui dira, il la délivrera – et beaucoup d'autres avec elle.

Sur les instructions de la princesse-jument, Petit-Pierre, pendant trois jours, la nourrit de bon foin et d'avoine en abondance, tandis que le cheval du diable n'a, matin et soir, que la fête du bâton. Au bout de trois jours la jument blanche a le poil luisant et on ne lui voit plus les côtes. Elle avertit alors Petit-Pierre qu'il y a en haut de la tour une cloche qui sonne d'elle-même si quelqu'un essaie de s'enfuir, et qu'il faudrait empêcher de sonner car, où qu'il soit, le maître l'entend et accourt plus vite que le vent. Petit-Pierre emplit la cloche d'étoupe. La jument l'avise qu'il y a aussi dans la basse-cour un coq qui chante si quelqu'un essaie de s'enfuir et que le maître entend où qu'il soit. Il faut lui donner un boisseau de grain arrosé d'un litre d'eau-de-vie pour que l'ivresse l'empêche de lancer ses cocoricos.

Quand le coq est ivre mort, la jument invite Petit-Pierre à aller dans la maison et à jeter dehors le tas de balayures qui se trouve derrière la porte. Il le fait et voici que la poussière se transforme en une foule innombrable d'hommes et de femmes de tous âges et de toutes conditions qui, tous, le bénissent et le remercient avant de s'enfuir en grande hâte. La jument lui ordonne alors de se plonger la tête dans la fontaine et quand il en ressort, son crâne et ses cheveux sont d'or étincelant.

« Bien! dit la jument blanche. Maintenant, selle-moi, bride-moi, monte sur mon dos, et partons sans attendre. Le diable rentrera sans doute ce soir et se mettra aussitôt à notre recherche. Emporte avec toi l'étrille, la brosse de chiendent et le seau pour l'abreuvage. »

Les voici en route vers la frontière et la jument galope du plus vite qu'elle peut. Vers le soir, elle dit à Petit-Pierre de se retourner et lui demande s'il n'aperçoit rien. Il répond qu'il ne voit qu'un gros nuage noir se dirigeant vers eux.

« Ce nuage noir est le diable. Dépêche-toi de jeter la brosse! »

A peine la brosse a-t-elle touché le sol que chacun de ses poils devient un arbre gigantesque dont la ramure met en lambeaux le nuage noir. Au bout d'une heure, la jument demande de nouveau à Petit-Pierre de regarder derrière lui. Il aperçoit des flammes et des éclairs.

« C'est encore le diable. Jette le seau! »

Du seau jaillit un torrent qui devient rivière. Tout le monde sait que les mauvais esprits ont peur de l'eau. Le diable s'arrête au bord de la rivière et doit prendre le temps de construire un pont. Au bout d'une heure ou deux, la jument invite encore Petit-Pierre à jeter un coup d'œil en arrière. Il remarque un énorme chien noir qui les rattrape.

« C'est le diable. Jette l'étrille! »

L'étrille devient une vaste tourbière au milieu des montagnes. Le chien s'y englue puis est aspiré par le sol mouvant et disparaît en poussant un long hurlement. Pendant ce temps, la jument a atteint la frontière des domaines du diable; un dernier saut et les voilà en terre bénite. Petit-Pierre se laisse glisser à terre, et la jument reprend son aspect de noble et riche princesse.

On aura remarqué que le crâne et les cheveux d'or de Petit-Pierre indiquent bien qu'il s'agissait à l'origine d'une divinité solaire opposée au dieu chtonien et que la princesse-jument passe de l'un à l'autre. On croyait encore au siècle dernier, en Bretagne, que les âmes damnées prenaient l'apparence d'un chien noir et que les prêtres exorcistes les conduisaient jusqu'au marais du Yeun Ellez, dans les monts d'Arrée, pour les précipiter dans l'abîme du Youdic (« la Petite Bouillie »).

Mais le souvenir de Cernunnos ne s'est pas conservé seulement sous cet aspect maléfique. Ses avatars chrétiens sont, au contraire, souvent des saints. Par exemple saint Edern.

Natif du pays de Galles, Edern portait le nom d'un personnage de la mythologie celtique, fils du dieu Nuz (Nudd en gallois) et frère de Gwenn (Gwynn en gallois, Finn en irlandais). Il quitta sa Cambrie natale pour venir évangéliser les Armoricains et débarqua à Douarnenez, accompagné de sa sœur Jenovefa [12]. S'étant mis en tête d'aller vivre en ermite dans la solitude sauvage des monts d'Arrée, il appela un cerf, l'enfourcha et prit sa sœur en croupe. L'étrange équipage haut encorné ne s'arrêta qu'au sommet de Coat ar Roc'h. Edern contempla avec émotion l'immense étendue de montagnes et de vallées et proposa à Jenovefa :

« Il n'y a qu'à partager.

— Soit, répondit-elle, mais la galanterie exige que tu me laisses choisir mon lot la première. »

Et pendant que son frère, laissant son cerf brouter, se mettait en oraison, elle s'en fut prendre possession du meilleur emplacement, là où s'élève aujourd'hui le bourg de Loqueffret. Puis elle revint tirer son frère de sa méditation et lui demander de l'aider à construire sa maison. Edern n'en fut pas embarrassé : il avait son cerf à atteler pour effectuer les charrois. La maison fut vite édifiée. Quant à lui, il se contenta d'une hutte de branchages à Coat ar Roc'h, et encore n'y dormait-il que rarement, passant la plupart de ses nuits à la belle étoile,

12. Jenovefa, c'est-à-dire Geneviève, est visiblement une adaptation de « Gwenhwyvar », le nom de l'épouse du roi Arthur. De fait, Jenovefa trahit son frère Edern comme Gwenhwyvar trahit son mari.

sur une dalle de granit, en esprit de mortification.

Il convenait, cependant, de procéder à la délimitation de leurs domaines respectifs et cela ne paraissait pas facile car Jenovefa se montrait d'une avidité effarante. Ils convinrent alors qu'Edern aurait pour sa part le terrain dont il pourrait faire le tour en une nuit. Il prendrait le départ au coucher du soleil et devrait s'arrêter au premier chant du coq.

La perfide Jenovefa pensait avoir fait là une affaire mirifique et souriait à part elle de son benêt de frère qui avait accepté ce marché de dupe. Mais lorsque le soleil disparut derrière l'horizon Edern sauta sur son cerf et l'animal s'élança, rapide comme le vent, franchissant les crêtes en quelques bonds, sautant sans ralentir sa course par-dessus les rivières et les précipices. A cette vue, Jenovefa pâlit de rage. Elle s'en retourna en grande hâte jusque chez elle, prit un coq dans son poulailler et le jeta brutalement dans une bassine pleine d'eau. Le pauvre volatile poussa des cris de détresse. Il avait chanté, Edern devait s'arrêter. Il n'empêche qu'il avait déjà parcouru un circuit considérable, et c'est ce qui explique que la paroisse de Lannédern s'étend jusqu'à l'entrée du bourg de Loqueffret.

Bien sûr, en raison du caractère sacerdotal du saint ermite-cerf Edern, il eût été indécent que sa légende l'affligeât d'une épouse et, qui pis est, d'une épouse infidèle, mais la sœur cupide en tient la place de façon fort adroite. Et ce n'est pas par hasard qu'elle est baptisée Jenovefa, forme bretonne de « Geneviève ». Le premier garçon de ferme venu, au Moyen Age, comprenait tout de suite l'allusion à la légende de Geneviève de Brabant, cette princesse faussement accusée d'adultère qui se cache dans les bois où une biche vient lui tenir compagnie, allaiter son fils, puis lui ramène son mari repentant. L'association de Jenovefa et de la biche fournit la clef du mythe de saint Edern. En donnant le prénom de Jenovefa à la compagne d'Edern, le conteur révélait sans équivoque son identité avec l'épouse du dieu-cerf. Sa figure coïncide avec celle de la femme de Finn, mère d'Ossian.

Mais ce n'était pas assez de conserver le dieu-cerf en lui donnant les traits d'un saint venu de Cambrie. Dans la tradition catholique médiévale, il devient le Christ lui-même. Le cerf symbolise en effet le Verbe divin incarné. On dit qu'il vit neuf cents ans et que, lorsqu'il est affaibli par l'âge ou la maladie, il tire par le seul souffle de ses naseaux les serpents hors de leurs trous. Insensible à leur venin, il les dévore pour refaire ses forces. Ainsi l'Esprit de divine sagesse extirpe des profondeurs souterraines les démons qu'il réduit à l'impuissance, et le fait qu'il retrouve la vigueur en absorbant leur venin mortel traduit le renouvellement de notre nature, accablée sous la vieillesse du péché. Le lien étroit entre le cerf et le serpent dont témoigne l'iconographie celtique a donc conservé toute son actualité. On remarquera, d'ailleurs, que sur certains monuments gaulois Cernunnos ne se contente pas de jouer avec le serpent, mais semble bien l'étouffer dans son poing. L'idée qu'il pouvait le tuer pour se repaître de sa force devait donc déjà exister.

Mais le cerf n'est pas seulement le symbole de Jésus-Christ : il est l'aspect même qu'il prend pour se manifester à saint Hubert, le chasseur impénitent qui détruit l'ordre de la Nature. Entre ses cornes, on voit apparaître le signe de la croix. A ce moment le Fils de Dieu, maître de la création et sauveur du monde, est bel et bien « le dieu-cerf ».

L'Enchanteur Merlin

En se laissant absorber par le personnage d'un saint ou par la figure du Christ lui-même, le vieux Cernunnos finissait presque par disparaître; or nos ancêtres ne tenaient pas du tout à laisser s'effacer son image millénaire. Aussi l'ont-ils ressuscité sous un nouvel avatar, hybride de druidisme et de christianisme : Merlin l'Enchanteur.

Selon l'*Historia Brittonum* de Nennius (début du IXᵉ siècle), il aurait existé, à la cour du prince gallois Gwenddoleu, un barde officiel qui portait le nom de Myrddin, transcrit Marzin en breton armoricain et Merlinus en latin. Il pratiquait la sorcellerie et composait des poèmes. Il aurait combattu et gagné un torque d'or à la bataille d'Arderyd (573), où Gwenddoleu a été tué. La mort de son maître lui aurait fait perdre l'esprit et il se serait enfui dans la forêt calédonienne, où il aurait vécu désormais comme une bête sauvage. Dans cet état de folie, il aurait acquis le don de prophétie. On devait lui attribuer, au Moyen Age, un certain nombre des poèmes prophétiques dont abondait la littérature galloise.

Mais son image d'homme sauvage vivant parmi les bêtes de la forêt a pris de plus en plus de relief et l'on a fini par y rattacher une partie des traditions concernant le Maître de la Nature. Pour affirmer son caractère transcendant, on en a fait le fils miraculeux d'une nonne chrétienne, Carmélis, et d'un génie infernal venu à elle sous la forme d'un oiseau. Ainsi se présente-t-il comme le fruit de la mystique chrétienne fécondée par la magie de l'antique paganisme.

Ravie par le chant de l'oiseau, Carmélis l'avait imprudemment suivi jusqu'au bord d'une fontaine, s'était allongée sur l'herbe au pied d'un chêne et avait sombré dans le sommeil. L'oiseau était venu voleter autour d'elle, effleurant tantôt son épaule, tantôt son front, tantôt son sein, et l'avait réveillée en becquetant par trois fois son oreille. Elle se sentait toute chose et un pressentiment confus ne lui permettait guère de douter de son malheur. Elle s'en fut trouver, au fond du bois, un saint ermite, Bleiz (« l'Homme-Loup »), qui vivait là, vêtu de peaux de bêtes, dans une cabane de branchages, sans autre compagnie qu'un loup gris qu'il avait apprivoisé. Elle lui conta ce qui lui était arrivé et lui demanda ce qui allait s'ensuivre.

« Tu as été d'une coupable imprudence, réprimanda le saint homme. Dans neuf mois d'ici, tu mettras au monde le fils d'un Esprit Noir. Mais ne te laisse pas aller au désespoir : quand l'enfant sera né, il faudra le faire tout de suite baptiser, ainsi échappera-t-il au pouvoir qu'a sur lui le Malin. »

Neuf mois plus tard, elle avait un berceau à balancer, et le bébé qui vagissait était le plus laid qu'on vît jamais sur cette terre. Son corps était entièrement couvert de poils.

« Jésus! se lamentait-elle. Quelle malédiction que d'être la mère d'un pareil monstre! Que ne sont-ils tous dans l'abîme glacé, les Esprits Noirs, du premier au dernier! »

Tout nouveau-né qu'il fût, l'enfant, en l'entendant, se mit à rire et la gourmanda :

« Taisez-vous, ma mère, ne pleurez pas, je ne vous causerai aucun chagrin. Mais c'est pour moi un crève-cœur d'entendre appeler mon père un Esprit Noir. Dites plutôt que c'est un esprit brillant. »

Sous le coup de la stupéfaction, Carmélis ne put que bredouiller : « Quel prodige! Celui-ci est un prodige s'il en fut jamais! ». Un prodige, en langue bretonne, se dit *eur marz,* et c'est pourquoi l'enfant fut appelé désormais Marzin [13].

13. En réalité, le nom de Myrddin vient du vieux celtique Moridunon, « Forteresse de la mer », et exprime la puissance de l'Enchanteur sur les eaux primordiales. La forme galloise de ce nom, Myrddin, est tout à fait imprononçable pour des bouches latines. Phonétiquement, cela donne à peu près « Meurzlinn », et c'est pourquoi on a écrit, en latin : Merlinus. D'où, en français, Merlin.

Dès qu'il eut connaissance de la naissance, le bon ermite Bleiz accourut et baptisa le petit Marzin. Aussitôt les affreux poils qui le couvraient tombèrent et il devint le plus charmant poupon qu'on pût imaginer.

A cette époque, l'île de Bretagne était envahie par des peuplades venues de Germanie, dont la plus redoutable était celle des Saxons. Les Bretons défendaient pied à pied leur sol, et la première grande bataille entre leur armée et celle des envahisseurs eut lieu à Ailesford, en 455. Les Bretons étaient commandés par un prince nommé Vortiern, qui s'était proclamé roi de la province de Powys, au pays de Galles. Les Saxons avaient à leur tête le sinistre Hengist. Vortiern, vainqueur, allait les rejeter à la mer quand, pour son malheur et celui de toute la Bretagne, il tomba follement amoureux de la fille de Hengist, la belle Rowena. Pour obtenir sa main, il céda à Hengist le pays de Kent.

C'est une louve qu'il avait introduite dans la bergerie. Rowena commença par empoisonner un fils de son époux, le vaillant Vortemir. Celui-ci, avant de mourir, maudit les Saxons et jura qu'ils ne pourraient rien contre les Bretons tant que ses propres os, la tête de Bran le Béni et les dragons d'or enterrés par Luz fils de Beli demeureraient enfouis dans le sol de l'île. Mais Rowena réunit pour un grand banquet, dans le cercle de menhirs de Stonehenge, la nuit de Noël, les chefs bretons et les chefs saxons. On sait que la nuit de Noël, sur le coup de minuit, les menhirs quittent leur place pour aller boire à la rivière. Au fond des trous qu'ils laissaient à découvert, on apercevait les os de Vortemir, la tête de Bran et les dragons d'or... Aussitôt Rowena lança un rauque commandement en langue germanique et les guerriers saxons sortirent de leurs chaussures des poignards qui y étaient dissimulés et assassinèrent les Bretons désarmés. C'est ainsi que put s'accroître le pouvoir des Germains sur l'île de Bretagne.

Vortiern avait échappé au massacre, mais, menacé aussi bien par les Saxons que par son propre peuple qui le tenait pour un traître, il résolut de se retirer dans les montagnes du pays de Galles et d'y faire construire une forteresse imprenable. Mais les murs bâtis pendant la journée s'écroulaient mystérieusement la nuit suivante, sans que les sentinelles vissent jamais personne s'en approcher. Vortiern consulta son druide, ses bardes, et même l'abbé d'un monastère. Mais ni les prières des uns, ni celles des autres, ni le sel répandu sur le sol par le druide, ni l'eau bénite jetée par l'abbé n'empêchèrent le phénomène de se reproduire. Les vénérables personnages se concertèrent et, à l'issue de leur délibération, proclamèrent que la forteresse ne pourrait tenir que si l'on arrosait ses fondations avec le sang d'un enfant né sans père.

Vortiern dépêcha des messagers à travers tout le pays à la quête de cet enfant sans père. Ils chevauchèrent longtemps jusqu'à ce que l'un d'eux vît des enfants se disputer et entendit les plus grands invectiver le plus petit en l'appelant : « Fils de nonne, né sans père. » Il s'informa et apprit que le petit Merlin était, en effet, né sans père. Il le conduisit devant Vortiern, sans lui dire pourquoi. L'enfant s'avança hardiment vers le roi :

« Bien que personne ne me l'ait dit, déclara-t-il, je sais que tu veux répandre le sang d'un enfant né sans père dans les fondations de la forteresse que tu n'arrives pas à faire tenir debout en haut de la montagne de Dinas Emrys. Mais tes conseillers t'ont trompé : il ne te servirait à rien de répandre mon sang, cela n'empêcherait pas la tour de s'écrouler avant que d'être achevée.

— Te prétends-tu donc plus savant que mes savants conseillers ?

— Il se pourrait. Demande-leur donc ce qu'il y a sous terre, à l'endroit où tu veux bâtir ta forteresse ? »

Ni le druide, ni les bardes, ni l'abbé ne furent capables de répondre.

« Eh bien, moi, je vais vous le dire, annonça l'enfant. A dix pieds au-dessous des fondations, il y a une grande nappe d'eau. Si je mens, vous pourrez répandre mon sang, mais si je dis la vérité vous saurez que vous devez m'écouter. »

On creusa, et on trouva la nappe d'eau.

« Demande maintenant à tes conseillers ce qu'il y a au fond de cette nappe d'eau. »

Les conseillers restèrent muets.

« Cela aussi, je vais vous le dire. Il y a une conque gigantesque. Si je mens, vous pourrez répandre mon sang, mais si je dis la vérité vous saurez que vous devez m'écouter. »

Il y avait au fond de l'eau une conque gigantesque.

« Savez-vous ce qu'il y a dans cette conque? », reprit l'enfant.

Les conseillers du roi confessèrent leur ignorance.

« C'est encore moi qui vais vous le dire. Dans la conque dorment deux dragons, l'un blanc et l'autre rouge. Quand la lune se lève, ils entrouvrent un œil et se retournent, le couvercle de la conque se soulève, l'eau bouillonne et la terre tremble. C'est pourquoi la forteresse s'écroule. Prenez garde, maintenant, car les dragons vont sortir de la conque. Si je mens, vous pourrez répandre mon sang. »

De fait, on vit émerger de l'eau la tête du premier dragon, puis celle du second — et la panique s'empara de toute la cour. Les deux monstres sortirent complètement de l'eau, s'ébrouèrent, puis se jetèrent l'un contre l'autre en poussant d'horribles rugissements. Ils luttèrent avec fureur pendant trois jours. Il sembla alors que le dragon rouge allait succomber, il se roulait à terre dans des convulsions d'agonie. Mais il se redressa et reprit le combat. Soudain, une grande flamme sortit de sa gueule et consuma le dragon blanc. Après quoi, il se coucha et mourut à son tour.

Merlin dit à Vortiern qu'il pouvait maintenant édifier sa forteresse. Il lui expliqua que le dragon rouge représentait le pays de Galles et le blanc les Saxons. Les Bretons seraient finalement victorieux, mais il allait falloir, pour cela, qu'il abdiquât en faveur du prince Uther Tête-de-Dragon, qui infligerait de grandes défaites aux ennemis et arrêterait l'invasion aux frontières du pays de Galles. Et plus tard, après bien des siècles, la nation bretonne se relèverait et chasserait les Saxons par-delà l'océan.

Vortiern laissa Merlin s'en aller. Il se retira jusqu'en la forêt de Brocéliande, qui couvrait une grande partie de l'Armorique intérieure. Il y cherchait le gui du chêne et l'herbe d'or. Parfois, il s'aventurait jusqu'au bord de la mer pour découvrir l'œuf de serpent, parmi l'écume, dans le creux du rocher. Mais le roi Uther Tête-de-Dragon voulait l'avoir pour barde à sa cour et le fit rechercher par toute la terre. Un jour que ses hommes se reposaient sur le bord de l'étang de Paimpont, ils virent venir à eux un bûcheron à la chevelure et la barbe hirsutes, vêtu de haillons, la cognée sur l'épaule.

« Vous ne faites guère votre besogne, se moqua-t-il; si j'étais en quête de Merlin, je l'aurais déjà trouvé. Mais je vous dis de sa part que nul ne l'amènera, à moins que le roi Uther ne vienne lui-même le chercher ici. »

Quand il sut cela, le roi Uther accourut en hâte. Au bord de l'étang de Paimpont, il ne vit qu'un vieux berger bossu et boiteux qui gardait ses moutons.

« Vieil homme, n'as-tu pas vu par ici un bûcheron à l'aspect sauvage, vêtu de haillons?

— Il n'y a d'autre homme, par ici, que moi-même. Ces moutons sont à un homme qu'un roi doit venir chercher aujourd'hui dans le bois. Et, si le roi daignait venir en personne, je le mènerais à celui qu'il cherche.

– Je suis le roi.

– Et moi, je suis Merlin. »

Personne ne voulait croire que ce vilain pût avoir le moindre rapport avec le gracieux enfant qui avait expliqué à Vortiern ce que signifiaient les dragons. Mais en un instant le berger se transforma en un jeune garçon, tel qu'on l'avait vu à cette époque, bien des années auparavant. Le roi l'emmena à sa cour, où, sous l'aspect d'un homme d'âge respectable, à la barbe grisonnante et aux cheveux tombant sur les épaules, il composa des poèmes qui célébraient les hauts faits des Bretons, enflammait leur courage avant les batailles et prophétisaient l'avenir. Il annonça au roi Uther que lui naîtrait un fils, Arthur, qui serait la gloire de la Bretagne.

Cette prédiction se réalisa. Grâce à Merlin, Arthur monta sur le trône, après la mort de son père, et Merlin fut son conseiller le plus écouté. Il arrivait pourtant au barde de quitter la cour pour de longues périodes et d'aller vivre au fond des bois, dans l'intimité des arbres et des eaux, des cerfs, des sangliers et des loups. Il parlait leurs langages à tous et avait plaisir de prendre la forme tantôt de l'un, tantôt de l'autre. Il lui arrivait d'être cerf le matin, loup à midi et chêne le soir.

Au cours d'une des périodes où il accompagna l'armée bretonne à la guerre, il eut le malheur de voir, à la bataille d'Arderyd, le sang couler à flots autour de lui et son meilleur ami, Gwenddoleu, périr, perdant ses tripes par son ventre ouvert. Il en éprouva un choc qui lui porta au cerveau. Plantant là l'armée, il courut jusqu'à la côte, ramassa une plume de goéland et souffla dessus pour qu'elle le transporte jusque dans la forêt de Kelyddon, d'autres disent dans celle de Brocéliande, où il alla cacher son affliction au plus profond des halliers. Il n'était plus dans sa prime jeunesse : cent dix-huit ans, si j'en crois les vieilles chroniques, séparaient la bataille d'Arderyd de celle d'Ailesford. L'esprit dérangé, il vécut dans les bois, tel un sauvage, errant sans but et se nourrissant de racines. Il avait perdu sa harpe d'or sur le champ de bataille d'Arderyd et pourtant il chantait encore, mais les chants qu'il improvisait n'étaient plus que de douloureuses lamentations. Il allait à demi nu, enfonçant dans la neige jusqu'aux genoux, de la neige sur la tête, des glaçons pendant à sa longue barbe blanche et à son manteau élimé.

Sa disparition avait plongé dans la douleur sa sœur Gwendydd et son épouse Gwendolyn. Mais un jour un voyageur le reconnut et vint en informer Gwendydd. Elle s'empressa d'envoyer dans la forêt de Kelyddon un serviteur muni d'une cithare, qui le découvrit gémissant au bord d'une fontaine. Le serviteur lui chanta le désespoir de Gwendydd et de Gwendolyn. Merlin se radoucit et accepta de suivre le chanteur à la cour de Rydderch, le mari de Gwendydd. Il y reçut un accueil enthousiaste mais il ne put supporter longtemps la vue des autres hommes et reprit la fuite vers la forêt. Rydderch le rattrapa, lui fit jouer de la cithare, mais, pour empêcher une nouvelle fugue, fut obligé de le faire enchaîner.

Malgré les objurgations de sa femme et de sa sœur, Merlin ne cessait de supplier qu'on le laissât retourner dans ses bois. Rydderch finit par céder et, avant de repartir, Merlin déclara à Gwendolyn qu'il consentait à ce qu'elle prenne un autre époux, mais que celui qu'elle épouserait devrait bien prendre garde à ne jamais le rencontrer, sans quoi il le ferait périr.

De retour dans les profondeurs de la forêt, Merlin continue à vaticiner. Il lit dans les astres les événements à venir, et c'est ainsi qu'il apprend un jour que sa femme Gwendolyn est sur le point de se remarier. Alors il enfourche un cerf et, poussant devant lui un troupeau de cerfs, de daims et de chevreuils, il se rend à la ville. Arrivé devant la maison où doivent être célébrées les noces, il appelle Gwendolyn pour lui offrir son cadeau de mariage. Gwendolyn se montre à la fenêtre mais, hélas, son fiancé commet l'imprudence d'y mettre aussi le nez. Aussitôt, Merlin arrache les cornes du cerf qui lui sert de monture et les lance sur lui, lui brisant le crâne.

Ayant ainsi manifesté, pour notre instruction, qu'il est bien un avatar de Cernunnos, de Finn et de saint Edern, il regagne la forêt. Mais peu après Rydderch meurt. Devenue veuve, Gwendydd décide de rejoindre son frère dans sa solitude et fait bâtir pour eux une maison dans une clairière : Merlin y vivra pendant l'hiver et n'errera plus dans les bois que pendant l'été.

Un jour, le vieil ermite Bleiz – qui, d'après mes calculs, doit bien approcher de ses deux cents ans – voit bondir devant lui un être nu, couvert de poils, la barbe comme la mousse des vieux chênes et les yeux brasillants comme ceux d'un loup. Il lui barre le chemin et lui ordonne, au nom de Dieu, de lui dire qui il est. L'autre lui répond :

« Du temps que j'étais barde dans le monde, j'étais honoré de tous. Dès que j'entrais dans les palais, on entendait des acclamations. Dès que ma harpe chantait, il tombait des arbres de l'or brillant. Les rois du pays m'aimaient et les rois étrangers me craignaient. Les Bretons disaient : " Chante, Merlin, chante les choses à venir! ". Maintenant, je suis un homme des bois et nul ne fait plus cas de moi. Les loups et les sangliers, quand je passe, grincent des dents. J'ai perdu ma harpe et les arbres aux fruits d'or brillant ont été abattus. Les rois de Bretagne sont morts et d'autres rois oppriment le pays. Les Bretons ne disent plus : " Chante, Merlin! ", ils m'appellent Merlin-le-Fol, et tous me chassent à coups de pierres.

– Pauvre cher Merlin! C'est moi qui t'ai baptisé jadis. Je t'annonce qu'une source nouvelle vient de jaillir non loin d'ici : va boire de son eau, et elle guérira ton esprit malade. »

Merlin boit de l'eau de la fontaine et recouvre la raison. La nouvelle de sa guérison se répand très vite dans toute la Grande et la Petite Bretagne. On l'invite à reprendre sa place dans la société et on lui offre même le trône de roi des Bretons. Il refuse, car, à plus de cent vingt-cinq ans, il se trouve un peu vieux pour faire un roi. Il rejette de même la proposition que lui fait Bleiz d'entrer au couvent. Il ne veut pas se couper de ses confrères et amis, les druides, bardes et autres initiés, tel Taliesin, le plus savant druide de tout le pays de Galles.

Selon une des versions de la vie de Merlin, il reste dans la forêt avec sa sœur Gwendydd, et celle-ci, tout à coup, est saisie par la fureur prophétique et se met à déclamer des poèmes qui prédisent l'avenir. Alors, Merlin déclare qu'il doit cesser désormais de prophétiser, puisque c'est sa sœur qui est en possession du don de voyance et que ce don est plus puissant que le sien propre. Mais, selon une version moins ancienne, qui s'est efforcée d'éliminer ce qu'il pouvait y avoir d'équivoque dans cette histoire de frère et de sœur qui cohabitent au fond des bois, Merlin rencontre au bord de l'étang de Comper, en forêt de Brocéliande, une ravissante jouvencelle aux longs cheveux blonds. Il sait, puisqu'il connaît l'avenir, que s'il lui adresse la parole c'en est fait de sa liberté. Mais il est épris et n'écoute pas la voix de la sagesse. Il prend l'aspect d'un beau jeune homme et engage la conversation. La belle se nomme Viviane et est fille du puissant seigneur Dymas et d'une fée. Pour la séduire, il lui montre quelques-uns des tours qu'il sait faire. D'un coup de baguette magique, il fait surgir un château magnifique entouré de jardins emplis de fleurs de toutes les couleurs et de fruits odorants. Une foule de seigneurs et de nobles dames dansent dans les allées, et ils se mêlent eux-mêmes à la danse. Entre deux passepieds, on leur apporte des rafraîchissements et des friandises. Et, quand Viviane commence à se sentir lasse, Merlin fait disparaître château, jardins et danseurs, et ils se retrouvent dans la forêt. Il lui promet de lui apprendre ces jeux magiques.

Tous les jours, il vient la voir et lui fait sa cour en lui apprenant les vertus de l'herbe d'or, du gui du chêne et du cresson vert. Il lui enseigne comment guérir les maladies, faire tomber la pluie et converser avec les animaux. Il lui fait chevaucher les cerfs et les daims. En récompense, elle lui dit de tendres paroles, lui donne de chastes baisers, mais repousse ses ardeurs en l'invitant à patienter encore un peu, jusqu'à ce qu'elle soit devenue aussi savante que lui. Ainsi tenu en haleine, il lui livre peu à peu tous ses secrets.

Un jour, il a le malheur de parler d'un voyage qu'il doit faire en Bretagne-la-Grande pour aider les Bretons à repousser une nouvelle attaque des Saxons. Viviane fond en larmes et lui fait la grande scène classique : « Tu ne m'aimes pas; si tu m'aimais comme tu le prétends, tu ne me quitterais pas pour tout ce temps, tu renoncerais à ce voyage; les hommes sont tous des égoïstes... » Et elle profite de son désarroi pour réclamer qu'il lui prouve la sincérité de son amour en lui révélant comment enclore quelqu'un sans mur, sans bois et sans fer, seulement par sort et enchantement. Il pâlit et soupire, mais il lui cède et lui explique les gestes à faire et les paroles à prononcer.

Pour le remercier, elle l'invite à s'asseoir près d'elle, sous un buisson d'aubépines, et à poser sa tête sur ses genoux. Elle lui caresse tendrement les cheveux, mais brusquement récite la formule pour endormir. Dès qu'il s'est assoupi, elle se lève, et fait un cercle de son voile autour du buisson, en redisant les paroles qu'il vient de lui apprendre.

Quand Merlin se réveille, il est sur un lit moelleux, parmi les fleurs, dans une chambre féerique. Il n'y a pas de murs autour de lui, mais le monde ne possède pas de tour si forte que la prison d'air où il est enfermé.

Viviane est près de lui et lui annonce qu'il lui appartient désormais totalement et qu'elle n'a pas l'intention de le libérer de sa prison invisible. Mais elle a fait cela pour leur commune félicité et viendra le visiter souvent... très souvent.

Elle a tenu parole. Si l'on en croit les milieux généralement bien informés, Merlin est toujours dans sa cage d'air, quelque part en Brocéliande, et Viviane lui consacre le plus clair de son temps. Le pauvre enchanteur est même si fol qu'il se trouve heureux de sa captivité. Mais le sort de l'homme qui aime n'est-il pas toujours de devenir prisonnier de celle qu'il aime, dans une prison invisible qu'il a eu la faiblesse de l'aider lui-même à édifier?

Balor

Il est un autre dieu dont on a tout lieu de penser que les Celtes l'ont hérité de la religion qui a précédé la leur sur la terre d'Europe, c'est celui que les Irlandais appellent « Balor ». Il est roi des Fomôîré, les puissances des Ténèbres. C'est donc une sorte de dieu de la mort. La mythologie celtique en a fait le grand-père maternel de Lug, le grand dieu lumineux, le dieu beau et fort vers qui montait l'amour fervent des foules. Mais le petit-fils tue son grand-père, ce qui signifie, d'une part, que la religion nouvelle, pleine de lumière et d'optimisme, remplace la vieille religion sinistre, dominée par l'effroi de l'Au-delà, et, d'autre part, que la puissance de la Vie finit toujours par l'emporter sur la force destructrice, que le Bien triomphe du Mal.

Balor est un géant effrayant qui n'a qu'un seul œil. Il garde habituellement sa paupière rabattue et il ne l'ouvre que dans le combat. Il faut alors quatre hommes pour la lui ouvrir à l'aide de crocs. Mais à ce moment son seul regard foudroie toute une armée.

Dans l'épopée galloise, il porte le nom d'Yspaddaden Penkawr [14]. Il a deux yeux, mais lui aussi conserve les paupières baissées, et ses serviteurs les lui soulèvent avec des fourches. Il est tué par son neveu Goreu.

Son nom gaulois n'est pas attesté et il ne semble pas figurer dans la statuaire. Il est cependant permis de penser qu'il existait une forme gauloise de « Balor ». On connaît, tout d'abord, un patronyme Balaros qui pouvait fort bien provenir du nom du dieu. Il a donné des noms de lieux comme Balirac. On est également en droit de se demander pourquoi des milliers de hameaux et de carrefours portent le nom de « Bel-Air », qui paraît absurde, car l'air peut être pur ou pollué, mais il n'est ni beau ni laid. Ne s'agirait-il pas de lieux dédiés à un dieu Beler dont le nom ne serait qu'une autre forme de « Balor »? Ce qui est certain, en tout cas, c'est que la figure de ce dieu a été conservée dans le folklore : il est devenu l'Ogre des contes pour enfants.

En Bretagne, il est le géant Gawr ou Kawr, dont le nom se retrouve en gallois, où il signifie tout simplement « géant », et figure dans le surnom d'Yspaddaden (Penkawr veut dire « tête de géant »). Il porte quelquefois dans les contes populaires, d'où Rabelais a été l'extraire, le nom de « Gargantua ». Il est devenu un bon géant, goulu et comique, mais nullement méchant. La forme « Gawr » avait certainement un correspondant en vieux-celtique, car les hauts lieux placés sous le vocable du dieu Gawr portaient certainement son nom bien avant l'immigration bretonne en Armorique. Il est le dieuéponyme, en particulier, de l'île sacrée de Gavr'Inis, dans le golfe du Morbihan (sanctuaire mégalithique), et de la forêt du Gavre, en Loire-Atlantique (haut lieu gallo-romain). Il y a un Loj Gaor près de la forêt de Coatloc'h.

14. Prononcer à peu près : « Ispazadenn Pennkaour ».

III

LE PANTHÉON CELTIQUE

> *Tous les Gaulois se targuent de descendre de Dis Pater et disent que cela leur est rapporté par les druides. Pour cette raison, ils déterminent les espaces de temps non pas d'après le nombre de jours, mais des nuits.*
>
> Jules CÉSAR,
> *(De Bello gallico,* VI, 18).

LE DIEU-PÈRE

Le culte primordial de la déesse-Mère nous reportait à l'époque archaïque de la société matriarcale, où la femme gouvernait le groupe familial et où les enfants étaient désignés par leur ascendance maternelle. Dans son acception sociale, le mythe de Cernunnos nous a fait revivre les rivalités qui ont marqué la difficile transition entre le matriarcat et le patriarcat. Le mythe de Rhiannon ou le conte de *La Grotte des Korrigans* nous ont montré sans ambiguïté que la souveraineté était incarnée dans la femme et que, dans la dispute du pouvoir, c'était souvent elle qui finalement l'emportait. Nous l'avons bien vu dans le conte *Domestique chez le diable* et dans la légende de Merlin l'Enchanteur. Mais le mythe a évolué avec les mœurs et l'on voit poindre déjà le pouvoir masculin dans la royauté de Cernunnos ou de Finn, dans le thème de la mère punie par le père du Mabinogi de « Pwyll », et dans la victoire de saint Edern sur sa « sœur ». Certes, tout cet ensemble mythique a une signification métaphysique, puisque l'acte créateur suppose à la fois conjonction et conflit entre la substance et le souffle de l'esprit, et que la Mère est le principe créateur fécondé, par opposition au Père, principe créateur fécondant, mais il renferme aussi un symbolisme social évident. Aux temps préceltiques, la société occidentale ne s'était pas encore dégagée du système matriarcal, et c'est l'introduction de la culture indo-européenne qui allait la faire accéder au patriarcat, un patriarcat qui, d'ailleurs, chez les Celtes, est resté mitigé.

Dans la nuit de la préhistoire, les ancêtres de l'homme ne faisaient aucune relation entre l'acte sexuel et la naissance d'un enfant. Comme les autres espèces animales, ils s'accouplaient parce que leur instinct les y poussait, et la venue au monde d'un petit être, neuf mois plus tard, ne pouvait pas leur apparaître comme une conséquence de ce geste fugitif et sans doute déjà oublié. L'ignorance des liens du sang entre le mâle et les enfants de ses compagnes ne favorisait pas la formation de groupes familiaux complets et stables. Les enfants n'étaient rattachés qu'à leur mère. Si un vigoureux chasseur ou une aguichante jouvencelle parée de colliers de coquillages prétendaient à l'exclusivité des faveurs d'un ou plusieurs individus du sexe opposé, c'était par instinct de possession ou par passion amoureuse, mais non pas du tout pour structurer la société, et il n'en résultait aucune conséquence pour les enfants auxquels les compagnons de leurs mères restaient étrangers. Mais lorsque est venue à l'être humain une conscience logique suffisante pour qu'on puisse l'appeler *homo sapiens,* le rapport entre l'union charnelle de l'homme et de la femme et la naissance, par la suite, d'une petite créature vagissante, ne pouvait plus lui échapper. Car si, pour le mâle, ce rapport n'était pas évident, il l'était pour sa partenaire. Les femmes se rendaient bien compte que, parmi elles, seules connaissaient la maternité celles qui avaient abandonné leur corps à une étreinte masculine. Et comment une mère aurait-elle été aveugle à la ressemblance entre son rejeton et l'homme – ou l'un des hommes – avec qui elle s'était livrée à des ébats amoureux? La découverte de l'existence de la paternité lui permettait d'intégrer le géniteur à la petite communauté familiale constituée par elle-même et ses enfants, ce qui était tout à son avantage. Car l'absence de structures familiales, si elle n'empêchait pas les hommes de satisfaire leurs appétits charnels ni même leur besoin de tendresse, n'assurait qu'imparfaitement aux femmes et à leurs petits la protection contre les périls qui les menaçaient. La future mère pouvait maintenant placer son compagnon devant ses responsabilités : « C'est par toi que je me trouve dans un état où je ne peux plus courir aussi vite ni me défendre aussi bien contre les bêtes féroces, c'est donc à toi, beaucoup plus qu'aux autres membres de la tribu, de te charger de ma protection », et, lorsque la naissance était survenue, elle pouvait lui dire : « Ce bébé que j'ai mis au monde, tu en es le père, tu dois veiller sur lui, comme sur moi qui ai à l'allaiter; tu dois nous défendre, chasser pour nous, nous apporter notre nourriture et les peaux de bêtes qui nous vêtiront ». C'était logique, et l'homme l'a admis. Le mariage était né. Viviane avait enfermé Merlin dans la cage invisible où elle régnerait en maîtresse.

En agrégeant ainsi l'homme à la cellule sociale où la mère régnait en souveraine sur ses enfants, les femmes avaient instauré le régime matriarcal qui, dans les sociétés primitives, a perduré pendant des millénaires. Elles y avaient tout gagné. Les hommes avaient aliéné leur indépendance sans contrepartie. Mais ils ont fini par s'aviser qu'il n'est pas tellement normal que celle qui demande protection prétende, en plus, exercer le commandement. Ils se sont alors engagés dans un mouvement d'émancipation qui a abouti à la reconnaissance du mariage comme un contrat équilibré où, en échange de la protection que lui apporte l'époux, l'épouse accepte son autorité.

Avec l'abolition du matriarcat, le culte de la Déesse-Mère perdait sa prépondérance. Les divinités chtoniennes, liées à la sublimation de la matrice féminine et des profondeurs de la Terre, sont alors passées au second plan et ont laissé la suprématie à une divinité ouranienne, de nature solaire, manifestant la primauté de l'esprit sur la matière.

Dans nos régions occidentales restées profondément marquées par la culture mégalithienne, la primauté masculine n'a jamais pris, cependant, le caractère absolu qu'elle a pris dans les pays méditerranéens et chez les peuples germaniques. Sur les rivages atlantiques, les populations de l'âge du Bronze, puis les peuples celtisés ont conservé à la femme beaucoup plus de droits et de pouvoirs qu'elle n'en avait chez les Latins, les Grecs et les Germains. La femme celte était l'objet d'un grand respect. Elle participait aux conseils où il était décidé de la guerre ou de la paix. Elle pouvait remplir des fonctions royales ou sacerdotales, commander des armées. L'initiation des jeunes guerriers était assurée par des femmes. C'étaient même les jeunes filles qui demandaient les jeunes gens en mariage, et ce vestige de matriarcat a subsisté jusqu'au siècle dernier dans certaines îles bretonnes comme Ouessant, Arz et l'île aux Moines. Si les Celtes attribuaient, comme tous les Indo-Européens, la dignité de chef de famille au père, ils y mettaient une condition ignorée ailleurs : c'est qu'il fût d'un rang social au moins égal à celui de son épouse. Si elle le dépassait par la noblesse ou la richesse, c'était elle qui exerçait l'autorité. Voilà pourquoi César nous dit, non sans s'en étonner, que les hommes gaulois apportaient en ménage des biens équivalents à la dot de leur femme. Et voilà aussi pourquoi la reine Medb tenait tant à conquérir le taureau brun de Cualngé, dont la possession l'aurait faite plus riche que son mari, le roi Ailill.

L'image idéalisée de la Femme est restée chère aux cœurs des Bretons et des Gaëls, et l'on n'a jamais vu s'instituer chez eux le système patriarcal rigoureux que l'on qualifie aujourd'hui de « phallocratique ». C'est pourquoi la Grande Déesse a conservé une place importante dans la tradition celtique. Mais lorsque, avec la fin du matriarcat, cette place a cessé d'être la première, s'est imposée au zénith de notre mythologie la figure majestueuse du Dieu-Père, du Grand Dieu qui manifeste l'unité divine, même si les figures de divinités sont multiples.

César, dont le moins qu'on puisse dire est qu'il posait sur la religion celtique le regard superficiel d'un touriste et qu'il n'y avait pas compris grand-chose, nous parle séparément du *Dis Pater* dont tous les Gaulois prétendaient descendre et du « Jupiter gaulois » qui, à la différence de son Jupiter romain, n'était pas le roi des dieux et n'occupait que la quatrième place, après Mercure, Apollon et Mars. La vérité, c'est que César était incapable de concevoir la notion de Dieu suprême, et se laissait abuser par la pluralité des appellations. Dans les premiers temps de la pensée religieuse des Celtes s'est dégagée l'image du Dieu tout-puissant qui connaît tout, qui par sa Providence protège et nourrit l'humanité, qui est maître de la vie et de la mort. Cela s'est opéré, tout d'abord, par la promotion de l'époux de la Déesse Mère, qui, dans la religion antérieure, n'occupait que le second rang. Il était un dieu chtonien, et·

c'est ce qui explique que sous son nom de Dis Pater il soit resté dieu des Morts, lié à la nuit et non pas au jour. Mais ce n'est là qu'un aspect de sa personnalité. Comme son titre de Dis Pater l'indique, il est surtout Pater, père. Il est le géniteur qui veille sur sa descendance et la gouverne. Il exerce la puissance paternelle sur toute l'humanité, et même sur la totalité du cosmos. Pour cette raison, il ne pouvait rester confiné dans son personnage de dieu du monde inférieur. Le Dieu Père est nécessairement un dieu rayonnant, lumineux, un dieu céleste régnant sur toutes les sphères de la création. C'est donc dans le soleil, les éclairs, le vent et les nuages que se manifeste le grand dieu des Celtes. En même temps que père suprême, il est à la fois le Dieu-chef au caractère guerrier, et le Dieu-druide, maître de la science, de la sagesse et de la magie. On se le représente comme un homme barbu au regard bienveillant, vêtu de la tunique courte des gens du peuple et d'un capuchon ou d'une peau de loup. Ce sont là des vêtements archaïques : l'éternité ne peut être évoquée que par un costume du temps passé. On n'irait pas, de nos jours, représenter le Père éternel autrement que dans une robe à l'antique. Vous ne le voyez pas en complet veston!

Notre Dieu-chef est généralement muni de l'arme des primitifs, la massue (ou le maillet, qui en est la forme évoluée). Cet engin contondant est doué d'une étrange propriété : par un bout, il tue, mais par l'autre il ressuscite.

Un autre objet extraordinaire que possède le dieu suprême est un chaudron magique. Il est à deux usages. C'est un chaudron d'abondance : on peut y puiser indéfiniment de la nourriture sans que jamais il se vide, et c'est un chaudron de résurrection : il suffit d'y plonger les morts pour qu'ils reviennent à la vie. Dans une iconographie tardive, ce chaudron est parfois remplacé par une simple coupe, voire même par un tonneau. Mais sur le vase de Gundestrup on voit bel et bien une scène où les guerriers morts sont plongés la tête la première dans une bassine, d'où ils ressortent vivants... et à cheval.

Le grand dieu unique des Celtes correspond parfaitement au grand dieu unique de la tradition védique. Il était appelé, en Gaule rhodanienne et rhénane, « Sucellos », c'est-à-dire « le bon frappeur », et l'on trouve à Mayence une dédicace où il est identifié à Jupiter : *IOM [Iovi Optimo Maximo] Sucælo, «A Jupiter Sucellos, le meilleur et le plus grand »*. On ignore quels noms lui étaient donnés dans le reste des Gaules, mais il n'est pas douteux que celui de Taranis, « le Tonnant », était une des appellations qui s'appliquaient à lui, car le tonnerre est un phénomène céleste faisant penser au bruit du maillet. On connaît en Dalmatie une dédicace à « Jupiter Taranucus », qui en fournit la preuve formelle. D'ailleurs, des textes anciens assimilent Taranis à Dis Pater et rapportent qu'on lui offrait des sacrifices humains [1].

Le « Jupiter gaulois », pour employer une expression romaine peu adéquate mais souvent reproduite par les savants modernes, est parfois figuré sous l'aspect d'un cavalier écrasant sous les sabots de son cheval un monstre à buste d'homme, ou plus rarement de femme, et queue de serpent. On connaît environ cent cinquante monuments représentant cette scène qui symbolise, selon toute vraisemblance, la victoire de la puissance céleste sur les forces ténébreuses du monde inférieur. On remarquera que le dieu y est à cheval, ce qui exprime à la fois sa noblesse et son triomphe sur la mort [2]. On n'aura pas manqué de remarquer que cette image a été

1. *Taranis Ditis Pater hoc modo apud eos placatur : in alveo ligneo aliquot homines cremantur* (*Scholies bernoises,* attribuées à Lucain).
2. Chose curieuse, un des trois groupes du « cavalier à l'anguipède » qui existent en Bretagne se trouve sur le terrain d'un centre équestre, le Club hippique de Quimper.

conservée par le christianisme sous la figure de saint Georges terrassant le dragon.

Chez les Irlandais, le dieu suprême est désigné sous le nom de « Dagda » : le Bon Dieu (Dago Devos). En réalité, il s'appelle Eochaid Ollathir, Eochaid le Père de tous, mais lors d'un conseil de guerre tenu à l'occasion de la bataille de Mag Tured, comme chacun des chefs des Tuatha Dé Danann énonçait ce qu'il comptait faire pour la cause commune, il avait déclaré : « Tout ce que vous promettez, je le ferai moi-même, à moi tout seul », et aussitôt on l'avait proclamé « dieu bon », c'est-à-dire efficace, doté de toutes les qualités convenables à son état (comme on dit « un bon cheval », « un bon ouvrier »). Mais s'il ne faut pas chercher dans ce qualificatif d'appréciation morale, il n'en reste pas moins que la bonté, au sens de « bienveillance », de « bienfaisance », n'est pas absente du personnage. Les textes nous disent qu'il est « le Père de tous, de forte corpulence, généreux, libéral et sage ». Il est dépeint avec le costume et les attributs traditionnels du bon frappeur, la tunique, le capuchon et la massue, mais la truculence irlandaise en a fait un être énorme et caricatural. Il est ventripotent, hideux, chaussé de bottes en peau de cheval avec le poil en dehors, et sa massue est si lourde qu'il l'a montée sur roues pour pouvoir la tirer après lui.

Un épisode cocasse de la bataille de Mag Tured révèle sa dimension. Pendant les fêtes de Samain, il s'est rendu au camp des ennemis, les Fomôiré, et ceux-ci préparent pour lui un porridge où il entre vingt mesures de lait, autant de farine et de graisse, des chèvres, des moutons et des porcs entiers. Quand il est cuit, ils le versent dans un trou creusé en terre et lui ordonnent, sous peine de mort, de tout manger. Il s'exécute, prend sa louche « si grande qu'un homme et une femme auraient pu coucher dedans » et, non content d'avaler jusqu'à la dernière bouchée, récure le trou avec son doigt et mange même

103

les graviers du fond. Le récit est burlesque mais, en triomphant de l'épreuve qui lui est imposée par les forces de destruction, le Dagda a fait, selon les conceptions archaïques, la preuve de sa capacité d'exercer le pouvoir royal, de même qu'aujourd'hui c'est (hélas!) en absorbant forces rasades qu'un jeune Breton ou un jeune Irlandais entend faire la preuve qu'il est un homme. Après cet exploit pantagruélique, le Dagda, roulant plutôt que marchant, se rendit jusqu'à la plage, se laissa tomber sur le sable et sombra dans un lourd sommeil. Ce fut la fille du roi des Fomôiré qui le réveilla, et il s'unit à elle... non sans difficulté, étant donné le volume de son ventre empli comme une outre. La demoiselle, comblée, lui promit de l'aider, par sa magie, contre son propre père.

En plus de la massue et du chaudron magique, le Dagda possède un objet merveilleux qui, lui, n'était pas attesté chez les Gaulois parmi les attributs du Dieu-chef : une harpe d'or qui a la particularité de jouer seule, sans l'intervention de musicien, les trois airs du harpiste habile qui sont, comme chacun sait, l'air que l'on ne peut écouter sans fondre en larmes, l'air qui déchaîne un rire incoercible, et l'air qui endort tout l'auditoire. Mais elle ne peut jouer que sur son ordre. Lorsque, à l'issue de la bataille de Mag Tured, les Tuatha Dé Danann l'ont emporté sur les Fomôiré, ceux-ci volent la harpe magique et l'emportent dans leur fuite vers la mer. Le Dagda, Lug et Ogme se lancent à leur poursuite et finissent par rejoindre leur roi, Bres, dans la salle où il donne un banquet. La harpe est accrochée au mur, mais dès que le Dagda pénètre dans la salle et l'appelle elle se décroche d'elle-même et vient à lui, en tuant au passage neuf ennemis. Il lui fait jouer l'air des pleurs, et toutes les femmes éclatent en sanglots. Il lui fait jouer l'air de la gaieté, et les femmes et les enfants ne peuvent plus s'arrêter de rire. Enfin, il lui fait jouer l'air du sommeil et femmes, enfants, serviteurs et guerriers tombent endormis. Ainsi les trois dieux peuvent-ils s'échapper de chez les Fomôiré qui s'apprêtaient à les mettre en pièces.

Contrairement à la Déesse-Mère Ana, le Dieu-Père n'est pas le père des dieux. Sa famille se limite à quelques enfants et petits-enfants. Sa compagne, cela va peut-être surprendre les rationalistes, est une rivière. Ou plutôt l'essence de la féminité manifestée par la rivière. L'eau est l'image de la virtualité, de la vie en germe. En elle l'être imparfait se purifie, se dissout, et il en ressort régénéré. L'eau est d'essence lunaire et féminine, et représente la fécondité même : la Bible ne nous dit-elle pas qu'au commencement l'Esprit de Dieu planait au-dessus des eaux? L'union du Dieu-Père et de la rivière sacrée, c'est l'acte même de la création.

Dans les régions de la Gaule où le grand dieu au maillet était connu sous le nom de Sucellos, la déesse-rivière était appelée « Nantosuelta ». On ne connaît pas la signification de la deuxième partie de ce nom, mais « nanto- » est le terme qui désigne le cours d'eau. De nombreux monuments gallo-romains représentent le couple divin Sucellos-Nantosuelta et, comme il se doit, la déesse, en tant que principe de la fécondité, tient habituellement en main une corne d'abondance. Dans la région de Metz, elle porte une petite maison ronde, manifestant que la femme est l'âme du foyer domestique, que c'est chez elle que l'homme vient habiter. Ce thème, qui montre à quel point la société celtique s'efforçait de conserver l'équilibre entre les anciennes conceptions matriarcales et le moderne régime patriarcal, est explicité par le mythe que nous a transmis la tradition irlandaise, celui de l'union du Dagda et de Boann.

Dans les contrées où le nom du Dieu-chef ne nous est pas connu, nous ignorons tout autant celui de sa parèdre.

Nous sommes, par contre, parfaitement renseignés sur la déesse irlandaise à laquelle s'unit le Dagda, il s'agit de Boand ou Boann, nom de la rivière (la Boyne) qui se jette dans la mer d'Irlande, à une cinquantaine de kilomètres au nord de Dublin. La résidence du Dagda – et cela va nous expliquer la petite maison tenue dans sa main par Nantosuelta sur certains monuments des Mediomatrici – est chez sa compagne, dans le Brug na Boinne, l'Hôtel de la Boyne. Or Boann, dont le nom signifie « vache blanche » *(bo vinda),* est sa propre belle-sœur, l'épouse de son frère Elcmar. Il la désirait, et elle lui aurait cédé si elle n'avait eu peur d'Elcmar. Il envoie alors Elcmar en voyage au loin, chez son gendre Bres fils d'Elatha, mais, comme Elcmar a prévenu qu'il serait de retour au bout d'une nuit et un jour, il suspend le cours du temps de manière que cette nuit et ce jour durent neuf mois.

Le Dagda et sa belle-sœur profitent si bien de cette journée de neuf mois que, lorsque Elcmar revient, Boann a accouché d'un fils, Oengus (Force unique), surnommé « Mac Oc », le Fils Jeune. Comme elle est parfaitement remise des souffrances de l'enfantement, Elcmar, qui croit n'avoir été absent que vingt-quatre heures, ne se doute de rien.

Le mythe nous fait toucher là du doigt que pour Dieu le temps n'existe pas, ou, plutôt, n'existe que dans la mesure où lui-même le crée. Puisqu'Il est éternel, un jour et une nuit, neuf mois, un an, sept ans, pour Lui c'est la même chose.

Après son adultère, Boann veut se purifier de sa faute dans l'eau lustrale d'une source appartenant à un autre frère du Dagda et d'Elcmar, le dieu marin Nechtan. Mais cette eau de régénération est, par définition, dissolvante. Elle lui enlève une cuisse, une main et un œil. De telles mutilations couvrent Boann de honte et elle s'enfuit, mais l'eau de la source se met à sa poursuite. Sa

106

fuite la conduit jusqu'à la mer, et c'est ainsi que naît la rivière Boyne.

Son idylle avec Boann n'est pas la seule aventure aquatique du Dagda. Au temps de Samain, toujours, il a rendez-vous avec « une femme ». Il la trouve près d'une rivière du Connaught, occupée à se laver « avec un pied au sud de l'eau et un pied au nord de l'eau ». Autour de sa tête pendent neuf tresses dénouées. Ils se livrent ensemble aux jeux de l'amour, et le lieu de leurs ébats est appelé depuis « le Lit du Couple ». Or cette femme n'est autre que la déesse guerrière Morrigan, la reine des fantômes. Elle l'avertit des desseins de ses ennemis, les Fomôiré, et lui promet de l'aider par sa magie pendant la bataille.

On s'étonnera sans doute que, malgré sa laideur, le Dagda remporte autant de succès féminins. Cela montre que sa figure s'est altérée avec le temps et qu'à l'origine il était conçu comme un bel homme. C'est seulement lorsque d'autres figures divines plus jeunes ont tendu à l'évincer que l'humour gaélique l'a pris pour tête de Turc et l'a irrévérencieusement dépeint sous des dehors grotesques.

De ses exploits gaillards, le Dagda a eu une nombreuse progéniture. Nous avons vu que Boann lui a donné un fils en la personne d'Oengus, le Mac Oc. Mais il est père également du roi Bodb et de Cermat, lui-même père de Mac Cuill, l'un des trois rois qui régnaient sur l'Irlande lors de l'arrivée des Goïdels. Mais les plus illustres de ses enfants sont ses trois filles, la déesse Brigitte. Nous la connaissons déjà et n'avons pas oublié qu'elle est triple. Nous savons que c'est une figure de la Grande Déesse et que les sœurs de la Brigitte poète sont la Brigitte guérisseuse et la Brigitte forgeron. Elle est mariée à Bres fils d'Elatha, qui appartient par son père à la race des Fomôiré et va devenir, dans la seconde bataille de Mag Tured, l'ennemi de son beau-père. Du mariage de cette déesse, qu'on pourrait presque appeler « la déesse de l'Intelligence », avec un dieu qui est le dieu de la Destruction et du Chaos sont nés les trois druides primordiaux, Brian, Iucharba et Iuchar, qui sont donc les trois petits-enfants du Dagda. Mais où l'affaire se corse, c'est que Boann, la coupable maîtresse du Dagda, n'est, en réalité, qu'un autre aspect de la déesse Brigitte... Quelle famille!

Belenos

C'est un fait habituel, dans toutes les religions, qu'il vient un moment où le culte du dieu suprême, dont l'image est trop impressionnante, est peu à peu relégué à l'arrière-plan et remplacé par celui d'un dieu jeune, plus attrayant [3]. N'en a-t-il pas été ainsi même dans le christianisme où le culte de Dieu le Père s'est très vite effacé devant celui du Fils, qui, pourtant, avait dit : « Mon Père est plus grand que moi » (Jean, XIV, 28), avait prescrit que ce soit au Père que l'on adresse ses prières (Matthieu, VI, 6; VII, 11) et ne manquait pas lui-même de le prier humblement? Aujourd'hui plus que jamais, les prêtres n'osent pas trop parler de Dieu et préfèrent disserter du Christ. On ne s'étonnera donc pas que chez les Celtes il se soit trouvé de jeunes générations pour considérer le Dagda, alias Sucellos ou Taranis, comme un personnage un peu « rétro » et reporter leur dévotion sur son fils, qui avait l'avantage de la jeunesse et du charme.

Selon la coutume celtique du « forestage », le petit Oengus avait été confié à l'un des nombreux frères du Dagda, Midir, que l'on trouve figuré sur plusieurs

3. En Grèce, Ouranos, devenu inaccessible, a été remplacé par Zeus, puis celui-ci a été évincé à son tour par son fils, Dionysos.

monuments gaulois, où son nom est gravé sous sa forme ancienne : Medros. Midir, donc, mène à bien l'éducation de son neveu et ne lui cache pas qu'il est fils de ce Dagda dont la résidence est dans le Sid de Brug na Boinne. Or le Dagda qui « était roi au commencement du monde » avait partagé le monde souterrain entre les Tuatha Dé Danann, attribuant à Lug le Sid Rodruban, à Ogme le Sid Anceltrai... Alors Oengus va le trouver, un soir de Samain, se fait reconnaître par lui pour son fils et lui réclame un domaine [4]. « Je n'ai rien pour toi, répond le Dagda, j'ai achevé le partage. » Le Mac Oc use alors d'une ruse juridique. Il demande simplement la disposition du Brug na Boinne pour une nuit et un jour. Le Dagda accède sans difficulté à cette modeste requête et, lorsque la nuit et le jour sont écoulés, prie son aimable rejeton de lui restituer sa demeure. Mais Oengus lui répond qu'en la nuit de Samain le temps est aboli et qu'il est clair qu'une nuit et un jour signifient l'éternité. Le Dagda ne peut que reconnaître la justesse du raisonnement et est obligé d'admettre que son fils se trouve pour l'éternité à la tête du Brug na Boinne [5].

Voici donc notre Dagda évincé à tout jamais par son fils, ce Mac Oc, ce Fils Jeune dont le caractère solaire est révélé par un passage de l'histoire de Midir et

4. Je me réfère ici au récit intitulé *La Prise du Sid*. Dans *La Maison des deux gobelets* et dans *La Courtise d'Etaine*, c'est Elcmar qui est maître du Brug na Boinne et c'est lui qu'évince Oengus. Le Dagda n'est pas la victime, comme ici, de la ruse juridique de son fils : c'est lui, au contraire, qui l'imagine et la suggère. Cette version, moins claire du point de vue strictement religieux, semble dénoter une résurgence de conceptions matriarcales : le pouvoir sur le Brug na Boinne doit être conféré par la maîtresse de maison à son mari légitime, Elcmar.

5. Dont j'indique en passant, à l'intention des touristes, qu'il est localisé dans le tumulus de Newgrange, le plus beau monument mégalithique de la vallée de la Boyne. Il possède une chambre à voûte en ogive (tholos) et des parois gravées étrangement semblables à celles du galgal breton de Gavr' Inis.

d'Etaine où l'on nous dit qu'il possède « une chambre de soleil qui a de brillantes fenêtres pour entrer et sortir ». Nous verrons que, dans cette même histoire, il est exigé de lui qu'il défriche douze plaines incultes de façon qu'on y puisse construire des maisons, rassembler du bétail et y organiser des fêtes. Oengus sollicite l'aide de son père, et le Dagda fait défricher en une nuit les douze plaines. Cette allusion au soleil dont la course à travers les douze signes du zodiaque obtient de la toute-puissance divine la fécondité de la terre, démontre bien que l'astre du jour est une manifestation d'Oengus, appelé chez les Gaulois « Belenos » (le Brillant) ou « Grannos » (le Brûlant) et qualifié aussi par eux de « Maponos » (Grand Fils), ce qui correspond assez bien à « Mac Oc ». La tradition galloise a conservé le nom de ce Maponos sous la forme « Mabon » : Mabon est un jeune héros enlevé à sa mère dès le troisième jour de sa naissance et détenu, depuis, en prison. Seul, il peut chasser avec le chien Drutwyn sans lequel on ne peut prendre le sanglier Twryt. Afin de pouvoir entreprendre la chasse du sanglier Twryt, le roi Arthur donne l'assaut à la prison et Mabon est délivré. Cette libération du jeune dieu est comme celle du soleil prisonnier de la nuit, sans qui la vie ne peut se poursuivre. Elle est aussi comme une libération par rapport au culte sclérosé du Dieu Père qui faisait obstacle à la propagation d'idées nouvelles.

Dans l'*interpretatio romana,* Belenos-Grannos est assimilé à Apollon. Pour une fois, l'assimilation est pleinement justifiée, puisque Apollon correspond à l'idée de dieu jeune et beau, lumineux, manifesté par l'éclat du soleil. C'est le dieu de l'illumination spirituelle. Mais c'est qu'Apollon n'était pas une divinité romaine. C'était une divinité d'origine hyperboréenne dont les Grecs comme les Celtes avaient conservé le souvenir. Un de ses principaux sanctuaires se trouvait en terre celtique, c'était l'immense temple circulaire de

Stonehenge. Et lorsque l'armée celte de Brennos, ayant envahi la Phocide, s'est ruée sur le temple de Delphes, ce n'étaient pas les richesses matérielles accumulées dans son trésor qu'elle convoitait, c'étaient les richesses spirituelles dispensées par Apollon. Elle a été amèrement déçue par les conceptions religieuses de la Grèce et s'est dédommagée sur ce trésor, mais le cœur n'y était pas et elle éprouvait un sentiment d'échec.

Les Latins ont emprunté aux Grecs le culte d'Apollon. Si l'on en croit César, le Dieu Jeune occupait le second rang dans la hiérarchie des divinités celtiques. César, ici, est partiellement dans le vrai. Les dieux celtes n'étaient pas hiérarchisés et l'idée de Dieu Suprême n'a jamais été représentée par une autre figure que celle de Taranis-Dagda, mais le culte de Belenos était bien celui qui avait supplanté celui du Père et conservait, à l'époque de la guerre des Gaules, la deuxième place dans la ferveur populaire, après celui de Lug.

Le culte de Belenos consistait notamment en rites sacrés autour de grands feux de joie [6] et se célébrait de préférence sur des sommets. De nombreux lieux élevés lui étaient dédiés, comme l'îlot de Tombelaine (Tombe-Bélen), au large du Mont-Saint-Michel. Des villes portaient son nom, devenu aujourd'hui Belin, Béliet, Blénod, Baulne, Beaune. Plougonvelen, dans le Finistère, c'est « Plou-Kuno-Belenos ». Il y avait une montagne gauloise appelée « Belenatis ».

Après la christianisation, les sommets consacrés à Belenos ont été mis sous l'invocation de l'archange-saint Michel, à l'épée flamboyante comme le soleil, et les feux solsticiaux allumés en son honneur ont continué à l'être en l'honneur de saint Jean.

6. La fête du 1er mai était appelée, en Irlande, « Beltene », c'est-à-dire « feux de Belenos », et les druides y allumaient de grands feux. On faisait passer le bétail à travers la fumée pour le purifier.

111

Un épisode du mythe d'Oengus met particulièrement en évidence son identité avec l'Apollon des Grecs. Né, selon la tradition, dans les régions hyperboréennes, Apollon avait pour attribut l'oiseau qui vient du nord, le cygne. Or l'*Aislinge Oenguso (Le Rêve d'Oengus)* nous raconte que le Mac Oc a une nuit, dans son sommeil, la vision d'une jeune fille d'une merveilleuse beauté. Il va lui saisir les mains pour la prendre avec lui dans son lit, quand elle lui échappe d'un bond et disparaît. Elle se manifeste de nouveau à lui une autre nuit, jouant de la musique pour l'endormir, puis les nuits suivantes, pendant toute une année. Il en est devenu si éperdument amoureux qu'il tombe malade de langueur. On fait venir à son chevet le fameux médecin Fingen, qui diagnostique sans hésiter le mal d'amour et obtient de lui qu'il lui raconte ses rêves. Comme on n'avait pas encore inventé le jargon psychanalytique, Fingen ne s'est pas égaré à tenter de délivrer le subconscient de son patient de pulsions et de tendances refoulées, il a fait tout de suite prévenir Boann de la maladie de son fils et l'a invitée à se mettre à la recherche d'une jeune fille semblable à celle des rêves. Boann cherche pendant un an, à travers toute l'Irlande, mais en vain. On fait venir alors le Dagda, qui déclare que le problème le dépasse mais envoie des émissaires à Bodb, roi du Sid de Munster, dont la science est réputée par toute l'île. Bodb se met en quête et, au bout de l'an, annonce qu'il a trouvé la jeune fille au bord du lac Bel Dracon, qu'elle se nomme Caer Ibormaith et est fille d'Ethal, du Sid de Uaman, dans le Connaught. Oengus se rend au lac Bel Dracon et la reconnaît du premier coup parmi ses cent cinquante suivantes. Mais il ne peut l'apercevoir que de loin.

Le Dagda fait alors intervenir les souverains du Connaught, Aillil et Medb, afin qu'ils obtiennent d'Ethal la main de la belle pour son fils. Ethal refuse. On lui fait la guerre, on tue ses hommes et on le capture.

L'épée sur la gorge, il révèle que sa fille vit un an sous sa forme humaine et un an sous celle d'un cygne.

Dès qu'arrive l'époque de Samain, Oengus se rend au bord du lac Bel Dracon et voit à sa surface cent cinquante cygnes avec des chaînes d'argent autour de leur cou. Alors il appelle Caer. « J'irai, répond un des cygnes, si tu me promets sur ton honneur que je reviendrai dans le lac demain ». Il promet et tend les bras vers elle. Aussitôt il est transformé lui-même en cygne et peut la rejoindre.

Ils dormirent l'un près de l'autre sous leur forme de cygnes « et il n'y eut rien là, nous dit l'*Aislinge Oenguso*, qui lui fit perdre son honneur ». Au matin, ils firent trois fois le tour du lac et s'envolèrent ensemble vers le Brug du Mac Oc. Ils chantèrent ensemble de la musique et plongèrent les hommes dans le sommeil pendant trois jours et trois nuits. Après quoi Caer demeura avec Oengus.

Le caractère solaire d'Oengus est particulièrement mis en évidence par le fait que, dans les récits mythologiques irlandais, il nous est décrit portant un vêtement étrange *avec un manteau aux larges raies d'or*. C'est dans les plis de ce manteau qu'il emporte, pour les sauver, la belle Grainné, tout comme la malheureuse Etaine métamorphosée en insecte.

Au cours d'une visite qu'il fait, dans le Brug, à son fils adoptif, Midir est blessé à l'œil et, selon le droit celtique qui connaissait déjà, il y a vingt-cinq siècles, la notion très moderne de responsabilité sans faute, c'est à Oengus qu'il appartient de l'indemniser. Bien que sa blessure ait été guérie par le dieu-médecin Diancecht, Midir exige à titre d'indemnité, compte tenu de sa qualité, un char, un manteau et la plus belle fille d'Irlande, Etaine fille d'Ailill. Voilà donc notre Mac Oc en quête d'Etaine, la plus belle fille d'Irlande. Nous aurons à reparler des péripéties de cette quête. Elle est finalement couronnée de succès et il ramène Etaine à son oncle Midir, qui l'épouse.

Malheureusement, Midir est déjà marié et sa première épouse, Fuamnach, ne voit pas sans un compréhensible déplaisir l'arrivée de l'intruse. Elle la métamorphose en mouche pourpre et souffle sur elle le fameux vent druidique, ce vent de tempête avec lequel, par exemple, les druides des Tuatha Dé Danann avaient repoussé la flotte des fils de Mile. La pauvre Etaine est ballottée dans les airs pendant sept ans, jusqu'à ce qu'elle tombe sur une frange du manteau d'Oengus, alors qu'il se trouve sur le tertre de Brug na Boinne. Oengus l'emporte dans sa demeure et l'installe dans sa « chambre de soleil », qu'il remplit pour elle de bonnes herbes vertes et de fleurs pour lui rendre ses forces. Elle y reste jusqu'au jour où Fuamnach, « ayant entendu parler de l'amour et de l'honneur dans lesquels elle était chez le Mac Oc », revient la projeter de nouveau à travers les airs par son souffle druidique.

On trouve dans ce mythe une partie des éléments de celui de Tristan et Iseult. Au prix de difficiles épreuves, Oengus a conquis Etaine, mais ce n'est pas pour lui, c'est pour son oncle à qui il la ramène et qui l'épouse. Pourtant, il n'est pas douteux que lui-même l'aime, puisque Fuamnach a entendu parler de l'amour dont il l'entoure dans sa « chambre de soleil ». « *Il avait coutume de dormir dans la tour de soleil chaque nuit auprès d'elle et il la réconforta jusqu'à ce que sa joie et ses couleurs lui revinssent.* ». Amour platonique, bien sûr, puisque Etaine se trouve, à ce moment, sous la forme d'une mouche. Mais il est frappant que cela se passe dans une chambre invisible, une tour de soleil, alors que Tristan prétend posséder une semblable demeure : « *J'emmènerai Iseult,* dit-il, *là-haut, entre le ciel et la nue, dans ma belle maison transparente. Le soleil la traverse de ses rayons, les vents ne peuvent l'ébranler; j'y porterai la reine en une chambre de cristal, toute fleurie de roses, toute lumineuse au matin quand le soleil la frappe. »*

La grande différence entre le roman de Tristan et celui d'Oengus, c'est que l'amour de Tristan pour Iseut est partagé et qu'ils deviennent amants, tandis qu'Etaine est passionnément éprise de son époux Midir et lui reste fidèle. Mais le thème de l'adultère royal qui est absent du mythe d'Oengus se trouve, par contre, dans le roman de Diarmaid et Grainné où manque l'épisode de la quête de la femme pour le compte d'un autre (un autre qui est toujours l'oncle et le roi du héros). Et, dans ce roman, c'est le personnage féminin, Grainné, qui parle de sa maison de verre...

Comme on le voit, Oengus, Diarmaid et Tristan sont des avatars du même « Dieu Jeune », le Mac Oc, le Maponos connu à l'origine sous le nom de Belenos. Les uns comme les autres se sont emparés indûment du pouvoir détenu jusque-là par le Dieu-Père, plus âgé, plus redoutable et ne rayonnant pas comme eux de l'éclat du soleil. C'est ce pouvoir que symbolise, dans un cas, la demeure maternelle de Brug na Boinne, dans les deux autres la Femme, incarnation de la Souveraineté. Mais eux-mêmes ne vont pas le conserver longtemps...

Lug

La promotion du culte de Belenos correspond à une époque où le soleil apparaissait comme la plus belle, la plus prestigieuse et la plus émouvante manifestation de la puissance divine, et où la vie humaine se réglait sur sa course. Une époque, donc, d'existence bucolique et champêtre marquée par le rythme des saisons. Mais bien avant l'invasion de la Gaule par les Romains la civilisation celtique avait largement dépassé ce stade. Esprits curieux et inventifs, nos ancêtres s'adonnaient à la recherche scientifique, à la spéculation métaphysique et à la poésie et avaient développé un artisanat de haut niveau et même une industrie fort en avance sur leur temps. Tant par leur culture intellectuelle et spirituelle que par la qualité de leur production agricole et artisanale, ils laissaient très loin derrière eux des peuples voisins, matérialistes et peu raffinés, comme celui de Rome. Il était logique qu'à cet épanouissement correspondît un nouvel idéal religieux et que toute la ferveur populaire se portât sur une figure divine exprimant le pouvoir de l'esprit et la suprême maîtrise de tous les arts et de toutes les techniques. Cette figure divine qui a pris la première place dans l'adoration des foules, évinçant Belenos-Oengus comme lui-même avait évincé Sucellos-Dagda, est le dieu de toute lumière, Lug, (Lugos en vieux gaulois, Llew en gallois), dont le nom même se rattache à la racine indo-européenne signifiant « briller, éclairer [7] ». Il possède toutes les qualités que la ferveur des croyants peut attribuer à l'être resplendissant vers lequel monte leur amour. Il est poète, guerrier, musicien, magicien et expert dans tous les métiers. Les Irlandais le surnomment « Samildanach » : « le Polytechnicien ».

L'attribut principal de Lug est un javelot, arme de jet beaucoup plus moderne que la massue du Dagda et mettant à portée de la main meurtrière du guerrier des objectifs plus éloignés. C'est pourquoi il est aussi surnommé, en Irlande, « Lamfada », Longue Main. Il se sert également de la fronde, premier engin de guerre sophistiqué, le premier d'une série qui, de perfectionnement en perfectionnement, finira par aboutir aux missiles sol-sol porteurs de bombes à neutrons.

Il est probable aussi que la roue, symbole solaire, est

7. *Leuk-*, d'où le grec *leukos*, le latin *lux*, le germanique *Licht*.

116

un attribut de Lug. Dieu de la Lumière, il est le dieu solaire par excellence, et les nombreuses statues gauloises de « dieu à la roue » doivent, fort vraisemblablement, le représenter, à moins qu'il ne s'agisse de figurations de Belenos. Mais Lug n'est-il pas un autre aspect de Belenos? Sur le chaudron de Gundestrup, on voit un dieu barbu entouré de monstres, donc le Dagda-Taranis, remettre la roue à un jeune héros casqué agenouillé à sa droite. Il ne peut s'agir que d'une transmission de pouvoirs par le dieu suprême. Une transmission du pouvoir solaire. Le fait que le récipiendaire arbore un casque de guerrier prouve bien qu'il faut plutôt l'identifier à Lug, redoutable combattant, qu'au paisible Maponos.

Comme Belenos, Lug est l'Apollon celtique. Mais les Romains l'assimilaient à Mercure, en raison de son aspect de maître des arts et des techniques, et César écrit : « *Celui des dieux qu'ils* [les Gaulois] *vénèrent le plus est Mercure. Il y a de nombreuses images de lui; ils font de lui l'inventeur de tous les arts, le guide des voyageurs, ils lui attribuent le pouvoir suprême dans les questions d'argent et de commerce* [8]. ». On pourrait aussi voir en lui l'équivalent de Mars, car sa figure de dieu des batailles n'est pas le moindre de ses aspects. Tout comme Cernunnos, on le voit souvent accompagné du serpent à tête de bélier. En fait, vous pouvez l'identifier, selon votre goût personnel, à n'importe lequel des personnages du panthéon romain, puisqu'il est un dieu universel, doté de tous les talents et cumulant toutes les fonctions.

De même que la Grande Déesse Brigitte est une déesse en trois personnes, de même le grand dieu Lug est-il triple. On dit, en Irlande, qu'il avait deux frères qui s'appelaient l'un Lug et l'autre Lug, mais que ces deux

---

8. *De Bello Gallico*, VI, 17.

117

frères sont morts en bas âge (expression allégorique de l'unicité du dieu triple). On trouve des inscriptions gauloises dédiées aux *Lugoves,* ce qui est le pluriel de *Lugos* en ancien celtique. Et, surtout, une représentation fréquente du « Mercure gaulois » est celle d'un dieu à trois têtes. Sortant des mêmes épaules, une des têtes regarde en face, une autre à droite, une autre à gauche. Ainsi le regard divin embrasse-t-il la totalité du monde. On connaît une trentaine d'images du dieu tricéphale et plusieurs d'entre elles sont dotées d'accessoires qui ne laissent aucun doute sur son identité : la bourse, la tortue, le bélier, attributs traditionnels du protecteur du commerce et de l'industrie. Mais la possession de trois visages et, d'une façon plus générale, le caractère trinitaire, n'est pas une exclusivité de Lug. Aux yeux des Celtes, le trinitarisme est inhérent à l'idée même du divin. Il existe des images de divinités tricéphales qui, manifestement, ne représentent pas le dieu polytechnicien, comme cette statue de Condat où deux trous dans le crâne semblent bel et bien destinés à recevoir les bois de cerf de Cernunnos.

Le culte fervent dont Lug était l'objet à travers toute la Celtie l'a fait choisir comme divin patron de nombreuses villes, à commencer par l'une des principales métropoles de la Gaule chevelue, Lugudunon (Forteresse de Lug), aujourd'hui Lyon. D'autres Lugudunon sont devenus Laon, Loudon, Loudun en France, Leijden (Leyde) aux Pays-Bas, Liegnitz en Suisse, etc. On trouve aussi, dans la France actuelle, des Lugos, Lugan, Lugon, Lugagnac, Lugagnan, Lusignac (anciennement Luginhacum), Luigné... Il y a Lugo en Gaule cisalpine et Lugo en Espagne.

L'animal consacré à Lug était le corbeau, incarnation, dans le bestiaire celtique, de l'esprit guerrier. Lors de la fondation de Lyon, on dit que des corbeaux sont descendus du ciel pour indiquer l'emplacement où élever la forteresse. Il semble, d'ailleurs, que le nom même de Lugos était celui d'une variété de corbeaux, on ignore laquelle. Le corbeau appartient au monde céleste, puisqu'il est un oiseau, qu'il vole dans l'azur, descend dans les rayons du soleil, mais il appartient aussi, de par sa couleur noire, au monde des ténèbres. Et c'est bien cela le caractère spécifique de Lug : il est tout à la fois. Il réalise en sa personne l'union des deux mondes, celui d'en haut et celui d'en bas, l'union de l'esprit et de la matière, de la vie et de la mort, de la pensée et de l'action. Avec lui disparaissent toutes les oppositions, il réconcilie les contraires. La tradition gaélique nous dit qu'il a pour père Cian (« Lointain ») [9], un des Tuatha Dé Danann, fils du divin médecin Dian Cécht, et pour mère la fille du roi des Fomôiré, Eithné fille de Balor. Il est donc de race céleste par son ascendance paternelle et de race infernale du côté maternel.

Le nom d'Eithné n'est qu'une autre forme du nom d'Etaine et, de fait, la mère de Lug est bien la même déesse que l'épouse de Midir, laquelle se confond, en définitive, avec Brigitte, la Déesse-Mère dont tous les dieux sont les fils. Mais ce n'est pas elle qui élève son enfant Lug, c'est la déesse tellurique Tailtiu. Tailtiu personnifie l'Irlande, c'est-à-dire l'univers créé. Cette seconde mère est l'épouse du roi des Fir Bolg, Eochu, ce qui rattache Lug à l'autre race dont les Tuatha Dé Danann triomphent dans les combats de Mag Tured. Ainsi procède-t-il de la totalité du monde divin.

À tous les points de vue, Lug est universel. Sur le plan social, il appartient à toutes les classes : à la classe sacerdotale, car il est magicien et poète, à la classe-guerrière, car il est chef d'armée, et à la classe laborieuse, car il est charpentier et forgeron. Sa protection s'étend à l'ensemble de la société.

9. Prononcer : « kian-n' ».

119

Étant le dieu universel, il ne peut avoir pour épouse que la Grande Reine, l'incarnation de la souveraineté. Il est donc marié à Eithné... Sa propre mère? – oui, bien sûr, mais cela n'a rien à voir avec un inceste. Si vous l'imaginez comme s'unissant de façon scandaleuse à celle qui lui a donné le jour, c'est que vous n'avez rien compris. Le mythe exprime de façon symbolique cette idée que le dieu de la Lumière et de l'Intelligence est à la fois issu de la puissance créatrice fécondée, féminine, et le fécondateur de cette puissance créatrice.

La fête de Lug se célébrait le 1er août. On l'appelait, en Irlande, Lugnasad, « l'Assemblée de Lug », et elle était présidée par le roi en personne. C'était une fête de la moisson, la fête d'un peuple qui pensait que la présence à sa tête d'un bon roi garantissait au pays l'abondance et la prospérité. À cette occasion se déroulaient de grandes compétitions sportives dont on prétendait qu'elles avaient été instituées par Lug lui-même. Les jeux se déroulaient autour d'un tertre tumulaire qui passait pour être la tombe d'une déesse de la Fertilité : de Tailtiu elle-même à Tara, de Carman dans le Leinster, de Macha à Emain Macha. En Gaule, la fête de Lug avait une telle importance, une telle ampleur, dans sa ville sainte de Lyon, que l'empereur Auguste n'a pas résisté à l'envie de s'en approprier le bénéfice. Il a décidé que sa propre fête serait célébrée le jour de l'Assemblée de Lug. Le mois ouvert par les cérémonies en l'honneur du dieu celtique a pris le nom d' « Augustus », dont nous avons fait « août ».

La tradition galloise nous donne sur Llew Lawgyffes, c'est-à-dire Lug Lamfada, d'étranges détails. Il aurait été conçu dans une union incestueuse de Gwydyon, nom gallois du Dagda, et de sa sœur Arianrhod, et sa naissance serait survenue par magie : le roi Math ne pouvait vivre, en temps de paix, que les pieds dans le giron d'une jeune vierge et Gwydyon s'avisa de lui proposer sa sœur pour remplir ce rôle. Mais Math ne se laissa pas duper. Pour s'assurer qu'elle était vierge, il la fit passer sur sa baguette magique, et l'effet fut radical : en franchissant la baguette, Arianrhod perdit deux nouveau-nés, Dylan, que Math décida d'élever, et Llew, qui fut escamoté par Gwydyon et élevé par lui en secret. Lorsque, plus tard, Gwydyon voulut faire reconnaître l'enfant par sa mère, elle le maudit et jura qu'il aurait pour destinée de n'avoir jamais une femme de la race qui peuple la Terre. Mais Gwydyon et Math, unissant leurs pouvoirs magiques, fabriquèrent avec des fleurs de chêne, de genêt et de reine des prés une charmante pucelle qu'ils nommèrent « Blodeuwedd » (« aspect, visage de fleurs ») et purent donner pour épouse à Llew, puisqu'elle n'était pas née de la race qui peuple la Terre. Mais la Femme-Fleur fut une épouse infidèle. Elle trahit Llew et le fit tuer par son amant Gronw Pebyr. Gwydyon le ressuscita et Llew, à son tour, tua Gronw Pebyr. Quant à Blodeuwedd, elle fut métamorphosée en hibou.

La naissance de Llew, dans le mythe gallois, ressemble un peu à celle de Cûchulainn, héros de la mythologie irlandaise. Cûchulainn, lui aussi, est né d'un inceste. Il est le fils de la princesse Dechtiré et de son frère Conchobar. Lui aussi a un « père putatif », l'équivalent de Math. Ce père putatif, l'homme à qui l'on s'est empressé de marier Dechtiré, se nomme Sualtam. Mais, dans une autre perspective, Cûchulainn est le fils de Lug et de sa mère Eithné. En tant que fils de Lug, il est de nature solaire; cependant, on ne saurait voir en lui une autre figure du dieu solaire, son père. Il est bien l'avatar d'un des grands dieux celtiques, mais il s'agit du dieu-champion *Ogmios*.

L'historien grec Lucien rapporte avoir vu en Gaule une curieuse représentation d'Héraclès, dont il nous dit que « dans leur langue nationale les Celtes l'appellent Ogmios » [10]. Il était figuré sous les traits d'un vieillard à la peau parcheminée, au devant de la tête chauve et aux cheveux restants complètement blancs, ce qui ne correspondait guère à l'image classique d'Héraclès, mais comme Héraclès il était revêtu d'une peau de lion, tenait dans la main droite une massue et dans la gauche un arc, et portait à l'épaule un carquois. Nul doute, donc, pour Lucien, qu'il s'agissait bien du fils d'Alcmène vainqueur du lion de Némée. Mais ce qui intriguait le brave historien, c'est que le personnage du tableau tirait un grand nombre d'hommes à l'aide de chaînettes d'or attachées à leurs oreilles et partant de sa langue. Et, loin de lui résister, ces hommes enchaînés le suivaient avec bonne humeur et même enthousiasme.

Le pauvre Lucien contemplait avec indignation cette peinture, qu'il estimait sacrilège. Oser représenter Héraclès sous l'aspect d'un vieux bonhomme! Et se permettre de lui trouer la langue pour y faire passer des chaînes! Il en suffoquait de courroux quand un druide qui se trouvait là, et qui était beaucoup mieux instruit de la religion grecque que lui ne l'était de la religion celtique, entreprit de lui expliquer que les Celtes représentaient l'éloquence non, comme les Hellènes, par Hermès mais par Héraclès, car Héraclès était beaucoup plus vigoureux, et que s'ils faisaient de lui un vieillard, c'est que l'éloquence arrive à sa maturité dans le troisième âge seulement et que les vieillards s'expriment avec plus de sagesse que les jeunes. Si le peintre avait perforé la langue du dieu pour lui faire tirer les hommes enchaînés

10. Lucien, *Discours*, 1, 7.

par les oreilles, il ne fallait rien y voir d'irrévérencieux, car cela signifiait qu'on conduit les hommes par la persuasion, donc par la parole qui sort de la bouche et est reçue par l'oreille.

Le druide avait accompagné avec humour ses explications de citations de poèmes grecs et d'allusions aux mythes historiques de l'Hellade qui témoignaient de son érudition et de son universalisme, et l'on voit bien que, dans ses explications, il s'efforçait de se mettre à la portée d'un esprit beaucoup moins ouvert à la spéculation métaphysique. Il lui parlait un peu comme on parle à un enfant, en simplifiant les choses à l'extrême. Il essayait de lui rendre compréhensibles, en les réduisant à quelques symboles rationnels, des thèmes beaucoup plus riches de sens mais relevant de l'ineffable.

Le tableau lui-même, d'ailleurs, représentait une schématisation du mythe et sa réduction aux quelques éléments les plus faciles à exprimer. Il a été peint au IIe siècle de notre ère, à une époque où, sous l'influence de l'art gréco-romain, la gravure et la sculpture originellement surréalistes des Celtes avaient régressé jusqu'à tomber dans le figuratif le plus banal. La même scène se trouvait représentée plus anciennement, d'une façon moins simpliste, sur de très belles monnaies armoricaines où l'on voyait une tête humaine bouclée entourée de cordons perlés la reliant à d'autres têtes plus petites.

Le dieu Ogmios nous est connu par d'autres textes que celui de Lucien. On a retrouvé à Bregenz (Autriche) deux tablettes de plomb sur lesquelles étaient gravées en latin des formules de malédiction « vouant » des individus à Ogmios pour qu'il les fasse périr ou les frappe d'impuissance. C'était donc un dieu justicier à qui l'on s'adressait pour réclamer vengeance, comme les Bretons s'adressaient naguère à saint Yves de Vérité, implorant du doux apôtre de la charité la mort de ceux qui leur avaient fait tort.

D'où vient ce nom d'Ogmios? Les savants se perdent là-dessus en conjectures, car ils ne lui trouvent aucune étymologie satisfaisante en vieux celtique. L'opinion la plus communément émise est qu'il s'agit d'un emprunt au grec *ogmos,* sillon, chemin. Je me rangerais volontiers à cette opinion, si ce n'était précisément Lucien, qui, étant grec, devait connaître un peu la question, qui nous enseigne que les Celtes appelaient ainsi Héraclès « dans leur langue nationale ».

En Irlande, ce dieu est appelé « Ogmé » ou « Ogma ». L'absence d'évolution phonétique révèle qu'il s'agit d'un emprunt tardif au celtique continental. Ogma figure parmi les dieux-chefs des Tuatha Dé Danann et occupe une place importante dans le récit de la bataille de Mag Tured. Il y est présenté comme un combattant d'une force peu commune – herculéenne – et d'un caractère difficile. C'est le type du grand capitaine, qui vainc par sa vigueur physique et par sa magie. Il lui arrive même d'être tué au combat, mais il ne s'en porte pas plus mal et on le retrouve un peu plus loin dans le récit, toujours aussi vaillant.

Si l'interprétation grecque assimilait Ogmios à Héraclès, il semble bien que l'interprétation romaine voyait en lui Mars, le dieu de la Guerre, que César place au troisième rang de la dévotion des Gaulois. Car on ne connaît pas de personnage du panthéon celtique qui incarne mieux que lui la fonction guerrière. Il est le dieu-guerrier comme le Dagda, son frère, est le dieu-druide. Et, puisqu'il est le type du guerrier de métier, il s'identifie aussi bien à Mars qu'à Héraclès, l'un et l'autre dieux de la Guerre. Mais il présente des caractéristiques qui n'appartiennent ni à Héraclès, ni à Mars, car il est aussi le dieu de l'éloquence, l'inventeur de l'alphabet gaélique et, surtout, le « dieu lieur ».

Car c'est cet aspect de dieu lieur qu'exprime, non pas exclusivement mais avant toute autre chose, l'image qui intriguait Lucien. On trouve une image assez semblable dans la *Táin bó Cualnge* : sur la hauteur du Slemain de Meath apparaît une troupe de guerriers conduite par un homme noir, rapide et sombre, qui a sept chaînes autour du cou et tire sept hommes au bout de chaque chaîne. N'allez surtout pas calculer que cela fait quarante-neuf hommes. Sept fois sept ne font quarante-neuf que pour les professeurs de mathématiques. Dans la réalité profonde, sept fois sept, cela fait des myriades. Il les traîne, ces sept fois sept hommes, avec tant d'énergie qu'ils tombent sur le nez, et lui en font reproche. Alors, il fait halte.

La volonté divine conduit l'humanité. Elle est le Logos, le Verbe créateur, et c'est pourquoi, dans la conception celtique, le dieu chef de guerre est aussi le dieu du Verbe, de l'Éloquence. C'est l'expression de la pensée qui régit la marche de l'espèce humaine et qui fait qu'elle possède une histoire, une histoire où la guerre tient, hélas, une place prépondérante. On a voulu voir dans Ogmios, parce qu'il mène des hommes enchaînés, un conducteur des morts. Pourquoi des morts? Il est bien plutôt le conducteur des vivants. Évidemment, il les emmène vers la mort : c'est son rôle de chef de guerre. Mais rien n'est plus normal, puisque la mort est une expérience qui nous est promise à tous. Il est tout à fait conforme aux conceptions celtiques de se laisser conduire joyeusement par la volonté divine, de ne pas se contenter de subir son destin, mais de l'assumer et même de le devancer. On sait bien qu'à ceux qui tombent en route Dieu laissera le temps de se relever.

Le dieu lieur lie les méchants par la mort, par la maladie, par toutes les impuissances physiques et spirituelles. Il paralyse ses victimes. Il ne faut donc pas s'étonner que ce soit à lui que se sont adressés les deux

Gaulois de Bregenz qui avaient un petit compte à régler avec certains de leurs semblables.

Frère du Dagda, Ogmios en est le complément, comme, dans la tradition indo-iranienne, Indra, dieu de la Force brutale, est le complément de Varouna, dieu du Ciel étoilé qui régit l'ordre universel et auquel est associé Mithra, dieu de la Lumière, dont la figure se retrouve en Lug. On perçoit bien ici l'existence d'un fonds commun indo-européen, mais l'évolution chez les Celtes des archétypes communs s'est faite de façon très particulière, et l'on ne peut pas pousser trop loin l'assimilation d'Ogmios à Indra. C'est Varouna qui, comme Ogmios, guide l'humanité. Par contre, c'est bien Indra qui, dieu guerrier, « combat de glorieux combats en faveur de son peuple ». Telle est précisément la fonction d'Ogmios, et il n'est pas téméraire d'en déduire que c'était lui que les Gaulois qualifiaient de « Teutatès », c'est-à-dire « Père de la Tribu ».

Or, justement, la légende d'Héraclès que nous rapportent aussi bien Diodore de Sicile que Parthenios de Nicée ou Denys d'Halicarnasse, fait de lui le père du peuple celte. A la fin d'une expédition à travers toute l'Europe où il a terrassé un certain nombre de monstres, il parcourt la Celtique et fonde, au passage, la ville d'Alésia. Séduite par sa force et sa beauté, la fille du roi s'offre à lui, et ils ont un fils, Celtos de qui les Celtes tiennent leur nom.

Que le Teutatès fût Ogmios, est d'autant moins douteux que l'on connaît plusieurs inscriptions dédiées à « Mars Teutatis » (ou Totatis, ou Toutatis : il y a plusieurs graphies). Ces inscriptions datent de l'occupation romaine et s'inspirent donc de l'assimilation par les Romains d'Ogmios à Mars.

L'idée qu'Ogmios conduit les hommes vers la mort lui donne, à titre secondaire, un certain caractère de dieu chtonien qui ne contredit pas mais complète seulement son caractère de divinité céleste. C'est pourquoi il est parfois représenté accompagné d'un chien, l'animal qui garde le royaume des morts. C'est pourquoi aussi il est qualifié dans la *Tuáin* d'homme noir et sombre, comme l'homme de la clairière (qui est pourtant Cernunnos) dans le Mabinogi d' « Owein et Lunet ». Si vous voulez l'assimiler à Pluton plutôt qu'à Mars ou à Hercule, libre à vous : cela contrariera sans doute les mânes de Jules César et de quelques savants modernes, mais vous n'aurez pas entièrement tort. Faut-il rappeler que les dieux celtiques sont polyvalents et que chacun d'eux peut être identifié à presque tous les dieux romains?

Bien qu'il soit le dieu de la classe des guerriers, le champion qui triomphe des adversaires par la force brutale, Ogmios-Teutatès ne correspond pas du tout au type habituel du soudard. Loin d'être inculte et grossier, il est un magicien et un intellectuel. N'est-il pas le dieu du Verbe, de l'Éloquence? (Après tout, si vous préférez l'assimiler à Hermès, alias Mercure, ce n'est pas moi que cela gêne.) Il appartient autant à la classe sacerdotale qu'à la classe guerrière, et la meilleure preuve en est que Lucien nous le dépeint avec le devant de la tête chauve : la tonsure druidique qui a été conservée par les moines celtes jusqu'au IX\ :sup siècle, à la grande fureur des autorités ecclésiastiques romaines, consistait à se raser le devant du crâne, jusqu'à la moitié. C'est même lui, le druide Ogmios, qui a inventé le système alphabétique propre aux Gaëls et réservé à l'usage religieux que l'on appelle, de son nom, l'écriture *ogamique*. Les Celtes continentaux utilisaient, pour les comptes et marques de marchands, les devises des monnaies, les inscriptions funéraires et les quelques autres écritures autorisées par le clergé druidique, les caractères grecs ou, à l'occasion, les caractères latins, étrusques ou ibériques. Mais en Irlande, en Écosse et dans les zones du pays de Galles où s'étaient implantés des Gaëls il était fait usage, dans la magie et la divination puis, plus tard, sur les monuments funéraires, d'un alphabet sacré tout à fait original, ressemblant beaucoup plus à l'alphabet morse d'aujourd'hui qu'aux divers alphabets connus dans l'Antiquité. Les *ogam* (oghams) consistaient en des séries de traits gravés de part et d'autre de l'arête d'un morceau de bois ou d'une stèle de pierre. Une lettre était représentée par un groupe de un à cinq traits, à droite, à gauche ou des deux côtés de l'arête, perpendiculairement ou en oblique. Ainsi un trait à droite de l'arête correspondait à la lettre *b*, deux traits à gauche à *d*. La lettre *i* était figurée par cinq traits chevauchant l'arête à angle droit, mais cinq traits en oblique représentaient *r*. Seuls les druides avaient le droit de faire usage de cet alphabet. Bien entendu, les oghams gravés sur bois ne nous sont pas parvenus, mais il nous reste ceux qui ornaient les stèles funéraires.

L'Ogmios irlandais, Ogma, semble avoir eu une nombreuse descendance. Il était père d'Eathur Mac Cuill, Teathur Mac Cecht et Ceathur Mac Greine, la triade divine des trois fonctions – guerrière, agricole et royale. Cela lui suppose au moins trois femmes, Cuill (« la Noisette »), Cecht (« le Soc ») et Greine (« le Soleil »). Il était père, également, de Tuireann, dont les fils, assassins de Cian, père de Lug, ont eu de sanglants démêlés avec le dieu de la Lumière, avide de venger l'auteur de ses jours. Ces fils de Tuireann, ce sont les trois druides primordiaux, Brian, Iuchar et Iucharba, que nous connaissons déjà, dans une autre perspective, comme les enfants de Bres et de la déesse Brigitte, fille du Dagda, et également, selon le *Lebor Gabála,* comme fils de Dana, mère du même Dagda. Ogma étant lui-même fils de Dana et frère du Dagda, ils se trouvent donc être à la fois leurs propres neveux, leurs propres grands-oncles et leurs propres petits-cousins, ce qui n'est pas donné à tout le monde.

Le héros Cûchulainn, qui est un des personnages principaux de la mythologie irlandaise, se présente de façon manifeste comme une nouvelle figure d'Ogmios. Le terme de « héros » ne doit pas nous tromper : il n'y a pas chez les Celtes de différence de nature entre les dieux et les héros, comme chez les Grecs. Le héros est un dieu qui accomplit des exploits héroïques, mais c'est un dieu, et il possède des pouvoirs surnaturels. Il appartient à la race des immortels même si, symboliquement, il lui arrive de mourir. Aussi bien dans la religion celtique que dans la religion chrétienne, les Immortels peuvent mourir. C'est à ce prix qu'ils sont vainqueurs de la mort.

Tout comme Ogmios, Cûchulainn est un dieu-champion. Il est celui qui combat pour son peuple et, face aux ennemis, lui fait un rempart de son corps. Il a un aspect solaire, parce qu'il est fils de Lug, mais aussi un aspect chtonien : il est le « chien de Culann » et nous savons que le chien est l'animal des Enfers. Il est d'une vigueur surhumaine, tient tête seul à toute l'armée ennemie, fait sauter les parois d'une maison de fer. Il est donc bien « herculéen ». Quand il est en colère, un jet de sang aussi long qu'un mât de navire sort de son crâne, de même que, sur les monnaies armoricaines, sortent du crâne d'Ogmios les chaînes qui attachent les petites têtes humaines.

Nodons

Dans les récits de la bataille de Mag Tured, le roi des Tuatha Dé Danann est appelé « Nuada ». Ce nom correspond à celui du dieu vieux-celtique Nodons ou Nudens, connu par des tablettes votives découvertes près d'Aylburton, en Angleterre. En gallois, il est devenu « Nudd » et en breton « Nuz ». Curieusement, le théonyme gallois s'est altéré en « Lludd », mais on a vu coexister dans la mythologie deux personnages, Nudd et Lludd, se partageant les attributions et les aventures du dieu Nodons. Ces deux personnages, à la vérité, n'en font qu'un.

D'aucuns n'auront pas manqué de s'étonner que le roi des Tuatha soit autre que le dieu suprême, le Dagda. N'est-il pas l'incarnation de la souveraineté divine comme le Zeus grec et le Jupiter latin, à qui nul ne conteste le titre de « roi des dieux »? C'est que, pour des gens méthodiques et simplificateurs comme les Grecs et les Latins, pouvoir souverain et dignité royale se confondent, tandis que les Celtes n'entendaient pas mêler deux notions aussi étrangères l'une à l'autre. Il fallait donc qu'un dieu représentât la fonction royale indépendamment de l'idée de toute-puissance divine.

Sur le plan théologique, il est important de bien comprendre qu'il y a un aspect royal du divin qui n'a rien à voir avec la volonté souveraine du Père céleste. Le christianisme fait parfaitement la distinction, probablement sous l'influence des conceptions celtiques. Alors que c'est bien Dieu le Père qui est le Tout-Puissant, le maître absolu de toutes choses sur terre et dans le ciel, c'est le Fils qui incarne la royauté. Le Christ, en effet, qui se contente d'être assis à la droite du Père, est célébré comme le Christ-Roi.

Le Dagda, donc, était le dieu souverain, et Nodons n'était que le dieu roi. L'image qu'on se faisait de lui reflétait l'idée qu'on avait, chez les Celtes, de la fonction royale. Mais, dans l'esprit des gens de l'époque, c'était l'inverse qui se produisait : ils étaient persuadés que la fonction royale était telle pour se conformer au divin modèle offert par Nodons.

La notion de souveraineté était complètement exclue des attributions du roi celte. Il ne lui appartenait pas de gouverner mais d'attirer sur son peuple la prospérité, en observant scrupuleusement toutes les obligations et tous les interdits liés à la dignité royale, et en rendant correctement la justice. Il jouissait de privilèges exorbitants, mais, en revanche, il ne disposait d'aucune liberté. L'emploi de son temps, son comportement, le moindre de ses gestes, étaient soumis à des prescriptions rigoureuses et il était l'être le moins libre de la société. Il n'avait même pas le droit de parler avant son druide. A la guerre, il lui incombait de remporter la victoire sans commander lui-même les troupes et, en principe, sans combattre en personne. C'était lui qui désignait le général chargé de conduire l'attaque, après quoi il présidait le combat du haut d'une éminence. C'était sa seule présence qui devait assurer le succès de son armée. A la bataille de Mag Tured on ne voit le roi Nuada se servir de son épée que le quatrième jour du combat, et encore est-ce parce qu'une nuit passée dans les bras de Bodb, la déesse guerrière, a fait surgir en lui une véritable furie meurtrière.

Il était indispensable qu'un dieu incarnât la fonction guerrière, car les rois, dans la société celtique, étaient très nombreux. Ils étaient non pas hiérarchisés, mais échelonnés, selon une pyramide très heureusement conçue. Il y avait à la base les chefs de famille, au-dessus d'eux les rois des tribus, au-dessus des rois des tribus les rois des peuples et, parfois, au sommet de la pyramide, un « super-roi ». Mais il n'était pas un seul instant question que les rois d'un certain échelon fussent subordonnés à ceux de l'échelon supérieur. La discipline hiérarchique, à la manière romaine, est une conception de peuples esclaves. Pas davantage la royauté n'était héréditaire. A tous les niveaux, le roi était élu. Et, élu, il était responsable : il pouvait être destitué. Si une guerre était perdue, si une récolte était compromise par les intempéries, si une épidémie décimait la population, on présumait qu'il avait manqué à une de ses obligations ou violé un de ses interdits et il était détrôné, voire même exécuté.

C'est qu'en effet tout ce que faisait le roi et tout ce qui lui arrivait engageait son peuple, qui s'identifiait à lui. Si le roi était frappé de maladie, tout le peuple était malade, s'il s'éprenait d'une belle, tout le peuple en était amoureux. Un roi infirme ne pouvait plus régner, puisque son infirmité aurait entraîné celle du pays entier, la stérilité de la terre, la faiblesse de l'armée devant l'ennemi, l'impuissance collective.

Du moment que la royauté était élective, les aspirants au trône devaient, pour avoir une chance d'être élus et, une fois élus, pour conserver leur rang, se gagner un grand nombre de partisans dévoués. Dans toute la Celtie, on a vu les personnages importants s'entourer d'une nombreuse « clientèle » de protégés qui, en échange des bienfaits qu'ils leur dispensaient, leur assuraient une fidélité inconditionnelle, allant au besoin jusqu'au sacrifice de leur vie. Les fidèles d'un chef étaient appelés ses « hommes », *vassoï,* d'où le français « vassaux ». Dans le domaine spirituel, le dieu-roi incarne cet appel mystique, ce recrutement de fidèles qui lui appartiendront de toute leur âme jusque dans la mort. Nodons est donc le dieu pêcheur d'âmes et, de fait, le temple d'Aylburton, où ont été trouvées les tablettes qui lui étaient dédiées, était orné d'images de poissons et de chiens, symboles des âmes. Sur un monument, on le voit tuant un grand saumon, ce qui montre bien sa qualité de pêcheur. Mais il faut savoir aussi que le saumon représente, en symbolique celtique, la Connaissance. Après l'avoir capturé, le dieu s'apprête à le manger. Cela nous indique clairement que celui qui est roi doit s'emparer de la Connaissance et s'en nourrir. Il doit être un initié.

Le culte de Nodons n'est pas attesté en Gaule continentale et il est fort probable qu'à l'époque historique il en avait complètement disparu. Il y a à cela une excellente raison, c'est que la royauté a été abolie en Gaule de très bonne heure. Elle s'est, au contraire, maintenue dans les îles.

Mais le mythe de Nuada comporte des péripéties dramatiques. Au cours de la première bataille de Mag Tured, celle qui oppose les Tuatha Dé Danann et leurs alliés, les Fomoîré, aux Fir Bolg, le dieu-roi a la main droite coupée par le champion des Fir Bolg, Streng, à l'issue d'un combat singulier qui a duré toute la nuit. Cette mutilation lui fait perdre son trône. Comme nous le savons, la première condition pour qu'un roi puisse être le garant du bonheur de son peuple, c'est son intégrité physique. Mais le dieu-médecin Diancecht lui confectionne, avec l'aide du forgeron Credne, une prothèse en argent qui lui vaut d'être appelé désormais « Nuada Airgetlam », Nuada au Bras d'argent. Par la suite, le fils de Diancecht, Miach, encore plus habile que son père, remplace ce bras de métal par la greffe du bras coupé. Nuada peut alors reprendre possession de son trône, confié entre-temps au Fomoîré Bres. Bres voudrait pourtant bien le conserver, et ce sera la cause de la seconde bataille de Mag Tured.

Les raisons d'ordre religieux de l'éviction du trône d'un roi mutilé se comprennent aisément. La Justice est d'essence divine et la fonction de la rendre ne souffre aucune infirmité. Le roi qui incarne le pouvoir de juger ne peut incarner une Justice infirme. Du point de vue métaphysique, le sens du mythe n'est pas moins clair. Il nous indique que si nous nous faisions une idée de Dieu qui supposerait chez Lui quelque infirmité, quelque injustice, nous devrions rejeter cette conception, car un dieu injuste ne peut pas être dieu.

Dans les Mabinogion gallois, Lludd est dit « Llaw Ereint », « à la Main d'argent », et il est roi de l'île de Bretagne. On ne nous dit pas pourquoi il a une main d'argent, ce qui suppose connue le mythe de Nodons. Son royaume est frappé de stérilité et dévasté par trois fléaux, mais il triomphe de ces fléaux par magie, avec l'aide de son frère Llevelys, roi de France. Sa fille, Kreiddylat, est la plus brillante jeune fille qu'il y ait jamais eu dans l'île, et c'est pour elle que se battent Gwythyr fils de Greidiawl et Gwynn fils de Nudd et qu'ils se battront chaque premier jour de mai jusqu'à la fin des temps. Les Mabinogion parlent peu du dieu-roi sous son nom originel de Nudd : sous ce nom, il est seulement mentionné comme père de Gwynn, un Dieu Jeune qui tenait une si grande place dans le cœur des Gallois que pour extirper son culte le clergé chrétien l'a assimilé au diable. Son nom, qui signifie « blanc, sacré », est identique au gaélique « Finn ».

Dans les légendes bretonnes, Nuz n'a laissé que de toutes petites traces. Il est devenu le jeune homme courageux qui aide saint Pol de Léon à venir à bout du monstrueux dragon qui dévastait l'île de Batz. Mais on connaît près de Pont-l'Abbé un château de Kernuz qui ne peut pas tirer son nom de cette légende léonarde et est manifestement placé sous le vocable du dieu-roi celtique.

Mais Nodons a survécu dans la tradition celtique sous la figure du « Roi Pêcheur » des romans de la Table ronde, ce « roi méhaigné » qui demeure au château du Graal, tantôt étendu sur son lit de souffrances, tantôt allongé au fond de sa barque de pêche. Parce qu'il est infirme, tout son royaume a été frappé de stérilité, il est devenu la « terre gaste ». Nous retrouvons là le thème typique de la reproduction par le royaume des faiblesses de son roi. Lorsque le vieux monarque se relèvera guéri parce que ses yeux auront enfin contemplé le « bon chevalier », tout le pays retrouvera sa fertilité. Mais on ne peut pas comprendre, si l'on ignore le mythe de Nodons, pourquoi ce roi est un pêcheur. Le plaisir qu'il peut prendre à taquiner le goujon ne joue strictement aucun rôle dans le récit. Ce nom de « Roi Pêcheur » n'aurait aucune raison d'être s'il ne s'agissait d'indiquer aux initiés qu'il s'agit bien de Nodons.

Esus

Dans son poème épique *De Bello Civili*, le poète latin Lucain cite trois dieux gaulois qui, selon lui, étaient l'objet de cultes sanguinaires : Teutates, Hesus et Taranis. Nous avons vu que Teutates ou Toutatis est un qualificatif d'Ogmios et Taranis un surnom du Dagda Sucellos. Mais qui peut bien être cet « Hesus » dont il nous dit qu'il est « hérissé d'autels sauvages »? Les *Scolies bernoises*, rédigées du IVe au IXe siècle, à une époque où les doctrines druidiques se transmettaient encore en secret, d'initié à initié, commentent ce passage du *De Bello Civili* en nous révélant qu'on apaisait « Hesus Mars » par le sacrifice d'un homme pendu à un arbre. Ce qui n'empêche d'ailleurs pas que, dans les mêmes *Scolies*, on trouve Hesus assimilé à Mercure. Ces assimilations contradictoires ne nous troubleront guère, mais elles nous prouvent une chose, c'est qu'il s'agissait d'un dieu important.

Le texte de Lucain et ses commentaires bernois ne nous apprendraient à peu près rien sur le personnage si nous ne possédions de lui une représentation fort révélatrice, sur un autel des bateliers de Paris, actuellement au musée de Cluny. Barbu et simplement vêtu d'une légère tunique, le dieu, dont le nom est orthographié « Esus », abat un arbre à la hache. La même scène est figurée sur un monument de Trèves où, toutefois, le divin bûcheron ne porte pas de barbe.

Sur une autre face de l'autel parisien, on voit l'arbre non encore abattu, accompagné d'un taureau portant sur le dos et la tête trois grues fort bien dessinées, et la légende précise : « *Tarvos trigaranus* », le Taureau aux Trois Grues. A Trèves, le taureau est réduit à une tête figurée dans le feuillage de l'arbre et les trois grues sont perchées dans les branches.

Le déchiffrement de cette scène n'est pas aisé, car aucun mythe semblable ne se retrouve dans les textes irlandais ni gallois qui nous sont parvenus, et aucun personnage n'y semble correspondre à ce mystérieux Ésus. Son nom même ne nous fournit aucun renseignement, car il est une forme du mot *veso – vesus* [11], qui signifie « le meilleur », épithète révérencielle applicable à tout dieu dont on veut s'attirer les bonnes grâces.

De l'abattage de l'arbre, des savants ont déduit avec le plus grand sérieux qu'Ésus était le dieu des charpentiers. Nous ne nous attarderons pas sur de semblables enfantillages. Cette hypothèse, qui témoigne d'une belle ignorance de la nature de la pensée religieuse, ne rend pas compte de la présence du taureau et des trois grues, pourtant essentielle, puisqu'on la retrouve sur les deux monuments dédiés au dieu. La clé du mythe est, de toute évidence, à rechercher dans le symbolisme de l'arbre.

Né du sol dans lequel ses racines sont solidement implantées, mais s'élevant droit vers les nues et tendant ses branches pour accueillir les oiseaux du ciel, l'arbre est le trait d'union entre le monde céleste, le monde terrestre et le monde souterrain. Il est l'axe primordial autour duquel s'ordonne l'univers. Et, parce qu'il en est l'axe, il représente l'Univers lui-même. Sa croissance et le renouvellement périodique de son feuillage symbolisent la régénération incessante du Cosmos.

Dans presque toutes les traditions, l'arbre de Vie est associé à la Déesse-Mère. La Grande Déesse répond, en

11. L'amuïssement du *v* initial est un phénomène normal en phonétique celtique.

effet, à cette idée de création inépuisable dont l'arbre est le symbole et l'on trouve dans de nombreux contes populaires le thème de la jeune fille merveilleuse, « fée » ou « princesse », métamorphosée en arbre. Dans certains d'eux, un beau jeune homme coupe l'arbre. Alors, celle qui y est retenue prisonnière en surgit et, comme il se doit, lui tombe dans les bras. Ils sont heureux et ils ont beaucoup d'enfants.

Le dieu qui abat l'Arbre de Vie n'est donc pas seulement le dieu destructeur, celui qui frappe et anéantit, mais aussi celui qui délivre. Qui délivre et qui féconde. Son action destructrice permet à la vie de resurgir. Le renouvellement continu du Cosmos est assuré par la coopération du pouvoir destructeur d'Ésus et de la fécondité créatrice de la Grande Déesse.

Nous savons déjà que les femmes du Sid se manifestent couramment sous l'aspect d'oiseaux et que la Grande Déesse est triple. Elle est la triple Brigitte, la déesse une en trois personnes. Il n'est pas difficile d'en conclure que les trois grues représentent cette Trinité féminine qui est prisonnière dans l'arbre cosmique et que l'abattage de l'arbre par Ésus va délivrer. Cette délivrance suivie de l'union du dieu et de la déesse nous ramène au mythe de la trahison de la Grande Reine qui fait porter des cornes monumentales à son mari Cernunnos en l'abandonnant pour le dieu destructeur. Les monuments de Paris et de Trèves nous confirment que ce dieu est bien Ésus.

La présence du taureau dans cette scène ne saurait nous étonner. N'oublions pas qu'il est, en tant qu'animal lunaire, l'attribut de la Grande Mère, depuis la plus lointaine préhistoire. Il est, par ailleurs, un symbole de mort violente qui est tout à fait à sa place auprès du dieu de la Destruction. On peut affirmer, sans grand risque de se tromper, que pour commémorer le mythe d'Ésus abattant l'arbre aux trois grues les Celtes sacrifiaient rituellement un taureau. Les Lapons ne sacrifient-ils pas chaque année un bœuf au dieu de la Végétation?

Pourtant, ce n'est pas de l'immolation d'un taureau que nous parlent les *Scolies,* mais d'un sacrifice humain. La victime est pendue à un arbre jusqu'à ce que ses membres soient disloqués de façon sanglante. Cette description est trop bien conforme au thème du mythe pour que nous puissions accuser le scoliaste de l'avoir tirée de son imagination. Par la pendaison, l'être humain dont il est fait oblation est incorporé à l'arbre. Ainsi est-il associé à la végétation qu'Ésus le destructeur va ravager pour que l'Univers soit régénéré. Et parce qu'il est, comme les trois grues, prisonnier de l'arbre en attendant la délivrance par la hache meurtrière, il s'identifie mystiquement à la Grande Déesse. C'est le plus haut honneur, le suprême acte d'amour, et il est probable que les volontaires ne manquaient pas. Néanmoins, cette cérémonie impressionnante ne devait être célébrée qu'à titre exceptionnel, dans un petit nombre de lieux et à intervalles assez éloignés, le rite habituel étant manifestement le sacrifice du taureau.

Les écrivains et les orateurs latins feignaient hypocritement d'être horrifiés par les sacrifices humains en usage chez les Gaulois. Ils étaient fort portés, en effet, à voir la paille dans l'œil du voisin sans attacher d'importance à la poutre qu'ils avaient dans le leur. Chez eux, ne sacrifiait-on pas tous les ans, aux calendes de janvier, en l'honneur d'Apollon, un jeune homme que l'on obligeait à se précipiter à cheval dans la mer, du haut d'un rocher? Cette cérémonie annuelle se déroulait à Terracine, et il est attesté qu'elle se pratiquait encore sous le règne de Trajan « pour le salut de l'État et de l'empereur ». Mais les Latins ne faisaient là rien d'autre que ce qui se faisait chez tous les peuples. L'offrande aux dieux d'une victime humaine était l'acte religieux par excellence. Nous en scandaliser parce que les conceptions ont évolué depuis serait de l'anachronisme. Il nous faut juger selon la pensée de l'époque. Qui osera affirmer que notre société hésite à sacrifier des vies humaines pour des motifs beaucoup moins nobles, quand il s'agit seulement de sordide profit ou d'abjecte « raison d'État »? Dans l'optique de l'Antiquité, ce qui aurait dû révolter la conscience universelle, ce n'était pas les sacrifices religieux mais les barbares jeux du cirque en usage chez les Romains, et la condamnation par Rome des oblations humaines en hommage aux dieux paraît bien avoir été pour elle un moyen de se « dédouaner », de détourner l'attention de ses propres pratiques pour transférer sur d'autres la réprobation qui aurait dû la frapper. A l'origine, les combats de gladiateurs se déroulant comme une ignoble boucherie et se terminant en assassinat étaient des rites sacrés en l'honneur de Jupiter. Si contestable qu'en fût la forme, ils avaient au moins la circonstance atténuante d'être des actes de dévotion. Mais ils avaient dégénéré, et sous l'empire ils n'étaient plus que des actes de barbarie dépourvus d'excuse. Il ne s'agissait plus d'actes religieux, il s'agissait seulement de grossiers amusements offerts aux bas instincts d'un peuple sanguinaire. On se demande à quel titre les écrivains appartenant à ce peuple pouvaient se permettre de s'indigner devant les sacrifices humains pratiqués par les autres dans des conditions beaucoup plus pures.

Il semble, d'ailleurs, en ce qui concerne les Celtes, que chez eux les sacrifices humains aient été d'assez bonne heure réduits à des simulacres. C'est ce que l'on peut inférer d'un passage de Pomponius Mela [12], contemporain de Lucain, qui parle au passé de rites dont il ne subsistait plus de son temps que des traces. Il laisse entendre que l'on se contentait de tirer des « victimes »

12. *De Chorographia*, III, 2, 18.

conduites à l'autel quelques gouttes de sang symboliques.

Il n'y a pas de religion sans sacrifices, pas plus aujourd'hui que dans l'Antiquité. Pour « relier » l'homme au divin (c'est le sens du mot « religion »), il faut envoyer vers Dieu des représentants de l'humanité qui soient les garants d'une offrande totale. Par l'oblation qui est faite d'elle dans une cérémonie sacrée, la victime, incarnation de la condition humaine, est élevée au niveau du divin. C'est une assomption. Elle s'intègre au dieu auquel elle est offerte. En même temps, elle emporte avec elle toutes les faiblesses, toutes les défaillances dont les hommes qu'elle représente se sont rendus coupables. Ainsi la société s'en trouve-t-elle déchargée.

L'adoucissement des mœurs a tôt ou tard pour effet que l'immolation de victimes humaines est remplacée par des sacrifices d'animaux. C'est ce qu'exprime à merveille l'histoire du sacrifice d'Abraham. Dans ces sacrifices, l'animal est un substitut de l'homme, il lui est assimilé. Le totémisme primitif impliquait le sacrifice rituel de l'animal totem parce qu'il était tenu pour l'ancêtre de la tribu. C'est l'homme primordial que l'on vénérait en lui et dont on faisait offrande à la divinité. Car la victime doit être digne du dieu à qui l'on en fait hommage. Le sacrifice remplira d'autant mieux son objet qu'elle sera plus pure, plus sainte. C'est bien ce qui se passe dans le christianisme. Le culte chrétien repose sur le sacrifice humain. Tous les jours, les prêtres immolent sur l'autel le Fils de l'Homme charnellement présent sous l'aspect du pain, ils répandent son sang pour la rédemption de l'humanité. La victime est la victime parfaite, la victime pure et sans tache, puisque c'est l'Homme-Dieu. Ce serait se renier, pour un chrétien, que de s'offusquer de l'idée de sacrifices humains.

Outre l'immolation d'un homme ou, tout au moins,

d'un taureau, les cérémonies en l'honneur d'Ésus devaient très certainement comporter l'abattage d'un arbre. Il est de règle que, pour célébrer un personnage divin, l'on reproduise rituellement les faits et gestes que lui attribue le mythe. L'abattage annuel d'un arbre pour célébrer Ésus apparaît d'autant moins douteux que ce rite s'est perpétué jusqu'à nos jours en certains endroits. Par exemple, en Bretagne, dans la petite ville de Locronan. La nuit qui précède le premier dimanche de mai, les garçons de Locronan qui ont eu vingt ans dans l'année s'en vont abattre dans le plus grand secret un bel arbre choisi par eux à l'avance. Ils le transportent sans bruit sur la grande place du bourg, où ils ont creusé une fosse le vendredi pour en recevoir le pied. Il y restera jusqu'à la Saint-Jean, jour où il sera brûlé dans le traditionnel feu de joie.

Même s'ils n'abattent pas un arbre entier, presque partout, au 1er mai, les jeunes gens coupent au moins des branches dont ils vont décorer la fenêtre de la jeune fille qui occupe leurs pensées. Le symbole est parfaitement clair, il est évident qu'il s'agit là d'un rite de fécondité, mais c'est une survivance du culte d'Ésus, dont l'union avec la Déesse Mère régénère le monde.

Du point de vue mystique, le thème de l'abattage de l'arbre par Ésus est riche d'enseignement. Car couper l'arbre, c'est détacher l'homme de la terre dans laquelle il est enraciné, et le retirer du Cosmos. Cessant d'être conditionné par les perceptions de ses sens et par les conséquences de ses actions, il devient libre. Il est libéré comme l'a été la Grande Déesse, prisonnière de l'arbre aux trois grues, lorsque s'est abattue la hache d'Ésus. La hache d'Ésus représente la connaissance métaphysique dont la possession permet cette libération.

L'homme de Man, fils d'Océan

Si Ésus était un dieu des Celtes continentaux sans homologue dans les îles, il y avait en revanche un grand dieu des Celtes insulaires dont on ignore le correspondant sur le continent. Il s'agit d'un dieu marin, dont on comprend que le culte ait tenu une bien plus grande place chez des peuples de navigateurs et de pêcheurs que chez des populations rurales. Il est curieusement baptisé « le Mannois », l'Homme de l'île de Man. L'île de Man est cette île de 570 kilomètres carrés qui occupe le centre de la mer d'Irlande, à égale distance de l'Écosse, de l'Irlande et du pays de Galles. Elle avait pris, pour les marins celtes qui fréquentaient la mer d'Irlande, valeur de symbole. Elle leur offrait un abri lorsqu'ils affrontaient les terribles tempêtes ou les brumes redoutables de ces parages. Et puis c'était une île, une terre mystérieuse perdue au milieu des eaux et, par ce seul fait, évocatrice de l'Au-delà, des îles Fortunées, du Tir na n'Og de leurs rêves. Le dieu de l'Au-delà était donc le Mannois fils d'Océan, Manannan mac Lir en irlandais, Manawyddan fab Llyr en gallois.

Il ne faut pas se l'imaginer comme le dieu de la Mer, comme une sorte d'équivalent de Neptune, faisant exception à l'habituelle non-spécialisation des dieux celtiques. Son caractère marin se limite au fait que, pour voyager hors de son île, il parcourt l'océan sur son char attelé de chevaux blancs. Ce qui, pour les hommes, est la mer houleuse est pour lui une agréable plaine émaillée de nombreuses fleurs. L'écume blanche de l'océan est son troupeau de chevaux. Mais c'est tout. Loin d'être spécialisé dans les questions maritimes, Manannan est, au contraire, le moins spécialisé de tous les dieux celtiques : il a les attributs de tous. Comme le Dagda, dont il est, bien entendu, le frère, il est le roi du Sid, et c'est lui qui a partagé le monde souterrain entre les divers dieux; comme lui, il possède le chaudron d'abondance et d'immortalité. Comme Cernunnos, il est l'époux de la Grande Reine, puisque c'est lui que, selon les Mabinogion, Rhiannon épouse en secondes noces. Il est aussi un mari trompé : son épouse (il ne s'agit plus ici de Rhiannon, mais de Fand) le quitte pour Cûchulainn. Mais au bout d'un an elle lui revient, à la suite d'une scène de jalousie d'Emer, la femme légitime de Cûchulainn. Comme Lug, il est « polytechnicien » : il est notamment sellier, fabricant de boucliers, excellent cordonnier, habile laboureur, négociant avisé et constructeur de forteresse. Comme Nodons, il règne sur les Tuatha Dé Danann. Comme Ogmios, c'est un conducteur d'âmes et c'est aussi un guerrier qui meurt au combat. Bref, il est tous les dieux à lui seul.

Il présente, en plus, quelques traits qui ne sont qu'à lui. Il a un don tout particulier pour les métamorphoses. Il disparaît à volonté et renaît sous une autre forme. Il a aussi le don d'ubiquité. Il profite volontiers de ces talents pour se présenter sous divers aspects à des femmes mariées et se trouve ainsi être le père d'une nombreuse progéniture attribuée à d'autres. Il use même, à l'occasion, de chantage pour arriver à ses fins. Lorsque le roi Fiachna partit guerroyer en Écosse contre les Saxons, sa femme, Findtigernd, resta seule dans la forteresse royale de Moylinny. Or voilà qu'un jour lui apparut un homme d'aspect noble qui lui annonça que son mari serait tué le lendemain dans la bataille, à moins que... Il y avait des arrangements possibles avec le ciel... Pour sauver son cher époux, la reine Findtigernd consentit à tout et neuf mois plus tard elle donna le jour à un fils magnifique qui fut appelé Mongan et qui devait devenir un des plus fameux rois d'Ulster. Entre-temps, Fiachna était revenu chez lui, car l'homme à l'aspect noble avait surgi sur le champ de bataille et repoussé les ennemis qui devaient l'occire. Sa femme lui avait avoué la vérité mais, loin de

143

lui en vouloir, il l'avait remerciée de lui avoir sauvé la vie. L'homme à l'aspect noble, on l'a deviné, n'était autre que Manannan mac Lir.

Belisama

Si les figures masculines de la divinité, chez les Celtes, se fondaient les unes dans les autres, se recouvraient en partie on peut encore moins distinguer les unes des autres les figures féminines. Les nombreux noms de déesses que nous ont livrés l'iconographie gauloise, les écrits gréco-latins et les récits mythologiques de la Celtie insulaire, ne sont que les diverses appellations sous lesquelles était adoré l'aspect féminin de la transcendance divine. Il s'agit toujours de la Grande Reine, Rigantona, qui n'est autre que la Déesse-Mère des traditions pré-celtiques.

Nous l'avons déjà rencontrée sous son aspect de déesse-jument, qualifiée à ce titre d' « Epona » par les Gaulois. Elle manifeste, en même temps que la nature psychopompe de la Grande Déesse, son caractère lunaire, puisque jusqu'à nos jours le folklore breton et irlandais n'a cessé de désigner la lune sous le nom de « jument blanche ». Epona est représentée sous l'aspect d'une cavalière montant en amazone une jument souvent suivie de son poulain, et tenant à la main une pomme d'or. Sur les monnaies armoricaines, elle est figurée de préférence comme une jument à tête humaine.

Nous avons vu aussi que la Grande Reine, incarnation de la maternité, c'est en même temps la triple Brigitte (Brigantia), l'adorable déesse de la Fécondité. Et nous savons que les figures mythiques de Boann, d'Eithné, d'Etaine, ne sont que des aspects de cette divine Brigitte. Mais il est un autre nom sous lequel elle faisait en Gaule l'objet d'un culte fervent, c'est celui de « Belisama », qui signifie « la Très Brillante ».

C'est Belisama qui préside à l'artisanat, aux beaux-arts et aux activités féminines telles que le tissage. Elle est également la sainte patronne des sources thermales et possède donc des qualités de guérisseuse. Les Romains l'assimilaient à Minerve, déesse de la Sagese et des Artisans. Sur quelques monuments gallo-romains, elle est associée à Mercure et à Vulcain; toutefois, elle est toujours représentée en armes et parfois en compagnie de Mars, ce qui témoigne qu'elle présente aussi un caractère guerrier. Elle rappelle plutôt l'Athéna des Grecs. Si grande était la place qu'elle tenait dans la ferveur populaire que de nombreux lieux lui étaient consacrés. Plus d'un a conservé son nom, comme Bellême (Orne), Balesmes (Indre-et-Loire, Haute-Marne), Blesmes (Aisne, Marne), Blismes (Nièvre), Beleymas (Dordogne), etc.

Les autres noms de déesses attestés en Gaule, en Bretagne et en Irlande paraissent n'avoir eu qu'une importance secondaire. Ils se réfèrent souvent à des cultes locaux. Certaines de ces déesses étaient manifestées par des sources, des rivières, des montagnes. Ainsi Sirona et Damona étaient-elles les patronnes de sources thermales et Arduinna a-t-elle donné son nom à une forêt (Ardennes). D'autres étaient les parèdres de divinités masculines. A Sucellos est associée une Nantosuelta et à Lug une Rosmerta qui représentent le principe créateur fécondé complémentaire du pouvoir créateur fécondant. Elles sont représentées avec, dans la main, une corne d'abondance. Nantosuelta porte aussi quelquefois une petite maison montrant que c'est elle qui règne sur le foyer domestique, et l'on voit Rosmerta avec un caducée, symbole de richesse.

Diverses figures de déesses sont essentiellement des incarnations de la souveraineté, telle la reine des Tuatha

Dé Danann, Eriu, dont le nom est celui de l'Irlande en gaélique, ou bien encore cette reine Medb qui, par son nom signifiant « ivresse », évoque l'ivresse du pouvoir.

On connaît enfin des déesses guerrières dont la présence nous rappelle que si la femme peut incarner la sagesse et le travail elle est aussi la source de bien des discordes et peut jouer un rôle mortel. On en voit sur des monnaies gauloises, mais leur nom ne nous y est pas révélé. Par contre, l'écrivain grec Dion Cassius nous rapporte dans son *Histoire romaine* qu'en donnant le signal de la révolte bretonne contre l'oppresseur romain la reine Boudicca adressa ses prières à la déesse Andrasta. Cette déesse était adorée aussi sur le continent, chez les Vocontii (habitants du Vaucluse) sous le nom d'« Andarta ». Dans la mythologie irlandaise, les déesses de la guerre sont les trois Macha – Macha femme de Nemed, Macha à la Crinière rousse qui alluma la guerre pour s'emparer du trône d'Irlande et Macha femme de Crund qui, malgré son état de grossesse, battit des chevaux à la course – et les trois Morrigan, qui sont aussi la terrible Bodb, apparaissant sur les champs de bataille sous la forme d'une corneille.

Il ne faut pas perdre de vue, cependant, que toutes ces figures de l'unique divinité féminine celtique ne se distinguent pas plus les unes des autres que la Sainte Vierge, Notre-Dame des Flots ou Notre-Dame des Sept-Douleurs ne sont distinctes de Marie mère de Dieu.

IV

LES MYTHES COSMOGONIQUES

La Tradition celtique, ou du moins ce qui en est parvenu jusqu'à nous, ne comporte pas une Genèse à proprement parler, c'est-à-dire une explication de la création du monde sous la forme d'un récit structuré, comme il en existe, par exemple, dans la Bible, dans le poème sumérien de Nippur ou dans le mythe babylonien de Marduk. C'est que, pour les Celtes, il n'y a pas eu un « Commencement » où l'Univers, jusque-là inexistant, aurait été créé. La création est une réalité, mais une réalité de tous les instants. Elle est actuelle, elle recommence sans cesse dans un éternel premier jour. Le temps n'est pas un absolu, l'univers sera créé hier puisqu'il a été créé demain. Les druides, que les auteurs grecs appellent, de façon fort révélatrice, « philosophes », avaient parfaitement conscience de la relativité de l'espace et du temps, de leur caractère illusoire. Qu'est-ce, en effet, que l'instant présent, si ce n'est le passage, dépourvu de durée, d'un passé qui n'existe plus à un avenir qui n'existe pas encore? C'est le passage intemporel du néant au néant.

Dans la conception celtique, Dieu seul est absolu. La création a lieu par une opération qui lui est intérieure. Elle est l'effet de son Verbe et implique l'admission du « mal », de l'imperfection nécessaire pour qu'il y ait une existence en dehors de lui, puisque la perfection se confond avec lui-même. C'est cette opération au sein de l'intimité divine qui intéresse les Celtes et fait l'objet de leurs principaux mythes. Leurs récits imprégnés de merveilleux expriment les volontaires tensions au sein du divin, l'opposition entre l'aspect créateur et l'aspect destructeur de la toute-puissance de Dieu, la conjonction entre la force créatrice active, de nature masculine, et la puissance créatrice passive, de nature féminine. Ils mettent en évidence que l'univers créé procède à la fois de l'opposition et de la conjonction du souffle de l'esprit et de la pesanteur de la matière.

Dans presque toutes les sagas dont se compose la mythologie celtique, on retrouve, plus ou moins cachés, une partie de ces grands thèmes métaphysiques. Nous les y avons déjà rencontrés, nous les y rencontrerons encore. Ils excluent, au fond, une véritable cosmogonie, car celle-ci ne considérerait que le résultat tangible de l'action créatrice divine et lui assignerait une chronologie. Néanmoins, en exprimant les rapports entre les arcanes de la pensée divine et l'existence du monde, ces mythes sont tout de même, par nature, des mythes cosmogoniques.

Il y a, en premier lieu, celui de *l'œuf de serpent*. Parmi les activités des druides dont la tradition bretonne a conservé longtemps le souvenir, il y avait la « recherche de l'œuf de serpent marin ». On peut se demander, de prime abord, en quoi pouvait consister cette quête mystérieuse d'un objet paraissant aussi fabuleux, et pour cause, que le serpent de mer. Pline [1] nous éclaire à ce sujet en nous révélant que les druides possédaient l'œuf de serpent « *dur extérieurement, gros comme une pomme ronde et portant des sillons comme les nombreux bras d'un poulpe* ». On peut reconnaître là la

1. Pline, *Histoire Naturelle*, XXIX, 52.

description d'un oursin fossile de belle taille et, de fait, plusieurs fouilles archéologiques ont permis de découvrir des coffres de pierre ne contenant rien d'autre qu'un oursin fossile, enfouis sous des tertres de dimensions importantes. Pline, en son matérialisme simpliste, n'y voyait qu'un talisman, mais, en réalité, pour les Celtes, ce qui avait de l'importance, ce n'était pas la chose matérielle, c'était sa valeur symbolique, les leçons contenues en elle, les révélations apportées par sa contemplation.

La recherche de l'œuf de serpent marin est une quête du même ordre que celle de la pierre philosophale par les alchimistes. Elle paraît, aux yeux du profane, n'être que la recherche d'un objet matériel qu'on imagine doué de propriétés intéressantes. En fait, il s'agit de tout autre chose, il s'agit de la poursuite de la connaissance de la structure de la substance dont est composé notre univers.

L'œuf est à l'origine de la vie et pourtant il est le produit de la vie. Cette insoluble contradiction renferme en elle le mystère de l'existence et s'en rendre maître reviendrait à percer l'énigme tant de la structure que de l'origine de la substance du monde. C'est cette connaissance que les druides cherchaient à s'approprier.

Mais pourquoi fallait-il que l'œuf objet de cette recherche fût un œuf de serpent? C'est que, pour porter vie, un œuf, fruit amorphe de la matrice féminine, doit être fécondé par le principe masculin en qui réside l'énergie vitale. Ce principe masculin fécondant est symbolisé par le serpent dont le caractère phallique n'a pas besoin d'être démontré et qui, sortant de terre, introduit dans notre monde la puissance du monde inférieur. Puissance effrayante qui porte en elle à la fois la vie et la mort.

Ici apparaît toute la complexité de la vie. Pour que la vie puisse naître de l'œuf, il faut que l'œuf ait été fécondé par le serpent mâle et pondu par le serpent femelle. Mais le serpent mâle et le serpent femelle ne peuvent exister que s'ils sont éclos d'œufs antérieurs à eux et eux-mêmes fécondés par des serpents mâles et pondus par des serpents femelles. Et ceux-ci doivent aussi être sortis d'œufs. La chaîne de ces nécessités est indéfinie : on aura beau la remonter, jamais on ne pourra trouver un commencement qui se satisfasse à lui-même.

Voilà pourquoi il est indispensable que le serpent qui précède l'œuf soit un serpent marin. La mer est l'élément primordial indifférencié, ses eaux contiennent toute virtualité et la vie y est présente en germe sans avoir besoin d'y être introduite. S'il provient de la mer, le serpent, symboliquement, cesse d'être conditionné par l'œuf.

La création, dans la perspective du mythe celtique, ce sera donc la sortie des eaux d'un serpent qui fécondera l'œuf cosmique. Or la tradition galloise nous a conservé le récit de cette sortie des eaux. La mer était grosse d'un reptile monstrueux, à tel point qu'elle débordait et recouvrait les terres. Alors intervint le dieu *Hu-Gadarn*. Hu-Gadarn, Hu le Vaillant, est un autre nom du Fils Jeune, de ce Mac Oc que les Gaulois appelaient Belenos et les Gaëls Oengus. Il nous est décrit, en effet, comme le dieu solaire dont le char est entouré de rayons lumineux et comme le dieu jeune et beau, fils du vieux dieu suprême. Hu-Gadarn, donc, attache de fortes chaînes au monstre responsable du déluge universel et y attelle ses deux bœufs. Il les fait tirer en direction de la terre ferme – parce qu'il faut croire qu'il restait encore une petite parcelle de terre ferme. A grand ahan, les braves bœufs parviennent à extraire le gigantesque reptile de l'élément liquide et à le traîner sur le sol, mais l'effort a été si rude que l'un d'eux meurt d'épuisement. Et l'autre meurt de chagrin de la perte de son camarade. Leur sacrifice, heureusement, n'a pas été vain. Le niveau des eaux a baissé, découvrant les continents. Hu-Gadarn, qui apparaît ici comme le Démiurge, s'empresse de fonder les institutions humaines, de constituer la race primitive en familles et en clans et de lui enseigner la justice.

On rejoint ici le mythe irlandais de Partholon, par quoi débute le *Lebor Gabala*, le Livre des Invasions. Partholon est le chef de la première race qui occupe l'Irlande – c'est-à-dire la Terre – après le Déluge. Il arrive par mer de l'Autre Monde, le jour de la fête de Beltene qui est la fête de Belenos, alias Hu-Gadarn, où se célèbre la renaissance de la Nature. Au moment où il y débarque avec sa tribu de vingt-quatre marins et leurs vingt-quatre épouses, le pays est désolé, dépourvu de végétation; c'est une « terre gaste ». Il y fait surgir des lacs, des rivières, des plaines fertiles. Il la défriche, inventant l'agriculture et l'élevage, la chasse et la pêche. Il nomme, parmi ses gens, les premiers druides, les premiers bardes et les premiers guerriers. Il soutient la première guerre contre les puissances infernales, les Fomoire, qui incarnent le Chaos primitif.

Pendant cinq mille ans, la race de Partholon occupe et cultive l'Irlande, puis, brusquement, en une semaine, elle est entièrement détruite par une effroyable épidémie et il n'y a qu'un seul survivant qui racontera son histoire, Tuan mac Cairill, l'homme aux multiples métamorphoses.

Le monde sorti du Chaos s'ordonne autour de son axe, l'arbre primordial appelé *l'if de Mugna,* c'est-à-dire l'if du Saumon. Il porte des fruits merveilleux qui tombent dans une source où ils sont mangés par un saumon, symbole de la Connaissance. Cet if, arbre au feuillage toujours vert, est donc l'arbre de la Connaissance. Certains l'ont confondu avec l'arbre qu'abat Esus sur les bas-reliefs gallo-romains et ont imaginé une cérémonie

rituelle de « l'abattage de l'if ». C'est une erreur manifeste, car l'arbre représenté sur les autels d'Esus n'est
pas un if mais un arbre à feuilles caduques, dont le
symbolisme est rigoureusement inverse. Jamais les
sculpteurs n'auraient été représenter l'un à la place de
l'autre. L'arbre à feuilles caduques évoque l'alternance
de la mort et de la vie, la régénération cyclique du
cosmos, alors que l'if, avec son feuillage persistant,
figure l'éternité.

Les fruits merveilleux portés par l'if primordial ne
sont pas sans rappeler l'œuf de serpent que Pline nous
décrit comme ayant l'apparence d'une pomme à la
surface ornée de rayons que ponctuent des espèces de
ventouses de pieuvre. Ce qui est très curieux, c'est que
l'if garni de pommes a survécu dans le folklore breton
avec son sens profond. A Plougastel-Daoulas, en effet,
voici seulement quelques années, on exhibait encore, au
jour de la Toussaint, et l'on mettait aux enchères,
l'Arbre des Ames, *Gwezenn an Anaon*. Autrefois, cela se
faisait même dans chacune des « frairies » de la paroisse,
auprès de chacune des chapelles éparses dans la campagne. Il y avait des arbres des âmes en bois tourné,
ressemblant à de grands candélabres, tandis que d'autres, plus conformes à l'archétype, n'étaient que des ifs
au tronc écorcé et aux branches taillées en pointe. Au
jour de la Toussaint, donc, on piquait à la pointe de
chaque branche une belle pomme rouge et le sacristain
montait sur le socle de la croix pour offrir l'arbre sacré à
la foule rassemblée sur le placitre. Il ouvrait les enchères
et le paroissien qui restait adjudicataire revendait les
pommes, au détail, au profit de la paroisse et devenait
dépositaire du tronc pour un an, jusqu'à la Toussaint
suivante. L'acquisition de Gwezenn an Anaon était
souvent l'accomplissement d'un vœu.

Il est étonnant, ou plutôt il serait étonnant ailleurs
qu'en Bretagne, qu'un rite antérieur au christianisme ait

pu ainsi se perpétuer tel quel pendant près de deux millénaires. Il est vrai que sa signification n'apparaissait plus très clairement à ceux qui le célébraient. Certains faisaient le rapprochement entre l'Arbre des Ames et l'arbre du Paradis terrestre qui portait la pomme dont la cueillette par Ève a été le péché originel. Ce n'était pas si sot. Il existe une parenté entre les deux images. L'arbre du Paradis terrestre était l'Arbre de Science et l'if de Mugna, axe du monde, porte lui aussi des fruits qui représentent la Science. Ce que l'on peut se demander, c'est pourquoi cet if de la Connaissance est appelé « Arbre des Ames » et pourquoi sa présentation au peuple est liée à la fête des trépassés. Mais c'est que la Toussaint, survivance du Samonios celtique, est le moment de l'année où s'effacent les barrières entre le Sid et le monde des vivants, et que ce sont les gens du Sid qui détiennent la vraie science. Et puis n'y a-t-il pas dans la connaissance scientifique quelque chose qui est facteur de mort? Nous ne pouvons plus, aujourd'hui, nous dissimuler que la pénétration des secrets de la matière, des secrets de l'atome, est mortelle et qu'en choisissant de savoir, l'humanité a opté pour sa propre destruction.

C'est là, justement, que nous rejoignons la notion biblique de péché originel. Contrairement à ce que pensent beaucoup de gens mal informés, le péché originel n'a rien à voir avec l'acte sexuel. Cette idée saugrenue n'a été émise que par quelques rares pères de l'Église souffrant manifestement de refoulement, mais elle ne résiste pas à l'examen. Adam et Ève, symboles de l'humanité tout entière, ne pouvaient pas désobéir à Dieu en s'unissant charnellement, puisqu'ils avaient été créés homme et femme précisément dans ce but. Non seulement rien ne permet de dire que le Créateur leur avait interdit les joies de l'amour, mais le texte montre qu'il leur avait même expressément ordonné de s'y livrer. Il leur avait donné pour commandement : « Soyez féconds, multipliez », et il avait décrété : « L'homme s'attachera à sa femme et ils deviendront une seule chair. » Pour lui obéir, Adam et Ève devaient donc coucher ensemble et l'ont fait, bien évidemment, comme le laisse entendre la Genèse (II-25), avant d'avoir mangé le fruit défendu. Tout cela, il va de soi, est allégorique.

Nulle part, dans la Bible, le fruit défendu n'est présenté comme le plaisir des sens. Il est dit qu'il est le fruit de l'arbre de la connaissance du bien et du mal. C'est cette connaissance qui est le péché originel. L'humanité, en effet, avait le choix entre continuer à vivre selon l'état de nature, dans lequel il n'y a ni bien ni mal, ou se constituer en société, se soumettre à des règles de vie en commun et s'engager dans la voie du progrès matériel. En choisissant la civilisation, elle opérait le choix irréversible d'un destin périlleux. Car la connaissance du bien et du mal fait que le mal existe. Et en ce qui concerne le progrès des sciences et des techniques, il est loin d'être sans contrepartie. Il occasionne bien des malheurs, et il fait perdre à l'être humain beaucoup de ses facultés physiques et psychiques. Tout progrès dans un domaine se traduit inéluctablement par une régression équivalente sur un autre plan. Ce choix de nos « premiers parents » est le péché originel, puisque nous ne pouvons plus échapper à ses conséquences.

Désormais, donc, la condition humaine est dominée par l'antagonisme du bien et du mal, qui n'existent que l'un par l'autre, et par l'antagonisme du progrès et de la régression, qui sont la conséquence l'un de l'autre. Mais il en est de même, nous l'avons déjà vu, de toute la Création. L'opération divine dont le monde tire son existence consiste en une perpétuelle mise en équilibre des forces génératrices positives et des forces destructrices négatives. C'est pourquoi figure dans la cosmogonie celtique la lutte entre la race de Partholon, qui incarne les forces positives de création et de civilisation, et les Fomoire qui représentent les forces négatives de chaos et de destruction. Comme l'acte créateur n'est pas un acte unique posé au commencement du temps, mais un acte continu, le combat contre les Fomoire n'est pas le fait des seuls hommes de Partholon. Tous les occupants successifs de l'Irlande mythique ont affaire à eux. La deuxième race qui, selon le *Lebor Gabala,* s'est installée dans l'île, est celle de Némed dont le nom signifie « le Sacré ». Némed est un avatar de Cernunnos et son peuple est le peuple-cerf : pour se mêler aux nouveaux arrivants, Tuan mac Cairill se transforme en cerf. Avant de débarquer, les hommes de Némed ont essuyé une effroyable tempête, et, de leurs trente-quatre bateaux, neuf seulement ont touché terre. Et à peine les survivants ont-ils pris possession du pays qu'ils se heurtent aux Fomoire conduits par leur roi-magicien Balor et son chef de guerre, Conann le Conquérant. Ils leur tiennent tête au long de trois dures batailles mais succombent dans la quatrième et sont presque tous massacrés. Il est vrai qu'il ne subsiste pas beaucoup de Fomoire non plus.

Alors arrive un nouveau peuple, celui des Fir Bolg, c'est-à-dire des Belges, conduits par Eochai, leur roi. Eochai est fortuné et bon; aussi le pays prospère-t-il, jusqu'au jour où Balor et ses Fomoire, qui s'étaient retirés par-delà la mer, reviennent en force et sèment la mort. Et il en est de même lorsque d'autres vagues d'envahisseurs, les Fir Gailioin (Gaulois) puis les Fir Domnann (Domnonéens), prennent successivement pied dans le pays. Jamais les Fomoire ne les laissent en paix.

C'est alors que débarquent les dieux lumineux venus du nord, les Tuatha Dé Danann. L'épopée qui nous relate la grande guerre où ils affrontent les forces démoniaques est le *Cath Maighe Tuireadh*, le Combat de Mag Tured.

On remarquera que, dans une première phase, les dieux lumineux et les forces démoniaques sont alliés et luttent ensemble contre les Fir Bolg, ce qui exprime bien l'idée de coopération entre les principes positifs et les principes négatifs dans l'acte créateur. Mais dans une seconde phase ils sont adversaires, parce qu'il ne faut pas que les forces destructrices l'emportent sur les forces constructives. Pour qu'il y ait création, la victoire finale restera nécessairement aux principes positifs.

La bataille de Mag Tured

Les Tuatha Dé Danann vivaient dans les îles septentrionales du monde, s'initiant à la science, à la magie et à la philosophie. Ils firent amitié avec les Fomoiré et leur alliance fut scellée par le mariage de Cian, fils du médecin-chef des Tuatha, Diancecht, avec Eithné, la fille de Balor, roi des Fomoiré. De cette union naquit l'enfant sublime, Lug.

Les Tuatha décidèrent de conquérir l'Irlande. Ils armèrent une grande flotte et débarquèrent sur les côtes du Connemara. Ils brûlèrent leurs vaisseaux pour n'être pas tentés de repartir et envoyèrent trois de leurs druides en ambassadeurs auprès d'Eochai, roi des Fir Bolg, pour réclamer le partage par moitié de la terre d'Irlande entre leurs deux peuples. Ils se heurtèrent à un refus poli mais ferme et ce fut la cause de la première bataille de Mag Tured.

Selon l'usage, Nuada, roi des Tuatha, et Eochai, son adversaire, présidèrent le combat sans se battre en personne. L'armée des Tuatha était conduite par le Dagda. Au soir du premier jour, l'avantage était aux Fir Bolg. Mais les deux camps refirent leurs forces par magie, les blessés se retrouvèrent guéris et la lutte reprit le lendemain avec furie. De nombreux guerriers y laissèrent leur vie. Aucune des deux armées ne parvint à emporter la décision et il y eut un troisième jour de bataille, encore plus meurtrier. Cette fois, les Tuatha mirent en fuite les Fir Bolg, mais ils n'eurent pas la force de les poursuivre et le combat recommença au matin suivant.

Pendant la nuit, Nuada avait eu la visite d'une femme d'une merveilleuse beauté qui avait partagé sa couche. Avant de le quitter, elle l'avait enflammé d'une véritable fureur guerrière, puis elle avait survolé le champ de bataille sous la forme d'une corneille. Il avait reconnu la Morrigan. Du coup, il prit lui-même la tête de l'armée. Eochai fit de même et marcha devant les Fir Bolg. Ce fut un épouvantable massacre. A un certain moment, Nuada se trouva affronter en un long et terrible combat singulier Streng, le champion des Fir Bolg, qui, finalement, lui trancha le bras droit d'un coup de son glaive. Mais Eochai, de son côté, fut tué dans la mêlée et la victoire resta aux Tuatha.

Voici donc les Tuatha et leurs alliés Fomoiré maîtres du terrain. Mais le roi Nuada est mutilé et, par conséquent, ne peut plus régner. On décide de confier la royauté à un métis des deux races, Bres, né du viol de la reine des Tuatha, Eriu – incarnation de l'Irlande – par le roi fomoiré Elatha. Mais ce choix se révèle malheureux. Bres favorise les Fomoiré et frappe l'Irlande de lourds impôts à leur profit. Il institue une taxe sur les cheminées qui fument, contraint les chefs des Tuatha à des travaux serviles, oblige Ogma à porter de lourds fagots pour son palais et le Dagda à lui construire des fortifications. Bref, il mécontente tout le monde. Il fait preuve d'avarice et le pays perd sa prospérité, comme il est de règle sous un roi indigne. Aussi les tribus Dé Danann exigent-elle sa démission. Il demande un délai et met ce délai à profit pour se rendre chez les Fomoiré et requérir leur aide.

Mais, pendant ce temps, il se produit du nouveau en ce qui concerne l'état physique de Nuada. Lorsqu'il avait été emmené, blessé, hors du champ de bataille, le dieu-médecin Diancecht s'était empressé de lui confectionner, avec l'aide du forgeron Goibniu, un bras d'argent pour remplacer le membre coupé. Or le fils de Diancecht, Miach, encore plus habile que son père, parvient à substituer à cette prothèse métallique une greffe du bras sectionné lui-même, raccordant bout à bout chacun des os, chacun des vaisseaux, chacun des tendons. La greffe prend et Nuada recouvre son intégrité physique : il est apte à reprendre son trône. Les Tuatha n'hésitent pas et, en l'absence de Bres, lui rendent sa place.

En marge de ce rétablissement de la légitimité, se produit un drame de famille chez les médecins. Diancecht ne pardonne pas à son fils Miach de s'être révélé meilleur chirurgien que lui-même, et le tue.

Bres, qui s'est fait reconnaître de son père Elatha, grâce à un anneau que lui avait remis sa mère, obtient le secours des Fomoiré. Ils décident d'envahir l'Irlande pour lui reconquérir son trône. Les Tuatha Dé Danann sont avertis de l'expédition et se préparent à résister.

C'est alors que Lug entre en scène. Un jour que Nuada donne une fête, le jeune fils de Cian et d'Eithné se présente à la porte du palais et sollicite son admission. Comme le portier lui demande en quelle qualité, il répond qu'il est charpentier. Le portier lui refuse l'entrée, car on n'a pas besoin de charpentier, on en a déjà un. Il déclare qu'il est aussi forgeron. Nouveau refus, car on a déjà un forgeron. Il se donne successivement pour un soldat, un harpiste, un poète, un sorcier, un médecin, un aubergiste et un bronzier, mais sans succès, car toutes ces professions sont représentées au palais. Il fait alors demander à Nuada par le portier si un homme qui connaît tous les métiers ne doit pas être admis. Nuada fait répondre qu'il peut être admis à disputer contre lui une partie d'échecs. Luc gagne la partie et Nuada lui donne la place d'honneur à sa cour. C'est à lui qu'il confie le commandement de son armée.

Les préparatifs de la guerre durent sept ans. Lorsque les Fomoiré arrivent, le Dagda se rend à leur camp pour les espionner. C'est alors que les Fomoiré lui infligent l'épreuve dont nous avons déjà parlé, l'obligeant à ingurgiter un pantagruélique porridge contenant des chèvres, des moutons et des porcs entiers. Il triomphe de l'épreuve et prend sa revanche en séduisant la fille du roi ennemi qui l'aidera par sa magie contre son propre peuple.

Les deux armées se font face et Lug tient un conseil de guerre. Il invite chacun des chefs des Tuatha à préciser ce qu'il compte faire pour assurer le succès de la cause commune.

— Ce n'est pas difficile, répond le forgeron Goibniu. Pour chaque javelot qui se détachera de sa hampe et chaque glaive qui se brisera, je fournirai une arme nouvelle. Aucune pointe faite de ma main ne manquera son coup.

— Et toi, Diancecht? demande Lug à son grand-père paternel.

— Ce n'est pas difficile. Quiconque aura été blessé, à moins qu'on ne lui ait coupé la tête, je le rendrai sain et sauf à la bataille le lendemain.

Credné le bronzier et Luchté le charpentier promettent à leur tour de fournir l'un les rivets des javelots, les poignées des glaives et les bossettes des boucliers, l'autre les bois des lances et les boucliers.

— Et toi, ô Ogma? interroge Lug.

— Ce n'est pas difficile, répond Ogma. Je repousserai

le roi et trois neuvaines de ses amis et gagnerai le tiers de la bataille.

– Et toi, ô Morrigan?

– Ce n'est pas difficile, dit-elle. Ce que je poursuivrai, je l'atteindrai, ce que je frapperai aura été frappé et ce que je couperai sera lié.

– Et vous, ô sorciers?

– Ce n'est pas difficile. Par notre art, la plante de leurs pieds blanchira, jusqu'à ce que leurs champions meurent privés des deux tiers de leur force par une rétention d'urine.

– Et vous, échansons?

– Ce n'est pas difficile. Nous leur donnerons une grande soif et ils ne trouveront pas de boisson pour l'étancher.

– Et vous, ô druides?

– Ce n'est pas difficile. Nous ferons tomber des pluies de feu sur les Fomoiré, de telle sorte qu'ils ne pourront pas lever la tête.

Lug se tourne vers son barde, Coirpré, et lui demande ce qu'il fera.

– Ce n'est pas difficile. Je ferai contre eux une incantation de malédiction suprême, je les satiriserai et les déshonorerai, de telle sorte qu'ils ne résisteront pas à nos guerriers.

Questionnées à leur tour, les deux sorcières des Tuatha répondent :

– Nous ensorcellerons les arbres, les pierres et les mottes de terre qui leur apparaîtront comme une troupe en armes et les mettront en déroute pleins d'horreur et d'angoisse.

– Et toi, ô Dagda? demande Lug.

– Ce n'est pas difficile, répond le Dagda. Tout ce que les autres promettent, je le ferai moi-même, à moi seul. Je me mettrai du côté des hommes d'Irlande tant pour frapper et détruire que pour ensorceler.

La bataille s'engage et des combats ont lieu tous les jours. Les Fomoiré s'étonnent de ce qui leur arrive, car, si leurs tués restent bien morts et si leurs armes détériorées demeurent inutilisables, les hommes des Tuatha frappés à mort reviennent bien vivants, le lendemain, sur le champ de bataille et leurs armes brisées sont refaites à une vitesse record. Pour découvrir la clé de ces mystères, les Fomoiré envoient un des leurs espionner les Tuatha. Ils n'envoient pas n'importe qui, mais le propre fils de Bres et de la déesse Brigitte, Ruadan. Dans ses veines coule plus de sang de la race des Tuatha que de sang fomoiré puisque sa mère est la fille du Dagda et son père le fils d'Eriu. Seul son grand-père paternel, Elatha, est un Fomoiré. Après avoir observé comment les choses se passent dans le camp des Tuatha, Ruadan demande un javelot magique à l'atelier de Goibniu et, dès qu'il l'a en main, se retourne et blesse Goibniu. Celui-ci lui arrache l'arme et l'en transperce de part en part, puis se jette dans la Fontaine de Santé et est guéri aussitôt, tandis que Ruadan s'en va mourir chez les siens. Devant le cadavre de son fils, Brigitte crie d'abord et se lamente ensuite : c'est la première fois qu'on entend en Irlande des cris et des pleurs.

Ruadan a, cependant, pu révéler aux Fomoiré l'existence de la Fontaine de Santé où Diancecht plonge les blessés pour les guérir et les morts pour les ressusciter. Ils prennent chacun une pierre et s'en vont la jeter dans cette fontaine. Ainsi parviennent-ils à la combler et à la faire disparaître sous un tertre. Cette précaution prise, ils se rassemblent pour la grande bataille, et se mettent en marche sous la conduite de Balor, de Bres, d'Elatha et de quelques autres chefs redoutables. Les tribus Dé Danann se lèvent de leur côté. Estimant la vie de Lug trop précieuse pour être exposée dans la bataille, les autres chefs des Tuatha ont décidé de ne pas le laisser y aller et ont chargé neuf gardiens de l'en empêcher. Mais il leur échappe, monte sur son char et se rend sur le front des tribus pour les haranguer et les encourager. Il leur chante un poème : « Il se lèvera une bataille... » Les deux armées, alors, poussent une grande clameur et se ruent l'une sur l'autre.

C'est un carnage. Nuada tombe sous les coups de Balor. Et voici que Lug et Balor se trouvent face à face. On n'a pas oublié que Lug est le petit-fils de Balor, par sa mère, Eithné. Un dialogue s'engage entre eux, mais je ne saurais vous le rapporter, car il nous a été transmis sous une forme très archaïque et les meilleurs gaélicisants s'avouent incapables de le comprendre.

Or la particularité de Balor, c'est qu'il a un œil unique et pernicieux qui ne s'ouvre que dans le combat. Il faut quatre hommes pour en soulever la paupière à l'aide d'un croc bien poli. L'armée qui regardait cet œil ne pouvait résister, fût-elle de plusieurs milliers d'hommes.

– Levez-moi la paupière, garçons, dit Balor, que je voie le bavard qui me parle.

On lève la paupière de l'œil de Balor. Aussitôt, Lug lui lance une pierre de fronde qui lui fait sortir l'œil de l'autre côté de la tête. Et comme les Fomoiré se trouvent derrière lui et le regardent, ce sont eux qui sont foudroyés. L'œil tombe sur eux et ils meurent en grand nombre (le texte du *Cath Maighe Tuireadh* nous dit qu'il en périt trois neuvaines et chacun sait que trois fois neuf, cela fait au moins sept mille).

Alors la Morrigan vient exciter les Tuatha, les enflammer de fureur guerrière. La bataille se transforme en déroute et les Fomoiré s'enfuient vers la mer. C'est dans les dernières passes d'armes qu'Ogma et l'un des rois fomoiré, Indech, se transpercent mutuellement de leurs fers et tombent morts ensemble.

Bres, lui aussi en grand danger, prévient :

– Mieux vaut m'épargner que me tuer.

– Qu'en résulterait-il? interroge Lug.

– Si vous m'épargnez, les vaches d'Irlande auront toujours du lait.

Lug consulte ses sages et, sur leur conseil, répond :

– Ce n'est pas cela qui te sauvera. Si tu peux assurer du lait tant qu'elles vivront, tu ne peux rien sur leur vie ni leur reproduction. Y a-t-il autre chose pour te sauver?

– Oui, certes. Si vous m'épargnez, vous aurez une moisson par saison.

Après consultation de ses sages, Lug répond que cela ne convient pas aux hommes d'Irlande, qu'il leur faut le printemps pour labourer et semer, le commencement de l'été pour fortifier le blé, le commencement de l'automne pour finir de le mûrir et le couper et l'hiver pour le manger. Mais il promet à Bres de lui laisser la vie sauve s'il révèle comment laboureront, sèmeront et moissonneront les hommes d'Irlande.

– Dis-leur, répond Bres, qu'ils labourent le mardi, qu'ils sèment le mardi et qu'ils moissonnent le mardi.

Bres, par suite de cette ruse, est relâché.

En s'enfuyant, les Fomoiré ont emporté la harpe du Dagda, cette harpe magique qui, on s'en souvient, sait jouer seule, sans l'intervention du harpiste, l'air qui fait fondre en larmes, l'air qui déchaîne un rire incoercible et l'air qui endort les auditeurs. Alors, pour récupérer le précieux instrument, le Dagda, Lug et Ogma – qui fait peu de cas de la mort qu'il vient de subir – se lancent à leur poursuite. Arrivés au bord de la mer, ils entrent dans la salle où Bres et son père Elatha offrent un banquet aux autres chefs fomoiré. Ils aperçoivent la harpe accrochée à la muraille. Le Dagda l'appelle par ses deux noms de « Table de chêne » et d'« Air aux quatre coins », et aussitôt elle se détache du mur, tue neuf hommes et vient à lui. Il fait fondre en larmes toutes les femmes par l'air des pleurs, puis se tordre de rire femmes et enfants par l'air de la gaieté, et enfin il endort toute l'assistance par l'air du sommeil. Ainsi tous les trois peuvent-ils s'échapper sains et saufs, alors que les Fomoiré étaient décidés à les tuer.

Après la déroute et le nettoyage du champ de carnage, la Morrigan s'en va clamer la nouvelle de la victoire aux troupes de fées et aux esprits des eaux. Puis elle prophétise tous les malheurs qui attendent le monde créé, cataclysmes naturels, épidémies, désordres moraux, guerres. Cette succession de maux ne s'achèvera que par la fin du monde.

La victoire des forces de lumière sur les forces des ténèbres ne peut, en effet, être que relative, sans quoi il n'y aurait pas de création du tout. Bres, incarnation de la puissance tellurique, est resté nécessaire à la fécondité des bêtes et des champs. Le Dagda a été privé pendant un certain temps – et pourtant, après la mise en déroute des armées démoniaques – de sa harpe d'or, c'est-à-dire du pouvoir sur l'âme. Lug, le dieu lumineux, a mis à mort son aïeul Balor, le dieu chtonien dont l'œil unique symbolise la voyance surnaturelle, mais il a détruit par là même la connaissance de la vérité profonde. Les combats ont été si rudes que les Tuatha Dé Danann ont subi de lourdes pertes et en sortent affaiblis. Aussi ne vont-ils pas rester longtemps maîtres du pays. Il n'est pas possible, pour la survie du monde, que tout soit lumière. De nouveaux envahisseurs se présentent. Ce sont les *Fils de Mile*. Mile, leur ancêtre, était un génie du combat destructeur, c'est le sens de son nom. Les Gaëls se proclament ses descendants, comme les Gaulois se proclamaient descendants de Dis Pater.

Le grand juge qui gouverne les Fils de Mile lors de leur débarquement se nomme Amorgen, ce qui signifie « naissance de la plainte ». Il personnifie à la fois la science, puisqu'il se proclame saumon dans l'eau et parole de science, la force, puisqu'il déclare être bœuf aux sept combats, sanglier par la bravoure et pointe de lance dans la bataille, et enfin la pensée, car il s'affirme le vent qui souffle sur la mer et le dieu qui allume le feu de la pensée.

Les Fils de Mile et les Tuatha Dé Danann s'affrontent et les premiers sont vainqueurs. Ils chassent les divinités lumineuses de la surface de la Terre et les contraignent à se réfugier dans les tertres et sous les dolmens. On voit le paradoxe : les humains d'origine tellurique bénéficient de la liberté de l'air et de la grande clarté du jour, tandis que les dieux célestes de nature lumineuse sont enfermés dans les ténèbres. Il est vrai que c'est l'esprit humain qui a rejeté les lumières divines dans de souterraines profondeurs. Il est vrai, aussi, que si les vivants ne peuvent, de leur propre volonté, s'aventurer dans ces profondeurs, les gens du Sid, eux, par contre, peuvent hanter la surface de la Terre. Mais il n'en reste pas moins que notre existence même repose sur une situation paradoxale et irrationnelle.

Il en est ainsi parce qu'il doit en être ainsi. Si l'éclat de la lumière divine ne nous était pas occulté, sa contemplation serait aussi périlleuse que la rencontre du regard de l'œil unique de Balor; elle nous détruirait sur-le-champ. Nous ne pourrons jamais comprendre, ici-bas, par quel miracle une étincelle de la pensée divine a pu devenir le « moi », intemporel et non spatial mais paraissant esclave du temps et de l'espace, à qui Dieu est devenu extérieur. Un « moi » qui se réalise par l'irréel et dont l'existence présente n'est que la somme d'inexistences passées. Sans avoir tous conscience de cette nature paradoxale de leur existence, les hommes en sont si profondément blessés qu'ils gardent au fond de leur âme la nostalgie d'un état antérieur. Elle se manifeste par l'universel regret du Paradis perdu.

Dans la mythologie celtique, ce thème du retour à l'état antérieur, complément inévitable du cycle cosmogonique, prend la forme du mythe de la Ville engloutie. A la suite d'une faute commise par une femme, une ville, toujours conçue comme riche et magnifique, a été submergée par une subite montée de la mer ou par la formation d'un lac, mais elle continue à vivre au fond des eaux et l'on entend sonner ses cloches si l'on passe par là dans la nuit de Noël.

Les eaux qui ont recouvert ce Paradis perdu sont une figure du Chaos primordial tel qu'il régnait avant qu'Hu-Gadarn n'eût extirpé du sein de l'océan le reptile monstrueux. On assiste donc à un retour du formel à l'informel, du créé à l'indifférencié. Mais l'élément liquide qui, dans sa fluidité, représente l'informel et l'indifférencié, cache une potentialité extraordinaire, puisqu'il a absorbé la cité amèrement regrettée, dont la magnificence symbolise la richesse des souvenirs qui fondent l'existence présente. Il y a toujours, à l'origine de la submersion, la faute d'une femme, parce que le retour au sein de l'élément aquatique primordial est un retour à l'état antérieur à la naissance, à l'état de germe flottant dans les abysses liquides du sein maternel. C'est le fameux *regressus ad uterum* cher aux psychanalystes [2]. Il se trouve toujours une femme pour se faire la complice des eaux avides de reprendre la vie sortie d'elles, puisque la femme s'identifie à ces eaux matricielles.

Il était tout naturel que l'idée de Paradis perdu se concrétisât, dans les diverses traditions celtiques, en légendes de villes englouties, car les pays celtes ont tous réellement connu, au cours de leur histoire, de tels cataclysmes. Les transgressions marines qui se sont succédé depuis la dernière période glaciaire (Riss-Wurm) ont fait disparaître sous les flots de larges portions des rivages d'Écosse, d'Irlande, de Galles et de

2. Cf. Jean Markale, *Les Celtes,* chap. I, et *La Femme celte,* deuxième partie, chap. I.

Bretagne. Des agglomérations, des fermes isolées, des bois, des cultures ont été noyés. C'est ainsi qu'au Vᵉ siècle de notre ère, par conséquent à une époque relativement récente, s'est produite la « transgression flandrienne » d'où sont résultés des drames que la mémoire populaire ne pouvait oublier. Bien entendu, le souvenir de ces drames, conservé de génération en génération, s'est mélangé au thème mythologique préexistant.

Parmi les cités submergées, on peut mentionner, entre autres, sur la côte nord de la Bretagne, celles de Nazado (dans la baie de Saint-Brieuc), de Lexobie, de Tolente (près de l'Aber Wrac'h). Il faut y ajouter tous les villages qui bordaient la forêt de Scissy, reliant l'actuelle baie du Mont-Saint-Michel à l'île de Jersey : Porspican, Thomen, La Feuillestre, Mauy, Sainte-Anne, Colombel, etc., effacés de la carte par un raz de marée en mars 709. Sur la côte ouest, c'est, au fond de la baie de Douarnenez, la fameuse ville d'Is. L'étang de Lawall, non loin de la Pointe du Raz, cacherait aussi une ville engloutie. Au sud de la Loire, la tradition rapporte que le lac de Grand-Lieu recouvre la cité d'Herbauge, noyée vers l'an 580 en punition de l'attachement de ses habitants au paganisme.

Au Pays de Galles, ce n'est pas une femme, mais un homme en état d'ivresse, Seithynin, fils du roi de Dyved, qui lâcha la mer sur le Cantrev y Gwaelod et fut cause de la submersion de seize villes fortes. La femme, cependant, n'est pas absente de l'affaire : si le malheur est arrivé, c'est parce que l'ivrogne de prince avait violé une jeune fille qui gardait une fontaine magique. Par contre, en Irlande, c'est bien la femme chargée de garder la fontaine de la plaine basse où s'élève la forteresse du roi Ecca, qui oublie un jour d'en refermer la porte. Immédiatement, l'eau s'engouffre dans la plaine et forme un grand lac, le Lough Neagh. Le roi, toute sa famille et tous ses gens périssent noyés, sauf sa fille Libane qui continue à vivre dans sa chambre, sous le lac, pendant un an. Au bout de l'an, elle se transforme en saumon. Elle reste saumon pendant trois siècles avant de reprendre sa forme humaine.

De toutes ces légendes, la plus caractéristique et la plus connue est sans conteste celle de la ville d'Is.

La légende de la ville d'Is

La ville d'Is a très certainement existé et se situait là où s'étend aujourd'hui la baie de Douarnenez. Tout le pourtour de cette baie est truffé de vestiges gallo-romains. La pêche, aux premiers siècles de notre ère, était active sur cette côte, pour le plus grand profit du colonialisme romain qui y exploitait des usines de salaison de poisson et de préparation de « garum » – sorte de condiment à base de sauce de poisson –, dont les produits étaient expédiés directement à Rome. Selon la tradition populaire, le port, qui abritait la flottille de pêche locale et où relâchaient les bateaux de commerce du monde entier, se trouvait plus bas que le niveau de l'océan à marée haute, et il avait fallu construire une digue pour le protéger. On n'ouvrait les portes qu'au jusant. Il n'y a rien là d'invraisemblable, puisque le niveau de la mer, à cette époque, ne cessait de s'élever. La ville qui s'étendait derrière le port aurait été la plus belle et la plus opulente de toute l'Armorique. On l'appelait *Ker Is,* la ville d'Is. Certains interprètent son nom comme une abréviation du mot breton *Izel,* « bas ». Ç'aurait été « la ville basse », parce que située au niveau de la mer. D'autres font le rapprochement avec la déesse Isis, dont le culte a certainement été mis en honneur par les mercenaires orientaux de Rome. Mais il est plus vraisemblable que *ker Is* est tout simplement *Ker Ris,*

« la ville du Rivage » : il subsistait encore, au siècle dernier, un village de ce nom au fond de la baie et la plage y a gardé l'appellation de Plage du Ris. Essayez donc de distinguer, dans la prononciation, Ker-Is et Ker-Ris!

La submersion de la ville par un raz de marée, au Ve siècle, a toutes les chances de n'être pas une légende, mais un fait historique dont le peuple a gardé un souvenir horrifié. Lors de certaines grandes marées, il est arrivé que la mer, au fond de la baie de Douarnenez, découvre des vestiges de constructions et, sur la grève de Trezmalaouen, voisine du Ris, une forêt de chênes et d'ifs couchés, les racines vers le large, les branches vers la terre ferme. Et des chaussées romaines s'enfoncent sous l'eau.

Mais cela n'est que de l'histoire. Sur le fait historique est venue se greffer la légende. La catastrophe qui a frappé la ville était, dit-on, un châtiment du ciel, parce que les habitants d'Is vivaient dans les plaisirs et l'impiété. Leur roi, Gradlon (un souverain de ce nom a, effectivement, régné sur la Cornouaille au Ve siècle), avait enlevé, au cours d'une expédition maritime sur les côtes de Scandinavie, une fée qui était morte en lui donnant une fille, Dahud. Il avait élevé seul cette enfant chérie, devenue une ravissante princesse. Un ermite chrétien qui vivait non loin de là, dans la forêt de Néved, saint Corentin, avait réussi à convertir le roi à la nouvelle foi, mais ni lui ni saint Gwénolé, fondateur de l'abbaye de Landévennec, n'étaient parvenus à faire renier ses dieux à la fière princesse Dahud. Elle menait une vie de débauche, prenait chaque soir un nouvel amant qu'elle faisait étrangler au petit jour, et entraînait toute la population à se livrer aux pires dérèglements. Mais elle se laissa subjuguer par un prince inconnu au regard brûlant comme braise, tout vêtu de rouge. Pour lui plaire, elle déroba au roi son père, pendant son sommeil, la clé du puits de l'abîme et la lui remit. Le prince rouge put ainsi ouvrir les vannes à marée haute et les flots bouillonnants se précipitèrent dans la ville, noyant ses habitants.

Prévenu à temps par saint Gwénolé, le roi Gradlon avait sauté à cheval, pris sa fille en croupe, et s'était enfui au grand galop. Mais la mer déchaînée les gagnait de vitesse. Alors saint Gwénolé apaisa la fureur des flots d'une manière assez peu orthodoxe pour un moine chrétien : il leur offrit un sacrifice humain. Il jeta, en effet, à bas du cheval la princesse Dahud et la précipita dans la mer. Cet épisode montre bien qu'il s'agit d'un mythe pré-chrétien qui a été christianisé. L'idée de châtiment divin frappant une population parce qu'elle est demeurée fidèle à l'ancienne religion constitue, de toute évidence, une addition tardive. C'est, d'ailleurs, l'explication que l'on donne, depuis le Moyen Age, de toutes les submersions de villes, réelles ou légendaires, sous les eaux de la mer ou de lacs.

Nous retrouvons le mythe archaïque lorsqu'on nous dit que Dahud, la fille de la mer, une fois rendue à son élément, a survécu sous la forme d'une fée des eaux et qu'elle attire, pour leur perte, les marins par ses chants ensorceleurs.

Quant à la ville d'Is, par les matins de brume, les pêcheurs voguant sur la baie en entendent parfois, sous les eaux, sonner les cloches des églises. On dit même que l'un d'eux, au cours d'une plongée pour dégager l'ancre de son bateau, entra dans une cathédrale où les cierges étaient allumés et où se tenait une foule silencieuse. Un prêtre, au pied de l'autel, semblait attendre quelque chose. Si le pêcheur s'était proposé pour répondre la messe, Is aurait resurgi des flots.

Le mythe de la ville d'Is réunit plusieurs des très anciens thèmes communs à tous les Indo-Européens. Avec celui de la Ville engloutie, autre forme du Paradis perdu, il y a celui du puits de l'abîme, orifice de l'Autre Monde, dont une femme laisse déborder et se répandre les eaux, c'est-à-dire les maléfices mais aussi les forces fécondantes. Mais il y a aussi celui de la Fille de la Mer qui, par ses charmes, entraîne les jeunes hommes au creux de l'élément primordial où ils se perdent.

En même temps, et dans une autre perspective, le récit de la submersion de Ker Is est une allégorie des luttes entre les évangélisateurs chrétiens et les religions antérieures. Dahud est une personnification du druidisme, et c'est pourquoi on s'efforce de la rendre antipathique en lui donnant l'aspect d'une grande pécheresse. Gradlon est partagé entre son ralliement au Christ et l'affection qu'il conserve pour la religion de son enfance. Cette religion ancienne connaît un véritable renouveau, elle est en pleine expansion et va submerger le pays où il n'y a encore que de petits groupes de chrétiens récemment convertis. Mais un coup d'arrêt est porté par les immigrants venus de Grande-Bretagne, qui sont christianisés depuis longtemps et n'hésitent pas à recourir à la force pour enrayer ces progrès du paganisme.

V

LES MYTHES DU RENOUVELLEMENT

L'idée maîtresse de toute religion, c'est la régénération de l'individu qui doit dépouiller le vieil homme et, par un effort volontaire de dépassement, mais aussi avec l'aide des pratiques rituelles, devenir un « homme nouveau », lavé de ses faiblesses et éclairé de l'esprit divin. Il doit pour cela mourir à lui-même afin de pouvoir renaître, tout comme la végétation meurt chaque année pour repartir plus verte, plus fraîche, plus riche de promesses de fleurs et de fruits.

Ce thème du renouvellement tient une place importante dans la mythologie celtique et se retrouve sous des formes diverses dans de nombreux récits. Nous l'avons déjà rencontré à plusieurs reprises, notamment dans ceux qui mettent en scène le dieu de la régénération, Cernunnos, et ses différents avatars, tel Pwyll, prince de Dyvet. Il transparaît également dans le mythe d'Esus et inspire des rites dont nous avons eu l'occasion de parler, comme l'érection de l'Arbre de Mai. D'autres rites qui ont perduré jusqu'à nous sont liés à cette même idée de renouvellement : ainsi en est-il des traditions carnavalesques et de la coutume qui consiste, pour mettre fin à l'hiver et faire venir le printemps, à brûler, à l'issue de mascarades et de réjouissances, un mannequin géant bourré de paille figurant un roi plus ou moins grotesque qu'on appelle le Bonhomme Mardi-Gras, en breton *Meurlarjez* ou, à Douarnenez, *Den Paolig*, l'Homme Petit-Paul (Paolig est le surnom du Diable, avatar chrétien de Cernunnos).

La régénération cyclique qu'évoquent ainsi de nombreux mythes se situe sur plusieurs plans. Il s'agit, dans une acception naturaliste, de la mort du grain en terre et de sa germination, ainsi que de la léthargie hivernale de la végétation suivie de son réveil au printemps. Il va de soi que cette alternance de mort et de résurrection avait une très grande importance pour des peuples agricoles. Elle leur dictait leurs activités, rythmait leur vie. Il était donc tout à fait normal qu'une partie de leurs prières et de leurs gestes religieux fût en relation avec elle, afin que la fertilité de la terre restât assurée. Mais sur un plan élevé, ce qui est en cause, c'est l'opération par laquelle Dieu gouverne le monde. Il faut que, pendant un temps, les puissances des ténèbres exercent leur action destructrice, pour que de cette destruction jaillisse la vie. Il faut que le monde soit livré au mal pour avoir la notion du bien. Sur le plan moral, le mythe nous enseigne que c'est la renonciation à ses penchants et à ses désirs qui permet à l'individu de se dépasser lui-même, de devenir un homme régénéré. Plus particulièrement, sur le plan initiatique, il s'agit pour lui de mourir totalement à soi-même, afin de pouvoir recevoir l'initiation, et de naître à une nouvelle vie.

Je ne reviendrai pas sur l'histoire de Pwyll, prince de Dyvet [1], mais un de ces récits qui lui font suite dans les Mabinogion reprend encore plus clairement le thème de la régénération; il s'agit du mabinogi de *Manawyddan fils de Llyr*.

1. Cf. chapitre II.

Manawyddan fab Llyr, qui correspond au grand dieu Manannan mac Lir des Gaëls, revenait d'une expédition en Irlande où son frère, Bran le Béni, avait trouvé la mort. Il n'y avait, du côté gallois que sept survivants, dont Pryderi, le fils de Pwyll et de Rhiannon. Quand ils eurent enterré avec tout le respect qui convient la tête de Bran le Béni, Manawyddan poussa un grand soupir et dit à ses compagnons qu'il n'y avait personne qui n'eût un refuge pour la nuit, sauf lui.

– Seigneur, répondit Pryderi, veux-tu un conseil?

– J'en ai grand besoin.

– Mon père est mort et m'a laissé en héritage son royaume de Dyvet dont ma mère conserve l'usufruit. Épouse ma mère et vous aurez tous les deux la jouissance de cette terre qui est la meilleure du monde.

– Ta confraternité me touche.

– Si tu veux, toute l'amitié dont je suis capable sera pour toi.

– J'accepte, mon âme. Sois-en mille fois béni. Je vais aller avec toi voir Rhiannon et tes États.

– Tu as raison. Je ne crois pas que tu aies jamais entendu femme causant mieux qu'elle. A l'époque où elle était dans la fleur de la jeunesse, il n'y en avait pas de plus parfaite et maintenant encore son visage ne te déplaira pas.

Ils se rendirent en Dyvet et reçurent un chaleureux accueil de Rhiannon et de l'épouse de Pryderi, Kicfa, qui leur préparèrent un somptueux festin. Pendant le repas, Manawyddan et Rhiannon s'entretinrent à cœur ouvert et s'éprirent l'un de l'autre.

– Pryderi, dit Manawyddan, je me conformerai à tes paroles.

– De quelles paroles s'agit-il? s'enquit Rhiannon.

Ce fut Pryderi qui répondit :

– Princesse, je t'ai donnée comme femme à Manawyddan, fils de Llyr.

– J'obéirai avec plaisir, dit Rhiannon.

– Et moi aussi, dit Manawyddan.

Ils furent déclarés unis sur-le-champ et, avant la fin du banquet, couchèrent ensemble. On ne s'embarrassait pas, en ce temps-là, de formalités.

Dans les jours qui suivirent, Pryderi fit faire à Manawyddan la connaissance du pays de Dyvet. Accompagnés l'un et l'autre de leurs femmes, ils le parcoururent en tous sens, chassant, pêchant et prenant du bon temps. Ils constatèrent qu'on n'avait jamais vu de pays plus peuplé ni plus fertile. Leur amitié à tous les quatre grandit, au cours de ce voyage, à tel point qu'ils ne pouvaient plus se passer les uns des autres.

Lorsqu'ils furent de retour dans la capitale, Arberth, ils se remirent aux festins et aux délassements. Après le premier banquet, ils se rendirent avec leur suite au Tertre d'Arberth. C'était le tertre où nul noble ne pouvait s'asseoir sans assister à un prodige, celui d'où Pwyll, naguère, avait vu arriver Rhiannon sur son cheval enchanté. Comme ils y étaient assis, il y eut un grand coup de tonnerre et ils furent enveloppés d'une nuée si épaisse qu'ils ne pouvaient plus s'apercevoir les uns les autres. Quand elle se dissipa, leurs regards ne rencontrèrent plus, là où s'étendaient auparavant de verdoyantes campagnes chargées de troupeaux, de riches cultures, d'habitations, qu'une terre désolée et vide. Tout avait disparu, maisons, bétail, fumées, hommes et femmes. Il ne subsistait que les bâtiments de la résidence royale et ils étaient déserts; on n'y voyait plus ni une créature humaine, ni un animal. Pryderi, Kicfa, Manawyddan et Rhiannon se retrouvaient seuls, leurs compagnons mêmes avaient disparu sans laisser de traces.

Ils se mirent à la recherche de leurs gens, mais il n'y

avait personne dans la grande salle, personne dans la chambre, personne dans le dortoir, ni à la cuisine, ni dans la cave à l'hydromel. Il restait de la nourriture sur la table du banquet et des provisions dans les resserres, aussi purent-ils vivre quelque temps sans soucis de ravitaillement. Quand ces réserves furent épuisées, ils se mirent à parcourir le pays, en quête de maisons habitées. Mais il n'y avait plus d'habitants et ils ne rencontrèrent que des animaux sauvages. Ils commencèrent à se nourrir de gibier, de poisson et de miel sauvage et purent subsister tout au long de deux années. Mais à la fin, le gibier, le poisson et le miel vinrent à manquer. Ils décidèrent de se rendre en Angleterre et d'y chercher un métier qui leur permît de vivre.

Ils quittèrent donc le pays de Galles et firent route jusqu'à Henffordd (Hereford) où ils s'établirent comme selliers. Manawyddan se mit à façonner des selles aux arçons décorés d'émail bleu, qui étaient si belles que personne, dans Henffordd, ne voulut plus acheter d'arçon ni de selle ailleurs que chez eux. Si bien que les selliers professionnels virent leur chiffre d'affaires s'effondrer. Ils se réunirent et, en conclusion de leurs palabres, convinrent de tuer Manawyddan et son compagnon. Ceux-ci en furent avertis et décidèrent de quitter la ville.

Ils allèrent s'installer dans une autre cité où ils se firent fabricants de boucliers. Ils émaillèrent les écus comme ils avaient fait des selles et se révélèrent si habiles dans ce nouveau métier que personne, dans la ville, n'acheta plus de boucliers que chez eux. Le commerce des artisans locaux périclita et ils s'entendirent pour chercher à occire Manawyddan et son compagnon. Ceux-ci l'apprirent et quittèrent la ville.

– Cette fois, décida Manawyddan, nous allons nous installer comme cordonniers. Des cordonniers n'auront jamais assez d'audace pour s'attaquer à nos vies.

– Mais je ne connais rien à la cordonnerie, objecta Pryderi.

– Aucune importance! Moi, je m'y connais et je t'apprendrai, le rassura Manawyddan qui était aussi « polytechnicien » que son petit-neveu Lug.

Ils confectionnèrent de si jolies chaussures dorées à l'or fin, que les élégants et les élégantes n'en voulurent plus d'autres et que les cordonniers patentés virent leurs échoppes se vider. Ils tinrent conseil et, en conclusion de leurs palabres, convinrent de faire passer Manawyddan et son compagnon de vie à trépas. Ceux-ci en furent informés et quittèrent la ville. Mais, cette fois, ils décidèrent de retourner en Dyvet. Le gibier s'était reconstitué et ils purent recommencer à vivre de la chasse.

Un matin, Manawyddan et Pryderi partirent à la chasse, précédés de leur meute. Les limiers se dirigèrent vers un petit buisson, mais à peine s'en étaient-ils approchés qu'ils reculèrent, le poil hérissé. Pryderi s'en fut voir ce qu'il y avait dans le buisson et se trouva nez à nez avec un énorme sanglier d'un blanc éclatant. La bête prit la fuite et les chiens, excités par leurs maîtres, se lancèrent à sa poursuite. Ils le poursuivirent jusqu'à une forteresse très élevée qui paraissait nouvellement bâtie, dans un endroit où les deux chasseurs n'avaient jamais vu ni pierre ni trace de travail. Le sanglier s'engouffra à l'intérieur et les chiens l'y suivirent.

Manawyddan et Pryderi restèrent un bon moment à contempler le château qu'ils s'étonnaient de voir là, alors qu'auparavant il n'y avait pas la moindre construction, et à guetter les aboiements des chiens. Mais les chiens demeuraient silencieux et aucun d'eux ne réapparaissait.

– Seigneur, dit Pryderi, je m'en vais au château chercher des nouvelles des chiens.

– Ce ne serait pas prudent, fit observer Manawyddan.

C'est le même qui a jeté un sort sur le pays, qui a fait paraître ce château en un tel endroit.

– Sort ou pas, je n'abandonnerai pas mes chiens.

Et Pryderi d'entrer dans le château, en dépit de tous les conseils de son beau-père. A l'intérieur, il n'aperçut ni homme ni animal, pas plus le sanglier que les chiens. Il n'y avait pas de bâtiment d'habitation mais seulement, au milieu de la cour, une fontaine entourée de marbre et, sur le bord de la fontaine, reposant sur une dalle de marbre, une coupe d'or attachée par des chaînes qui partaient en l'air et dont il ne voyait pas l'extrémité.

Il ne réfléchit pas, comme vous l'auriez certainement fait à sa place, que ces chaînes reliant la coupe d'or au ciel devaient bien avoir un rapport quelconque avec les chaînes partant de la langue d'Ogmios et par lesquelles le dieu lieur lie les hommes. Mais sans doute s'avisa-t-il, par contre, qu'une telle coupe est le vase de l'immortalité. Il s'en approcha et la saisit. Au même instant, ses deux mains s'attachèrent à la coupe et ses deux pieds à la dalle de marbre qui la portait, et il perdit la voix. Il était lié. Lié et sans parole.

Manawyddan, lui, était resté à l'attendre. Il attendit jusqu'à la chute du jour. Quand il fut bien sûr qu'il n'avait plus de nouvelles à espérer de Pryderi ni des chiens, il retourna à la cour. Il reçut de Rhiannon un accueil très frais.

– Où est ton compagnon? Qu'as-tu fait des chiens?

Il lui raconta ce qui s'était passé et elle lui fit d'amers reproches pour avoir ainsi abandonné son ami, puis, sans perdre un instant, elle sortit et se dirigea vers l'endroit où il lui avait expliqué que se trouvait la forteresse. La porte était grande ouverte. Elle entra et vit Pryderi, les mains sur la coupe. Elle se précipita vers lui.

– Seigneur, s'inquiéta-t-elle, que fais-tu là?

Comme il ne répondait pas, et pour cause, elle saisit la coupe. Aussitôt ses deux mains s'attachèrent à la coupe, ses deux pieds à la dalle, et il lui fut impossible de prononcer une parole. Elle était liée. Et tout de suite après éclata un coup de tonnerre et s'abattit une épaisse nuée. Quand elle se dissipa, le château, Pryderi et Rhiannon avaient disparu.

Kicfa, voyant qu'il ne restait plus dans la cour que Manawyddan et elle-même, en conçut tant de douleur que la mort lui semblait préférable à la vie. Ce que voyant, Manawyddan lui assura :

– Si c'est par peur de moi que tu es si affectée, tu as tort. Tu as ma parole que je serai pour toi le compagnon le plus sûr que tu aies jamais vu, tant que se prolongera cette situation. Serais-je en ma prime jeunesse que je garderais ma fidélité à Pryderi. Je la garderai aussi pour toi. N'aie aucune crainte. Ma société sera telle que tu voudras.

La jeune femme en éprouva un grand soulagement. Et quand il lui proposa de repartir pour l'Angleterre, puisqu'il n'était plus possible ici de trouver sa subsistance, elle accepta de le suivre.

Il reprit la profession de cordonnier où il s'était montré si habile et au bout de peu de temps personne ne voulut plus de chaussure ou de botte qui ne sortît de son atelier. Au bout d'un an, les autres cordonniers, dévorés de jalousie, formèrent le propos de se débarrasser de lui par un meurtre, mais il en fut averti et il décida de retourner en Dyvet en emportant un faix de froment.

Établi à Arberth, il s'habitua à prendre le poisson et les bêtes sauvages dans leur gîte. Ensuite, il entreprit de labourer la terre et d'ensemencer plusieurs champs avec le froment qu'il avait ramené d'Angleterre. Lorsque l'automne fut arrivé, il alla voir un de ses champs. Le blé y était mûr et il se dit qu'il le moissonnerait dès le lendemain. Mais quand il y retourna le lendemain, au petit jour, pour faire la moisson, il ne trouva plus que des tiges de paille : tous les épis avaient disparu. Il se rendit à un autre de ses champs et constata qu'il était mûr également. Il se promit de venir le moissonner le lendemain. Mais en y arrivant le lendemain il ne trouva que le chaume nu. Consterné, il partit voir le troisième champ. Le blé y était magnifique et prêt à être moissonné.

— Honte à moi, se dit-il, si je ne veille cette nuit. Celui qui a enlevé les épis des deux autres champs viendra dévaster aussi celui-ci : je saurai qui c'est.

Dès la nuit tombée, il fit le guet et, vers minuit, il entendit le plus grand bruit du monde. Une troupe immense de souris se ruait sur le champ. Chacune d'elles grimpa le long d'une tige, coupa l'épi avec ses dents et s'élança avec lui dehors. Enflammé de fureur et de dépit, Manawyddan se mit à frapper à bras raccourcis au milieu des souris, mais il n'en atteignait aucune, comme s'il avait affaire à des moucherons ou à des oiseaux dans l'air.

Il en avisa une qui semblait très lourde, au point qu'elle avait de la peine à marcher. Il la poursuivit, l'attrapa et la mit dans son gant pour l'emmener à la cour.

— Qu'apportes-tu dans ce gant? demanda Kicfa.

— Un voleur que j'ai surpris à me voler.

— Quelle espèce de voleur, seigneur, peut bien tenir dans un gant?

Il raconta l'invasion des souris dans son champ, le pillage de la récolte et la capture qu'il avait faite de la bestiole la plus lourde.

— Elle paiera pour les autres. Je vais la pendre.

— N'est-il pas indigne d'un homme aussi élevé que toi de pendre un aussi vil animal? Tu devrais le laisser aller.

— Si je les tenais toutes, je les pendrais toutes. Je vais toujours pendre celle que j'ai prise.

Il se rendit au Tertre d'Arberth avec la souris et

180

planta deux fourches au sommet. Alors il vit venir vers lui un barde et n'en fut pas peu surpris, car il y avait sept ans qu'il n'avait pas rencontré d'être humain, en dehors de Rhiannon, Pryderi et Kicfa. Le barde le salua et lui demanda à quoi il était occupé.

— A pendre un voleur que j'ai pris sur le fait.

— Je ne vois dans ta main qu'une souris. Il n'est guère convenable pour un homme de ton rang de manier une souris. Lâche-la.

— Par moi et Dieu, elle m'a volé, elle subira le sort des voleurs.

— Je t'offre une livre de sa liberté.

— Rien à faire. J'ai décidé de la pendre, je la pendrai.

— Comme tu voudras, seigneur. Je te faisais seulement cette proposition pour éviter à un homme de ton rang de manier un si vil animal.

Le barde s'éloigna mais, au moment où Manawyddan posait la traverse sur les fourches, il vit arriver un devin qui le salua et lui demanda ce qu'il faisait.

— Je pends un voleur qui m'a volé.

— Ce n'est qu'une souris. Plutôt que de te voir manier pareil animal, je te l'achète trois livres. Lâche-le.

— Je ne veux d'autre compensation que sa mort. Il sera pendu.

— C'est bien, seigneur, fais-en à ta tête.

Le devin prit le large mais, au moment où Manawyddan passait une ficelle au cou de la souris, il aperçut un druide qui se dirigeait vers lui. Le druide lui donna sa bénédiction et s'enquit de ce qu'il faisait.

— Je pends un voleur que j'ai surpris à me voler.

— N'est-ce pas une souris que je vois dans ta main?

— Oui, et elle m'a volé.

— Puisque je surviens au moment où elle va périr, je te l'achète. Je ne veux pas voir un homme de ton rang

181

détruire une petite bête aussi insignifiante. Je t'en donne sept livres.

— Je ne la vends pas, elle sera pendue.

— Si tu ne veux pas la relâcher pour sept livres, je t'offre vingt-quatre livres.

— Je ne lui ferai pas grâce pour le double.

— Eh bien, je t'en donne un troupeau de cent chevaux.

— Je refuse, par moi et Dieu.

— Alors, fais ton prix toi-même.

— Je veux la liberté de Rhiannon et de Pryderi.

— Tu l'auras.

— Ce n'est pas tout. Je veux que tu fasses disparaître le sortilège de dessus le royaume de Dyvet.

— Je te l'accorde. Relâche la souris.

— Je ne la relâcherai que lorsque je saurai qui elle est.

— C'est ma femme. Je suis Llwyt, fils de Kilcoet et c'est moi qui ai jeté le charme sur le Dyvet pour venger mon ami Gwawl, fils de Clut que Pwyll a fait bâtonner dans un sac. Si ma femme n'avait été enceinte quand, sous la forme d'une souris, elle a conduit mes gens au pillage de tes champs, tu ne l'aurais pas atteinte.

A ce moment réapparurent Rhiannon et Pryderi, et Manawyddan relâcha la souris. Le druide la frappa de sa baguette et elle redevint une belle jeune femme. Manawyddan regarda autour de lui et vit que tout le pays était habité, pourvu de ses troupeaux et de ses maisons.

— A quels services ont été employés Pryderi et Rhiannon pendant leur captivité? demanda-t-il.

— Pryderi portait au cou les marteaux de la porte de ma cour et Rhiannon avait au cou les licols des ânes après qu'ils avaient été porter le foin.

On remarquera que le thème de ce très ancien mythe, à savoir la régénération d'un royaume frappé de stérilité, grâce à l'action du héros qui met fin au sortilège, a été conservé dans le récit beaucoup plus récent de la Quête du Graal, où l'on voit la « Terre Gaste » recouvrer sa fertilité le jour où le Bon Chevalier accède à la sainte coupe et délivre le roi Méhaigné de l'enchantement dont il était accablé. Il s'agit du mythe initiatique par excellence. De même que le monde plongé dans la désolation par le pouvoir maléfique de la matière est régénéré par la force divine de l'esprit, de même l'initié, après sa traversée du désert, devient un homme à la spiritualité riche et féconde.

Ayons aussi l'optimisme d'interpréter ce mythe comme la promesse que notre monde en désarroi, tombé au plus bas de sa décadence, retrouvera son plein épanouissement, sa joie, sa beauté, lorsqu'il aura triomphé du matérialisme qui l'ensorcelle.

Le même thème de la malédiction paralysante suivie du retour à la vie inspire bien d'autres récits. En particulier, la curieuse histoire de la maladie des Ulates, où l'on a affaire à une léthargie cyclique inspirée de celle de la Nature au creux de l'hiver, et où l'on rencontre aussi la figure du héros prédestiné, vainqueur de l'enchantement.

La maladie des Ulates

Il y avait en Ulster un riche paysan du nom de Crunnchû qui vivait dans un endroit désert et montagneux et avait une nombreuse famille. Il perdit, hélas, sa femme et tout alla à vau-l'eau dans la ferme. Or voici qu'un jour où il se trouvait seul à la maison, il vit entrer une jeune femme, jolie et distinguée, qui, sans le regarder ni lui adresser la parole, s'approcha du foyer, alluma le feu et commença à préparer le repas du soir. Puis elle alla traire les vaches. Quand les domestiques et

les enfants revinrent des champs, elle fit un tour à droite
– ce qui est le moyen de conjurer les mauvais sorts – et
leur distribua ses ordres sans avoir besoin de demander
des renseignements à personne.

Lorsque tout le monde fut parti au lit, elle était encore
debout à mettre de l'ordre dans la maison. Après quoi
elle fit de nouveau un tour à droite et, sans plus de
façons, vint se coucher au côté de Crunnchû qui n'en
éprouva point le moindre déplaisir. Depuis ce jour, elle
continua à assumer le rôle de maîtresse de maison, à la
satisfaction générale, et les affaires de Crunnchû pros-
pérèrent.

C'était une femme du Sid et nous la connaissons déjà :
elle n'était autre que Macha, qui est une des manifestations de la déesse-jument Epona- Rigantona, avatar de
la Déesse-Mère Brigitte. Comme Brigitte, elle était
triple et, comme Rigantona – la Rhiannon des Gallois –
elle était apparentée à la plus belle conquête de
l'homme. Elle était, dans une autre de ses incarnations,
l'épouse du dieu-cerf Némed, en qui nous avons reconnu
Cernunnos. Elle était aussi la belliqueuse reine d'Irlande
surnommée *Mongruad*, c'est-à-dire « à la crinière rousse ». Macha Mongruad était la fille du roi Aed Ruad qui
était convenu avec ses collègues Cimbaeth et Dithorba
que chacun d'eux régnerait à tour de rôle pendant sept
ans. Les rois irlandais se montraient ainsi plus sages que
les actuels monarques français qui, à la fin de leur
septennat, sont peu empressés de céder leur place à un
autre. Le roi Aed Ruad n'avait pas d'autre enfant et il
mourut avant l'expiration de son septennat. Macha
réclama son trône pour la durée qui restait à courir.
Cimbaeth et Dithorba, qui étaient d'affreux phallocra-
tes, ne voulaient pas d'une femme à la tête du pays. Elle
leur fit la guerre, remporta la victoire et coiffa la
couronne.

En tant qu'épouse du fermier Crunnchû, elle devint

grosse et le moment où elle devait accoucher approchait quand se tint l'assemblée annuelle des Ulates. Tout habitant de l'Ulster devait s'y rendre s'il n'était empêché par une raison majeure, ce qui était le cas de Macha en raison de son état. Crunnchû y fut donc sans elle. Avant son départ, elle l'avait averti qu'il devrait bien se garder de parler d'elle.

La fête fut magnifique. Pendant plusieurs jours se succédèrent courses à pied, luttes, lancers de perche et de poids, courses de chevaux et défilés. Au dernier jour, le char du roi se présenta sur la piste, attelé de deux chevaux fringants. Il disputa une course contre les autres chars et la remporta brillamment.

— Aucun cheval ni personne ne peut courir plus vite que mes chevaux, déclara le roi avec suffisance.

Crunnchû ne put se retenir de protester :

— Ma femme court plus vite.

En entendant cela, le roi manqua s'étrangler de fureur et cria à ses gardes du corps qui attendaient casqués, un solide gourdin dans la main droite, un gros bouclier rond au bras gauche :

— Arrêtez cet homme, il m'a insulté.

Crunnchû assura qu'il n'avait eu aucune intention offensante et que ce qu'il avait dit n'était que la vérité.

— Eh bien, c'est ce que nous allons voir, grinça le roi. Qu'on aille sur l'heure chercher sa femme et qu'on l'amène ici pour qu'elle se mesure avec mes coursiers.

Des messagers galopèrent jusqu'à la demeure de Crunnchû, mirent Macha au courant de ce qui s'était passé et de ce qu'on attendait d'elle, et lui intimèrent l'ordre de les suivre.

— Mon mari a parlé inconsidérément, dit-elle. Mais j'ai droit à un délai pour me présenter devant le roi, car je suis sur le point d'accoucher.

Les envoyés répliquèrent qu'ils avaient pour consigne de la ramener avec eux et que la consigne était formelle. Ils l'emmenèrent de vive force. Lorsqu'elle fut devant le roi, elle expliqua qu'elle ne refusait pas de courir contre son char, mais qu'il fallait attendre un peu, car elle ressentait les douleurs de l'enfantement.

— Je ne veux pas le savoir! trancha le roi. Ou tu cours tout de suite, ou je fais couper la tête de ton époux.

— Cela est contraire au droit, protesta Macha. Le roi n'est pas au-dessus de la loi et l'on ne peut exiger ni peine ni travail d'une femme en couches.

Elle se tourna vers la foule.

— Vous avez tous été portés dans le sein d'une mère. Venez-moi en aide!

Mais les Ulates restèrent muets. Personne, parmi eux, n'avait assez de courage pour oser affronter le roi. Elle les maudit :

— Honte sur vous qui n'avez pas pitié de mon état. Eh bien, qu'il en soit comme vous voulez; je ne laisserai pas mourir mon mari. Mais en châtiment du mal que vous me faites, vous en subirez un plus grand.

Elle s'aligne avec les chevaux sur la ligne de départ, et le signal de la course est donné.

Quand l'attelage royal atteint le but, elle y est déjà arrivée et elle est en train d'accoucher. Elle donne le jour à des jumeaux et l'endroit où cette naissance a eu lieu est appelé depuis *Emain Macha*, « les jumeaux de Macha ».

Au moment de sa délivrance, elle a poussé un grand cri. Et voilà que tous les hommes qui ont entendu ce cri sont ensorcelés. Ils subiront désormais tous les ans, pendant cinq nuits et quatre jours, les douleurs de l'enfantement.

Cette malédiction ne frappe que les adultes mâles et il est fait une exception en faveur de l'un d'eux : le héros Cûchulainn.

186

Or il arrive, quelques années plus tard, que les gens du Connaught décident d'attaquer l'Ulster. Nous aurons plus tard l'occasion de connaître les causes de cette guerre. Ils profitent alors de la situation et choisissent le moment où les Ulates, en proie à leur indisposition annuelle, sont tous alités et réduits à l'impuissance, pour envahir leur pays. Mais ils se heurtent à Cûchulainn. A lui seul, le héros va tenir tête à toute leur armée et l'empêcher de franchir la frontière, jusqu'au moment de la guérison de ses compatriotes.

Après la période de faiblesse et d'impuissance, vient le retour de la vigueur. Grâce à l'action de Cûchulainn qui a retardé l'ennemi, les Ulates se relevant, régénérés, peuvent courir à la bataille et remporter la victoire.

La Création s'épuiserait si l'action de la force divine ne venait la tirer de sa passivité pour lui insuffler un dynamisme nouveau.

VI

LE CHAUDRON DE L'IMMORTALITÉ

Lorsqu'ils débarquèrent en Irlande, les Tuatha Dé Danann apportaient avec eux quatre objets magiques qui provenaient des quatre villes de leur pays d'origine, quatre villes bâties dans les îles du nord du monde. De la ville de Falias, ils apportaient le Lia Fail, la pierre du sacre qui pousse un cri lorsque le roi légitime s'y assoit. De la ville de Gorias provenait la lance de Lug qui jamais ne manquait son but. De Findias, ils amenaient l'épée de Nuada, qui n'était pas moins infaillible. De Murias, enfin, où demeurait le druide primordial Semias, ils apportaient le chaudron du Dagda.

Nous avons déjà vu qu'en Gaule où le Dagda – le dieu-père, le dieu suprême – portait le nom de Sucellos, il était représenté avec un chaudron. Grâce aux spirituels albums de Goscinny et Uderzo, tout le monde, si peu cultivé soit-il en matière celtique, sait aujourd'hui que cet ustensile était l'objet sacré par excellence de la religion de nos ancêtres. Mais il ne faut pas croire que son importance culturelle tenait uniquement, et même principalement, à ce que les druides y préparaient de mystérieuses « potions magiques ». Il ne s'agissait pas d'un récipient utilitaire, mais d'un objet symbolique, chargé de sacralité parce qu'il reproduisait un attribut divin jouant un rôle dans le mythe.

Il existe plus d'un récit mythologique où l'on voit apparaître un chaudron magique. Il s'agit tantôt d'un chaudron d'abondance, tantôt d'un chaudron de résurrection, tantôt encore d'un chaudron de science ou de divination. Mais ce n'est pas tellement différent. Il procure dans tous les cas des biens qu'il faut aller puiser dans les profondeurs de la vie et qui permettent de dominer la vie. Celui du Dagda, qui est l'archétype, se présente, nous le savons, à la fois comme le chaudron d'abondance où l'on peut puiser autant de nourriture que l'on veut sans que jamais il soit vide, et comme le chaudron de la résurrection où il suffit de plonger les morts pour qu'ils renaissent à une nouvelle existence. Il figure donc la providence divine qui pourvoit à la subsistance de toutes les créatures, mais aussi l'immortalité promise à chacun à l'issue de sa vie terrestre.

C'est également un chaudron de résurrection que Bran le Béni offre au roi d'Irlande Matholwch en réparation d'une offense, ainsi que nous l'apprend le mabinogi de *Branwen fille de Llyr*. L'histoire que nous raconte ce mabinogi symbolise l'action incessante du Mal – le facteur négatif mais nécessaire de l'existence – pour contrarier la Vie, à laquelle, néanmoins, il apporte en dernier ressort son concours.

Branwen fille de LLyr

Manawyddan fils de Llyr avait un frère, Bran le Béni, et une sœur, Branwen [1]. Il avait aussi deux demi-frères du côté maternel, Nissyen et Evnissyen. Nissyen était la bonté même et mettait la paix entre ceux qui se déchiraient. Evnissyen, au contraire, était pétri de

1. *Branwen* signifie « Corneille blanche ». Mais Dafydd ab Gwilym n'a sans doute pas tort quand il écrit *Bronwen*, c'est-à-dire « Sein blanc ».

méchanceté et s'acharnait à brouiller ceux qui s'entendaient le mieux.

Bran le Béni était roi de Grande-Bretagne. Un jour qu'il se trouvait au bord de la mer avec sa cour, il aperçut une flotte qui faisait voile vers la côte. Il s'interrogeait sur ses intentions quand, sur le navire de tête, se dressa au-dessus du pont un bouclier, l'umbo en l'air en signe de paix. Des canots se détachèrent de ce navire et vinrent au pied du rocher où il se tenait. Leurs occupants le saluèrent et lui firent savoir que le roi d'Irlande, Matholwch, en personne, demandait l'autorisation de débarquer, car il venait solliciter la main de la belle Branwen, afin d'établir une alliance entre leurs deux nations.

— Eh bien, qu'il vienne à terre, dit Bran, et nous délibérerons à ce sujet.

Les gens de la cour firent bon accueil à Matholwch. Le conseil se réunit et décida de lui accorder Branwen. On célébra sans retard le festin de noces qui rassembla dans la joie Bretons et Gaëls, et Matholwch coucha avec Branwen.

A quelques jours de là, le malfaisant demi-frère Evnissyen vint à passer devant les écuries où l'on avait logé les chevaux de Matholwch et demanda à qui ils appartenaient. On lui répondit que c'était les chevaux du roi d'Irlande.

— Que font-ils ici?

— Le roi Matholwch est ici. Il a couché avec ta sœur Branwen.

— Comment? On lui a donné ma sœur sans ma permission! Il ne pouvait m'être fait plus grand affront. Cela ne se passera pas comme ça!

Aussitôt, il fond sur les chevaux et leur coupe les lèvres au ras des dents, les oreilles au ras de la tête, la queue au ras du dos.

On rapporta à Matholwch que ses chevaux étaient

défigurés et gâtés, à tel point qu'on n'en pouvait plus tirer aucun parti. Les Bretons avaient manifestement voulu l'insulter.

– Je trouve étrange, répondit-il, s'ils voulaient m'outrager, qu'ils m'aient donné une des premières dames de cette île, une si belle jeune fille, de si haute condition et aussi aimée de sa nation.

– C'est pourtant ainsi, lui dirent ses conseillers. Tu en vois la preuve et il ne te reste plus qu'à te retirer sur tes vaisseaux.l

Quand Bran le Béni apprit que Matholwch quittait sa cour sans prendre congé, il lui envoya des messagers pour lui en demander la raison. Le roi d'Irlande fit part de son amertume de l'affront qu'il avait reçu. Les messagers lui assurèrent que cela avait été fait à l'insu de Bran et revinrent rendre compte à leur maître.

– Que l'on retourne auprès de Matholwch, ordonna Bran, et qu'on lui dise que je n'y suis pour rien et que je donnerai un cheval en bon état pour chacun de ceux qui ont été gâtés. J'y ajouterai, en guise de réparation, des baguettes d'argent aussi longues que lui et un plat d'or aussi large. Faites-lui savoir que le coupable est un demi-frère à moi, du côté de ma mère, et que c'est la raison pour laquelle je ne peux pas le mettre à mort.

Les Irlandais acceptèrent ces propositions et Bran donna un grand festin pour célébrer l'accord. Il s'assit à table près de Matholwch et s'entretint avec lui, mais il constata bientôt que la conversation languissait. Il se dit que le roi d'Irlande qui, d'habitude, était un joyeux compagnon, devait être triste parce qu'il trouvait la réparation trop faible.

– Seigneur, lui dit-il, si la réparation ne te semble pas suffisante, j'y ajouterai à ton gré.

– Seigneur, répondit Matholwch, Dieu te le rende.

– Je parferai la réparation en te donnant un chaudron dont voici la vertu : si on te tue un homme aujourd'hui,

191

tu n'auras qu'à le jeter dedans pour que le lendemain il soit aussi bien que jamais, sauf qu'il n'aura plus la parole.

On remarquera ce détail, car il est très significatif : les morts jetés dans le chaudron en ressortent vivants mais muets. Cela indique qu'ils ne sont plus des gens comme nous, qu'ils n'appartiennent plus à ce monde créé par la puissance du Verbe. Ils sont muets, c'est-à-dire qu'ils sont bien morts. Mais ils commencent une nouvelle vie. Il y a là une affirmation sans équivoque, s'il en était besoin, de l'immortalité de l'âme.

Matholwch reçut le chaudron avec reconnaissance et en conçut une grande joie.

— Mais, seigneur, demanda-t-il à Bran, d'où t'est venu ce chaudron?

— Il m'est venu d'un homme qui arrivait de ton pays. J'ignore si c'est là qu'il l'avait trouvé.

— Qui était-ce?

— Il se nommait Llasar et avait débarqué d'Irlande avec sa femme. Ils s'étaient échappés d'une maison de fer que les Irlandais avaient chauffée à blanc sur eux. Je serais bien étonné que tu ne saches rien de cette affaire.

— Ah! mais parfaitement! Je suis au courant! s'exclama Matholwch. Un jour que j'étais à la chasse sur une colline qui domine un lac appelé *Llynn y Peir* (le Lac du Chaudron), j'ai vu sortir de l'eau un grand homme aux cheveux roux, portant un chaudron sur le dos. Il était d'une taille démesurée et avait une mine patibulaire. Et s'il était grand, sa femme était encore deux fois plus grande que lui. Ils se dirigèrent vers moi et me saluèrent. « Quel voyage est le vôtre? » leur demandai-je. « Voici, seigneur, me répondit l'homme. Ma femme sera enceinte dans un mois et quinze jours et celui qui naîtra d'elle, au bout d'un mois et demi, sera un guerrier armé de toutes pièces. « Je me chargeai de pourvoir à leur entretien, et ils restèrent une année avec moi sans qu'on m'en fît reproche. Mais, à partir de là, on me fit des difficultés à leur sujet. Avant la fin du quatrième mois, ils se firent eux-mêmes haïr en commettant sans retenue des excès dans le pays, en gênant les hommes et les femmes nobles et en leur causant des ennuis. A la suite de cela, mes vassaux se rassemblèrent et vinrent me sommer de me séparer d'eux en me donnant à choisir entre ces gens et eux-mêmes. Je laissai au pays le soin de décider de leur sort. Ils ne s'en seraient pas allés certainement de bon gré, et ce n'était pas non plus en combattant qu'ils auraient été forcés de partir. Dans cet embarras, mes vassaux décidèrent de construire une maison tout en fer. Quand elle fut prête, ils firent venir tout ce qu'il y avait en Irlande de forgerons possédant tenailles et marteaux, et firent accumuler du charbon tout autour, jusqu'au sommet de la maison. Ils passèrent en abondance nourriture et boisson à la femme, à l'homme et à ses enfants. Quand on les sut ivres, on commença à mettre le feu au charbon autour de la maison et à faire jouer les soufflets jusqu'à ce que tout fût chauffé à blanc. Eux tinrent conseil au milieu du sol de la chambre. L'homme, lui, y resta jusqu'à ce que la paroi de fer fût blanche. La chaleur devenant intolérable, il donna un coup d'épaule à la paroi et sortit en la jetant à bas, suivi de la femme. Personne d'autre qu'eux deux n'échappa. C'est alors, je suppose, qu'ils traversèrent la mer et se rendirent près de toi.

Bran acquiesça :

– C'est alors, sans doute, qu'il vint ici et me donna le chaudron.

– Comment les as-tu accueillis?

– Je les ai installés de tous côtés sur mes domaines. Ils se multiplient et s'élèvent en tout lieu; partout où ils sont, ils se fortifient en hommes et en armes les meilleurs qu'on ait vus.

Il convient ici d'ouvrir une petite parenthèse pour faire remarquer deux choses. La première, c'est qu'il existe dans ce récit, d'origine très ancienne mais mis par écrit au XIe siècle, une allusion historique. Depuis la fin de l'Empire romain, et même dès le IIIe siècle, le Pays de Galles avait subi, de façon intermittente mais répétée, des incursions de pirates irlandais. Certains d'entre eux, jugés indésirables chez eux, étaient venus s'y installer avec femmes et enfants, s'étaient « multipliés et installés en tous lieux » et s'étaient imposés par leurs qualités guerrières et la vigueur de leur civilisation. La seconde remarque, c'est que l'histoire de la maison de fer chauffée à blanc qui sert de prison mais que le héros parvient, par sa seule force, à briser pour s'en évader et en faire évader ses compagnons, constitue un thème traditionnel de la mythologie celtique. On le retrouve en Irlande dans le récit intitulé *l'Ivresse des Ulates*. Les chefs ulates en bordée et déjà passablement éméchés, décident de terminer leur nuit de bamboche chez Cûchulainn. Mais ils se perdent en chemin et, comme il fait un temps épouvantable, ils demandent l'hospitalité dans le premier château qui se présente et qui se trouve être celui de la reine Medb, leur ennemie, et de son époux le roi Ailill. Medb fait mine de les accueillir aimablement, mais fait construire pour les loger une maison de fer, y dispose à leur intention nourriture et boisson et, dès qu'ils y sont entrés, verrouille la porte sur eux. Elle fait venir cinquante forgerons pour qu'ils allument dessous un grand feu et l'activent avec leurs soufflets. C'est compter sans la force surhumaine de Cûchulainn. Quand la chaleur devient insupportable, il saute en l'air, démolit le toit et ébranle toute la forteresse. Les Ulates peuvent sortir. On notera que les prisonniers de la maison incandescente sont toujours des êtres venus de l'Autre Monde (parmi les Ulates qui accompagnent Cûchulainn, il y a, notamment, le Dagda et Oengus). tandis que les méchants qui veulent les faire périr par le feu sont des gens de cette terre. La reine Medb incarne le pouvoir de la matière. Mais on ne se débarrasse pas si facilement des forces surnaturelles.

Fermons la parenthèse et revenons à Bran et à Matholwch. Le roi d'Irlande repartit pour son pays, en emmenant Branwen. Les Irlandais accueillirent leur nouvelle reine avec des transports d'enthousiasme et lui rendirent pendant toute une année les plus grands honneurs. Il lui naquit un fils à qui l'on donna le nom de *Gwern* qui signifie « Aulnes ». Ce nom de végétal indique assez qu'il représente la vie cosmique.

Malheureusement, l'année suivante se répandit dans le public l'histoire de l'affront qu'avait essuyé Matholwch au Pays de Galles, du mauvais tour qu'on avait joué à ses chevaux. Ce fut un beau scandale. L'opinion réclamait des représailles. Le Conseil décida que, pour venger l'outrage, le roi chasserait Branwen de sa chambre, qu'il l'enverrait à la cuisine préparer les repas et que tous les jours, après avoir coupé la viande, le boucher lui donnerait un soufflet. Mais pour que cela ne se sût pas au Pays de Galles, on interdit aux marins irlandais de toucher terre en Grande-Bretagne et l'on décréta que tout Gallois débarquant en Irlande serait emprisonné.

La pauvre Branwen, humiliée et maltraitée, apprivoisa un étourneau, lui apprit le langage des hommes et le chargea de voler jusqu'à son frère Bran et de lui remettre une lettre où elle exposait ses souffrances.

En lisant le message, Bran est étreint de douleur. La colère s'empare de lui et il envoie des messagers à travers toute l'île de Bretagne pour convoquer l'ensemble de ses guerriers. Il réunit les chefs et la décision est vite prise d'une expédition punitive. L'armée embarque sur les bateaux et fait voile vers l'Irlande. Mais lui, Bran le Béni, dont la taille est gigantesque, traverse à gué en portant sur son dos tous les musiciens. Il est vrai qu'à cette époque, nous dit le texte, la mer n'était pas aussi large ni profonde qu'aujourd'hui.

Les porchers de Matholwch qui faisaient paître leurs animaux sur la falaise accourent vers leur maître.

— Seigneur, nous venons de voir une chose surprenante. Nous avons aperçu une forêt sur les eaux.

— Voilà, en effet, une chose surprenante.

— Nous avons vu aussi une grande montagne à côté de cette forêt, et cette montagne marchait. Sur la montagne, il y avait un pic et de chaque côté du pic un lac. La forêt, la montagne, tout était en marche.

— Il n'y a personne ici qui puisse comprendre cela, hormis Branwen. Interrogez-la.

Interrogée, Branwen ne fait aucune difficulté pour expliquer :

— C'est l'armée de l'île de Bretagne qui traverse l'eau parce qu'elle a appris mes souffrances et mon humiliation.

— Mais qu'est-ce que cette forêt sur les flots?

— Ce sont les mâts et les vergues des navires.

— Et la montagne en marche?

— C'est mon frère, Bran le Béni, marchant à gué. Il n'y avait pas de vaisseau dans lequel il eût pu tenir.

— Et le pic élevé, et les lacs des deux côtés du pic?

— C'est lui jetant sur cette île des regards irrités. Les deux lacs des deux côtés du pic sont ses yeux de chaque côté de son nez.

Matholwch rassemble en hâte ses guerriers et les chefs lui suggèrent que l'on se replie derrière la rivière Shannon et que l'on coupe l'unique pont. Ce plan est immédiatement exécuté et lorsqu'il arrive avec son armée sur le bord de la rivière, Bran le Béni trouve le pont coupé.

— Seigneur, lui disent ses nobles, tu connais le

privilège de cette rivière : on ne peut pas la franchir sans pont, car il y a au fond de l'eau une pierre aimantée qui ne permet pas aux bateaux de la traverser. Vois-tu une solution?

Alors, Bran le Béni leur fait cette réponse admirable qui définit bien ce que doit être l'exercice de l'autorité, et qui est passée en proverbe chez les Gallois :

– Je n'en vois qu'une : *A fo pen bid pont* – que celui qui est chef soit pont.

Et de se coucher par-dessus la rivière. On jette des claies sur lui et les troupes traversent sur son corps.

Quand il apprend que l'armée bretonne a passé la Shannon, Matholwch essaie de parlementer. Il envoie des émissaires à Bran pour lui proposer qu'en réparation du tort et des vexations dont a souffert Branwen, le royaume d'Irlande soit donné à Gwern, son fils. Bran ne juge pas l'offre suffisante et les émissaires retournent vers Matholwch pour lui en rendre compte. Ils reviennent porteurs de nouvelles propositions : Matholwch prêtera l'hommage à Bran et lui fera construire une maison assez grande pour le recevoir, lui qui n'a jamais pu tenir dans une maison, et avec lui toute son armée et celle d'Irlande. Cette fois, Bran le Béni accepte.

Les Irlandais entreprennent donc la construction d'une maison haute et vaste. Mais ils imaginent un stratagème : ils établissent des supports des deux côtés de chacune des cent colonnes de la maison et accrochent à chacun un sac de peau renfermant un homme armé. Seulement Evnissyen entre avant les autres dans le bâtiment et y furète de tous côtés d'un air mauvais. Il aperçoit les sacs et demande à un Irlandais ce qu'ils contiennent. « De la farine, mon âme », répond l'Irlandais. Alors il s'amuse à palper chacun des sacs jusqu'à ce qu'il sente sous ses doigts la tête de l'occupant et la réduise en bouillie.

A ce moment, les guerriers entrèrent dans la maison.

Les hommes d'Irlande prirent place d'un côté, ceux de Bretagne de l'autre et ils firent la paix. Gwern fut proclamé roi de l'île Verte et tout le monde le prit en affection. Il passa des bras de son oncle Bran dans ceux de ses autres oncles Manawyddan et Nissyen. Evnissyen le réclama à son tour, disant qu'il serait heureux d'échanger des caresses avec le fils de sa sœur. Gwern alla à lui tout joyeux. Alors l'infâme Evnissyen se leva, saisit l'enfant par les pieds et, avant que personne de la famille n'ait pu l'arrêter, le jeta, la tête la première, dans le feu [2].

La douleur de Branwen en voyant son fils au milieu des flammes est telle qu'elle veut se jeter elle aussi dans le brasier, mais Bran la retient.

Le meurtre horrible que venait de commettre l'être qui incarnait le Mal produisit l'effet qu'il cherchait. Il remettait tout en question. Il déclencha une bagarre générale, les épées sortirent des fourreaux et les hommes de Matholwch, d'un côté, ceux de Bran, de l'autre, commencèrent à s'entr'égorger avec furie.

Mais les Irlandais avaient un avantage qui rendait la partie tout à fait inégale : ils possédaient le chaudron de résurrection. Ils allumèrent du feu dessous et y jetèrent les cadavres des leurs. Le lendemain, les morts se levèrent, redevenus guerriers aussi redoutables que jamais, sauf qu'ils ne pouvaient parler.

Ces résurrections déjouaient les plans d'Evnissyen qui, en contemplant les corps des Bretons privés, eux, de *renaissance*, commença à éprouver des remords et décida de faire quelque chose pour le salut des siens. Il se glissa parmi les cadavres des Irlandais et demeura comme mort. Deux Gaëls aux pieds nus, le prenant pour

2. On ne peut s'empêcher de penser qu'Evnissyen a bien dû se réincarner dans le roi d'Angleterre Jean sans Terre, personnage malfaisant, infâme assassin de son neveu Arthur, le petit duc de Bretagne.

un des leurs, le jetèrent dans le chaudron. Alors, il se distendit lui-même au point que le chaudron éclata en quatre morceaux et que sa poitrine à lui se brisa.

Son sacrifice, semblable à la fin du monde, qui privait l'adversaire de son pouvoir indéfini de renouvellement, permit à ses compatriotes de remporter la victoire, mais elle était chèrement payée. De toute la glorieuse armée de Bran il ne subsistait que sept survivants : Manawyddan fils de Llyr, Pryderi fils de Pwyll, Gliueri fils de Taranis, le barde Taliesin, Ynawc, Grudyeu et Heilyn. Bran le Béni avait été blessé au pied d'un coup de lance empoisonnée. Il ordonna qu'on lui coupât la tête et qu'on la rapportât en Grande-Bretagne pour l'enterrer à Gwynn Vryn, la Colline Blanche.

Les sept hommes, portant la tête de Bran, retournèrent en Grande-Bretagne avec Branwen. Quand ils eurent débarqué, Branwen promena ses regards du sol natal à l'horizon au-delà duquel elle devinait les rivages de la verte Érin.

– Maudite soit ma naissance! soupira-t-elle. Deux îles si belles détruites à cause de moi!

Elle poussa un grand soupir et son cœur se brisa.

Le chaudron de résurrection apparaît encore dans un autre mabinogi, celui de *Peredur ab Evrawc*, archétype de la Quête du Graal. En route vers le Tertre Douloureux où il compte tuer un serpent monstrueux, le chevalier Peredur fait étape à la cour des fils du Roi des Souffrances. En y entrant, il n'aperçoit que des femmes. Elles se lèvent à son arrivée et lui font bon accueil. Il commence à s'entretenir avec elles, lorsque arrive un cheval portant sur sa selle un cadavre. Une des femmes va vers lui, enlève le cadavre de la selle et le porte jusqu'à une cuve remplie d'eau chaude dans laquelle elle le plonge. L'eau, nous avons déjà eu l'occasion d'y insister, est l'élément primordial, celui où s'élabore toute vie. En « découvrant » que les premiers êtres vivants n'ont pu prendre naissance que dans la mer, les savants modernes n'ont fait que retrouver ce que savaient déjà les initiés des religions antiques, notamment les druides celtes.

La femme, donc, après avoir immergé le cadavre dans l'eau primordiale, lui applique un onguent précieux. Il s'agit là de l'onction qui consacre, qui fait de l'oint un personnage sacré. Aussitôt l'homme ressort, bien vivant, de la cuve.

Deux autres cadavres arrivent, également portés en selle. La femme les ressuscite de la même façon que le premier. Peredur, alors, leur demande des explications. Ils lui répondent qu'il y a, dans une grotte, un dragon qui les tue une fois par jour. Le lendemain, comme ils sortent pour leur combat quotidien contre ce dragon, Peredur les supplie de le laisser aller avec eux. Mais ils refusent en lui disant que s'il était tué, il n'y aurait personne qui pourrait le rappeler à la vie. On le comprend, si l'on considère qu'il n'a pas, lui, reçu l'onction sacrée. Il n'est pas encore mûr pour l'immortalité. Cette exigence, cependant, ne figure pas dans les autres mythes où il est question du chaudron de la résurrection. Nous avons vu que, dans l'histoire de Branwen, le récipient magique rend la vie à tous les guerriers morts qu'on y jette, sans distinction.

Cette scène est figurée sur le vase de Gundestrup. On y voit des fantassins se présenter en file indienne devant un grand chaudron. Une déesse ou un dieu (l'identification n'est pas facile) les jette chacun leur tour dans ce chaudron et ils en ressortent... cavaliers. Ce changement d'état montre qu'ils ne reprennent pas leur vie antérieure mais ont accès à une autre vie, où leur condition est plus élevée. Le fait d'être à cheval symbolise à la fois la noblesse et l'état de trépassé (puisque le cheval est l'animal psychopompe).

Il est fait état d'un chaudron magique, sans que l'on

nous dise cependant quelles sont ses propriétés, dans la Geste de Cûchulainn. Le héros a accompli une expédition au sein de la « Terre des Ombres », en compagnie de Cûroi mac Dairé et du roi Conchobar [3], et s'est emparé d'un trésor, d'oiseaux merveilleux, de trois vaches et surtout d'un chaudron qui lui a été remis par la fille du roi de l'Autre Monde.

Nous retrouvons ce chaudron dans le mabinogi de *Kulhwch* [4] *et Olwen* où, comme dans celui de Branwen, il est détenu en Irlande. Le père de la belle Olwen, Yspaddaden Penkawr, impose à Kulhwch, avant de lui accorder la main de sa fille, un certain nombre d'épreuves. L'une d'elles consiste à lui apporter le bassin de Diwrnach le Gaël, intendant d'Odgar, roi d'Irlande. Yspaddaden Penkawr croit demander là une chose impossible, mais le roi Arthur et ses chevaliers ont promis leur aide à Kulhwch. Arthur envoie un messager en Irlande, pour demander au roi le chaudron de son intendant. Olgar invite Diwrnach à le donner, mais Diwrnach refuse. Alors Arthur embarque avec une troupe de guerriers sur son navire « Prytwenn » et fait voile vers l'Irlande.

Ils se rendirent tout droit chez Diwrnach. Quand l'intendant se rendit compte de leur force, il s'empressa de leur faire bon visage et de leur offrir un festin abondant. Mais il ne leur céda pas le chaudron pour autant. Alors un des Bretons, Bedwyr, se leva de table, saisit le chaudron et le mit sur les épaules de Hywydd, un des serviteurs d'Arthur, tandis qu'un autre chevalier, Llenlleawc, saisit Kaledvwlch, l'épée d'Arthur, la fit tournoyer et tua Diwrnach et tous ses gens.

Alors les armées d'Irlande accoururent et livrèrent bataille à la petite troupe bretonne. Mais Arthur et ses chevaliers les mirent en complète déroute et se rembar-

3. Prononcer « Conhor ».
4. Prononcer « Kil-hou (r) h ».

quèrent aussitôt, en emportant le chaudron plein de monnaie irlandaise. Ce dernier détail, plutôt inattendu, qui semble vouloir faire passer le roi Arthur pour un vulgaire pirate, est très certainement inséré pour indiquer qu'il s'agit du chaudron de l'abondance. Il est pourvoyeur de richesses.

Un autre aspect du chaudron magique, c'est celui de chaudron de la Connaissance. C'est sous cet aspect qu'il nous est présenté dans le mythe de *Ceridwen*[5].

Il y avait au Pays de Galles un homme de haut lignage nommé Tegid le Chauve qui demeurait dans une île au milieu d'un lac. Sa femme, Ceridwen, lui avait donné trois enfants : un garçon, Morvran, une fille, Creirwy, et une espèce de monstre, Afanc-Du, c'est-à-dire Castor-Noir. Celui-ci était si laid à voir que sa mère se dit qu'il ne serait pas convenable de l'emmener dans la haute société, à moins qu'il n'eût quelques rares talents, quelques mérites exceptionnels. Elle décida donc, car elle était magicienne, de faire bouillir à son intention un chaudron d'inspiration et de science : s'il connaissait les mystères de l'avenir, il pourrait faire une entrée dans le monde.

Elle mit donc le chaudron sur le feu et, comme il ne devait pas s'arrêter de bouillir pendant un an et un jour, elle chargea le nain Gwyon Bach de le surveiller et un aveugle du nom de Morda d'entretenir le feu en dessous. Pour sa part, elle récoltait chaque jour, aux heures prescrites, toutes sortes d'herbes magiques.

Or, un soir, vers la fin de l'année, tandis qu'elle était partie faire sa cueillette et se livrer à ses incantations, il arriva que le liquide magique passa par-dessus et que trois gouttes tombèrent sur le doigt de Gwyon Bach. Sous la brûlure, il porta son doigt à sa bouche. Et voici qu'à l'instant même il eut la vision de toutes choses à

5. Prononcer « Keridouenn ».

venir. Il sut, de ce fait, qu'il devrait se garder des artifices de Ceridwen dont l'adresse était grande et qui le poursuivrait de sa rancune. Il prit peur et s'enfuit. Et le chaudron se brisa en deux, car tout le liquide était empoisonné, sauf les trois gouttes magiques.

Lorsque Ceridwen revint et constata que tout son travail de l'année était perdu, elle s'empara d'une souche de bois et en frappa l'aveugle Morda avec une rage non moins aveugle, jusqu'à ce que ses yeux lui tombassent sur les joues. « Tu m'as défiguré sans raison, dit-il, car je suis innocent. » Elle reconnut : « Tu dis vrai; c'est Gwyon Bach le coupable! » Elle se lança donc à la poursuite de Gwyon Bach.

Il l'aperçut et, avant d'être rejoint, se changea en lièvre. Mais elle se changea elle-même en lévrier et le rattrapa. Il se précipita alors dans la rivière et devint poisson. Mais Ceridwen se transforma en loutre et le pourchassa sous les eaux. Il prit alors la forme d'un oiseau et s'élança dans le ciel. Elle se fit épervier et allait fondre sur lui quand il aperçut au-dessous de lui un tas de grains qu'on venait de battre. Il s'y laissa tomber en se changeant en un grain. Mais Ceridwen se métamorphosa en poule noire et, à force de gratter avec ses pattes, le découvrit et l'avala.

A peine l'avait-elle avalé, qu'elle devint enceinte. Et neuf mois plus tard elle mit au monde un joli petit garçon qu'elle ne voulut pas élever parce qu'il n'était pas de son mari. Elle le mit dans un sac et le jeta à la mer. Il y fut repêché par un pêcheur du nom d'Elffin qui l'adopta et lui donna le nom de *Taliesin*.

Taliesin devait devenir un grand poète, le prince des bardes de l'île de Bretagne. Il a sans doute existé historiquement et l'on possède des poèmes qui seraient de lui, mais sa figure a été evhémérisée et il a pris place dans le mythe. Et le récit de ses aventures qui commence par une histoire de chaudron magique, se termine par une autre histoire de chaudron magique. Le jeune Taliesin incite son bienfaiteur Elffin à prétendre devant le roi qu'il a un cheval deux fois plus rapide que tous les chevaux des écuries royales. Le roi relève le défi et ordonne une course entre ses vingt-quatre meilleurs coursiers et le cheval d'Elffin. Or Taliesin fait savoir au jockey d'Elffin que lorsque sa monture fera un faux pas il devra laisser tomber son manteau pour marquer l'emplacement de ce faux pas.

Après que le cheval d'Elffin a, comme on pouvait s'y attendre, gagné la course, Taliesin fait creuser le sol à l'endroit où est tombé le manteau du jockey, et l'on y découvre un grand chaudron rempli d'or dont il fait don à Elffin pour le remercier de l'avoir repêché et de l'avoir nourri depuis. Nous voici donc revenus, après le chaudron de la science, au chaudron d'abondance.

Dans les romans bretons du Moyen Age, christianisés et mis au goût des auditoires français, anglais et allemands, le traditionnel chaudron magique des Celtes, symbole d'immortalité, est devenu le Graal, le vase sacré dans lequel Jésus a mangé le jour de la sainte Cène et qui a servi à Joseph d'Arimathie à recueillir le sang du divin Crucifié. Mais le Graal, comme le chaudron du Dagda, est un vase d'immortalité, un vase de résurrection.

La quête du chaudron en Irlande, qui est un des principaux épisodes du mabinogi de Kulhwch et Olwen comme de celui de Branwen, a inspiré aux trouvères chrétiens la quête du Graal qui mobilise tous les chevaliers de la Table Ronde. Et lorsque, à l'issue de cette longue et périlleuse quête, le Bon Chevalier est enfin admis à s'approcher du saint vase, dès qu'il s'est, en tremblant, penché sur lui, il s'écrie : « O splendeur! O Lumière! Seigneur, je te crie merci d'avoir accompli mon désir. Ici m'est dévoilé le secret du commencement et de la cause de toute chose. Maintenant, il ne me reste plus qu'à passer de cette vie terrestre à la célestielle. » Et il meurt car la connaissance suprême ne peut appartenir à ceux qui n'ont pas franchi le seuil de l'éternité. Il meurt, c'est-à-dire qu'il renaît à une autre vie, à la vie des Immortels.

Le thème du chaudron d'abondance ou de résurrection a été conservé par un certain nombre de contes populaires. C'est ainsi qu'un conte recueilli par H. Denis-Dunepveu, *Le Bassin d'or* [6], a pour sujet la quête d'un bassin merveilleux qui change en or le cuivre et le fer. Le cupide Yvon Pinvidik a promis sa fille Bellah à celui qui le lui rapporterait. Par amour pour Bellah, un jeune paysan, Lanik, tente l'aventure, triomphe d'un korrigan qui possède une lance s'allongeant à volonté et ne manquant jamais son but (voilà qui fait penser à la lance de Lug!), tue un dragon et découvre le bassin magique. Il le rapporte à Yvon Pinvidik et obtient la main de la charmante Bellah.

Dans le conte «*Ar Pesketaer bihan*» (Le petit Pêcheur) [7], il est question d'un bassin dans lequel les trois princesses d'une île mystérieuse font bouillir une mixture. Une des princesses dit au héros d'y jeter tous les marins de son équipage, et ils en ressortent entièrement vêtus d'or.

Dans un autre conte, « *La Montagne Noire* », recueilli par Geneviève Massignon [8], c'est au chaudron de la résurrection que nous avons affaire. Petit Pierre s'est vu imposer des épreuves, qui semblent irréalisables, par l'homme rouge maître du Méné Du. Il en triomphe grâce à l'aide de la fille de l'homme rouge, qui a le béguin pour lui et s'y connaît en magie. Mais le maître lui impose une nouvelle tâche dont il pense ne jamais pouvoir venir à

6. H. Denis-Dunepveu, *Légendes de Bretagne*, p. 117.
7. G. Milin, *Gwechall-goz e oa*, p. 41
8. Geneviève Massignon, *Contes traditionnels des teilleurs de lin du Trégor*, n° 3 p. 33.

bout : aller chercher deux œufs rouges dans un nid situé au sommet d'un phare en pleine mer. Il n'a pas de barque et le phare est beaucoup trop loin pour être gagné à la nage. Alors la jeune fille vient encore une fois à son secours. Sur ses instructions, il se rend à la grève et y trouve une marmite; il s'en empare et y fait bouillir de l'eau. Lorsqu'elle bout, il y jette la jeune fille. Il attend qu'il ne reste plus que les os et met ces os dans sa poche. Il se trouve aussitôt transporté au pied du phare et les os lui font une échelle qui lui permet d'aller chercher les œufs dans le nid. Une fois redescendu, il remet les os dans sa poche et se retrouve auprès de la marmite. Il lui suffit de remettre les os dans l'eau bouillante pour que la jeune fille ressuscite. Elle ressort du chaudron, « pareille qu'avant ».

VII

QUÊTES ET ÉPREUVES

Nous venons de voir que la Quête du Graal, sujet central de la littérature romanesque du Moyen Age, avait été inspirée par des modèles celtiques. C'est que l'idée de « quête » est un des thèmes favoris des épopées bretonnes et gaéliques. Il n'est guère de récit mythologique où il ne soit question d'une expédition solitaire ou en groupe pour rechercher soit un objet ou un animal magiques, soit une femme dont un des héros de l'histoire veut faire son épouse.

C'est qu'en réalité l'étude et la méditation de la mythologie constituent une *initiation* et que toute initiation est une longue quête. Les récits que les disciples des druides avaient à apprendre leur montraient la voie à suivre pour devenir des initiés. Voilà pourquoi à ce thème de la quête s'ajoutait très souvent celui des épreuves imposées au héros. Nous ne séparerons pas ces deux thèmes, car ils sont généralement indissociables. Mais nous nous limiterons à quelques exemples, car si nous voulions évoquer toutes les histoires où l'on rencontre le récit d'une quête plus ou moins magique, il en faudrait raconter tellement que le cadre de ce livre éclaterait comme le chaudron de Matholwch lorsque Evnissyen s'y est dilaté.

Je ne reviendrai pas sur les quêtes de chaudrons

magiques, archétypes de la Quête du Graal, puisqu'il en a été parlé au chapitre précédent. Je commencerai par celle des divers objets et animaux extraordinaires réclamés par Lug aux fils de Tuireann.

La quête mortelle des fils de Tuireann

Pour organiser la résistance aux envahisseurs Fomoiré, Lug avait demandé à son père, Cian, de lui venir en aide en allant dans le Nord recruter une troupe de guerriers magiques. Cian chevauchait donc, solitaire, quand il aperçut trois cavaliers qui venaient à sa rencontre. Il eut tôt fait de reconnaître les trois fils de Tuireann fils d'Ogma qui étaient ses ennemis mortels, et ceux de ses deux frères Cu et Ceiteann. Il se dit que si ses deux frères étaient avec lui, il se battrait avec joie, mais que seul il n'avait aucune chance. Comme un troupeau de sangliers passait à peu de distance, il se métamorphosa lui-même en sanglier et se joignit à eux.

Mais un des fils de Tuireann avait aperçu le guerrier et assisté à sa transformation en cochon sauvage et il en informa ses frères, leur faisant remarquer qu'il ne servirait à rien d'avoir reçu l'enseignement de la cité du Savoir s'ils n'étaient pas capables de distinguer un animal druidique d'un animal naturel. Il les frappa de sa baguette magique et ils devinrent deux lévriers qui se jetèrent sur le sanglier druidique, mettant les autres en fuite. Cian, sous son aspect de bête noire, se réfugia dans les buissons, mais ne put éviter qu'un javelot ne le transperce.

— Vous ne m'auriez pas frappé, s'écria-t-il, si vous aviez su qui je suis!

— Tiens! s'exclama Brian, un des fils de Tuireann, voilà un cochon qui parle!

— En vérité, je suis un homme, je suis Cian fils

de Diancecht. Je vous supplie d'avoir pitié de moi.

– Soit, dirent les deux autres fils de Tuireann, Iuchar et Iucharba, car nous avons regret de t'avoir blessé.

– Par tous les dieux de l'air, dit au contraire Brian, je jure que si la vie te revenait sept fois, je te la retirerais sept fois.

– S'il en est ainsi, implora Cian, accordez-moi une grâce.

– Nous l'accordons, répondit Brian.

– Laissez-moi reprendre ma forme humaine.

– Bon. Il est quelquefois plus facile de tuer un homme qu'un porc.

Aussitôt, à l'endroit où avait été le sanglier, apparut la silhouette élancée de Cian. Mais son visage était livide, le javelot lui traversait la poitrine et son sang coulait.

– Sots que vous êtes, sourit-il faiblement, vous êtes bernés. Si vous m'aviez tué sous la forme du sanglier, vous n'auriez eu à payer que le prix de rachat d'un sanglier, mais si vous me tuez maintenant, vous aurez à payer le rachat d'un homme. Et je peux dire que jamais rachat d'homme n'aura coûté plus cher que celui du père de Lug à la Longue Main. Car les armes qui me tueront raconteront à mon fils ce qu'il est advenu de moi.

– Ce n'est pas avec des armes que tu seras tué, répliqua Brian, mais avec des pierres du sol.

Et de se mettre tous les trois à le lapider avec tant de sauvagerie et de cruauté qu'il ne resta bientôt du beau guerrier qu'un petit tas de chair et d'os brisés. Ils voulurent enterrer ce petit tas, mais la terre refusa de se faire complice du crime et rejeta les restes à la surface. Ils creusèrent un autre trou, mais la terre refusa de nouveau les restes. A six reprises ils remirent ainsi les pauvres débris en terre et six fois la terre les rejeta. La septième fois, elle les garda. Ce qui prouve que n'était pas morte la croyance que l'âme du trépassé ne quitte définitivement son corps qu'au bout de sept ans.

Pendant ce temps, Lug était occupé à combattre les Fomoiré. Quand il eut remporté la victoire, il se rendit compte que son père n'était pas de retour et s'inquiéta. Accompagné de ses chevaliers magiques, il n'eut aucune peine à suivre pas à pas le chemin par où Cian était passé et, lorsqu'il arriva à l'endroit où il avait trouvé la mort, une voix sortit de la terre :

— O Lug, grande a été l'angoisse de ton père quand il se trouva seul en face des fils de Tuireann. Il s'est changé en sanglier, mais il ne leur a pas échappé et ils l'ont achevé sous forme humaine.

Lug fit creuser le sol pour retrouver la dépouille de son père et apprendre comment il avait été tué. Quand il vit ce qu'il en restait, il dit : « Les fils de Tuireann ont commis un grand forfait. » Il baisa le front sanglant de l'auteur de ses jours et ajouta :

— Mes yeux ne voient plus, mes oreilles n'entendent plus, le sang ne coule plus dans mes veines du regret que j'ai de mon père. Que n'ai-je été là quand ce crime impardonnable a eu lieu! Longue sera la peine des coupables.

Cian fut pieusement remis en terre et on dressa sur sa tombe une pierre taillée où son nom fut inscrit en ogam. Après quoi Lug se rendit à Témar pour réclamer justice au grand roi d'Irlande.

Arrivé à la cour, il s'assit à sa place qui était à la droite du roi, sur l'estrade. Il eut vite fait de repérer les fils de Tuireann et il réclama le silence.

— Que ferait, questionna-t-il d'une voix forte, chacun de vous à celui ou ceux qui auraient tué son père?

Un frisson parcourut l'assemblée. Le roi sursauta.

— Ton père aurait-il été tué?

— Il l'a été, et je vois ici ses meurtriers.

— Eh bien, répondit le roi, ce n'est pas en une journée que je tuerais celui qui aurait tué mon père. S'il était en ma possession, je lui arracherais un membre chaque jour jusqu'à ce qu'il n'y ait plus un souffle de vie en lui.

Tous les grands d'Irlande parlèrent comme le roi, les fils de Tuireann comme les autres.

— Tel est donc bien l'avis des meurtriers de mon père. J'exige d'eux qu'ils me paient le rachat de leur crime.

— Si j'étais celui qui a tué ton père, trancha le roi d'Irlande, je trouverais juste de payer le prix du sang. C'est la loi.

Les fils de Tuireann restaient perplexes, se demandant si leur culpabilité était connue. Iuchar et Iucharba pensaient qu'il valait mieux avouer et payer le montant de la composition. Brian s'avança.

— Tu sembles t'adresser à nous, Lug, alors que nous n'avons pas tué ton père. Cependant nous paierons le rachat comme si nous étions coupables de ce meurtre.

— C'est bon, répondit Lug. Voici ce que je demande pour prix du sang : trois pommes, une peau de porc, une lance, deux chevaux et un char, sept cochons, un jeune chien, une broche à rôtir et trois cris sur une montagne. Si vous trouvez que c'est trop, je peux vous consentir une réduction.

— Trop? s'étonna Brian. Trop peu, tu veux dire. Tu aurais pu demander trois mille pommes, cent chevaux et le reste à l'avenant.

— Ce que je demande n'est pas aussi insignifiant qu'il y paraît. Donnez-moi vos garants.

Les fils de Tuireann prirent pour garants le roi et tous les grands des Tuatha Dé Danann.

« Maintenant, reprit Lug, je vais vous préciser en détail en quoi consiste le rachat. Les trois pommes sont en Orient, au jardin d'Isbernia : on peut en manger autant qu'on veut sans qu'elles diminuent de taille et leur possesseur est sauf de maladie et de douleur; si vous en lancez une comme projectile, elle ne manque pas son but et revient dans votre main; mais elles sont bien gardées.

« La peau de porc appartient à Tuis, roi de Grèce, et elle guérit instantanément toute blessure ou mutilation; quand ce porc était vivant et qu'il traversait une rivière, l'eau devenait du vin pendant neuf jours; mais le roi Tuis y tient plus qu'à tous ses biens.

« La lance est chez Piséar, roi de Perse : c'est l'arme la plus terrible qui existe, elle dégage une telle chaleur qu'il faut la conserver dans un bassin plein d'eau. Ferez-vous la guerre à la Perse pour l'obtenir?

« Les deux chevaux sont les chevaux enchantés de Dobar, roi de Sicile. Ils ne font pas de différence entre la terre et la mer; ils dépassent tous les autres coursiers en taille, force et vitesse; si après leur mort on rassemblait et rejoignait leurs ossements, ils reprendraient leur forme primitive.

« Pour ce qui est des sept cochons, ce sont ceux de Eassal, roi des Colonnes d'Or. On peut les tuer chaque jour et ils sont vivants le lendemain; celui qui mange leur chair ne connaît pas la maladie.

« Le jeune chien appartient à Failimis, roi d'Ioruaid : rien que de le voir, les fauves les plus féroces se couchent sur le sol.

« La broche à rôtir est défendue par les magiciennes de l'île de Fianchaïre, une île dont personne ne saurait dire où elle se trouve.

« Il vous sera bien difficile de vous procurer ces objets, mais ce sera un jeu d'enfant à côté de la dernière épreuve. Il vous faudra pousser trois cris sur le sommet de la montagne de Miodchaoin, qu'il vous faudra d'abord découvrir. Il est interdit aussi bien à Miodchaoin qu'à ses fils de laisser qui que ce soit lancer un cri sur leur montagne. Et comme c'est Miodchaoin qui a élevé mon père, il ne vous pardonnera jamais sa mort. A supposer que vous ayez mené vos entreprises à bien jusque-là, cette montagne sera votre fin. »

Les fils de Tuireann partirent sans dire un mot et s'en furent trouver leur père pour lui demander conseil.

— Je suis atterré, leur dit Tuireann, des périls mortels que vous allez avoir à affronter. Mais allez trouver Lug et demandez-lui de vous prêter son cheval qu'il tient des Dé Danann. Il refusera, car il n'a pas le droit de disposer de ce qui lui a été prêté. Vous lui demanderez alors la pirogue de Manannan. Il ne pourra pas vous la refuser, car il ne lui est pas permis de repousser une demande de celui qui a déjà essuyé un refus. Un bateau vous sera plus utile qu'un cheval.

Les fils de Tuireann obtinrent la pirogue, mais, quand ils la mirent à l'eau, ils furent bien ennuyés parce que c'était un bateau à une place, jusqu'à ce qu'ils se fussent aperçus qu'il s'agissait d'un bateau magique qui s'agrandissait à mesure qu'on y chargeait bagages et passagers.

Lorsqu'ils eurent embarqué, Brian dit : « Bateau de Manannan qui es sous nos pieds, conduis-nous au jardin d'Isbernia! » et la pirogue bondit sur les flots, vola de crête de vague en crête de vague, jusqu'à ce qu'elle atteignît la grève au pied du jardin d'Isbernia. Iuchar proposa d'attaquer courageusement les gardiens.

— Si nous les vainquons, les pommes seront à nous. Si nous avons le dessous, nous serons tués et il faut bien mourir un jour.

Mais Brian n'était pas de cet avis. Il ne tenait pas à laisser le souvenir d'un vaincu. Il suggéra que ses frères et lui se transformassent en faucons. Les trois faucons plongèrent du haut du ciel sur le jardin et enlevèrent les pommes avant que les gardiens aient eu le temps de réaliser. Mais quand le roi vit passer à tire-d'aile trois rapaces tenant chacun une pomme dans son bec et deux dans chaque serre, il se dépêcha de changer ses trois filles en dragons ailés et les lança à leur poursuite. Elles gagnaient sur eux et crachaient de longues flammes dans leur direction. Ils auraient été brûlés vifs si Brian n'avait eu l'idée de changer ses frères en cormorans et d'en faire autant pour lui-même. Ils plongèrent dans les flots et échappèrent ainsi à la mort.

— Bateau de Manannan qui es sous nos pieds, ordonna-t-il dès qu'ils furent à bord, conduis-nous maintenant en Grèce.

Iuchar et Iucharba parlaient déjà d'attaquer la garde du roi Tuis et de montrer aux Grecs ce que valent les guerriers d'Irlande, quand Brian les invita à refréner leur fougue. Il était préférable d'agir par ruse et, puisque les Grecs sont épris des choses de l'esprit, de se faire passer pour des bardes et des savants. Si ses frères étaient ignares et incapables de composer un chant, il avait, lui, fait des études et n'aurait pas de mal à trousser un poème.

Le roi Tuis les reçut à bras ouverts et, après un abondant repas, les pria de lui chanter quelque chose. Et Brian d'improviser un chant où il était question d'une peau de porc qu'ils réclamaient à titre de cachet et de la bataille qu'ils livreraient si elle leur était refusée.

— Ce serait une belle chanson, dit le roi, s'il n'y était autant question de ma peau de porc. Pour des savants, vous êtes bien peu raisonnables. Je ne donnerais pas cette peau, même si tous les bardes et tous les savants du monde me le demandaient. Mais je te donnerai trois fois son contenu en or, mesuré devant toi.

Il fit apporter la peau pour y mesurer l'or, mais Brian s'en empara prestement de la main gauche, tout en dégainant de la main droite. Ses deux frères tirèrent aussi leurs épées, et ils firent un grand carnage des guerriers qui tentaient de leur barrer le passage. Devant les Tuatha Dé Danann, les Grecs ne pesaient pas lourd.

– Bateau de Manannan qui es sous nos pieds, conduis-nous en Perse.

Puisque la tactique qu'ils avaient employée en Grèce leur avait réussi, ils décidèrent de la recommencer en Perse pour s'emparer de la lance du roi Piséar. Brian composa un chant dans lequel il la réclamait.

– La chanson n'est pas mal, dit Piséar, mais pourquoi y est-il autant question de ma lance?

– Parce que nous la voulons en paiement de notre chant.

– Vous ne manquez pas d'audace. La plus grande récompense qu'on donne ici pour une telle chanson est de laisser en vie le chanteur.

Brian avait apporté dans le pli de sa robe une pomme du jardin d'Isbernia; il la lança à la tête du roi. Le coup fut si rude que la cervelle lui sortit par la nuque. Alors les épées jaillirent des fourreaux et le palais fut bientôt jonché de cadavres.

Les trois frères trouvèrent la lance baignant dans son bassin d'eau comme une vulgaire barre de plutonium radioactif, et l'emportèrent en prenant garde de se brûler.

– Bateau de Manannan, mène-nous maintenant en Sicile.

Pour arriver à découvrir où pouvaient bien se trouver les chevaux enchantés et leur char, ils décidèrent de s'engager comme mercenaires à la solde du roi Dobar. Ils s'acquittèrent de leur service avec zèle, mais au bout de six semaines ils ne savaient toujours pas où étaient les chevaux. Alors ils revêtirent leurs armures et allèrent trouver le roi pour lui dire qu'ils quittaient le pays puisqu'il ne leur témoignait guère de confiance.

– Nous savons que tu as deux chevaux magiques et tu ne nous les as pas encore montrés! C'est que tu ne nous honores pas de ta confiance.

– Vous êtes dans l'erreur, protesta le roi. Je n'ai

jamais eu de mercenaires qui m'aient plu autant que vous et je vous aime bien. Si vous me l'aviez demandé le premier jour, je vous aurais montré ces chevaux et le char qu'ils tirent. Mais il n'est pas trop tard, je vais vous les montrer tout de suite.

Il donna l'ordre à ses serviteurs d'atteler les chevaux au char de combat et de les lui amener. Brian et ses frères les admirèrent et s'approchèrent tout près pour mieux les examiner. Et au moment où l'on s'y attendait le moins, Brian sauta sur le char, attrapa le cocher par un pied et le jeta par-dessus bord en lui faisant décrire en l'air une si belle courbe qu'il alla donner de la tête contre une roche et que son crâne éclata. Tandis que ses frères le rejoignaient, il dit à Dobar :

— Nous ne toucherons pas un cheveu de ta tête, seigneur, parce que tu as dit que tu nous aimais. Je crains cependant que maintenant tu ne nous aimes plus beaucoup. Adieu.

Le char partit au galop et personne ne put l'arrêter. Il entra sans difficulté dans la pirogue et Brian ordonna :

— Bateau de Manannan, transporte-nous aux Colonnes d'Or.

Ils arrivèrent devant les Colonnes d'Or mais ne purent entrer dans le port car il était hérissé de défenses.

— Voilà qui se présente mal, dirent Iuchar et Iucharba. Ces gens-là ont appris ce que nous avons fait dans les autres pays et ils ont pris leurs précautions. Pour une fois, nous ne pourrons pas user de l'effet de surprise.

— Mes frères, répondit Brian, ce sont parfois les aventures les plus mal engagées qui réussissent le mieux. Usons de toupet et demandons à parler au roi.

A leur grand étonnement, leur demande fut transmise aussitôt au roi et il vint en personne sur le rivage et leur adressa la parole :

— Hommes d'Irlande, nous savons que vous avez tué

les rois de tous les pays où vous êtes allés. C'est abominable. Le niez-vous?

– Nous ne le nions pas, sauf en ce qui concerne le roi de Sicile. Nous ne l'avons pas, tué car il nous a dit qu'il nous aimait bien.

– Pourquoi avez-vous agi ainsi?

– Nous y sommes contraints par un homme impitoyable à qui nous avions fait tort.

– Et que venez-vous faire ici?

– Nous venons prendre tes sept cochons.

– C'est facile à dire. Comment comptez-vous y arriver?

– Si nous les obtenons de bon gré, nous t'en serons reconnaissants. Si tu nous les refuses, ce sera le massacre comme en Grèce et en Perse, pour arriver finalement au même résultat. A toi de choisir.

Avant de donner sa réponse, le roi consulta son peuple. C'était un peuple de laboureurs et de marchands, il avait horreur des combats. Il préférait perdre sept cochons que s'exposer à un massacre.

En leur remettant les gorets, le roi demanda aux trois frères :

– Où allez-vous maintenant?

– Nous allons demander son jeune chien au roi d'Ioruaid.

– Je vais avec vous. Failimis est mon gendre et je voudrais que tout se passe entre vous sans violence.

Il partit en avant sur son bateau mais la démarche qu'il fit auprès de son gendre pour lui prêcher la paix et l'inciter à un arrangement n'obtint aucun succès. Failimis avait mis toute la côte en état de défense et était bien décidé à ne rien céder aux bandits et à les mettre hors d'état de nuire.

Quand Eassal, tout penaud, leur eut fait part de l'échec de son intervention, les fils de Tuireann entrèrent dans une violente colère. Ils débarquèrent avec leurs armes et leur char. Ils montèrent sur le char et se ruèrent à l'attaque des guerriers de Failimis. Tandis que l'un d'eux conduisait l'attelage, un autre fauchait les rangs ennemis avec la lance magique et le troisième lançait les pommes qui, après avoir fait voler les têtes en éclats, revenaient dans sa main. Ils eurent vite fait d'atteindre le palais de Failimis en ne laissant derrière eux que des cadavres. Par amitié pour Eassal, ils ne tuèrent pas Failimis, mais ils s'emparèrent du jeune chien.

Lug, qui avait le don de vision, enrageait d'apprendre les succès répétés de ses ennemis dans leurs entreprises. Il aurait voulu les voir y perdre la vie. Et pourtant il avait grand besoin des objets magiques pour sa lutte contre les Fomoiré. Une idée lui vint pour réaliser à la fois ses deux objectifs contradictoires. Il envoya sur les trois frères un charme druidique qui leur fit perdre la mémoire des dernières épreuves qu'ils avaient à subir, la broche et les trois cris.

Les fils de Tuireann rentrèrent donc en Irlande, pleins de joie parce qu'ils avaient triomphé de tous les obstacles et pensaient en avoir terminé. Ils déballèrent fièrement leurs prises devant Lug, en présence du roi et des chefs du pays. Et ils restèrent interdits quand Lug leur fit reproche d'avoir oublié la broche à rôtir et de n'avoir pas fait entendre les trois cris sur la montagne. Ils se sentirent trahis et, d'un même geste, mirent la main sur la poignée de leurs épées. Mais ils n'allèrent pas plus loin. Les regards réprobateurs dirigés vers eux indiquaient qu'on ne se révolte pas contre le destin. Ils laissèrent tomber les bras.

Ils repartirent donc sur la mer et ils errèrent pendant trois mois sans découvrir où se trouvait l'île des magiciennes de Fianchaïre. A ce moment, Brian eut l'idée qu'elle pouvait bien se trouver au fond des flots. Il revêtit sa tenue de plongeur sous-marin et disparut sous les vagues. Pendant deux semaines il explora les fonds et il découvrit enfin l'île mystérieuse. Il y vit une assemblée de femmes cousant et brodant, et au milieu d'elles il y avait la broche à rôtir. Il marcha droit sur elle et s'en saisit. Les femmes se mirent à rire :

— Tu es bien imprudent, pauvre garçon. La plus débile d'entre nous serait capable de t'empêcher de repartir avec cette broche, rien qu'en se servant de ses mains nues. Heureusement pour toi, nous aimons les hommes audacieux. Pour ton courage nous te faisons don de la broche.

Il ne leur restait plus que la dernière épreuve et ils mirent le cap sur le septentrion. Ils atteignirent la montagne, sachant que désormais ni la ruse ni la magie ne pourraient leur servir. Ils virent venir vers eux Miodchaoin menaçant. Brian marcha à sa rencontre et, après un combat furieux, l'étendit raide mort. Alors arrivèrent ses trois fils qui avaient la réputation de combattants invincibles. La bataille fut longue et acharnée. Les trois fils de Miodchaoin y laissèrent la vie, transpercés par les lances des fils de Tuireann, mais leurs vainqueurs n'étaient guère en meilleur état; ils gisaient sur le sol, les flancs transpercés par les lances de leurs adversaires. Ils se sentaient sur le point de mourir. Alors Brian dit à ses frères :

— Levons-nous avant que la mort n'ait raison de nous et poussons les trois cris.

Il les aida à se redresser et les fit crier avec lui. A chaque cri un flot de sang jaillissait de leur bouche et de leurs blessures.

Il leur importait peu, désormais, de mourir, car ils avaient tenu leur parole et triomphé de l'adversité. Mais leur plus ardent désir était, avant de quitter cette vie, de revoir leur Irlande natale. Ils revinrent en chancelant à leur bateau et se couchèrent au fond. Le bateau les ramena en Irlande.

Tuireann, leur père, les étendit sur leurs lits et s'en fut

porter la broche à Lug qu'il supplia de lui prêter la peau de porc pour les guérir. Mais Lug refusa la peau de porc.

Brian demanda alors à son père de le porter jusqu'à la cour de Lug, espérant que la vue de ses blessures éveillerait la pitié de leur ennemi. Mais c'est de la joie qu'elle éveilla en son cœur et il dit :

— Il n'a jamais été convenu entre nous que je vous rendrais, fût-ce pour un court instant, l'un ou l'autre des trophées que vous m'avez rapportés. Je ne vous dois rien. Au demeurant, il est juste que vous mouriez.

Tuireann ramena Brian auprès de ses frères et tous les trois rendirent l'âme. De douleur, le cœur du malheureux père se brisa dans sa poitrine et on les enterra tous les quatre en même temps, dans la même tombe.

Le triomphe dans leur quête n'a donc pas mis les fils de Tuireann à l'abri de la mort; il a été, au contraire, la cause de leur mort. Il ne faut pas nous indigner de la dureté dont fait ici preuve Lug : nous n'avons pas affaire à des êtres humains mais à des émanations de la puissance divine qui incarnent des principes surnaturels. L'idée fondamentale contenue dans ce mythe, c'est que la quête de l'initiation est un rachat, qu'elle conduit à la mort, mais que cette mort est une victoire. C'est dans la mort que l'homme se réalise pleinement et que son âme triomphe.

Le divin Créateur pourrait, certes, s'il le voulait, nous épargner cette épreuve impressionnante, mais il n'a jamais été convenu qu'il nous en dispenserait, même si notre vie a été fructueuse. Il n'y a pas à nous révolter contre le destin; le point d'aboutissement de notre quête, ce sera toujours la mort, qui, seule, nous introduira dans l'immortalité.

Nous avons assisté à la conquête de deux chevaux, de sept cochons et d'un jeune chien. Avec la *Tain Bô Cualngé,* nous allons assister à celle d'un taureau.

La razzia des bœufs de Cualngé

En ce temps-là régnaient en Connaught le roi Ailill et son épouse, la reine Medb [1]. Ailill, dont le nom signifie « Fantôme », était un brave homme de roi, digne, loyal, scrupuleux, mais de caractère faible. Medb, au contraire, était une femme à poigne, autoritaire, ambitieuse, à l'âme pleine de duplicité. Son nom veut dire « Ivresse » et il s'agissait, en l'espace, de l'ivresse du pouvoir. Elle menait une vie de désordres et passait son temps à tromper son mari qui, il faut bien le dire, était un mari fort complaisant. On ne la voyait jamais « sans un homme dans l'ombre d'un autre ».

C'est qu'en réalité la reine Medb est une personnification de la souveraineté. Or il est de l'essence même du pouvoir politique de passer d'un possesseur à l'autre.

Au symbolisme social que comporte ainsi le mythe de Medb s'en superpose un autre, d'ordre métaphysique. Le couple Ailill-Medb représente le principe dualiste de l'existence, le Yang et le Yin des Chinois. La reine, en tant que femme, incarne la puissance réceptive, le principe créateur fécondé, c'est-à-dire la matière. Le roi est le mâle, donc la puissance active, le principe fécondant, c'est-à-dire l'esprit. Mais la matière est dévorante, avide, et tend à dominer l'esprit. Malgré leur complémentarité, il y a entre eux rivalité, tension. Alors que le bon équilibre cosmique voudrait que la matière soit soumise à l'esprit, elle use de tous les artifices pour l'emporter sur lui et sa victoire se termine nécessairement en catastrophe. Catastrophe qui, en définitive, rétablit l'équilibre, puisque le résultat est – nous le verrons – un match nul.

1. Prononcer : « Mève ».

Il y eut entre Ailill et Medb une dispute sur l'oreiller pour savoir qui, des deux, était le plus riche. Ce n'était pas là une vaine querelle, car en droit celtique, lorsque la femme était d'un rang social plus élevé que son mari, ou plus riche que lui, c'était elle qui était le chef de famille. Or Medb rêvait d'exercer l'autorité dans le ménage.

Pour trancher le débat, ils firent dès le lendemain matin l'inventaire complet de leurs biens. Ils se firent apporter tout ce qu'ils possédaient, depuis les brocs et les cuvettes de fer jusqu'aux bijoux d'or, en passant par les troupeaux de moutons et de porcs, les chevaux et leurs attelages et toutes les bêtes à cornes. Medb possédait un beau cheval de la valeur d'une femme esclave, mais il y avait un cheval correspondant chez Ailill. Il y avait un beau verrat chez Medb et un autre chez Ailill. On compta et on recompta les troupeaux et l'on constata qu'il y avait de chaque côté le même nombre de bêtes, de même taille et de même poids, à ceci près qu'Ailill était l'heureux propriétaire d'un magnifique taureau appelé Beau-Cornu, dont Medb n'avait pas l'équivalent.

Medb était fort dépitée. Mais elle apprit qu'il existait en Irlande un taureau encore plus beau, plus grand et plus fort que le Beau-Cornu. Il s'appelait le Brun de Cualngé et appartenait à un noble d'Ulster, Daré fils de Fachtna. Elle décida aussitôt qu'il figurerait dans son troupeau. Elle envoya son messager, Mac Roth, dire à Daré :

— La reine de Connaught te demande de lui prêter pour un an le Brun de Cualngé. Au bout de l'an, elle te le rendra et te donnera, en paiement du prêt, cinquante génisses. En outre, elle t'invite à venir toi-même en Connaught avec le taureau et tu recevras dans la douce plaine d'Ae une propriété aussi vaste que la tienne. Tu auras également un char splendide, de la valeur de trois fois sept captives. Et la reine t'offre « l'amitié de sa hanche ».

La proposition étant plus qu'alléchante, Daré n'y résista pas et, pour fêter l'accord, invita Mac Roth à de somptueuses ripailles où la bière et l'hydromel coulèrent à flots. Lorsqu'ils commencèrent à ne plus trop bien tenir sur leurs jambes, ils se prirent de querelle sans raison, échangèrent d'une voix pâteuse des injures mortelles et en vinrent aux mains. Mac Roth repartit le lendemain en menaçant : « Je te couperai la tête! Tu verras, je te couperai la tête! » Il n'était plus question pour Daré de prêter le taureau.

Alors, passant outre à l'avis d'Ailill, Medb décida de faire la guerre à l'Ulster pour s'emparer du Brun de Cualngé par la force. Elle fit alliance avec les rois de Leinster, de Munster et de Meath et l'expédition fut fixée à l'époque de Samain qui était la période propice en raison de la faiblesse annuelle des Ulates, à la suite de la malédiction de Macha. Les armées des quatre provinces se rassemblèrent en Connaught et le cocher de Medb fit tourner son char vers la droite pour provoquer un signe de réussite de l'expédition. Ils partirent et il arriva un signe : une jeune fille vint vers eux sur un char attelé de deux chevaux noirs; elle était richement vêtue et couverte de bijoux, son visage était étroit en bas et large en haut, ses sourcils noirs et sombres; elle portait trois tresses : deux au-dessus de la tête et la troisième dans le dos, lui tombant jusqu'aux talons, et elle avait trois pupilles dans chacun de ses yeux; elle tenait à la main une épée de bronze incrustée d'or. Elle dit qu'elle était la prophétesse Fedelm et possédait l'incantation par l'illumination. Medb lui demanda quel sort attendait son armée et elle répondit qu'elle voyait rouge, très rouge. Mais la reine ne voulut pas tenir compte de cet avertissement.

On confia à Fergus le soin de guider l'armée. Fergus était un Ulate, mais il s'était brouillé avec son roi, Conchobar, et s'était réfugié en Connaught. Il avait conservé cependant de l'amitié pour ses compatriotes et il commença par leur envoyer un message les informant de l'expédition, puis il conduisit l'armée dans une mauvaise direction pour leur laisser le temps de prendre leurs dispositions.

Ailill et Medb remarquèrent que la direction n'était pas la bonne et lui demandèrent des explications. Il répondit que son but était d'éviter Cûchulainn, le héros gigantesque qui défendait la plaine de Murthemne.

Cûchulainn, en effet, était le seul Ulate à ne pas être frappé par la malédiction de Macha. Il était seul à pouvoir défendre l'Ulster contre les envahisseurs. Quand il reçut l'avertissement de Fergus, il fit un cercle d'une seule branche d'osier, grava des ogams sur la cheville qui le fermait et le posa, d'une seule main, sur la route de l'armée. C'était un cercle magique et nul ne pouvait le franchir. Les troupes d'Ailill et Medb durent s'arrêter et camper sur place, dans la neige. Au matin, Cûchulainn vint faire le tour du camp, monté sur son char conduit par Loeg, son cocher, afin de dénombrer les guerriers. Il en compta cinquante quatre mille. Il se rendit alors au gué, trancha la fourche d'un arbre d'un seul coup d'épée, y grava des ogams et la lança au milieu du courant, où elle se planta sans qu'il eût creusé de trou auparavant. Ainsi, aucun char ne pouvait plus passer de l'autre côté.

Là-dessus arrivèrent en reconnaissance deux chars connaciens [2]. Cûchulainn tua les deux guerriers et leurs deux cochers, coupa leurs quatre têtes et les ficha aux extrémités de la fourche. Les chevaux retournèrent au camp sans leurs conducteurs. L'armée se porta vers le gué et découvrit les têtes coupées. Alors Fergus fit atteler un char à la fourche pour essayer de l'arracher du gué, mais ce fut le char qui se brisa. Il essaya avec un

2. Du Connaught.

autre char, et il se brisa aussi. Quatorze fois il s'y efforça et les quatorze chars furent rendus inutilisables. Finalement, il attela à la fourche son propre char et il l'enleva de terre. Il vit que l'extrémité avait été taillée d'un seul coup et il déclara qu'il n'y avait qu'un homme qui avait pu réussir cela, c'était Cûchulainn.

– Quelle sorte d'homme est donc ce chien? demanda Medb (car *Cû* signifie « chien »).

– Ce n'est pas difficile, répondit Fergus. Dans sa cinquième année, il alla à ses jeux avec les jeunes garçons d'Emain Macha. Dans sa sixième année, il alla apprendre l'art des armes et les tours de magie chez la sorcière Scathach. Dans sa septième année, il prit les armes. Il est maintenant dans la dix-septième année de son âge et tu ne trouveras pas de guerrier plus terrible, ni d'homme qui le vaille pour sa taille, son éloquence, sa hardiesse, son jugement ni sa rapidité.

– Mais ce n'est qu'un gamin!

– Ses exploits sont des exploits d'homme. Il s'appelait Sétanta et habitait avec ses parents dans la plaine de Murthemne. A cinq ans, ayant entendu parler des jeux des jeunes garçons d'Emain, il demanda à sa mère l'autorisation d'aller se joindre à eux. « Tu n'iras pas, répondit sa mère, tant qu'il n'y aura pas de guerriers pour t'accompagner. – Il est trop long pour moi d'attendre ainsi; montre-moi de quel côté est Emain. » Sa mère lui montra le nord et il se mit en route avec son bâton, sa massue de jeu et sa balle. Arrivé à Emain, il voulut se mêler aux jeux sans y être invité. Les cent cinquante joueurs se retournèrent contre lui et jetèrent sur lui leurs bâtons, mais d'un revers du sien il les détourna tous. Ils lancèrent sur lui leurs balles mais il prit chacune des balles dans son sein. Ils firent voler vers lui leurs massues de jeu, mais il les attrapa avant qu'elles l'atteignissent. Puis il commença à se contorsionner. On aurait dit qu'il y avait une étincelle de feu à chacun de ses cheveux. Il ferma un œil, qui devint aussi petit que le chas d'une aiguille, et ouvrit l'autre plus grand qu'une coupe d'hydromel. Il ouvrit les mâchoires jusqu'aux oreilles, si bien qu'on voyait l'intérieur de sa gorge. Du sommet de sa tête jaillit la lumière du héros. Alors, il tomba à bras raccourcis sur les autres garçons, en renversa cinquante et en poursuivit neuf autres jusque dans la salle où je me trouvais à jouer aux échecs avec le roi Conchobar. Conchobar le prit par le coude et lui reprocha de maltraiter ses petits camarades. « C'est normal, mon père Conchobar, répondit-il, car je suis venu jouer avec eux de chez ma mère et de chez mon père et ils n'ont pas été gentils avec moi. » Conchobar lui demanda qui il était et il dit : « Je suis Sétanta fils de Sualtam et le fils de ta sœur Dechtire. » Conchobar le prit sous sa protection et il put jouer avec les autres garçons.

Fergus s'éclaircit la voix et continua :

– Une fois, il jouait à la balle sur le terrain de jeu, au levant du palais. Il était seul contre les cent cinquante jeunes garçons et il gagnait à tous les coups. Alors s'éleva une dispute et il se mit à jouer du poing. Il en tua cinquante et s'enfuit se cacher sous le lit de Conchobar. Nous accourûmes tous autour du lit, y compris Conchobar. Sétanta se redressa et envoya promener au loin le lit et les trente valeureux guerriers qui étaient assis dessus. Nous le réconciliâmes avec ses camarades... Une autre fois, pendant la faiblesse des Ulates, trois fois neuf pirates vinrent attaquer la cour. La malédiction de Macha ne frappait pas les femmes non plus que les jeunes garçons qui n'étaient pas encore nés à l'époque de sa course contre les chevaux. Sétanta et ses camarades étaient donc à jouer dans le terrain de jeu. A la vue des pirates, les autres prirent la fuite mais Cûchulainn resta. Rien qu'avec des pierres et son bâton de jeu, il tua neuf pirates et mit les autres en déroute. Un homme qui a accompli ces exploits quand ses cinq ans n'étaient pas révolus, il n'est pas étonnant qu'il soit venu sur la frontière et ait coupé la tête de ces quatre hommes-là.

Un des compagnons de Fergus intervint et dit :

« Je connais aussi Cûchulainn. C'est peu de temps après l'action que vient de relater Fergus, qu'il accomplit un autre exploit. C'était le tour du forgeron Culann de recevoir le roi à sa table. Comme Culann ne vivait que du travail de ses mains, il n'était pas bien riche et Conchobar décida de ne pas emmener avec lui plus d'une cinquantaine de personnes. Au moment du départ, il aperçut sur le terrain de jeu son neveu Sétanta qui tenait tête à lui seul à ses cent cinquante camarades. Il en fut si émerveillé qu'il le pria de venir avec lui au festin, comme un homme. Mais l'enfant tenait à finir la partie et dit qu'il le rejoindrait plus tard, chez le forgeron.

« Quand il fut arrivé à destination, Conchobar avait complètement oublié que son neveu le suivait. Il dit à Culann que l'on n'attendait plus personne et le forgeron fit fermer les portes pour pouvoir lâcher son chien de garde dans l'enclos, devant la maison. C'était un chien énorme et féroce, qui en valait dix à lui seul.

« Et voilà le garçon qui arrive, sans s'en faire, jonglant avec des balles. Il pénètre dans l'enclos et le chien se rue sur lui. Mais il continue à jongler et, au moment où le chien va lui sauter à la gorge, il lui lance une de ses balles dans la gueule, lui serre le cou, puis le projette à toute volée contre un pilier où tous ses membres se disloquent. Les convives qui accourent à ce moment, bouleversés et pensant trouver l'enfant à demi dévoré, sont tout stupéfaits de se trouver devant le cadavre de l'animal féroce. A ce spectacle, Culann se lamente. Avec son chien, il a tout perdu, car c'est lui qui était la sauvegarde de ses biens et de ses troupeaux. Sa demeure est isolée et il est à la merci des pillards, et jamais il ne trouvera un chien comparable à celui-là.

« C'est alors que le garçon lui dit : « Ce n'est pas une grande affaire. J'élèverai pour toi un chiot né des mêmes parents et en attendant qu'il soit assez grand pour te défendre et défendre tes troupeaux, c'est moi qui serai ton chien. »

« De fait, il a assuré la protection du forgeron et de ses biens jusqu'à ce que le chiot fût devenu un molosse et c'est pour cela que le druide Cathbad lui a décerné le nom de Cû-Chulainn, « le chien de Culann », qui est depuis lors le sien. Un homme qui a fait cela à l'âge de six ans, il n'est pas étonnant qu'il soit venu sur la frontière et ait coupé la tête de quatre hommes. »

Un autre compagnon de Fergus prit la parole à son tour :

« Il a accompli un autre exploit, quand il a été dans sa septième année. Il a obtenu que Conchobar lui fasse don de son char et de son cocher, et il est venu jusqu'à la frontière du Connaught défier les trois fils de Nechta. Il les a tués tous les trois et a accroché leurs trois têtes à son char. Pour revenir plus vite avec ses trophées à Emain Macha, il a capturé au passage des daims sauvages et des cygnes et les a attelés au char. En voyant arriver cet étrange équipage, le guetteur d'Emain Macha a pris peur et a donné l'alerte.

« Cûchulainn était si excité par le combat qu'il voulait encore répandre le sang et réclamait à grands cris un guerrier à combattre. Conchobar craignit qu'il ne se livrât à un massacre et, pour calmer sa fureur belliqueuse, envoya à sa rencontre les femmes et les filles de la ville, dévêtues « pour montrer leur nudité au petit héros ». Mais il n'eut pas un regard pour elles. Il fallut que les plus valeureux guerriers d'Emain unissent leurs forces pour se saisir de lui et le plonger dans une cuve d'eau très froide. L'eau se vaporisa et la cuve éclata. On le plongea alors dans une deuxième cuve et l'eau se mit à bouillir, à bouillons gros comme le poing. On le plongea dans une troisième cuve et alors seulement sa colère s'apaisa. Un homme qui a fait cela à l'âge de sept ans, ses victoires à seize ans ne sont pas étonnantes. »

Sachant maintenant à quel adversaire il avait affaire, Ailill décida de tenter le passage plus loin, à Mag Mucceda, et il donna l'ordre de départ. Mais Cûchulainn les devança, coupa un chêne et le mit en travers de la route, après y avoir gravé en ogam : « Que personne ne passe outre, jusqu'à ce qu'un guerrier ne le saute avec son char. » Trente guerriers s'y essayèrent. Trente chevaux tombèrent et trente chars furent brisés. Il fallut camper là.

Le lendemain, Medb déclara qu'il était nécessaire de tuer Cûchulainn au plus vite, car partout où ils essaieraient de passer, il leur ferait obstacle. Elle demanda à Fraech de s'en charger. Fraech se rendit au gué de Fuat et y trouva Cûchulainn qui se baignait. Il se déshabilla et alla vers lui, dans l'eau. Comme le champion ulate était sans armes, il lui proposa loyalement un combat à mains nues. Ils luttèrent longtemps et Fraech périt noyé.

Le jour suivant, Cûchulainn rencontra un cocher qui taillait du bois pour faire un timon de char. Ne sachant pas à qui il avait affaire, l'homme lui demanda de l'aider et Cûchulainn commença à tailler le timon avec ses doigts. Le cocher était effrayé et restait bouche bée. Cûchulainn lui demanda qui il était; il répondit qu'il était le cocher d'Orlam, le fils d'Ailill et de Medb. Cûchulainn se présenta à son tour et, voyant l'autre blême de terreur, s'empressa de le rassurer : il ne tuait pas les cochers. Mais il lui demanda de le conduire à son maître. Orlam se reposait dans un fossé. Cûchulainn alla à lui et le tua, puis lui coupa la tête et chargea le cocher de la rapporter à Medb, sa mère.

Plus d'un vaillant guerrier, après cela, décida d'en

finir avec le champion de l'Ulster et alla l'attendre au gué. Ils y allaient parfois plusieurs ensemble. Mais jamais aucun d'eux n'en revint vivant. Ses sanglants combats n'empêchaient cependant pas Cûchulainn de se livrer à des facéties de gamin. Il s'amusa à faire sauter la tête du petit chien favori de Medb et à tuer d'un coup de fronde l'écureuil qu'elle avait sur l'épaule. D'un coup de fronde aussi, il tua l'oiseau qui était sur l'épaule d'Ailill. Après quoi il fit savoir que la prochaine fois qu'il verrait la reine, il lui lancerait une pierre à la tête. Medb en éprouva une si grande peur qu'elle ne se déplaça plus, désormais, qu'entourée de la moitié de l'armée, sous la protection des boucliers que les guerriers étendaient au-dessus de sa tête comme un toit.

Quelles que fussent sa vaillance et sa force, Cûchulainn ne pouvait, cependant, s'opposer seul à l'avance de toute une armée et les troupes d'Ailill et Medb progressaient lentement à travers les campagnes d'Ulster. Lorsqu'elles arrivèrent à Cualngé, elles se divisèrent pour battre le pays à la recherche du taureau brun. Les mérites de cet animal n'étaient pas minces. Il couvrait chaque jour cinquante génisses qui, dès le lendemain, donnaient le jour à des veaux. De son ombre il protégeait cent guerriers contre la chaleur et il pouvait aussi les abriter du froid. Aucun mauvais génie n'osait approcher du canton où il se trouvait. Son talent musical n'était pas moindre : c'était un mugissement mélodieux qu'il faisait entendre chaque soir, en approchant de son enclos.

Les guerriers de Medb fouillèrent toute la campagne, semant l'incendie et la désolation. Ils rassemblèrent tout ce qu'il y avait de femmes, d'enfants et de bestiaux, mais ils revinrent sans le taureau brun.

Medb, furieuse, convoqua Lothar, le pâtre qui, ordinairement, s'occupait de lui, et lui demanda ce qu'était devenu l'animal. Lothar, tout tremblant, répondit que la nuit où les Ulates étaient entrés en faiblesse, il était parti avec soixante génisses pour la vallée de Grat. La reine envoya alors ses hommes encercler la vallée en tenant entre eux des baguettes magiques d'osier et ils purent ainsi ramener le Brun à Cualngé. Mais à peine y fut-il arrivé qu'il chargea, à la tête de cent cinquante génisses aussi furieuses que lui, encorna Lothar, le pâtre, ravagea le camp et tua cinquante guerriers. Après quoi il prit le large.

Les Connaciens n'étaient pas très fiers d'eux. Ils ravagèrent Cualngé et entreprirent la quête du taureau fugitif, à travers les déserts et les montagnes. Ils étaient harcelés par Cûchulainn qui tua plusieurs centaines d'entre eux. Ils revinrent avec un nombreux butin en vaches et en veaux, mais le Taureau n'était pas avec eux.

C'est alors que la reine prit la décision, qui intrigua son époux, de scinder l'armée en deux. Les deux colonnes emprunteraient des itinéraires différents, l'une sous le commandement d'Ailill, l'autre sous la conduite de Fergus et d'elle-même. Quand les deux colonnes se furent mises en marche, chacune de son côté, Ailill envoya son cocher, Cuillius, espionner Medb et Fergus, car il se demandait ce qui avait bien pu les pousser à se réunir ainsi. Cuillius rattrapa l'autre colonne et observa sans se faire voir. La reine et Fergus étaient restés en arrière et, au lieu de rejoindre le camp dressé par leurs guerriers pour l'étape du soir, étaient allés s'étendre à l'écart. Il assista à leurs ébats amoureux, puis, quand ils furent endormis, il s'empara de l'épée de Fergus, ne laissant que le fourreau. Il retourna alors auprès d'Ailill, lui fit son rapport et lui remit l'épée comme preuve de la véracité de ses dires. Ailill sourit :

– Medb agit fort bien. Elle fait cela pour attacher Fergus à notre cause. Prends bien soin de l'épée, enveloppe-la dans une toile de lin et cache-la sous le siège de ton char.

Au réveil, Fergus fut atterré en ne trouvant pas son épée. Il comprit qu'il avait été surpris et se mit à regretter d'avoir manqué à la loyauté envers Ailill. Il ne dit rien à Medb et alla dans la forêt se tailler une épée en bois.

Les deux colonnes firent leur jonction dans la plaine. On dressa les tentes et Fergus fut invité par Ailill à venir jouer aux échecs avec lui. Quand il entra dans le pavillon royal, Ailill se mit à rire de lui.

Cûchulainn arriva avant l'armée au gué de Cruinn. Tous les escadrons qui se présentèrent pour traverser, il les renversa et les noya jusqu'au dernier homme. Mais lorsque ce fut Lugaid roi de Munster qui arriva, à la tête de trente cavaliers, ils ne se combattirent pas. Ils se souhaitèrent, au contraire, la bienvenue et se firent mille compliments. Ils passèrent un pacte : Cûchulainn ne ferait aucun mal aux guerriers de Lugaid, non plus qu'à ceux de Fergus ni à ceux des médecins, à condition qu'il y ait sur eux un signe distinctif, et en échange ils lui apporteraient chaque nuit un abondant ravitaillement.

Comme Cûchulainn continuait à faire quotidiennement des hécatombes, Ailill se dit que toute son armée finirait par y passer s'il n'arrivait pas à l'apaiser, et il lui envoya le messager Mac Roth, avec mission de lui offrir des richesses considérables pour qu'il passe à son service. Cûchulainn refusa avec indignation. Mais finalement, il accepta un compromis : au gué où avaient lieu les combats, on n'enverrait contre lui qu'un seul homme à la fois, et les troupeaux ne seraient enlevés ni jour ni nuit en attendant le réveil des Ulates. « En vérité, dit Ailill, il vaut mieux pour nous un homme chaque jour que cent chaque nuit. »

Chaque jour, donc, un champion connacien alla affronter Cûchulainn. Mais aucun ne conserva sa tête sur les épaules.

Medb partit alors, avec le tiers de l'armée, à Cuib, à la recherche du taureau brun. Ses guerriers ravageaient l'Ulster sur leur passage. Un jour, Cûchulainn en rencontra un groupe qui ramenait vers son gué un troupeau composé du taureau et de quinze génisses. Il leur demanda où ils avaient trouvé ce bétail et le chef du détachement, Budé Mac Bain, répondit qu'ils l'avaient trouvé dans la montagne. Dès que Budé se fut engagé dans le gué des combats singuliers, Cûchulainn lui lança son javelot qui entra par le creux de l'aisselle et coupa le foie en deux. Mais, comme il n'avait plus son javelot, le reste de la troupe put rejoindre le camp en y emmenant le taureau.

Au bout de huit jours de combats singuliers quotidiens, Medb fit preuve de déloyauté en envoyant vingt hommes à la fois contre le champion ulate. Il les tua tous. Alors Ailill lui adressa un ambassadeur pour lui offrir sa propre fille, Findabair [3], s'il acceptait de se tenir à l'écart de l'armée. Findabair vint vers lui, mais il la renvoya avec mépris. Du coup, Medb promit Findabair à Fer Baeth qui avait été le condisciple de Cûchulainn à l'école de la sorcière Scathach, à la condition qu'il tuât le héros. Fer Baeth ne voulait pas combattre son frère de lait, pour qui il avait une profonde affection et avec qui il avait fait alliance perpétuelle. Mais Ailill et Medb le firent boire copieusement et, pour les beaux yeux de Findabair, il finit par accepter.

Quand il apprit que ce serait Fer Baeth qui lui serait opposé, Cûchulainn fut dans l'affliction. Il se battit sans entrain et le combat dura trois jours, car les deux adversaires étaient de la même force, du même âge et de la même valeur. Chaque nuit, Fer Baeth fournissait des

3. « Blanc Fantôme », c'est le même nom, en gaélique, que le gallois *Gwenhwyfar*, nom de l'épouse du roi Arthur (en français « Guenièvre ».

vivres à Cûchulainn et Cûchulainn, lui apportait des plantes pour guérir ses blessures. Finalement, Cûchulainn se souvint d'un coup secret, « la lance dans le sac », que Scathach n'avait enseigné qu'à lui seul, et c'est ainsi qu'il tua son frère de lait.

Medb fit alors publier que Findabair serait à celui qui rapporterait la tête de Cûchulainn. Quelques guerriers coururent leur chance, mais ce fut leur propre tête qui roula dans le gué et bientôt il ne se trouva plus de volontaire pour tenter l'aventure. Alors Medb en désigna un d'office, et elle choisit Fergus lui-même. Vu son rang et sa situation d'exilé, Fergus pouvait difficilement se dérober. Mais il avait le cœur gros, car Cûchulainn avait été son élève quand il était à la cour de Conchobar et il l'aimait tendrement. Pour qu'il y allât, il fallut lui donner du vin jusqu'à ce qu'il fût ivre. Dès qu'il le vit arriver, Cûchulainn dit :

— Je ne te combattrai pas, ô mon père Fergus qui viens à moi sans épée.

— Je viens sans mon épée parce qu'Ailill me l'a volée, répondit Fergus, mais peu m'importe, car, si je l'avais, elle ne servirait pas contre toi. Je te propose une chose : tu vas t'enfuir devant moi et à la prochaine occasion, c'est moi qui fuirai devant toi.

Cûchulainn fut trop heureux d'accepter. Il prit la fuite et, lorsque Medb demanda à Fergus s'il rapportait sa tête, le vieux chef répondit qu'il courait beaucoup trop vite pour lui.

Cûchulainn reçut la visite de la Morrigan. Elle lui apparut sous l'aspect d'une jeune femme d'une très grande beauté, vêtue d'une robe multicolore. Elle lui offrit son amour, mais il se sentait épuisé et lui répondit qu'il ne resterait pas à un rendez-vous de femme tant que son combat ne serait pas terminé. Elle en fut très courroucée et le menaça :

— Je te gênerai dans tes combats, j'irai dans le gué

sous la forme d'une anguille et je m'enroulerai à tes jambes pour te faire tomber, je prendrai la forme d'une louve grise pour chasser le bétail vers toi, je te chargerai à la tête du bétail sous la forme d'une génisse rouge...

Mais, en réponse, Cûchulainn la menaça peu galamment de lui briser les côtes entre ses orteils, de lui crever l'œil avec une pierre de sa fronde et de lui briser la jambe avec un caillou. Il la prévint qu'elle resterait dans cet état jusqu'à ce qu'une parole de bénédiction vienne sur elle. Or la Morrigan exécuta ses menaces, lors d'un combat que Cûchulainn eut à soutenir contre un nommé Loch, et il s'en fallut de peu qu'il y laissât la vie. Mais il tint lui aussi ses promesses, brisa les côtes de l'anguille, creva l'œil de la louve grise et brisa la jambe de la génisse rouge. Il ressortit de ce combat dans un état de grande faiblesse; aussi, lorsqu'il rencontra une vieille femme aveugle et paralytique qui trayait une vache à trois pis, lui demanda-t-il du lait à boire. Elle lui en donna de chacun des pis et, à chaque fois, il la remercia et la bénit. La première fois elle se redressa, la seconde fois elle retrouva la vue et la troisième fois sa jambe infirme se rétablit : la vieille femme n'était autre que la Morrigan et, sans le savoir, il l'avait guérie par ses bénédictions.

Pour lui, il éprouvait une grande fatigue. Depuis plus de trois mois, il n'avait pas dormi; il s'était seulement assoupi, par moments, appuyé à sa lance. Il était couvert de blessures. Et il sentait le découragement le gagner à la vue de toutes les armées de quatre des cinq royaumes d'Irlande rassemblées en face de lui. Alors vint vers lui un homme beau et grand, avec les cheveux courts, blonds et frisés, drapé dans un manteau vert et armé d'un bouclier noir à umbo blanc, d'une lance à cinq pointes et d'un javelot dentelé.

— Tu as agi de manière virile, ô Cûchulainn, dit

l'inconnu, mais il est temps que je vienne à ton aide.

— Qui es-tu donc?

— Je suis Lug, ton père du Sid.

Il faut dire que Cûchulainn avait trois pères, car il était né trois fois. L'un d'eux était Lug, les autres étant Sualtam, son père officiel, et Conchobar, le frère de sa mère Dechtiré.

— Mes blessures sont graves, dit Cûchulainn, il me faudrait une guérison rapide.

Sans plus attendre, Lug l'endormit en lui chantant le chant du sommeil, dont malheureusement nos modernes anesthésistes n'ont pas encore retrouvé le secret. Et pendant qu'il dormait, il le remplaça, combattant pour lui les guerriers d'Ailill et de Medb. Il vint aussi d'Emain Macha cinquante jeunes garçons de noble lignée, trop jeunes pour avoir encouru la malédiction de Macha, qui attaquèrent l'armée connacienne et tuèrent cent cinquante hommes. Mais ils y laissèrent tous leur vie.

A son réveil, Cûchulainn se sentait merveilleusement frais et dispos. Quand il eut appris la mort courageuse des cinquante jeunes garçons d'Emain Macha, il jura de les venger. Il endossa sa tenue de combat, prit ses armes et commença des contorsions. Il se rendit horrible et multiforme. Ses jambes tremblèrent comme un arbre au milieu d'un torrent. Ses pieds, ses cuisses et ses genoux vinrent derrière lui, tandis que ses talons, ses mollets et ses jambes venaient devant lui. Il étendit les muscles de son crâne jusqu'au creux de sa nuque, se boursoufla de protubérances aussi grosses que des enfants d'un mois et s'enfonça un de ses yeux dans la tête si profondément que, de sa joue, un héron aurait eu bien du mal à l'atteindre au fond de son crâne. L'autre œil, en revanche, jaillit hors de l'orbite jusqu'à sa joue. Sa bouche se tordit, ses cheveux se dressèrent autour de sa tête et lancèrent de rouges étincelles. Enfin, la lumière du héros lui illumina le front et du sommet de sa tête surgit un jet de sang noir aussi haut, aussi épais et aussi fort que le mât d'un grand navire.

Il sauta alors dans son char de guerre garni de faux et de pointes acérées, fit décrire à l'attelage un grand cercle autour de l'armée des quatre cinquièmes de l'Irlande, prit de la vitesse et, brusquement, chargea au milieu des ennemis, taillant de grandes brèches dans leurs rangs. à tel point qu'en se retirant il laissait derrière lui une couche de cadavres de six pieds d'épaisseur, parmi lesquels on ne comptait pas moins de cent cinquante rois.

Sa colère étant apaisée, il revêtit le lendemain ses plus élégants atours et vint se pavaner devant le camp ennemi, sous prétexte de surveiller l'armée, mais surtout pour se faire admirer des dames et des jeunes filles et leur faire oublier *l'horrible forme druidique* qu'il leur avait montrée le soir précédent. Il fit encore de grands ravages ce jour-là, mais cette fois dans le cœur des belles.

C'est à ce moment que les Ulates sortirent enfin de leur état de faiblesse qui, conformément à la malédiction, avait duré cinq nuits et quatre jours. Au cours de ces cinq nuits et quatre jours, qu'on appelait « La neuvaine des Ulates », Cûchulainn s'était battu pendant plus de trois mois, du lundi après Samain au vendredi après Imbolc. Ce qui prouve combien Einstein a eu raison de parler de la relativité du temps. A leur réveil, les hommes de Conchobar furent informés par Sualtam, le père terrestre de Cûchulainn, des ravages que commettaient en Ulster les troupes des quatre autres royaumes. Conchobar rassembla aussitôt son armée et en prit la tête pour marcher sus à l'ennemi.

Quand Ailill et Medb furent avertis de l'approche des Ulates, ils rendirent son épée à Fergus, et celui-ci fit serment de faire tomber les têtes et de briser les crânes et les membres par centaines. Ils allèrent alors à la bataille et Medb elle-même y alla, armée d'une épée d'homme. Au premier choc, Fergus fit autour de lui un trou de cent hommes. Mais Cûchulainn se précipita vers lui, lui rappela l'arrangement conclu et lui dit que le moment était venu de remplir sa promesse et de fuir devant lui, comme lui-même l'avait fait à leur rencontre précédente. Fergus ne pouvait renier sa parole. Il quitta le combat, suivi de ses trois mille guerriers, et ce fut le signal de la débandade. Il ne resta bientôt plus, face à l'armée ulate, que les neuf régiments du Connaught sous le commandement direct de Medb et Ailill. Ils furent décimés et soudain Medb et Cûchulainn se trouvèrent face à face. Medb implora la vie sauve et Cûchulainn la lui accorda, parce qu'il ne voulait pas tuer une femme. Medb donna l'ordre de la retraite.

Seulement, en se retirant, les Connaciens emmenaient avec eux le taureau, le Brun de Cualngé. Qu'importait, dès lors, à Medb sa défaite militaire? Elle avait atteint son but.

L'animal qui lui assurait la primauté sur le roi fut mis à paître dans la plaine d'Ae. Mais, dès qu'il l'aperçut, le Beau Cornu d'Ae s'élança vers l'intrus. Tout le monde accourut pour assister à leur combat. Chacun des taureaux observait l'autre en grattant le sol avec fureur. Ils faisaient jaillir la terre si haut qu'elle leur retombait sur le dos et ils soufflaient comme des soufflets de forge en dilatant leurs naseaux. Ils se chargèrent, la tête basse, et chacun d'eux se mit à percer l'autre de ses cornes, à le transpercer, à l'égorger, à le massacrer. Ils parcoururent cette nuit-là l'Irlande entière, en se battant et en faisant retentir l'air de leurs mugissements. Finalement, le Brun de Cualngé finit par mettre en pièces le Beau Cornu. Il retourna vers son pays, portant à la pointe de ses cornes l'omoplate, le foie, le cœur et les rognons de son adversaire.

Les guerriers voulurent intervenir et le tuer, mais

Fergus s'y opposa. Le fauve but un trait au Findlethé et y laissa l'omoplate. Il but un trait au gué de Luain et y laissa le foie. Il but à Tromna et le cœur tomba. Il secoua son front sur la colline de Ath Dâ Ferta et se débarrassa des rognons. Il prit la route de Midluachair à Cuib mais, avant d'avoir atteint son Ulster natal, il s'effondra et mourut.

La quête entreprise par Medb se terminait en destruction sans vainqueur ni vaincu.

Dans cette grandiose épopée que j'ai seulement résumée, il ne faut pas se contenter de voir un témoignage de l'extraordinaire fécondité de l'imagination des Celtes : elle est riche de sens cachés et il faut essayer de se mettre à la place de l'apprenti druide qui avait à l'apprendre et à la méditer pour y puiser des enseignements, une initiation. Nous avons vu qu'elle contient le symbole de la lutte entre le pouvoir de la matière et celui de l'esprit, mais il est évident qu'elle ne se limite pas à cette leçon; le propre des mythes celtiques est d'offrir de multiples significations qui se mêlent et s'enchevêtrent, ce qui s'accorde bien avec l'abondance de spirales et d'entrelacs que l'on trouve dans l'art celte. Toutes réserves faites sur les altérations qu'a pu subir le récit qui, au moment où il a été mis par écrit, avait perdu sa valeur religieuse, on peut dire que la Razzia des Bœufs de Cualngé est pleine d'enseignements.

L'image qui nous est donnée de Cûchulainn apparaît révélatrice. Guerrier redoutable, d'une puissance herculéenne, qui combat pour son peuple, seul contre toute une armée, il est en même temps un puissant magicien capable de venir à bout des maléfices de la Morrigan. Et il est aussi un « lieur ». Pour lier l'armée ennemie, l'empêcher d'avancer au-delà d'une limite qu'il a fixée, ne lui suffit-il pas de placer sur sa route des bois où il a gravé en écriture ogamique des formules d'interdiction? On ne peut pas hésiter à reconnaître en lui le dieu

Ogmios. Ogmios est le dieu lieur, il est un guerrier herculéen, et c'est lui qui a inventé l'écriture ogamique. Et si Ogmios est le dieu de la parole, Cûchulainn, qui peut à volonté se déformer, se faire hideux ou séduisant, symbolise bien la parole elle-même.

Cela étant, le récit de la Razzia contient en filigrane la révélation de l'unicité et de la multiplicité du divin. Le champion est seul lorsqu'il défend l'Ulster contre l'armée des puissances destructrices. Il est l'Unique, mais dans son action solitaire, il s'épuiserait s'il ne recevait l'aide de l'autre lui-même qu'est son père, Lug. Il y a plus : si la puissance divine se manifeste sous des aspects divers, il peut rassembler en lui seul tous ces aspects et témoigner ainsi de l'unité de l'Absolu. Nous l'avons vu, en effet, conduire le char de son père, Conchobar, et y atteler, avec les chevaux, des cerfs et des cygnes. Or Conchobar est bel et bien un avatar du Dagda, car il est le dieu-roi et il possède le chaudron magique. Cûchulainn, héritier de Lug, conduit donc le char du Dagda tiré par des chevaux qui sont l'emblème d'Epona, des cerfs, emblèmes de Cernunnos, et des cygnes, emblèmes du Mac Oc. Nous avons présentes dans une seule image toutes les principales divinités du panthéon celtique. Cûchulainn conduisant son étrange attelage figure donc l'unicité du divin qui dirige la totalité de la vie cosmique. Cette même vie cosmique qu'il défendra ensuite seul contre Mebd, incarnation du principe matériel, et son armée de forces de destruction et d'asservissement.

Du côté de Mebd, la Razzia représente une quête. Mais comme il s'agit d'une quête de la richesse et du pouvoir et non d'une quête de valeurs spirituelles et de connaissance, elle porte en elle sa propre condamnation. A peine a-t-elle atteint son objet que cet objet se révèle illusoire et autodestructeur.

Il est, par contre, un type de quête qui, généralement, se termine bien, c'est la Quête de la Femme. La Femme est le complément de l'Homme et il est nécessaire que l'entreprise réussisse pour qu'à travers la fragmentation du Cosmos soit retrouvée l'unité fondamentale. Ce type de mythe se termine donc toujours par un mariage, ce qui, malgré tous les enseignements de la vie courante, est traditionnellement considéré comme une « happy end ». Mais auparavant, le héros doit subir de rudes épreuves. Cûchulainn lui-même en avait fait l'expérience.

La Courtise D'Emer

Cela se passait avant l'aventure de la Razzia. Cûchulainn venait à peine d'avoir seize ans, quand le roi Conchobar décida qu'il était grand temps de le marier. Il était, en effet, si beau, si vigoureux, si adroit et si plein d'esprit que toutes les femmes raffolaient de lui et que les chefs ulates commençaient à craindre pour la vertu de leurs épouses et de leurs filles. On lui cherchait en vain une épouse qui parût digne de lui, quand il se mit lui-même en tête d'aller conquérir la belle Emer, la fille de Forgall le Rusé, dont il avait entendu vanter non pas seulement le gracieux visage et les formes harmonieuses, mais aussi la vertu, la douceur, l'habileté aux travaux d'aiguille et les talents musicaux.

Quand il arriva à la forteresse de Forgall, il trouva la jeune fille parmi ses amies, occupées à jouer avec une portée de chiots. Ils se saluèrent courtoisement et il la pria de lui parler d'elle-même.

— Je suis, dit-elle sans fausse modestie, la plus pure des jeunes filles, celle qu'on regarde mais qui ne rend pas le regard, celle qui reste hors d'atteinte. Je suis une sente où jamais un pied ne s'est posé. J'ai été élevée dans le culte des anciennes vertus, dans la dignité qui sied aux princesses. Et toi?

— Toute l'Irlande sait qu'avant d'avoir du poil au

menton, je valais cent guerriers au combat et qu'avec un bras attaché dans le dos, je saurais vaincre vingt combattants réputés.

Il lui raconta quelques-uns de ses exploits, puis il lui confia que jamais il n'avait rencontré de jeune fille plus charmante qu'elle et lui demanda si elle ne souhaitait pas qu'ils fussent unis.

— Tu ne m'es pas indifférent, répondit-elle, mais je ne suis que la fille cadette de Forgall le Rusé, et mon père est bien résolu à ne pas me marier avant que ma sœur aînée n'ait d'abord un époux.

— Ne crois-tu pas que mes vaillantises soient de nature à le fléchir?

— Hélas! Tu ne le connais point...

Mais ils restèrent un long moment à deviser et, lorsque Cûchulainn la quitta, ils s'étaient promis l'un à l'autre.

Les compagnes d'Emer, qui s'étaient éclipsées par discrétion, ne manquèrent pas d'aller rapporter à Forgall que sa fille avait reçu la visite d'un garçon qu'elles lui décrivirent.

— Je vois! s'exclama-t-il, c'est cet extravagant contorsionniste d'Emain Macha! Il est venu éblouir ma fille avec son char étincelant et ses beaux habits, et la sotte est tombée amoureuse de lui. Mais elle n'ira point dans sa couche. Je vais faire le nécessaire pour me débarrasser de ce jeune hurluberlu.

Il fit répandre le bruit qu'il aurait été tout disposé à donner sa fille Emer à Cûchulainn si le jeune homme avait été parachever son éducation guerrière chez Scathach la Magicienne. Ce qu'il suggérait là était si périlleux qu'il était persuadé que Cûchulainn n'en reviendrait pas. Ou qu'en tout cas, si, par miracle, il en revenait, assez de temps se serait écoulé pour que les deux jeunes gens se fussent oubliés.

Pour les beaux yeux d'Emer, Cûchulainn se rendit

donc en Grande-Bretagne recevoir de Scathach l'initiation guerrière et magique (je ne parle pas de l'initiation sexuelle qui était accordée en prime aux bons élèves comme lui). Il revint au bout de dix lunes, ayant triomphé de tous les charmes et de tous les périls, et n'ayant pas oublié Emer.

Il monta sur son char pour aller demander la main de la belle, mais Forgall, dès l'annonce de son retour, avait fortifié son château et, avec ses trois fils, il en défendait l'accès. Alors Cûchulainn, d'un seul bond prodigieux, franchit les trois remparts et atterrit dans la cour où il massacra toute la garnison, tuant neuf hommes à chaque coup de son glaive. Il enfonça la porte de la chambre où Emer avait été enfermée, prit la jeune fille sous son bras et repartit comme il était venu, en sautant par-dessus la triple enceinte.

Il ramena Emer à Emain Macha où leurs noces furent célébrées avec force libations.

Le thème du père qui, comme Forgall, impose à son futur gendre des épreuves dont il espère bien qu'il ne reviendra pas, est extrêmement répandu. Il fait de la quête de la Femme une quête initiatique. Celui qui l'a entreprise triomphe, l'une après l'autre, de toutes les embûches tendues par les puissances maléfiques et se rend ainsi digne d'atteindre le but et apte à y parvenir. Il lui faut encore tuer le vieil homme – représenté par le père de la belle – et il peut enfin s'unir à la vierge qu'il a conquise, c'est-à-dire transcender l'illusoire dissociation du Cosmos et réaliser en lui la réintégration au sein de l'unité primordiale. Un des exemples les plus typiques de récit illustrant ce thème est le mabinogi de Kulhwch et Olwen.

VIII

MYTHES INITIATIQUES

Les mythes auxquels nous avons eu affaire jusqu'ici tendaient – non pas exclusivement, mais essentiellement – à expliquer l'existence du Cosmos et l'opposition entre les principes positifs et les principes négatifs qu'implique sa création et son maintien, ainsi qu'à justifier l'actuelle condition humaine. Mais il est d'autres mythes qui montrent la voie à suivre pour dépasser cette condition, transcender les oppositions auxquelles est subordonnée la vie cosmique et se réintégrer dans l'unité primordiale de la lumière divine.

Leur connaissance et leur méditation permettaient d'accéder à l'initiation. Il est donc à présumer qu'ils n'étaient révélés qu'aux apprentis druides ou bardes, et seulement vers la fin de leurs études. Ils sont du même type que ceux dont nous avons fait la connaissance au chapitre précédent, mais en se situant à un niveau supérieur. Il s'agit toujours d'épreuves et de quêtes. Mais la quête du chaudron magique, des trois pommes guérisseuses, du taureau fécondant et destructeur ou de la princesse aux cheveux d'or, c'est l'aventure spirituelle que doit entreprendre tout homme épris d'idéal pour se réaliser lui-même. L'initié doit aller plus loin, non pas seulement se réaliser, mais se dépasser; non pas seulement unir et harmoniser en lui, sous le contrôle de l'esprit, ce qui relève de l'existence matérielle et ce qui relève de l'essence spirituelle, mais abolir totalement cette dualité en se dépouillant de toutes les pesanteurs matérielles.

Les épreuves et les quêtes que nous allons rencontrer maintenant vont donc paraître plus étranges et être beaucoup plus difficiles à comprendre que celles que nous avons vues jusqu'ici, d'autant plus que s'y mêlent l'initiation chevaleresque et l'initiation magico-religieuse. Car le chevalier celte des temps archaïques n'était pas seulement un guerrier, il était en même temps barde et plus ou moins magicien, sur le modèle de Finn, d'Ogmios, de Cûchulainn. De son côté, le druide, sur le modèle du Dagda, de Cathbad, était nécessairement guerrier, sur le plan spirituel d'abord, mais aussi dans la vie courante où il combattait aux premiers rangs de l'armée.

L'épreuve de la décapitation

Lors d'un festin donné par un noble ulate nommé Bricriu, une contestation s'était élevée entre Cûchulainn et deux autres guerriers, Conall Cernach et Loégairé, au sujet du « morceau du héros ». Chacun d'eux prétendait que c'était à lui que revenait de droit le cuissot traditionnellement réservé, à table, au guerrier le plus illustre. On avait failli en venir aux mains, mais le druide Sencha avait rétabli l'ordre en prononçant ce jugement : le morceau du héros serait partagé entre tous les convives, mais on demanderait ensuite à Ailill, roi de Connaught, d'arbitrer le litige et de dire qui des trois illustres guerriers l'emportait sur les deux autres.

Les concurrents se rendent donc au palais d'Ailill et Medb. Ils y sont invités à disputer plusieurs épreuves dont le résultat les départagera. La première consiste à lancer une roue, de l'intérieur d'une maison, à travers le trou de cheminée, de manière qu'elle s'enfonce d'une coudée dans le sol de la cour. La roue est le symbole du soleil et Cûchulainn, qui est, dans une certaine mesure, une divinité solaire, remporte facilement l'épreuve. Le second tour, qu'il est seul à pouvoir réaliser, consiste à jeter à terre, successivement, l'une derrière l'autre, cent cinquante aiguilles, de telle sorte que la pointe de chacune d'elles entre dans le chas de la précédente et qu'elles ne forment qu'une seule ligne. Dans la troisième épreuve, il s'agit de combattre les « fées de la vallée ». Ces dames ne sont pas longues à détruire les armes de Loégairé et de Conall. Cûchulainn, dans un premier temps, est battu lui aussi. Mais son cocher, Loeg, l'admoneste vertement et lui fait honte, au point d'allumer en lui une fureur vengeresse. Il triomphe, cette fois, des fées et est proclamé vainqueur de l'épreuve. A ce moment, un certain Ercoil propose aux concurrents un combat singulier. Il met en fuite tour à tour Loégairé et Conall, mais Cûchulainn le désarme et l'emmène, enchaîné, sur son char. On retourne devant Ailill qui déclare que Cûchulainn, ayant triomphé dans toutes les épreuves, est seul digne du morceau du héros.

Mais Loégairé et Conall, vraiment mauvais joueurs, refusent d'admettre cette décision. Le druide Sencha les envoie alors se soumettre au jugement du puissant géant Uath mac Immonainn (Terrible fils de Grande Crainte). Et Uath de leur déclarer :

— Voici ce que nous ferons, et celui qui acceptera aura le morceau du héros : il faut que l'un de vous prenne ma hache et me coupe la tête, mais demain je lui couperai la sienne.

Ce genre d'épreuve ne dit rien à Loégairé ni à Conall et ils se récusent prudemment. Cûchulainn, lui, n'hésite pas. Il prend la hache et coupe la tête du géant.

Uath se relève tranquillement, ramasse sa tête, reprend sa hache et, portant l'une dans une main, l'autre dans l'autre, s'en va se jeter dans le lac voisin. Le lendemain, il est là, à l'heure dite, sa tête bien en place entre les épaules et sa hache au poing. Cûchulainn, sans trembler, pose son cou sur le billot. Le géant, par trois fois, fait tournoyer sa hache, mais il ne l'abat pas. Il invite Cûchulainn à se relever et le proclame digne du morceau du héros.

La même aventure est attribuée, dans le roman breton, à Gwalchmei (Gauvain) dont on peut se demander, pour cette raison, s'il n'est pas le correspondant, dans la tradition galloise, cornique et armoricaine, du Cûchulainn des Gaëls. C'est un des personnages les plus importants des Mabinogion. Sa supériorité de gloire, de vaillance et de noblesse lui a valu d'être le chef des neuf *penteulu* (chefs de famille). Il est un des trois chevaliers amoureux de la cour d'Arthur et un des trois ministres de l'île de Bretagne. Il est réputé pour son éloquence, ce qui suggère un rapprochement avec Ogmios, et il est dit également « inventeur ». Les Triades ne précisent pas ce qu'il a inventé; les gens de l'époque devaient le savoir. Mais ne serait-ce pas l'alphabet ogamique?

On était à la veille de Noël et les chevaliers festoyaient autour de la Table Ronde. Mais le roi Arthur, lui, restait debout et ne mangeait pas, car il avait fait le vœu de jeûner, chaque année, la nuit du solstice d'hiver, jusqu'à ce qu'il eût été témoin de quelque prodige.

Son attente ne fut pas déçue. Une forme colossale apparut soudain à l'entrée de la salle, dont la porte devait rester ouverte pendant toute la durée de cette nuit exceptionnelle. C'était un chevalier gigantesque, vert de peau, vert de barbe et de cheveux, vêtu d'une broigne verte et de braies vertes. Il montait un grand destrier vert et tenait dans sa main droite une hache démesurée et dans la gauche une branche de houx, signe de pouvoirs magiques. Il pénétra dans la salle sans descendre de cheval, ce qui était un comportement pour le moins... cavalier. Cela n'empêcha pas Arthur de lui souhaiter courtoisement la bienvenue et de l'inviter à mettre pied à terre et à prendre place à table. L'homme vert refusa, disant qu'il n'avait loisir ni de s'arrêter ni de se réjouir, et qu'il cherchait le partenaire le plus courageux de la Table Ronde.

— Il y a ici, répondit le roi, tous les plus braves chevaliers de Bretagne. Si tu demandes bataille, tu trouveras à qui parler.

— Je ne suis pas venu chercher bataille, je ne viens que pour un simple jeu de Noël. Quelqu'un sera-t-il assez brave pour oser échanger un coup contre un coup? Je lui donnerai ma hache et il me frappera le premier. En retour, il devra venir me trouver dans un an pour recevoir un coup semblable.

Personne ne se proposa et il se moqua d'eux, au point qu'Arthur devint rouge de confusion et offrit de donner lui-même le coup. Le géant descendit de cheval et lui tendait la hache quand Gwalchmei intervint, disant qu'il ne convenait pas à la dignité royale de jouer ce fol jeu et que ce serait lui qui s'en chargerait. Il prit la hache et demanda au chevalier vert qui il était et où il le retrouverait au bout de l'an.

— Quand j'aurai reçu ta chiquenaude, répondit l'autre, je t'indiquerai où je demeure. Si je ne peux pas dire mot, ce sera tant mieux pour toi.

Le géant baisse la tête, découvre sa nuque et relève sa chevelure, Gwalchmei prend son élan et, d'un seul coup, lui tranche le col. La tête s'en va rouler sous la table mais, sans se démonter, le décapité ruisselant de sang s'avance jusqu'au milieu des chevaliers, se baisse, saisit sa tête par les cheveux, retourne vers son cheval et saute en selle.

La tête qu'il tenait à bout de bras souleva les paupières, ouvrit la bouche et prononça :

— Sois prêt, Gwalchmei, comme tu l'as promis, à te mettre en route vers la Chapelle Verte pour recevoir le coup qui doit t'être rendu dans un an. Honte sur toi si tu négliges d'aller quérir cette aventure.

Gwalchmei se mit en route au jour de Samain et chevaucha, solitaire, sur son cheval Keingalet [1]. Il chevaucha pendant des jours et des jours, demandant partout si l'on savait quelque chose au sujet du chevalier vert qui demeurait près de la Chapelle Verte, mais personne ne pouvait le renseigner. Quelques jours avant la Noël, il arriva devant un château fort de belle allure où il demanda l'hospitalité. Il y reçut un accueil extrêmement chaleureux et le seigneur du lieu, qui se nommait Bercilak, lui demanda le but de son voyage. Quand il eut raconté son aventure de l'année précédente, Bercilak s'exclama :

— Mais la Chapelle Verte est tout à côté d'ici! Quand le moment sera venu, je t'indiquerai la route. En attendant, tu restes notre hôte.

Lorsqu'ils allèrent se coucher, Bercilak lui conseilla de faire la grasse matinée le lendemain pour se remettre des fatigues de sa chevauchée. Pour lui, il comptait se lever de très bonne heure pour aller à la chasse.

— Tiens! proposa-t-il en souriant, faisons un accord : tout ce que je gagnerai dans la forêt sera à toi et tout ce qui t'écherra pendant le même temps, tu me le remettras.

Gwalchmei trouva l'idée amusante et y souscrivit. Il dormait à poings fermés quand le seigneur partit à la chasse avec ses gens et ses chiens. Lorsqu'il ouvrit les yeux, il eut la surprise de voir entrer sans bruit dans sa

1. Dont le nom, qui signifie « Dos dur » en breton de Galles comme en breton d'Armorique, est à l'origine du mot français « gringalet ».

chambre la ravissante épouse de son hôte qui lui souriait gentiment.

– Bonjour, seigneur Gwalchmei, dit-elle. Tu es bien imprudent de n'avoir pas fermé ta porte. Te voilà pris et je vais te lier dans ton lit.

– Bonjour, jolie Dame, répondit-il d'un ton enjoué. Je me rends. Mais j'espère que tu vas relâcher tout de suite ton prisonnier, pour qu'il puisse se lever et s'habiller.

– Que nenni, beau prisonnier. Je serais bien folle de relâcher un chevalier que le monde entier révère pour son honneur et sa courtoisie. Nous sommes seuls, nous pouvons passer ensemble une agréable matinée.

Gwalchmei ne chercha pas à profiter de la situation comme beaucoup l'auraient fait à sa place, car il avait de l'amitié pour son hôte qui l'avait si bien reçu et ne voulait pas le honnir. Ils devisèrent aimablement tous les deux jusqu'au milieu de la matinée et c'est alors seulement que la dame soupira :

– Je me demande si tu es réellement ce Gwalchmei dont on célèbre partout les exploits, car il n'a pas la réputation de pouvoir rester si longtemps avec une dame sans, par quelque allusion, requérir d'elle un baiser.

– Eh bien, je ne veux pas être discourtois et je solliciterai donc ce baiser, puisque c'est toi-même qui m'y engages.

La dame lui mit les bras autour du cou et l'embrassa. Mais il n'y eut rien d'autre entre eux, ce jour-là.

Bercilak revint le soir en ramenant un tableau de chasse impressionnant. Il fit don de tout ce gibier à Gwalchmei et lui demanda ce qu'il avait à lui remettre en échange. Gwalchmei lui enlaça le cou et lui donna un baiser.

– Voilà un beau gain, dit le chasseur. Il est peut-être le meilleur des deux, selon la personne de qui tu le tiens. Puis-je savoir qui c'est ?

– Cela n'est point dans nos conventions.

Le lendemain, Bercilak retourna à la chasse et son épouse vint encore saluer Gwalchmei à son réveil. Elle lui fit les yeux doux, tenta quelques engageantes allusions au délices de l'amour, mais il tenait à conserver la fidélité à son ami et il se contenta de lui faire des réponses courtoises. Comme la veille, ils se quittèrent sur un baiser que le jeune homme retransmit scrupuleusement à Bercilak lorsqu'il rentra et lui fit don du sanglier monstrueux qu'il avait tué.

Le jour suivant, Bercilak s'en fut encore chasser dès le point du jour et Gwalchmei eut encore la visite de la dame dans sa chambre. Cette fois, elle parvint à lui arracher l'aveu qu'il l'aimait et regrettait bien qu'elle fût l'épouse de son ami. Sans quoi... Pour cette bonne parole, il eut droit à trois baisers au lieu d'un et elle lui fit, en outre, cadeau de son écharpe. Mais il ne se passa rien d'autre. Au retour de Bercilak, Gwalchmei s'empressa de l'accoler et de lui donner trois vigoureux baisers, mais il garda l'écharpe car la belle lui avait fait promettre de ne rien dire à son mari et qu'en outre il pensait que cette écharpe lui serait un talisman dans son combat à venir.

On était arrivé à la nuit de Noël et il partit pour la Chapelle Verte, derrière l'écuyer que Bercilak avait chargé de le guider. Ils arrivèrent au bord d'un ravin au moment où le jour se levait.

— La Chapelle Verte est dans le fond, dit le guide. Mais l'homme vert qui la garde est terrible et cruel. Nul n'est passé par là sans y laisser la vie, si fort et vaillant fût-il. Je n'irai pas plus loin et je vais te donner un bon conseil : va-t'en en douce, personne ne le saura et tu as ma parole que je ne te trahirai pas.

— Je te remercie, mais je n'en ferai rien. J'ai pris un engagement et je le tiendrai. Le destin de chacun est dans la main de Dieu.

L'écuyer se hâta de le quitter et de retourner vers le

château. Gwalchmei descendit au fond du ravin et trouva la Chapelle Verte : c'était un antique tumulus couvert d'herbe et de ronces, dont l'intérieur était fait de larges dalles de pierre brute. Soudain un pas lourd retentit au bout du ravin et le géant vert apparut, sa hache à la main.

— Sois le bienvenu à la Chapelle Verte, dit-il. Tu as bien calculé ton temps et tu as tenu parole. Tu vas recevoir maintenant ce que je t'ai promis.

Gwalchmei ôte son casque, relève ses cheveux et incline le cou. Le géant brandit sa hache, l'abat brutalement. Gwalchmei a un petit frémissement des épaules. L'autre alors retient sa lame et l'admoneste :

— Je n'aurais pas cru que Gwalchmei aurait tressailli avant de sentir le mal. Ta réputation serait-elle surfaite? Tu me déçois. Quand ma tête a volé à mes pieds, je n'ai pas bougé d'un pouce.

— Je ne faiblirai pas une seconde fois, même quand ma tête roulera sur les cailloux. Seulement, moi, je ne promets pas de la ramasser.

L'homme vert, roulant des yeux furibonds, relève sa hache. Il ajuste son coup et l'assène avec force. Mais il retient, cette fois encore, la lame au moment où elle touche le cou. Gwalchmei n'a pas bougé.

— Te voilà donc le cœur raccommodé. Je puis frapper pour de bon.

— Qu'attends-tu? C'est toi qui sembles hésitant. Il est temps d'en finir.

La hache se lève de nouveau et retombe avec violence sur le col nu dont elle entaille la peau et la chair. Mais elle ne pénètre pas plus loin. Le géant l'a, une fois de plus, retenue.

— Cesse tes simulacres, se fâche Gwalchmei dont le sang coule jusqu'à terre. Nous avons convenu d'un coup et non de quatre. Si tu m'en bailles un autre, je te le rendrai sans merci.

Le géant s'appuie des deux coudes sur sa hache et sourit.

– Hardi compagnon, calme ton courroux. Je ne t'ai pas fait tort : je t'avais promis un coup et je te l'ai donné. Je te fais remise du reste. La première fois, je n'ai fait qu'une feinte, car le premier jour où ma belle épouse t'a donné un baiser, tu me l'as honnêtement rendu. La seconde fois, je ne t'ai pas non plus pourfendu, car tu m'as également rendu le baiser du second jour. La troisième fois, j'ai retenu ma main à cause des trois baisers rendus, mais je t'ai entaillé la peau parce que tu as gardé l'écharpe.

Et voilà que Gwalchmei n'a plus devant lui un hideux géant vert, mais son ami Bercilak qui lui explique :

– C'est moi qui ai chargé ma femme de tenter de te séduire. Je voulais t'éprouver et tu t'es conduit avec honneur. Ta seule faute a été de ne pas me rendre cette écharpe, mais tu en es suffisamment puni par le sang que je t'ai tiré.

La Dame de la Fontaine

C'est une autre épreuve initiatique non moins étrange qu'a subie un autre guerrier d'Arthur, le chevalier Owein.

Un soir qu'Owein devisait, tout en buvant de l'hydromel, avec Kei et un de leurs compagnons nommé Kynon, ce dernier entreprit de raconter une aventure qu'il avait vécue dans sa jeunesse :

« J'étais, dit-il, fils unique et je nourrissais une grande présomption; je ne croyais personne capable de me surpasser en n'importe quelle prouesse. Je me mis en route en quête d'exploits à accomplir. J'arrivai un jour à l'entrée d'un château étincelant, baigné par les flots. Je vis deux jeunes gens aux cheveux blonds frisés qui lançaient des couteaux. Il y avait non loin d'eux un homme blond dans la force de l'âge, la barbe fraîche-ment rasée. Je me dirigeai vers lui pour le saluer, mais c'était un homme si courtois que son salut précéda le mien et il m'introduisit au château. Il y avait dans la salle vingt-quatre jeunes filles toutes plus jolies les unes que les autres. Six d'entre elles s'occupèrent de mon cheval, six autres nettoyèrent mes armes, six autres me procurèrent des habits à changer et les six autres dressèrent la table et préparèrent le repas. Nous com-mençâmes à manger et, après un moment de silence, mon hôte me demanda le but de mon voyage et je lui répondis que je voulais quelqu'un qui pût me vaincre ou moi-même triompher de tous. Il me regarda et sou-rit :

» " Si je ne croyais qu'il dût t'en arriver trop de mal, je t'indiquerais ce que tu cherches. "

« Il vit mon désappointement et reprit :

» " Puisque tu aimes mieux que je t'indique une chose désavantageuse pour toi plutôt qu'avantageuse, je le ferai : couche ici cette nuit, lève-toi de bonne heure et prends le chemin de la vallée jusqu'au premier embran-chement à droite. Dans une grande clairière tu trouveras un géant noir au sommet d'un tertre... " »

Et de décrire ici l'homme noir, maître des animaux, en qui nous avons déjà reconnu Cernunnos.

« Je trouvai cette nuit longue, poursuivit Kynon, et le lendemain matin je montai à cheval et pris le chemin de la vallée. En arrivant dans la clairière, il me sembla bien y voir au moins trois fois plus d'animaux sauvages que ne m'avait dit mon hôte. En haut du tertre, l'homme noir était encore plus grand qu'il ne me l'avait dit. Quand je lui demandai quel pouvoir il avait sur les animaux, il frappa un cerf de son bâton, le cerf fit entendre un grand bramement, et aussitôt accoururent des animaux en aussi grand nombre que les étoiles dans l'air, y compris des serpents. Il jeta les yeux sur eux et leur ordonna d'aller paître. Ils inclinèrent la tête avec respect et obéirent.

« Je lui demandai ma route. Il se montra rude mais me montra néanmoins un chemin qu'il me dit de suivre jusqu'à une colline rocheuse. Du haut de cette colline j'apercevrais une grande vallée arrosée et au milieu de cette vallée un arbre plus vert qu'un sapin. Sous cet arbre, il y aurait une fontaine, sur le bord de la fontaine une dalle de marbre et sur la dalle un bassin d'argent attaché par une chaîne. Il me faudrait prendre le bassin et en jeter plein d'eau sur la dalle. Aussitôt, il se produirait des prodiges et je verrais venir à moi un chevalier noir monté sur un cheval noir qui me chargerait et me renverserait.

« Je suivis le chemin jusqu'à la colline rocheuse. Je trouvai l'arbre et la fontaine, je remplis d'eau le bassin et arrosai la dalle. Immédiatement, éclata un coup de tonnerre épouvantable qui fit trembler le ciel et la terre, puis il se mit à tomber une averse de grêle si violente qu'il semblait que nul homme ni animal pris dessous n'y survivrait. Je tournai la croupe de mon cheval contre l'ondée et lui protégeai la tête et l'encolure de mon bouclier. Je mis la housse sur ma tête et supportai ainsi l'averse. Quand elle cessa, il n'y avait plus une feuille sur l'arbre. Alors une volée d'oiseaux s'abattit sur ses branches. Je n'ai jamais entendu musique plus merveilleuse que le chant de ces oiseaux. Au moment où je prenais le plus de plaisir à l'écouter, retentirent des plaintes et des gémissements qui venaient vers moi du fond de la vallée. Une voix me demanda pourquoi j'avais provoqué cette ondée qui n'avait laissé en vie ni créature humaine ni bête surprise dehors. Je vis alors arriver le chevalier noir sur son cheval noir et nous nous attaquâmes. Le choc fut rude et je fus culbuté. Le chevalier ne me fit même pas l'honneur de me faire prisonnier. Il se contenta d'emmener mon cheval.

« Je revins à pied vers la clairière du géant noir et eus à subir ses moqueries. Je regagnai le château où l'on me reçut avec la même courtoisie que la vieille, et nul ne fit allusion à mon expédition à la fontaine. Mon hôte me fit don, pour retourner à la cour d'Arthur, d'un palefroi brun foncé à la crinière rouge, tout harnaché, que je possède toujours. Mais ce qui m'étonne, c'est que je n'ai jamais entendu personne d'autre parler de la fontaine ni du chevalier noir, et que le lieu de cette aventure se situe dans les États d'Arthur, sans que nul autre que moi ne soit tombé dessus. »

Quand Kynon eut achevé son récit, Owein proposa que l'on se mît en quête de cet endroit. Mais Kei le railla : « Ce n'est pas la première fois que ta langue propose ce que ton bras ne ferait pas ! » Owein ne répondit rien, mais le lendemain, au point du jour, il partit à cheval vers le bout du monde et chevaucha jusqu'à ce qu'il fût arrivé en vue du château dont avait parlé Kynon. Il voit les jeunes gens qui jouent à lancer leurs couteaux et l'homme blond, maître du château, à côté d'eux. Au moment où il va pour le saluer, l'homme blond lui adresse son salut le premier et l'invite au château. Il trouve dans la salle les vingt-quatre jeunes filles qui lui paraissent plus belles encore que ne l'avait dit Kynon. Elles le servent comme elles avaient servi son camarade. On se met à table et au milieu du repas son hôte lui demande quel voyage il fait. Il répond qu'il voudrait rencontrer le chevalier qui garde la fontaine et son hôte, à regret, lui donne toutes les indications.

Le lendemain matin, Owein trouva son cheval tenu prêt par les jeunes filles. Il se mit en selle et chevaucha jusqu'à la clairière de l'homme noir. L'homme noir lui montra la route et il arriva à l'arbre vert, vit la fontaine et la dalle près de la fontaine. Sous cet arbre vert, image de la vie et trait d'union entre la terre et le ciel, il refit le geste fécondateur, versant avec le bassin de résurrection l'eau génitrice sur la pierre inerte issue du fond des âges. L'orage éclata, bien plus violent encore que ne l'avait décrit Kynon, puis le soleil brilla et, sur l'arbre dépouillé de ses feuilles, les oiseaux descendirent et se mirent à chanter. Au moment où il prenait le plus de plaisir à leur chant, il entendit des gémissements et vit le chevalier noir venir le long de la vallée. Ils se chargèrent furieusement et brisèrent leurs deux lances. Ils tirèrent leurs épées, s'escrimèrent, et Owein finit par donner à son adversaire un tel coup que sa lame traversa le casque, la peau et le crâne et atteignit la cervelle. Le chevalier, se sentant mortellement blessé, tourna bride et s'enfuit. Owein le poursuivit.

Le blessé parvint à l'entrée d'un grand château et s'y engouffra. Owein voulut y pénétrer derrière lui, mais les gens du château laissèrent retomber la herse sur lui. La herse atteignit le troussequin de sa selle, coupa son cheval en deux, enleva les molettes de ses éperons et ne s'arrêta qu'au sol. Les gens du château s'empressèrent de fermer la porte intérieure et il se trouva pris au piège entre elle et la herse. Il était dans le plus grand embarras, et se sentait tout bête avec sa moitié de cheval et ses éperons sans molettes qui lui donnaient l'impression d'être un chevalier déchu, quand, en regardant à travers la jointure de la porte, il aperçut de l'autre côté une ravissante demoiselle aux cheveux blonds frisés. Il engagea avec elle la conversation et, comme elle le trouvait sympathique, elle s'émut de son sort et résolut de l'aider. Elle lui remit un anneau qui, comme tous les anneaux des contes de fées, avait la propriété de rendre invisible à volonté celui qui le portait au doigt. Il suffisait pour cela, c'est bien connu, de tourner le chaton vers l'intérieur de la main. Grâce à cet anneau, quand les hommes d'armes vinrent chercher Owein pour le mettre à mort, ils ne virent qu'une moitié de cheval. Le chevalier invisible s'enfuit et courut retrouver la jeune fille qui le cacha dans sa chambre.

La belle lui dit se nommer Lunet[2]. Elle fut aux petits soins pour lui, lui mijota un repas délicieux et lui servit d'excellentes boissons. Pendant qu'il achevait de manger, ils entendirent de grands cris dans le château. Owein demanda ce qui se passait et Lunet lui répondit qu'on donnait l'extrême-onction au seigneur, maître du château. Elle prépara un lit douillet où Owein s'étendit avec béatitude. L'histoire ne dit pas où elle coucha, elle... mais je crois que vous l'avez très bien deviné. Vers minuit, ils entendirent des cris perçants. Owein demanda ce que cela signifiait et Lunet répondit que le seigneur, maître du château, venait de mourir. Au petit jour retentirent des hurlements et des lamentations. Lunet expliqua qu'on portait en terre le corps du seigneur, maître du château. Owein se leva et se mit à la fenêtre. Il vit une foule d'hommes d'armes, de femmes à pied et à cheval et de gens d'église chantant des psaumes. Derrière la bière portée par de puissants barons, s'avançait une femme aux cheveux blonds défaits, en habits de deuil jaunes. Elle se tordait les bras et se lacérait le visage en hurlant. Owein n'avait jamais vu femme plus belle et eut le coup de foudre. Il demanda qui elle était.

— C'est, répondit Lunet, la plus belle, la plus généreuse, la plus sage et la plus noble des femmes : c'est ma Dame, l'épouse du chevalier que tu as tué. On l'appelle la Dame de la Fontaine.

— Dieu sait que c'est la femme que j'aime le plus.

— Dieu sait qu'elle ne t'aime ni peu ni point.

Mais le soir, après l'avoir rasé, lui avoir lavé la tête et lui avoir servi un succulent souper, elle lui dit, essayant

2. Prononcer « Linette ».

259

de cacher sa tristesse : « Va dormir et pendant ce temps j'irai faire la cour pour toi ».

La Dame ne voulait voir personne, mais Lunet força la porte de sa chambre. Elle subit de durs reproches pour ne pas l'avoir assistée dans sa douleur et n'être même pas venue aux obsèques.

— En vérité, répondit-elle, je te croyais plus sensée. Il vaudrait mieux te préoccuper de réparer la perte de ce seigneur, que de ressasser vainement ton chagrin.

— Aucun autre homme au monde ne pourrait remplacer mon seigneur.

— Tu pourrais épouser qui le vaudrait bien et peut-être mieux.

— Par moi et Dieu, je te ferais mettre à mort pour tenir de tels propos, s'il ne me répugnait de faire périr une personne que j'ai élevée.

— Je suis heureuse que tu n'aies d'autre motif à cela que de m'avoir vue chercher ton bien quand tu ne le distinguais pas. Maintenant, adieu, tu ne me reverras plus.

Elle sortit, mais la Dame alla jusqu'à la porte et la rappela.

— Que tu as mauvais caractère! Si c'est vraiment mon intérêt que tu veux m'enseigner, explique-toi.

— Tu ne peux conserver tes États si tu ne conserves pas la fontaine. Et tu ne peux conserver la fontaine que si tu prends pour époux un vaillant chevalier qui la défendra. J'irai donc à la cour d'Arthur, où sont les meilleurs chevaliers du monde, et honte à moi si je n'en reviens pas avec un guerrier qui gardera la fontaine aussi bien ou mieux que celui qui le faisait avant.

— C'est difficile. Enfin, essaie ce que tu dis.

Lunet partit comme si elle allait à la cour d'Arthur. En réalité, elle se contenta d'aller retrouver Owein dans sa chambre et resta enfermée avec lui tout le temps qu'aurait duré le voyage. Les aventures des héros de la

Table Ronde n'étaient pas toujours tristes. Au bout de ce temps, elle retourna près de sa maîtresse et lui annonça qu'elle avait trouvé l'homme idéal qu'elle se ferait un plaisir de lui présenter. Quand elle introduisit Owein, la Dame le considéra attentivement et fit observer qu'il n'avait pas l'air de quelqu'un qui arrive de voyage.

— Quel mal y a-t-il à cela, princesse? demanda Lunet avec aplomb.

— S'il n'a pas voyagé, c'est qu'il était caché ici. Par moi et Dieu, il ne peut être autre que le meurtrier de mon seigneur.

— Et alors, princesse? S'il l'a vaincu, c'est qu'il était plus fort que lui.

L'argument était irréfutable. La Dame en fut impressionnée et convoqua tous ses vassaux pour leur demander s'ils consentaient à ce qu'elle épousât un étranger qui avait fait preuve de vaillance. Cela ne fit pas de difficulté et elle épousa Owein qui, depuis lors, garda la fontaine avec la lance et l'épée. Tout chevalier qui y venait, il le renversait et le vendait pour sa valeur. Il partageait le produit de la vente entre ses barons et ses chevaliers, de sorte qu'il était plus aimé de ses sujets qu'aucun autre seigneur ne l'a jamais été.

Je puis vous dire où tout cela s'est passé, car la fontaine existe toujours. Owein était venu jusqu'en Armorique et s'était enfoncé dans la forêt de Paimpont qui faisait partie du vaste massif forestier de Brocéliande. La fontaine merveilleuse était celle de Barenton [3].

---

3. Chrétien de Troyes écrivait que son eau, « quoique plus froide que le marbre, bout comme de l'eau chaude », ce qui est toujours vrai car il s'y produit un continuel dégagement d'azote pur qui fait jaillir des bulles à la surface. Lors des périodes de sécheresse, le clergé chrétien venait, comme l'avaient fait les druides, asperger la dalle avec l'eau de la fontaine et l'orage ne manquait pas d'éclater. Il semble que le rite ait été pratiqué pour la dernière fois (avec succès) en 1835. Je connais même des gens qui l'ont renouvelé en

Je crois que la Dame de la Fontaine symbolise la chevalerie initiatique elle-même. Avant de la conquérir, le héros doit, en effet, commencer par affronter les forces mystérieuses de la vie cosmique et de la vie spirituelle, jouer avec elles un jeu périlleux, puis accomplir un exploit guerrier. Cet exploit guerrier constitue, en même temps, une victoire sur les puissances de l'Autre Monde, car le chevalier noir appartient au monde des ténèbres. Après cela, il peut entrer dans cette forteresse qu'est l'initiation. Mais ce ne sera pas sans peine ni souffrances. Il lui faudra se dépouiller de tout attachement aux biens terrestres : c'est ce que représente la perte de son cheval. Il lui faudra devenir humble, comme l'indique la mutilation de ses éperons (les éperons d'or sont l'insigne de la dignité de chevalier). Il y sera aidé par cette grâce céleste dont Lunet est l'image. Et c'est alors seulement qu'il pourra épouser la chevalerie mystique et devenir un gardien et un défenseur des valeurs spirituelles détenues dans la fontaine sacrée.

La quête de Peredur

L'idée de chevalerie initiatique est typiquement celte et remonte bien plus haut que le christianisme. Certes, il n'est pas faux de dire que la chevalerie chrétienne médiévale est née de la bénédiction par l'Église des rites germaniques de passage de l'adolescence à l'état de guerrier. Mais c'est ne voir là que la forme, que l'aspect purement extérieur de l'institution. Le fond, c'est un

particulier, il n'y a pas bien longtemps, et ont réussi à déclencher l'averse. Mais cela ne doit pas être donné à tout le monde. D'autant qu'il manque aujourd'hui un élément essentiel, à savoir le bassin d'argent autrefois attaché à la dalle.

engagement total réservé aux plus dignes. Et cela relève de la tradition celtique.

La Chevalerie, au Moyen Age, était un ordre, une institution structurée et dotée d'un idéal qui lui était propre. On ne trouve rien, dans les coutumes germaniques, qui préfigure cet ordre. Le premier ordre chevaleresque connu en Europe, c'est celui des Fianna gaéliques. Il est antérieur à la christianisation. Le second est la chevalerie arthurienne, la chevalerie de la Table Ronde. Elle ne date peut-être que du début de la période chrétienne, mais elle maintenait vivantes des conceptions préchrétiennes. Il faut avouer, d'ailleurs, que la chevalerie chrétienne qui lui a succédé n'était qu'un compromis paradoxal entre deux choses diamétralement opposées : d'une part, cette chevalerie païenne de nature guerrière et dont l'idéal impliquait le culte d'honneur, et, d'autre part, l'enseignement du Christ fondé sur l'amour entre les hommes, condamnant la guerre et invitant à l'humilité et au pardon des injures.

L'aventure spirituelle de celui qui est appelé à l'initiation nous est décrite par un texte difficile, encore tout imprégné de magie païenne, le mabinogi de *Peredur ab Evrawc.*

Le seigneur Evrawc (*Evrawc* est le nom gallois de la ville d'York) avait sept fils. Il aimait la guerre et fut tué au combat avec les six aînés de ses fils. Le septième était encore trop jeune pour se battre. Il se nommait *Peredur,* c'est-à-dire « Chaudron d'acier ». Sa mère, qui était une femme avisée, réfléchit au moyen d'éviter qu'il n'épousât lui aussi l'état de guerrier et se fît tuer comme son père et ses frères. Elle se retira avec lui loin des lieux habités, dans un endroit solitaire au milieu des landes, et ne garda dans sa compagnie que des femmes, des enfants et de vieux serviteurs pacifiques. Elle défendit d'introduire chez elle la moindre arme, le moindre cheval de bataille. Elle éleva l'enfant dans l'ignorance de tout ce qui concerne la guerre, de peur qu'il n'y prît goût.

Peredur allait tous les jours jouer dans la forêt. Il s'amusait à lancer des bâtons sur un but. Il était si ignorant de toutes choses qu'il prit une fois des chevreaux pour des chèvres qui avaient perdu leurs cornes.

Mais voici qu'un jour il vit venir trois chevaliers sur le chemin qui longeait la lisière de la forêt. C'étaient Gwalchmei, Owein et un nommé Gweir, à la poursuite d'un ennemi. Sa mère lui fit croire que c'étaient des anges du ciel. Mais il se porta à leur rencontre pour voir de plus près comment sont faits les anges et Owein lui demanda s'il n'avait pas vu passer un chevalier, le matin ou la veille.

— Je ne sais pas ce que c'est qu'un chevalier, répondit-il.

— Ce que je suis.

Il écarquilla les yeux d'étonnement et montra la selle.

— Et ça, qu'est-ce que c'est?

— Une selle.

Il montra successivement toutes les pièces de harnachement des chevaux, tous les objets d'équipement des hommes, toutes les armes, en demandant ce que c'était et à quoi cela servait. Owein le lui expliqua gentiment. Il retourna alors vers sa mère.

— Mère, dit-il, tu t'es trompée. Les gens de tout à l'heure, ce n'étaient pas des anges, mais des chevaliers ordonnés.

La mère tomba évanouie.

Pendant que les serviteurs s'affairaient autour d'elle, il se rendit aux écuries et choisit parmi les chevaux de bât celui qui lui paraissait le plus vigoureux, un cheval gris pommelé, tout en os. Il lui mit un bât en guise de selle, lui passa une bride de cheval de labour, fabriqua des étriers avec de l'osier.

Lorsqu'elle revint de son évanouissement, sa mère lui demanda :

– Eh bien, mon fils, tu veux donc partir?

– Oui, avec ta permission.

Cet épisode est une allégorie de la naissance d'une vocation, de façon générale. Il tend à montrer que rien ne peut empêcher celui qui est destiné à assumer un rôle déterminé d'entendre l'appel intérieur qui lui fera entreprendre l'aventure. Son aventure, l'aventure pour laquelle il est fait. Mais on peut en tirer aussi une autre leçon, c'est qu'il est vain de prétendre étouffer la voix du sang. Un fils de guerrier comme Peredur entendra, quoi qu'on fasse, l'appel des armes. On ne peut pas faire des gens autre chose que ce qu'ils sont [4].

La mère de Peredur ne pouvait rien faire d'autre que de consentir au départ de son fils. Mais elle l'abreuva, au préalable, de recommandations :

« *Va*, dit-elle, *tout droit à la cour d'Arthur, là où sont les hommes les meilleurs, les plus généreux et les plus vaillants. Où tu verras une église, récite ton Pater auprès d'elle. Quelque part que tu voies nourriture et boisson, si tu en as besoin et qu'on n'ait pas assez de courtoisie ni de bonté pour t'en faire part, prends*

---

4. Les colonisateurs français ont eu beau déployer tous leurs efforts pour persuader les Algériens, les noirs du Congo et les jaunes d'Indochine que leur patrie était la France et que leurs ancêtres étaient les Gaulois, un jour est venu où les Algériens ont pris conscience qu'ils étaient Algériens, les noirs du Congo qu'ils étaient Congolais et les jaunes d'Indochine qu'ils étaient Vietnamiens, Khmers ou Laotiens. De même, après plusieurs siècles de politique obscurantisme s'efforçant de faire oublier aux Bretons, aux Basques, aux Corses, aux Occitans leur histoire nationale et leur langue, les voit-on aujourd'hui reprendre conscience qu'ils sont Bretons, Basques, Corses et Occitans, parce qu'il ne pouvait pas en être autrement, parce qu'il est illusoire de croire qu'on peut couper définitivement un peuple de ses racines. Il vient toujours un jour où Peredur, fils de chevalier, a la révélation de la chevalerie. Et si on l'a privé des armes et de l'équipement nécessaires, il se les fabrique lui-même.

toi-même. Si tu entends des cris, va de ce côté; il n'y a pas de cri plus caractéristique que celui d'une femme. Si tu vois de beaux joyaux, prends et donne à autrui, et tu acquerras ainsi réputation. Si tu vois une belle femme, fais-lui la cour; quand même elle ne voudrait pas de toi, elle t'en estimera meilleur et plus puissant qu'auparavant [5]. »

Il y a une certaine drôlerie dans le mélange de conseils procédant manifestement de conceptions antérieures au christianisme et l'invitation à réciter le *Pater* en passant devant les églises, qui a dû être rajoutée par un pieux copiste, probablement un moine. En tout cas, Peredur ne devait pas oublier les préceptes maternels.

Après avoir épointé des branches de houx pour s'en faire une poignée de javelots, il monta à cheval et se mit en route pour la cour d'Arthur. Au bout de deux jours de chevauchée, il arriva dans une clairière où était dressée une grande tente. Comme il ignorait ce qu'était une église, il récita à tout hasard son *Pater*. Puis il s'approcha de l'entrée et vit, assise sur un siège doré, une jeune fille brune d'une beauté parfaite. Il descendit de cheval et elle lui fit un accueil amical. Il aperçut alors près d'elle une table chargée de mets et de flacons. Il lui dit que sa mère lui avait recommandé, où qu'il visse nourriture et boisson, d'en prendre... Elle le pria de se servir. Quand ils eurent mangé, il plia le genou devant elle et, montrant une bague qu'elle portait au doigt, lui dit que sa mère lui avait dit, là où il verrait un beau joyau, de le prendre... Elle lui donna la bague.

A peine était-il reparti, que le chevalier dont la demoiselle était la petite amie arriva et remarqua les traces des pieds du cheval. Il interrogea sa belle pour savoir qui était venu là. Elle lui raconta tout, mais son

5. *Les Mabinogion,* traduction Joseph Loth, éd. Fontemoing, Paris, 1913, t. II, p. 51.

récit lui parut suspect. Il était persuadé qu'elle avait accordé à son visiteur autre chose qu'une bague. Il jura de venger son honneur.

Avant que Peredur n'arrivât à la cour d'Arthur, un autre chevalier s'y présenta, s'empara de la coupe qu'un page servait à Gwenhwyvar et en jeta le contenu au visage de la reine. Puis il lui donna un soufflet et demanda s'il se trouvait parmi les chevaliers présents quelqu'un d'assez intrépide pour lui disputer la coupe et venger l'outrage fait à sa reine. Il partit attendre dans un pré. Mais personne n'était très chaud pour se mesurer avec un homme qui, pensait-on, n'aurait pas eu tant d'audace s'il n'avait possédé des pouvoirs magiques.

Peredur arriva à ce moment, sur son cheval de bât. Sans même en descendre, il demanda à Kei où se trouvait Arthur.

– Que veux-tu d'Arthur?

– Ma mère m'a dit d'aller le trouver pour me faire sacrer chevalier.

Kei éclata de rire et toute la cour fit des gorges chaudes de ce garçon qui prétendait à la chevalerie, monté et équipé comme il l'était. Tous étaient bien aises d'avoir ce prétexte pour oublier le défi du chevalier qui avait outragé Gwenhwyfar. Sur ces entrefaites, entra un nain qui n'avait pas prononcé un mot depuis qu'il vivait à la cour. Dès qu'il aperçut Peredur, il s'écria :

– Ha! Dieu te bénisse, Peredur, beau fils d'Evrawc, chef des guerriers, fleur des chevaliers!

Kei en fut si indigné qu'il donna au nain un soufflet qui l'envoya rouler évanoui. Alors entra une naine qui, depuis leur arrivée à la cour, était restée aussi muette que son compagnon.

– Ha! s'écria-t-elle, dieu te bénisse, Peredur, beau fils d'Evrawc, fleur des guerriers et lumière des chevaliers!

Kei s'emporta et lui donna un coup de pied qui la fit tomber à terre évanouie.

– L'homme long, insista Peredur, dis-moi où est Arthur.

– Toi, gronda Kei, flanque-moi la paix! Tiens! va donc rejoindre le chevalier qui est dans le pré, enlève-lui la coupe, renverse-le, prends son cheval et ses armes, et après tu seras sacré chevalier.

Peredur n'hésita pas. Il se rendit dans le pré et interpella le chevalier qui attendait, très fier, sur son cheval. Il lui réclama la coupe. L'autre ne le prit pas au sérieux, mais il répéta sa demande et le chevalier se fâcha, le chargea et lui assena un coup douloureux du pied de sa lance.

– Hé, là! protesta l'ingénu, les gens de ma mère ne jouaient pas ainsi avec moi; je m'en vais jouer à mon tour avec toi.

Il prend un de ses javelots de bois et le lui lance avec tant de force que l'arme l'atteint à l'œil, lui sort par la nuque et le renverse mort sur le coup.

Owein avait reproché à Kei d'avoir envoyé le jeune fou à une mort certaine. Il vint voir comment l'aventure tournait et eut la suprise de trouver le garçon s'évertuant à retirer son armure au mort. Il l'y aida et l'invita à venir se faire sacrer chevalier, car il en était digne. Mais Peredur refusa et dit :

– Emporte la coupe de ma part pour Gwenhwyvar et dis à Arthur que je suis son homme et combattrai pour lui, mais que je n'irai pas à la cour avant de m'être rencontré avec l'homme long qui est là-bas, pour venger l'outrage fait au nain et à la naine.

Il partit, montant le cheval du mort et portant ses armes. Il ne tarda pas à rencontrer un chevalier qui lui demanda s'il était un homme d'Arthur. Sur sa réponse affirmative, le chevalier lui fit savoir qu'il n'avait que haine pour Arthur et le chargea. En un rien de temps, Peredur le désarçonna. Il lui fit grâce, à la condition qu'il se rendrait auprès d'Arthur et lui annoncerait : « C'est

Peredur qui m'a renversé pour ton honneur et ton service, mais il ne retournera pas à la cour avant d'avoir vengé l'outrage fait au nain et à la naine. » Il rencontra ensuite, tour à tour, seize autres chevaliers qu'il culbuta de la même façon et chargea du même message pour le roi. Cela valut à Kei d'être sévèrement blâmé par Arthur.

Marchant toujours devant lui, Peredur parvint à un beau château précédé d'un étang. Sur le bord de l'étang, un homme à cheveux blancs et ses valets étaient occupés à pêcher. A sa vue, l'homme à cheveux blancs se leva et se dirigea vers le château pour le recevoir. Il devait être infirme, car il boitait. Peredur poursuivit jusqu'au château, entra et trouva dans la salle le vieillard qui l'attendait, assis sur un coussin devant le feu. Ils bavardèrent, dînèrent et après Peredur fut invité à disputer une petite joute au bâton contre les deux fils de son hôte. Il l'emporta et le vieillard lui prédit un bel avenir. Puis il lui révéla qu'il était son oncle, le frère de sa mère, et l'invita à séjourner quelque temps au château, de manière qu'il pût l'initier aux usages et aux belles manières. Et il lui imposa un *geis* : lorsqu'il verrait quelque chose d'extraordinaire, il ne devrait pas demander d'explications jusqu'à ce qu'on soit assez bien appris pour l'en instruire.

Le lendemain, avec la permission de son oncle, Peredur sortit faire un petit tour à cheval dans les environs. Ayant aperçu un grand château, il se dirigea de ce côté, trouva la porte ouverte et entra dans la salle. Un homme aux cheveux blancs, majestueux, y était assis, entouré de nombreux pages. Peredur reçut un excellent accueil et, après un bon repas, le gentilhomme lui demanda s'il savait jouer de l'épée. Il répondit que si on le lui enseignait, il le saurait.

Il y avait, fixé au sol de la salle, un grand crampon de fer pour attacher les chevaux. La main d'un homme de guerre aurait à peine pu l'étreindre. Le vieillard remit une épée à Peredur et lui dit de frapper l'anneau de fer. Il le fit et l'anneau se brisa en deux morceaux, ainsi que l'épée. « Place les deux morceaux ensemble et réunisles. » Peredur les joignit et ils se ressoudèrent. Une seconde fois, il frappa l'anneau qui se brisa en deux, ainsi que l'épée. Les morceaux se rajustèrent comme la première fois. La troisième fois, il frappa un tel coup que les morceaux de l'anneau ne purent être raboutés, non plus que ceux de l'épée. « Bien, jeune homme, en voilà assez, dit le vieillard. Viens t'asseoir et recevoir ma bénédiction. Tu es le premier joueur d'épée de tout le royaume. Tu n'as que les deux tiers de ta force; quand tu auras acquis la troisième partie, nul ne sera capable de lutter avec toi. « Et alors il lui révèle que, lui aussi, il est son oncle, le frère de sa mère et du roi pêcheur chez qui il a logé la veille.

Peredur commence à bavarder avec son oncle, lorsqu'il voit venir dans la salle et entrer dans la chambre un jeune homme portant une énorme lance rouge au bout de laquelle perle une goutte de sang. La goutte se change en un torrent de sang coulant jusqu'à terre et toute la compagnie se met à se lamenter et à gémir. Malgré cela, le vieillard n'interrompt pas leur entretien et, à cause de son geis, Peredur ne demande pas d'explications. Mais il se fait un silence et l'on voit entrer deux jeunes filles portant entre elles un grand plat sur lequel une tête d'homme baigne dans son sang. La compagnie jette alors des cris déchirants, mais Peredur ne demande pas d'explications.

Après cette scène étrange, Peredur passa la nuit au château et, le lendemain matin, prit congé de son oncle. En traversant un bois, il entendit des cris et vit une femme brune près d'un cadavre qu'elle essayait de hisser sur un cheval. Mais chaque fois il retombait à terre et elle poussait un cri à fendre l'âme. Peredur lui offrit son aide, mais elle le repoussa en le traitant d'« excommunié ».

– Pourquoi « excommunié »? s'étonna-t-il.

– Parce que tu es cause de la mort de ta mère. Ton départ l'a fait mourir de chagrin. Le nain et la naine que tu as vus à la cour d'Arthur étaient ceux de tes parents; moi, je suis ta sœur de lait et l'homme mort que tu vois était mon mari. C'est le chevalier de la clairière qui l'a tué. N'approche pas de lui, car il te tuerait aussi.

– Ma sœur, protesta Peredur, je ne mérite pas tes reproches. Pour être resté si longtemps avec ma mère, je ne le vaincrai pas sans peine, mais si je ne l'avais pas quittée, jamais je ne le vaincrais. Tes larmes ne changeront rien à la situation. Je vais enterrer ton mari et j'essaierai ensuite de le venger.

Quand le mort fut enterré, ils se rendirent à la clairière où le chevalier chevauchait fièrement. Peredur le défia, le chargea et le renversa sur-le-champ. Il lui fit grâce, mais lui imposa de prendre pour épouse la veuve de celui qu'il avait tué sans motif et de se rendre à la cour d'Arthur témoigner qu'il avait été vaincu par Perdur, lequel ne reviendrait que lorsqu'il se serait rencontré avec l'homme long pour venger le nain et la naine. Quand Arthur reçut ce message, il se dit que la rencontre n'aurait jamais lieu si Kei persistait à ne pas quitter la cour. Il décida de se mettre en quête de Peredur.

Celui-ci continuait à marcher droit devant lui. Il arriva, bien entendu, une fois de plus devant un grand château. Il y fut courtoisement reçu et servi par les valets. Puis la maîtresse de maison fit son entrée dans la salle. C'était une jeune fille merveilleusement belle mais aux vêtements élimés. Elle lui souhaita la bienvenue, lui jeta les bras autour du cou et s'assit à son côté. Mais lorsqu'on servit le repas, ce ne fut qu'une bien maigre chère.

Après que Peredur fut parti se coucher, les valets dirent à la jeune fille que si elle voulait être défendue contre ses ennemis, elle n'avait qu'une chose à faire, c'était d'aller retrouver le chevalier dans sa chambre et de se proposer à lui, soit comme épouse, soit comme maîtresse, à son choix. Elle protesta que cela ne lui convenait pas, qu'elle n'avait appartenu à aucun homme et qu'elle n'allait pas s'offrir à quelqu'un qui ne lui avait pas fait la cour. Mais ils la menacèrent de l'abandonner à ses ennemis et elle se rendit en pleurant dans la chambre de Peredur. Il lui demanda la cause de ses larmes. Elle expliqua qu'elle était orpheline et que, depuis la mort de son père, un comte qui avait demandé sa main, mais qu'elle avait refusé, s'était emparé de tous ses domaines, à l'exception du château lui-même. Il était inexpugnable tant qu'il renfermait assez de vivres, mais les provisions étaient épuisées et le comte allait venir attaquer la place dès le lendemain. Plutôt que d'être livrée aux soudards, elle préférait se proposer d'elle-même à lui, Peredur, afin qu'il les défendît. Peredur la rassura : il les défendrait, mais il ne lui demandait rien en échange.

Le lendemain, l'armée du comte assiégeait le château. Peredur sortit à cheval et rencontra un chevalier qu'il renversa. C'était le *penteulu* (majordome) du comte. Il lui laissa la vie sauve, moyennant la restitution des biens de la châtelaine qu'il détenait, et la fourniture de vivres pour cent hommes. Le lendemain, il sortit de nouveau, tua un bon nombre de guerriers et combattit un chevalier de haut rang qu'il renversa. C'était le *distein* (intendant) du comte. Il lui laissa la vie sauve, à condition qu'il rendît à la châtelaine ceux de ses biens qu'il détenait et qu'il procurât des vivres pour deux cents hommes, ce qui fut fait aussitôt. Le troisième jour, il renversa encore plus de guerriers, et le comte en personne vint se battre avec lui. Il fut jeté bas de sa monture et demanda grâce. Peredur exigea qu'il restituât à la jeune fille la totalité de ses biens et lui remît en outre les siens propres. Après cela, il resta encore trois semaines au château pour remettre de l'ordre dans les États de son hôtesse, puis il repartit.

Il rencontra une femme montée sur un cheval très maigre et couvert de sueur. C'était la compagne du maître de la clairière, celle qui lui avait donné sa bague. Elle était maltraitée par son ami à cause de lui. Il promit de la venger et, lorsque le chevalier de la clairière arriva, il lui dit : « Je suis celui que tu recherches; tu as tort de t'en prendre à la jeune femme car elle est bien innocente en ce qui me concerne », et il le chargea. Il ne fut pas long à le culbuter et il lui fit grâce pourvu qu'il proclamât partout que son amie était innocente et qu'il avait été renversé par lui en réparation de l'outrage infligé à la jeune femme.

Dans le château suivant où il demanda l'hospitalité, il fut reçu par une grande femme majestueuse entourée d'un grand nombre de suivantes. La dame lui offrit à souper, mais lui déconseilla de rester coucher car le château était hanté par neuf des sorcières de Gloucester. Il resta cependant et lorsque, au milieu de la nuit, les sorcières commencèrent leur vacarme et attaquèrent le portier, il se rua sur elles l'épée haute et en mit une à mal. Elle demanda grâce, promettant qu'il ne serait plus fait de mal à la dame, et lui offrit de venir chez elle apprendre la chevalerie et le maniement des armes. Peredur accepta et alla passer trois semaines à la cour des sorcières. Elles l'initièrent à la magie et à toutes les finesses de l'équitation, du combat à la lance et de l'escrime à l'épée. Elles lui donnèrent un cheval et une armure et il repartit.

Il passa la nuit dans la cellule d'un ermite et en repartit au matin. *Il était tombé de la neige pendant la nuit, et un faucon avait tué un canard devant la cellule. Le bruit du cheval fit fuir le faucon et un corbeau s'abattit sur la chair de l'oiseau. Peredur s'arrêta et, en voyant la noirceur du corbeau, la blancheur de la neige, la rougeur du sang, il songea à la chevelure de la femme qu'il aimait le plus, aussi noire que le corbeau, à sa peau aussi blanche que la neige, aux pommettes de ses joues aussi rouges que le sang sur la neige.* Le texte n'oublie qu'une chose, c'est de nous dire laquelle de toutes les femmes qu'il avait secourues était « celle qu'il aimait le plus ». Elles étaient toutes brunes, mais d'une seule il était dit qu'elle avait les cheveux très noirs, la peau très blanche et les pommettes très rouges, c'était la jeune fille qui était assiégée par l'armée et qu'il avait vue pleurer.

Juste à ce moment arrivaient Arthur et ses chevaliers, qui étaient à sa recherche. Arthur envoya un de ses pages en avant, voir quel était ce chevalier immobile comme une statue. Furieux d'être dérangé alors qu'il était absorbé dans la pensée de la femme qu'il aimait le plus, Peredur jeta le page à bas de son cheval d'un coup de lance. Arthur lui dépêcha successivement vingt-quatre autres pages qui subirent le même sort. Alors Kei vint en personne et lui adressa des paroles acerbes et désagréables. Il le culbuta lui aussi et l'envoya rouler à une portée de trait, si bien qu'il se brisa le bras et l'omoplate.

Quand les gens d'Arthur eurent secouru le blessé, Gwalchmei fit remarquer qu'il était inconvenant de troubler un chevalier ordonné dans ses méditations, soit qu'il eût fait quelque perte, soit qu'il songeât à la femme qu'il aimait le plus, et il se proposa pour aller attendre que le solitaire sortît de son extase et pour l'inviter alors amicalement à venir voir le roi. De fait, il sut amadouer le jeune homme qui lui confia comment la neige, le corbeau et les taches de sang lui avaient fait penser à la femme qu'il aimait le plus, et combien il avait été contrarié de se voir distrait de sa méditation. Gwalchmei l'approuva et le pria de venir trouver Arthur.

– Kei est-il avec lui? s'enquit Peredur.

– Il y est : c'est le dernier chevalier qui s'est battu avec toi. Il n'a pas lieu de s'en féliciter, vu l'état de son bras et de son omoplate.

– Mais alors j'ai vengé l'injure du nain et de la naine!

– Comment? Serais-tu donc Peredur?

– Je le suis. Et toi, qui es-tu?

Gwalchmei se présenta. Peredur avait entendu parler de sa bravoure et de sa loyauté. Ils tombèrent dans les bras l'un de l'autre et s'en furent ensemble vers Arthur qui fit remarquer que Gwalchmei faisait plus par ses belles paroles que tous les autres par la force de leurs armes. Cette réflexion vise sans doute à souligner pour les initiés que Gwalchmei est une figure d'Ogmios.

Peredur suivit donc Arthur à sa cour. Il y rencontra la belle Angharat à la Main d'Or et en devint follement amoureux. Il lui déclara sa flamme, mais elle lui répondit qu'elle ne l'aimait pas et ne voudrait jamais de lui. Alors il jura devant elle de ne plus dire un mot à un chrétien avant qu'elle ne reconnaisse l'aimer plus que tout autre homme. Et, sur ce, il repartit à l'aventure.

Il s'enfonça dans la montagne mais trouva soudain le chemin barré, au bord d'un gouffre empli d'ossements, par un lion enchaîné. Il dégaina et, d'un premier coup d'épée, jeta le lion, suspendu à sa chaîne, au-dessus du gouffre. D'un second coup, il brisa la chaîne et le lion tomba dans le gouffre. Il put ainsi poursuivre son chemin jusqu'à un château où il fut reçu par un géant aux cheveux gris entouré de ses deux fils, l'un blond et l'autre brun. Il fut placé à table à côté de la fille du géant qui pendant tout le repas le regarda tristement. Il lui demanda la cause de sa tristesse. Elle lui avoua qu'elle l'aimait et qu'elle se désolait parce que le lendemain son père allait réunir tous ses hommes, géants comme lui, pour le tuer. Il lui demanda alors de faire en sorte que son cheval et ses armes fussent, cette nuit-là, dans le même logis que lui.

On s'étonnera peut-être de cette conversation avec la jeune géante, alors qu'il avait fait serment de ne plus adresser la parole à un chrétien. C'est que les géants n'étaient pas chrétiens, c'était des esprits des ténèbres. Dès son réveil, il prit ses armes, monta à cheval et se rendit dans le pré où il entendait un grand tumulte. Il y trouva la troupe des géants, engagea le combat et le soir il en avait tué le tiers. La femme de l'homme à cheveux gris alla alors trouver son mari pour implorer sa grâce, mais il refusa. A ce moment, Peredur tua le fils à cheveux blonds. La fille du géant s'écria qu'il était temps de lui faire grâce, mais son père refusa de nouveau. Soudain, voilà que Peredur tue le fils à cheveux bruns. Cette fois, le géant gris se met à craindre pour sa propre vie et demande la paix. Peredur la lui accorde, à condition qu'il aille faire hommage à Arthur et qu'il se fasse baptiser avec tous les siens.

Le jeune chevalier reprit son errance, sans plus adresser la parole à personne et sa chevauchée fut si longue et si triste qu'il perdit ses couleurs, maigrit et devint méconnaissable. Il finit par retourner vers la cour d'Arthur et rencontra en chemin un petit groupe conduit par Kei. Personne ne le reconnut. Comme il ne répondait pas aux questions que lui posait Kei, celui-ci se fâcha et lui porta un coup de lance qui lui traversa la cuisse. Pour n'être pas forcé de parler, il passa outre sans se venger. Gwalchmei eut pitié de lui et l'accompagna à la cour pour le faire soigner. Il venait alors tous les jours sur le pré un chevalier inconnu qui demandait un homme d'Arthur pour se battre avec lui et avait toujours le dessus. Dès que l'état de sa cuisse le lui permit, Peredur se présenta contre lui et le renversa. Il fut dès lors loué et honoré à la cour, où on l'appelait le Valet Muet. Il rencontra Angharat à la Main d'Or qui lui dit : « Par moi et Dieu, seigneur, c'est grande pitié que tu ne puisses parler, car si tu le pouvais je t'aimerais plus que tout homme; et puis, d'ailleurs, quoi que tu ne le puisses pas, je t'aime quand même le plus au monde. » Du coup, il pouvait recommencer à parler. Il lui déclara qu'il l'aimait aussi et révéla qu'il n'était autre que Peredur.

Il reprit donc une vie normale. Mais, un jour qu'il chassait avec Arthur, il se trouva entrer dans une habitation isolée. Il y vit trois valets chauves jouant aux échecs et trois jeunes filles assises sur un lit. Il s'assit à côté d'elles, mais l'une d'elles se mit à pleurer et l'avertit que son père tuait tous ceux qui entraient dans la maison sans sa permission. Juste à ce moment, le père entra. C'était un géant noir à un seul œil. La jeune fille obtint qu'il remît au lendemain matin le meurtre de Peredur. Le lendemain, l'homme noir et le chevalier se battirent et, comme bien on pense, ce dernier fut vainqueur. Il exigea du vaincu qu'il lui expliquât comment il était devenu borgne. L'autre lui répondit que c'était en se battant avec le serpent noir caché sous un monticule appelé *Cruc Galarus*, le Tertre Douloureux. Ce serpent avait dans la queue une pierre magique : quiconque la tenait dans une main recevait dans l'autre toutes les richesses qu'il désirait. Peredur demanda à l'homme noir le chemin du Tertre Douloureux puis, comme c'était un être malfaisant qui n'avait jamais laissé personne autour de lui sans l'opprimer ni jamais fait droit à personne, il le tua afin qu'il ne pût plus nuire (l'initié doit vaincre les puissances des ténèbres). Les jeunes filles le proclamèrent maître des richesses du mort et lui offrirent de prendre l'une d'elles pour épouse, mais il leur dit qu'il n'était pas venu pour prendre femme et qu'il ne voulait rien de leur bien. Il se mit en route pour le Tertre Douloureux. Il lui fallait passer d'abord par la cour des fils du Roi des Souffrances, qu'on appelait ainsi parce que le dragon du lac les tuait une fois par jour. Il n'y trouva que des femmes et assista au retour des cadavres des fils du roi, à leur immersion dans le chaudron magique et à leur résurrection.

Le lendemain, il voulut accompagner les fils du roi qui se rendaient au lac, mais ils ne le lui permirent pas, disant que s'il était tué, personne ne pourrait le rappeler à la vie. Il les suivit de loin, mais il les avait perdus de vue lorsqu'il rencontra en haut d'un mont la femme la plus belle qu'il eût jamais vue (et Dieu sait pourtant s'il en avait vu de bien belles!). Elle lui dit qu'elle connaissait le but de son voyage, que le dragon le tuerait parce qu'il s'abritait derrière un pilier, sur le seuil de sa grotte, et voyait tous ceux qui venaient sans être vu d'eux, mais que, s'il lui promettait de l'aimer plus qu'aucune autre femme au monde, elle lui ferait don d'une pierre qui le rendrait invisible. Il promet car il a aimé la jeune femme dès qu'il l'a vue. Elle lui remet la pierre, lui dit qu'il la retrouvera du côté de l'Inde, et disparaît.

Il suit une vallée où coule une rivière dont nous avons déjà parlé. C'est la rivière qui forme la frontière entre notre monde et l'Autre Monde. Sur une rive, il y a un troupeau de moutons blancs, sur l'autre, un troupeau de moutons noirs. Chaque fois que bêle un mouton noir, un mouton blanc traverse l'eau et devient noir, et inversement. Il demande son chemin à un jeune chasseur de cerfs et parvient finalement à la grotte du dragon. Il a sa lance dans la main droite et sa pierre d'invisibilité dans la gauche. Le monstre ne le voit pas arriver; aussi peut-il le traverser de sa lance et lui couper la tête. Il est alors rejoint par un homme vêtu de rouge et monté sur un cheval rouge qui le salue respectueusement et lui demande de le prendre pour vassal. Cet homme n'est autre que le puissant seigneur Etlym Épée-Rouge, comte des marches de l'Est. Ils se rendent ensemble à la cour de la Comtesse des Prouesses où la coutume veut que quiconque terrasse les trois cents hommes de la comtesse ait droit à son amour. Peredur terrasse les trois cents homme, mais apprend que la comtesse est amoureuse d'Etlym Épée-Rouge sans l'avoir jamais vu. Il lui révèle qu'Etlym est précisément son compagnon et qu'il serait heureux de la donner à lui. Dès cette nuit-là, Etlym et la comtesse couchent ensemble.

Le lendemain, Peredur et Etlym partirent pour le Tertre Douloureux. Trois cents hommes y montaient la garde autour du serpent, attendant sa mort pour se battre entre eux et se disputer la pierre. Peredur les défia. Comme ils refusaient de lui rendre hommage, il en renversa cent le premier jour et cent le second jour. Les cent qui restaient lui firent hommage. Il s'approcha alors du serpent, le tua et prit la pierre magique. Cela lui permit de rembourser aux hommes les frais qu'ils avaient eus depuis qu'ils étaient là à monter la garde; après quoi il fit cadeau de la pierre à Etlym et lui dit de retourner auprès de la Comtesse des Prouesses.

Bien qu'il eût atteint le but de sa quête, Peredur reprit la route. Il arriva dans une vallée où étaient rassemblées des quantités considérables de tentes et où il y avait aussi un nombre étonnant de moulins à eau et à vent. Il apprit du chef meunier que l'Impératrice de Cristinobyl avait organisé un grand tournoi car elle ne voulait pour époux que l'homme le plus vaillant. Comme il était impossible d'apporter en ce lieu des vivres pour tant de milliers d'hommes, on y avait construit des moulins. Peredur s'arma et se rendit au tournoi. Mais il aperçut sous une tente la plus belle jeune fille qu'il eût jamais vue (il est vrai que toutes celles qu'il avait vues étaient plus belles les unes que les autres) et il en tomba éperdument amoureux. Il resta à la contempler, en oubliant totalement de se rendre au tournoi. Le lendemain, il emprunta de l'argent au meunier pour aller au tournoi, mais il aperçut de nouveau la jeune fille sous sa tente et recommença à la contempler sans plus penser au tournoi. Le jour suivant, il emprunta encore de l'argent au meunier, mais pendant qu'il restait à considérer la demoiselle, le meunier vint le secouer et l'inviter fermement à se rendre au tournoi ou à déguerpir. Il entra donc dans la lice et renversa tous ceux qui se présentèrent. Il envoyait les hommes en présent à l'Impératrice et remettait les chevaux et les armes au meunier, en remboursement de ses prêts. L'Impératrice l'invita dans sa tente et, après qu'il eut occis quelques trouble-fête qui le défiaient, elle lui dit tout à trac : « Beau Peredur, rappelle-toi la foi que tu m'as donnée lorsque je te fis présent de la pierre qui t'a permis de vaincre le dragon du lac. » Il ne l'avait pas oubliée et ils gouvernèrent ensemble pendant quatorze ans.

L'histoire ne dit pas ce qui se passa au bout de ces quatorze ans, mais on retrouve Peredur à la cour d'Arthur en compagnie d'Owein, de Gwalchmei et d'Hoël, fils du duc de Bretagne.

Entre tout à coup une jeune fille très laide, aux cheveux noirs, montée sur un mulet jaune. Elle salue Arthur et tous ses gens, à l'exception de Peredur.

— Toi, Peredur, dit-elle, je ne te salue pas. Tu es allé à la cour du roi boiteux, tu as vu le jeune homme avec la lance rouge d'où perlait une goutte de sang qui s'est changée en un torrent, tu as vu la tête sur un plat et tu n'en as demandé ni le sens ni la cause. Si tu l'avais fait, le roi aurait obtenu la santé pour lui et la paix pour ses États.

Peredur en est si bouleversé qu'il ne songe même pas à protester que s'il avait posé des questions, il aurait violé son geis. Il n'est pas permis à un simple mortel admis, du fait de son initiation mystique, à pénétrer dans le monde du surnaturel que symbolise l'étrange château du roi pêcheur boiteux, de chercher à pénétrer tous les mystères dont la solution apporterait pourtant le salut à ce monde-ci. Ce n'est pas ici-bas que peut être obtenu le bonheur universel. Mais Peredur est effondré, parce qu'il a le sentiment d'avoir, malgré lui, échoué dans sa mission.

La mercuriale de la jeune fille laide nous apprend une chose, dont nous nous doutions déjà un peu : c'est que la scène insolite qui s'est déroulée chez le second oncle de Peredur s'est passée à la cour du roi boiteux, qui était le premier oncle qu'il avait rencontré, et que, par conséquent, les deux oncles ne sont qu'un seul et même personnage et les deux châteaux enchantés un seul lieu de l'Autre Monde.

La jeune fille laide signala avant de se retirer l'existence d'une princesse prisonnière qu'il serait glorieux de délivrer, et beaucoup de chevaliers déclarèrent qu'ils ne dormiraient pas tranquilles tant qu'ils ne l'auraient pas tenté, mais Peredur, lui, leur répondit qu'il ne dormirait pas tranquille tant qu'il n'aurait pas su l'histoire et le sens de la lance sanglante. Aussi ne tarda-t-il pas à se remettre en route pour entreprendre cette nouvelle quête.

Il errait depuis plus d'un an à la recherche de la jeune fille noire, quand il rencontra un prêtre qui lui fit des remontrances parce qu'il portait les armes un vendredi saint. Il s'excusa en expliquant qu'il avait perdu la notion du temps et le prêtre l'hébergea dans son manoir jusqu'après Pâques, puis lui indiqua qu'il y avait de l'autre côté de la montagne une cour royale où il pourrait certainement apprendre quelque chose au sujet du Château des Merveilles.

En se rendant de l'autre côté de la montagne, Peredur rencontra le roi et sa suite qui partaient à la chasse. Il le salua et le roi chargea un petit valet blond de le conduire au château et de le recommander à sa fille. La princesse le reçut effectivement très bien. Un peu trop bien même. Elle le fit asseoir tout près d'elle, ne détacha pas ses regards de lui, rit à tout ce qu'il disait, tant et si bien que le petit blond retourna en hâte auprès du roi l'avertir que la virginité de sa fille était en grand péril. Le roi dépêcha ses gens d'armes se saisir de Peredur et le jeter en prison. Quand sa fille vint au-devant de lui pour lui demander la raison de cet emprisonnement d'un chevalier d'Arthur, il se contenta de répondre que jamais le prisonnier ne serait relâché. Alors elle alla trouver le jeune homme dans sa prison, lui servit un excellent repas, lui installa un lit confortable... et proposa d'y passer la nuit avec lui « s'il trouvait cela plus amusant ». Il se garda bien de refuser. Le lendemain matin, il se fit un grand bruit dans la ville et Peredur demanda à la princesse ce qui se passait. Elle expliqua qu'on rassemblait les troupes parce qu'un comte voisin avait déclaré la guerre au roi. Peredur la supplia de lui procurer un cheval et des armes pour assister au combat, promettant de réintégrer sa prison aussitôt après. Elle lui procura cheval et armes, avec une cotte rouge et un écu jaune. Le soir, il revint dans sa cellule. La princesse ne put obtenir de lui le récit de la bataille; aussi interrogea-t-elle son père, lui demandant qui avait été le plus vaillant de sa maison. Le roi répondit que c'était un chevalier inconnu portant une cotte rouge et un écu jaune. Elle sourit et retourna auprès de Peredur « qui fut cette nuit-là l'objet d'égards particuliers ».

Trois jours de suite, le chevalier à la cotte rouge et à l'écu jaune fit merveille, massacrant les gens du comte. Mais la nuit, il n'y avait plus qu'un prisonnier dans sa prison. Le quatrième jour, il tua le comte lui-même et la guerre se trouva terminée, à l'avantage du roi. Le roi revint, triomphant, ne tarissant pas d'éloges au sujet du chevalier à la cotte rouge et à l'écu jaune. La princesse sa fille révéla alors qu'elle le connaissait. Le roi la pressa de lui dire son nom. Quand elle lui fit savoir que c'était le chevalier qu'il tenait en prison, il s'empressa de le libérer et de lui offrir de devenir son gendre. Peredur répondit qu'il n'était pas venu pour prendre femme mais pour obtenir des nouvelles du Château des Merveilles.

– La pensée de ce seigneur, dit la princesse, est bien plus haut que là où nous la cherchions. Sache, seigneur, que tu es l'homme que j'aime le plus; mais je t'indiquerai le Château des Merveilles. Franchis cette montagne là-bas. Tu verras un étang et, au milieu, un château. C'est lui qu'on appelle le Château des Merveilles. Nous connaissons le nom mais ne savons rien des merveilles elles-mêmes.

Peredur trouva le portail du château ouvert et entra. Dans la salle, il vit un jeu d'échecs où les pièces jouaient toutes seules. Il prit parti pour un des camps et commença à jouer contre un adversaire invisible. Mais il perdit et les cavaliers adverses poussèrent un cri de triomphe, comme l'eussent fait des hommes. Il se fâcha, prit les cavaliers dans son giron et jeta l'échiquier dans le lac. Aussitôt, arriva une jeune fille noire qui lui fit d'amers reproches, disant qu'il avait fait perdre à l'Impératrice son échiquier auquel elle tenait plus qu'à son empire. Pour le retrouver, il faudrait qu'il se rendît à Kaer Ysbidinongyl et tuât l'homme noir qui dévastait les domaines de l'Impératrice. En le tuant, il aurait l'échiquier. Mais s'il allait à Ysbidinongyl, il n'en reviendrait pas vivant. Naturellement, Peredur demanda tout de suite le chemin d'Ysbidinongyl.

Il s'y rendit, se battit avec l'homme noir et le vainquit. Il lui fit grâce, à condition que l'échiquier se retrouvât à sa place dans la salle du château. Mais l'homme noir ne tint pas sa parole. L'échiquier manquait toujours dans le château et la jeune fille noire reprocha vivement à Peredur d'avoir laissé la vie à une incarnation du mal. Peredur retourna donc trouver l'homme noir et le tua.

Il revint au château et demanda à la jeune fille noire

où était l'Impératrice. Elle lui répondit qu'il ne la verrait pas s'il ne tuait un cerf magique qui détruisait toute vie dans la forêt. Elle lui confia, pour chasser l'animal de Cernunnos, le propre épagneul de l'Impératrice. Guidé par l'épagneul, Peredur s'enfonça dans la forêt. Le chien leva le cerf et le rabattit vers lui. Le cerf chargea Peredur qui fit un bond de côté et abattit son épée. Il trancha la tête de la bête. Aussitôt apparut une cavalière qui mit l'épagneul dans sa cape et prit la tête du cerf devant elle sur sa selle.

— Ah! Seigneur, dit-elle, tu as agi de façon discourtoise en détruisant le plus précieux joyau de mes domaines.

— On me l'a demandé. Mais y a-t-il un moyen de gagner ton amitié?

— Oui, va sur la montagne, là-bas. Tu y verras un dolmen. Une fois là, demande par trois fois quelqu'un pour se battre avec toi. Alors tu pourras avoir mon amitié.

Peredur le fit. De dessous le dolmen sortit un homme noir à l'armure rouillée, monté sur un cheval osseux. Ils se battirent. Chaque fois que Peredur le renversait, l'homme noir se remettait en selle. Peredur descendit et tira son épée, mais, brusquement, son adversaire disparut. Avec lui étaient disparus son cheval et celui de Peredur. Peredur descendit la montagne à pied et aperçut dans la vallée, au bord d'une rivière, un château dont la porte était ouverte. Il y entra et eut la surprise de trouver dans la salle son oncle, l'homme boiteux aux cheveux gris, et son ami Gwalchmei. Son propre cheval était dans l'écurie, à côté de celui de Gwalchmei.

Son oncle et Gwalchmei lui firent joyeux accueil. A peine était-il assis près d'eux qu'un jeune homme blond se jeta à genoux devant lui, lui demanda son amitié, et lui tint ce langage :

— Seigneur, c'est moi que tu as vu sous les traits de la

jeune fille noire, à la cour d'Arthur d'abord, puis quand tu jetas l'échiquier et quand tu tuas l'homme noir d'Ysbidinongyl. J'étais la cavalière qui t'a dérobé la tête du cerf. L'homme noir du dolmen, c'était moi. C'est encore moi qui me suis présenté avec la lance de laquelle coulait un torrent de sang. La tête portée sur un plat était celle de ton cousin germain. Ce sont les sorcières de Gloucester qui l'ont tué. Ce sont elles aussi qui ont estropié ton oncle. Il est prédit que tu les vengeras.

Peredur comprend très bien que seule la vengeance permettra la guérison du Roi Pêcheur infirme. Il n'y a pas de salut possible sans un rachat. L'ordre cosmique ne peut être rétabli que si les puissances maléfiques qui l'ont troublé expient leur forfait. La vengeance est donc pour lui un devoir sacré. Il fait demander à Arthur de rassembler ses gens pour marcher contre les sorcières.

La bataille a lieu. Une des sorcières veut tuer un des hommes d'Arthur devant Peredur. Peredur, par sa magie, l'en empêche. Sa puissance est aussi grande que celle des sorcières puisqu'il a été à leur école. Une deuxième fois, la sorcière veut tuer devant lui un homme d'Arthur. Par sa magie, il l'en empêche. A la troisième fois, la sorcière tue un homme. Peredur tire son épée et en décharge un tel coup sur son casque qu'il fend le casque et la tête en deux. La sorcière pousse un cri et commande à ses compagnes de fuir en leur disant qu'elles ont affaire à Peredur, leur élève, qui, d'après les prédictions, doit les tuer. Mais elles ne peuvent échapper à leur destin et Peredur, avec l'aide des chevaliers d'Arthur, les massacre toutes.

Le mabinogi s'arrête là, nous indiquant seulement : « *Voilà ce qu'on raconte au sujet du Château des Merveilles.* » Nous ne saurons donc rien de plus du mystère de la lance sanglante ni de la tête coupée portée sur un plat. Si le récit n'est pas plus explicite, c'est sans doute parce qu'il est nécessaire que chacun fasse l'effort

285

de méditer ce mystère et d'en tirer les leçons qui lui conviennent selon ses propres lumières.

Les gens du Moyen Age s'y essayèrent en vain et renoncèrent à comprendre. Aussi substituèrent-ils à ce thème mythique étrange un autre thème celtique, celui de la quête du chaudron magique qui, christianisé, devient le Saint Graal. Les Français firent de Peredur *Perceval* et les Allemands en firent *Parzival,* les uns et les autres s'efforçant de rationaliser un peu le mythe, de le rendre moins échevelé et moins abscons. Il y perdait, évidemment, de sa richesse.

Mais l'aventure de Peredur ou la quête du Graal, c'est toujours un itinéraire initiatique et le but (symbolisé dans les dernières versions par la vision du Graal), c'est toujours l'accession à une spiritualité nouvelle, à une pénétration plus intime de la vérité divine que celle que procure à la masse des fidèles la connaissance du catéchisme. Le Graal, c'est la lumière spirituelle, qui n'a que faire des dogmes. Mais on ne peut s'en approcher qu'au prix d'une longue recherche et de douloureux efforts de dépassement de soi-même.

IX

LE MYTHE DU ROI

Ce n'est pas par hasard que le maître du Château des Merveilles est un roi, le Roi Pêcheur, dont la destruction des sorcières maléfiques ou la découverte du Graal guérira les infirmités. Le roi, chez les Celtes, occupait une place tout à fait à part, non seulement dans la société, mais aussi sur le plan de l'initiation mystique, car sa fonction était hybride, à fois sacerdotale et guerrière. Il est resté quelque chose de cette conception de la fonction royale dans la France monarchique, jusqu'à la Révolution. Le roi était un personnage consacré; il avait reçu d'un évêque l'onction sainte qui, sans faire de lui un prêtre, lui conférait une dignité religieuse et le rendait participant de la puissance divine. C'est pourquoi il avait le pouvoir de rendre la justice. Il paraît même qu'il avait celui de guérir les écrouelles (car sans pouvoirs magiques, un roi n'existe pas).

Comme le roi celte recevait une initiation spéciale qui n'était ni celle des druides et bardes, ni celle des ordres de chevalerie, quoiqu'elle comportât des éléments de l'une et de l'autre, il était nécessaire qu'il y eût des mythes appropriés à cette initiation. Il s'était imposé des images de rois mythiques, de nature divine, que le devoir des rois terrestres était d'imiter.

Pour comprendre ces mythes, il est indispensable de

savoir comment était organisée la royauté chez les anciens Celtes. Nous sommes là-dessus très bien renseignés par les textes historiques concernant la Gaule, la Grande-Bretagne et plus encore l'Irlande, où la royauté s'est maintenue inchangée jusqu'au début du Moyen Age, et aussi par les précisions que nous donnent les récits mythologiques eux-mêmes.

La monarchie était élective. Nulle part, dans toute l'aire celtique, ne s'était produite cette décadence qu'avait connue Rome et qu'allait connaître la France capétienne, consistant à substituer au principe normal de l'élection le principe profondément ridicule de l'hérédité, en vertu duquel n'importe quel imbécile peut revêtir la dignité royale du moment qu'il est le fils de son père et qu'il est né avant ses cadets. Le roi celte devait, certes, être choisi dans une famille éminente, mais il était élu par ses pairs, les guerriers, et même dans certains cas par un véritable suffrage universel, comme il est arrivé pour Vercingétorix. Pour faire acte de candidature, il fallait avoir un certain âge, appartenir à la classe guerrière et – c'était essentiel – ne présenter aucune infirmité, aucune malformation physique ni aucune tare psychique. L'élection se déroulait sous le contrôle des druides qui veillaient à sa régularité, sa loyauté, sa conformité aux traditions. Ils s'assuraient aussi qu'elle fût en accord avec la volonté du ciel. C'est dire qu'ils ne manquaient pas de moyens pour l'influencer.

L'élu recevait l'initiation, puis était sacré solennellement, au sommet d'un mont ou d'un tertre, en présence de tout le peuple. La cérémonie était présidée par les druides et, pour les rois les plus élevés dans la hiérarchie, elle comportait la montée sur la « pierre du pouvoir » et le sacrifice d'une jument blanche, symbole de la souveraineté. La chair de l'animal était mise à bouillir et le roi devait se baigner dans le bouillon.

Le roi n'était ni un monarque absolu, ni un souverain constitutionnel, ni une potiche décorative. Il était avant tout le médiateur entre son peuple et le ciel, le mainteneur de l'ordre social et le garant de l'ordre cosmique, de la fertilité de la terre et de la prospérité des habitants. Ses pouvoirs étaient limités. Certes, il détenait le pouvoir judiciaire – juger est la fonction royale par excellence, d'essence à la fois religieuse, sociale et guerrière – et il possédait le droit de vie et de mort. Il avait le pouvoir de prendre les décisions nécessaires à la sauvegarde de l'ordre social et de la prospérité. Mais il était soumis à des interdits rigoureux et à des obligations précises; il était pris dans un réseau très serré de lois et de coutumes et sa marge de manœuvre restait, en définitive, fort étroite. Il devait en outre, avant la moindre décision, prendre l'avis de son druide. Bien souvent, il ne pouvait faire autrement que s'y conformer, car le druide détenait l'autorité spirituelle, tandis qu'il n'avait, lui, que l'autorité temporelle. C'était le roi qui agissait, mais c'était le druide qui pensait. « *C'était,* dit la Tain Bo Cualnge, *un interdit des Ulates que de parler avant leur roi, et c'était un interdit du roi que de parler avant ses druides.* » Par ailleurs, nous l'avons déjà vu, il n'appartenait pas au roi d'exercer un commandement militaire. Il était garant du succès des batailles, mais par sa seule présence : l'armée était commandée par un autre que lui.

Le roi celte n'avait pas un droit acquis à conserver son trône jusqu'à la fin de ses jours. Si l'on n'était pas content de lui, on le destituait et l'on élisait quelqu'un d'autre. C'était de règle s'il devenait infirme, mais cela pouvait arriver aussi s'il ne respectait pas les obligations de sa charge ou si, tout simplement, on connaissait sous son règne une période de sécheresse, d'inondations, de famine ou d'épidémies. Sous un « bon roi », c'étaient des choses qui ne se produisaient pas. En Irlande, le règne de

Cormac mac Airt a assuré une prospérité incomparable :
les noyers portaient neuf rameaux par branche et neuf
noix par rameau; par contre, sous le roi Bres, avare et
mesquin, la terre a cessé d'être fertile. En Armorique,
quand saint Miliau régnait sur la Cornouaille, le sol était
si fécond qu'il donnait trois moissons par an, bien qu'il ne
tombât pas une goutte de pluie et que le temps fût
toujours beau et ensoleillé. Mais lorsque lui succéda son
frère, le cruel usurpateur Rivod, la terre se dessécha et
devint stérile.

Le roi bénéficiait de nombreux privilèges qui formaient la contre-partie de ses nombreuses obligations. Il
percevait diverses redevances, se faisait, quand il voyageait, héberger par ses vassaux, était entouré d'une cour
composée d'officiers aux attributions définies, de serviteurs, de poètes, de musiciens et de gardes du corps. Il
avait le droit de cuissage, corollaire de sa fonction de
garant de la fécondité. Mais son rôle essentiel était de
distribuer des largesses. Ç'aurait été pour lui une honte
de refuser un don qu'on lui réclamait. Aux grandes dates
de l'année celtique, il était tenu d'offrir de grands
festins. Le chaudron, dans son palais, ne devait jamais
être vide et personne ne devait s'en approcher sans
repartir rassasié.

Les pouvoirs du roi étaient encore limités par la
structure pyramidale de la société. L'Europe celtique
n'était pas comme l'Europe d'aujourd'hui un « patch-
work » d'États enfermés dans leurs frontières et attachés
à leur souveraineté, dont on ne voit pas très bien sur quoi
elle se fonde. Les hommes étaient libres et, par conséquent, aucune autorité n'était reconnue souveraine à
l'intérieur d'un cadre territorial donné. Le chef de
famille régnait en maître sur sa famille et sur le domaine
familial, mais il était loin d'être un maître absolu, car il
déléguait obligatoirement une part de son autorité au roi
de la tribu (*ri-tuath* en gaélique) qui régnait sur le

territoire de toutes les familles de la tribu. Mais le roi de la tribu déléguait à son tour une part de son autorité au roi de la peuplade (*ard-ri*, c'est-à-dire « haut roi »), qui avait en charge les intérêts communs de toutes les tribus de ce que les Irlandais appelaient une province et César une « cité ». Généralement, plusieurs de ces royaumes se fédéraient pour défendre certains intérêts communs et élisaient un roi de la fédération, appelé en Irlande *ri-ruirech* (roi des chefs) et sur le continent *biturix* (roi du monde). A chaque niveau, les pouvoirs du roi étaient limités tant par ceux des rois qui lui étaient subordonnés que par ceux du roi qui était son supérieur. Cette hiérarchie de pouvoirs, dont aucun ne l'emportait sur les autres, peut paraître déroutante à des esprits conditionnés par le monolithisme simpliste des Latins, mais elle assurait une vie sociale harmonieuse et libre, ce qu'aucun autre système n'est susceptible de faire. Elle a survécu, en Gaule, lorsque la royauté à vie a été supprimée et remplacée par une simple magistrature annuelle, appelée au niveau de la cité *vergobretus*. L'absence, dans la pyramide, d'un niveau où se serait située la souveraineté unique, étatique, permettait aux Celtes de n'être pas des « sujets », de rester des hommes.

La prééminence du pouvoir spirituel, celui de la classe druidique, sur le pouvoir temporel représenté par le roi est mise en relief par la mythologie. Le dieu suprême, celui qui siège au-dessus de tous les autres dieux, c'est le dieu-druide, le Dagda. Le roi des dieux, Nuada, a une position plus modeste. Il est l'inférieur, non seulement du Dagda, mais également de Lug. Car Lug détient à la fois le pouvoir spirituel et le pouvoir temporel. Bien plus, il représente la réunion de la fonction sacerdotale et de la fonction chevaleresque en un idéal « gouvernement de l'esprit », rêve qui ne sera jamais réalisé ici-bas, mais dont il appartient aux hommes de s'efforcer de se rapprocher. Pour bien montrer que Lug est supérieur au dieu-roi, il nous est dit que, lorsqu'il était assis sur son trône, Nuada s'est tenu treize jours debout devant lui, en signe de respect.

Nodons, alias Nuada, incarne, nous le savons, au plan divin, la fonction royale. Mais il est d'autres personnages de la mythologie qui incarnent aussi cette fonction. La question se pose de savoir s'ils ne sont que d'autres figures de Nodons, sous des noms différents. Mais il ne le semble pas, car leurs traits sont tout autres, sauf en ce qui concerne le Roi Pêcheur du mabinogi de Peredur, conservé dans la Quête du Graal. Nodons-Nuada est le roi infirme qui perd son trône parce qu'il a perdu son bras à la bataille, et le retrouve quand son bras lui est rendu. Bien qu'il ne soit pas destitué, et qu'en conséquence son royaume devienne une « terre gaste », stérile, le Roi Pêcheur, qui est un roi boiteux, un roi « méhaigné », est manifestement Nodons. Lorsqu'il retrouve la santé, son royaume redevient fertile. Les autres rois mythiques ne sont pas des rois infirmes et ils présentent deux caractéristiques que ne présente pas Nuada : ils portent des noms d'animaux, et ils sont trompés par leurs femmes.

Il n'y a certainement pas lieu d'interpréter la légère trace de zoomorphisme que représente leur désignation sous des noms d'animaux, comme une survivance de totémisme primitif, car les Celtes n'ont jamais connu le totémisme. Simplement, les animaux avaient pour eux une valeur symbolique. Quand un roi mythique s'appelle *Marc'h,* le Cheval, il incarne la fierté, la protection magique mais aussi la conduite vers l'Au-Delà. Il continue, en même temps, la lignée des anciens chefs celtes qui étaient à la tête d'un peuple cavalier. Quand un autre roi mythique s'appelle *Conchobar,* « le secours du Chien », cela signifie qu'il possède toutes les qualités guerrières dont le chien était le symbole. Quand un autre

encore porte le nom d'*Arthur,* dérivé d'*artos,* « ours »,
c'est qu'il est un roi « polaire », situé à l'endroit par où
passe l'axe du monde, et par conséquent chef central de
la terre des hommes, « Roi du Monde ». L'ours est,
d'ailleurs, l'emblème de la classe des guerriers. Ce n'est
pas, cependant, une coïncidence si ces rois mythiques
sont ainsi tous porteurs de noms d'animaux. Les tribus
celtes avaient l'habitude de prendre pour emblèmes des
mammifères ou des oiseaux et marchaient au combat
derrière des enseignes figurant des sangliers, des chevaux, des aigles, des cygnes. Marc'h était donc, en un
certain sens, le roi du peuple du Cheval, Arthur le roi du
peuple de l'Ours. Nous en sommes restés marqués
jusqu'à nos jours, puisque nous attribuons à la Russie
l'emblème de l'ours, à l'Angleterre celui du lion, à la
France celui du coq et qu'en Amérique les deux grands
partis sont représentés l'un par un âne, l'autre par un
éléphant...

Que tous les rois de la mythologie celtique soient
trompés par leurs femmes, ce n'est pas non plus une
coïncidence. Cela exprime l'idée que se faisaient les
Celtes de la fonction royale. La reine – qu'il s'agisse de
Medb, d'Eriu, de Gwenhwyfar, d'Iseult ou de toute
autre – représente la souveraineté. Le roi épouse la
souveraineté, mais il n'en devient pas le maître exclusif.
C'est à lui de faire l'effort nécessaire pour la conserver,
car elle peut fort bien lui échapper. Par nature, elle passe
d'un roi à un autre. D'autre part, l'abandon du souverain
par la femme qu'il aime est l'image de la solitude royale.
Dès l'instant qu'il est monté sur le trône, le roi ne
s'appartient plus, il appartient à son peuple. Pour
remplir efficacement son rôle, il doit renoncer à toutes
ses attaches, il ne doit plus avoir de vie personnelle, il
doit se résigner à la perte de tout ce qui lui tient le plus à
cœur. Il sera un roi d'autant plus grand qu'il sera un
homme malheureux, car ses souffrances et son abnéga-

293

tion profiteront à son peuple, à qui elles vaudront la prospérité et le bonheur.

Que l'accession au trône soit plutôt un sacrifice qu'un bénéfice, un récit mythique d'Irlande l'exprime clairement. Les fils du roi Dairé sont assis près du feu, après avoir partagé le produit d'une chasse. Arrive une vieille sorcière horrible et d'une saleté répugnante. « Que l'un de vous dorme toute la nuit avec moi, dit-elle, ou je vous dévorerai. » Sa proposition ne soulève, évidemment, aucun enthousiasme, mais devant le péril, l'un des fils de Dairé, Lugaid, se dévoue. Il entre au lit avec la vieille et voici qu'elle se transforme en une jeune fille merveilleusement belle qui lui révèle : « Avec moi, ce sont les grands rois qui dorment. Je suis la Domination sur l'Irlande. Tu auras un fils et je dormirai également avec lui. »

Une aventure du même genre est arrivée au roi Niall aux Neuf Otages qui aurait été le dernier roi païen d'Irlande, au début du ve siècle. Il voyageait avec ses demi-frères Brian, Ailill, Fergus et Fiachna, quand ils rencontrèrent sur leur route une fontaine près de laquelle se tenait une sorcière horrible. Fiachna voulut puiser de l'eau à la fontaine, mais la sorcière lui réclama comme paiement un baiser sur les lèvres. Il s'enfuit, épouvanté. Ailill prit la relève et s'approcha de la fontaine, mais quand il vit de près la vieille qui lui demandait un baiser, le cœur lui manqua et il fit demi-tour. Fergus s'y essaya à son tour mais il renonça lui aussi. Brian y alla. C'était l'aîné. Plus courageux que ses cadets, il parvint à vaincre son dégoût et à donner à la sorcière un baiser rapide. « Tu ne feras qu'un bref séjour à Tara », lui dit-elle. Tara était la capitale du roi suprême de l'Irlande. Alors Niall se décida, se dirigea droit vers l'affreuse vieille, ferma les yeux et pressa longuement ses lèvres sur les siennes. Quand il rouvrit les yeux, il avait devant lui la plus belle jeune fille du monde. « Hâte-toi, lui dit-elle, de te rendre à Tara pour te présenter devant les grands seigneurs. »

Se porter volontaire pour remplir la fonction de roi est donc un acte de dévouement, un acte difficile et non sans danger, qui requiert beaucoup d'abnégation. Mais il porte en soi sa récompense : la vieille royauté retrouve sa jeunesse et sa beauté, le pays est rénové, il refleurit et devient prospère. Rien d'autre ne doit compter pour le roi.

Aux diverses figures de rois mythiques que nous allons évoquer, il faudrait ajouter celle de Finn, qui était, lui aussi, un « roi cocu ». Sa mésaventure conjugale est même un archétype de celle du roi Marc'h. Mais il était un roi d'un genre tout à fait particulier, puisqu'il ne possédait pas de royaume et régnait seulement sur une bande de guerriers en marge de la société. Et puis nous l'avons déjà présenté.

Marc'h, le roi-cheval

Le roi Marc'h avait sa cour en Cornouaille armoricaine. Les gens de Douarnenez vous diront qu'il demeurait chez eux, dans le charmant site des Plomarc'h, dont le nom signifie « la Paroisse de Marc'h ». Mais si l'on écoute les Bigoudens, qui sont eux-mêmes des hommes-chevaux, puisqu'on les dit chevaux d'orgueil, on localisera plutôt sa capitale à Penmarc'h, dont le nom peut vouloir dire aussi bien « la Pointe de Marc'h » que « la Tête de Cheval ». L'une comme l'autre de ces appellations apparaît parfaitement justifiée par l'histoire qui va suivre.

Le roi Marc'h possédait un cheval comme jamais on n'en a vu et jamais on n'en verra de semblable en ce bas monde. Crinière au vent, il faisait des bonds si légers à travers les landes, par-dessus les montagnes et d'un bord à l'autre des rivières, que ses sabots ferrés d'argent ne laissaient même pas de traces sur le sol. Il galopait aussi bien sur l'eau que sur la terre et les vagues de la mer en furie ne l'arrêtaient pas. C'est pourquoi on l'appelait *Morvarc'h,* ce qui signifie « Cheval Marin ».

Le roi Marc'h n'avait pas de plus grand plaisir que de courir le cerf et le sanglier en chevauchant Morvarc'h. Un jour qu'il s'adonnait avec ses gens à son sport favori, il aperçut à l'orée d'un layon une biche blanche si belle qu'il n'avait pas souvenir d'en avoir jamais vu d'aussi belle. Il s'élança à sa poursuite. La biche blanche bondissait rapide comme le vent et Morvarc'h menait derrière elle un galop d'enfer sans parvenir à la rejoindre. Les autres veneurs furent bientôt distancés de très loin; seul poursuivait par monts et par vaux la jolie biche blanche le roi Marc'h sur son cheval Morvarc'h.

Ils finirent par atteindre le rivage de la mer. Ne pouvant aller plus loin, la biche fit un bond prodigieux jusqu'à un rocher qui se dressait au-dessus des flots. Elle resta là, haletante, tournant vers le chasseur ses grands yeux de velours d'où s'écoulait une larme. Le roi Marc'h, sans pitié, tire une flèche de son carquois, bande son arc. La biche pousse un gémissement et son regard se fait suppliant. Mais le roi lâche son trait.

La biche a allongé son cou vers la flèche, l'a saisie au vol entre ses dents et l'a rejetée vers le chasseur. La pointe de fer vient frapper le cheval Morvarc'h au beau milieu du poitrail. L'animal pousse un hennissement de douleur, s'écroule en désarçonnant son cavalier et roule du haut de la falaise jusque dans les flots. Une rage folle saisit Marc'h qui aurait préféré perdre son trône plutôt que Morvarc'h. Il dégaine son poignard, descend dans la mer et, de l'eau jusqu'aux cuisses, s'avance vers le rocher...

« Misérable assassin! » crie une voix féminine.

La biche a disparu. A sa place, il voit une jeune fille

ravissante, à la chevelure d'or couronnée d'algues, aux yeux verts limpides comme l'onde. Elle porte, suspendue à son cou par une chaîne d'or, une grosse clef rouillée. Il comprend qu'il a affaire à Dahud, la princesse d'Ys.

— Remercie-moi, roi Marc'h, dit-elle, de t'avoir laissé en vie, alors que tu cherchais à me tuer. Pour te punir de ta cruauté, tu porteras désormais la crinière et les oreilles de ton cheval Morvarc'h.

Avec un grand éclat de rire, elle saute à la mer et nage comme un poisson jusqu'au cadavre de l'étalon. Elle le touche du bout de sa baguette et le voilà qui ressuscite. Mais il n'a plus sa longue crinière noire qui flottait au vent et ses oreilles sont de ridicules oreilles humaines. La sirène lui saute sur le dos (une sirène peut très bien monter à cheval, car ce ne sont pas les sirènes qui ont une queue de poisson, comme on le croit souvent, ce sont les Néréides) et, avant de partir au galop sur la crête des vagues, elle crie avec un rire moqueur :

— Le roi Marc'h a les oreilles du cheval Morvarc'h!

Et l'écho répète, avec un rire moqueur : « Le roi Marc'h a les oreilles du cheval Morvarc'h... varc'h... varc'h! »

Le pauvre souverain porta les mains à sa tête. Ce n'était que trop vrai : il avait les oreilles poilues de son étalon noir et une longue crinière flottante lui pendait jusqu'au milieu du dos. Il attendit la nuit pour rentrer, en se cachant, à son palais et fit tendre un rideau au milieu de la salle du trône pour rester dissimulé derrière tout en écoutant les requêtes et les rapports de ses gens. Mais son encombrante crinière s'allongeait de jour en jour et il dut faire venir un coiffeur pour la lui raccourcir. Or il avait si peur que ce coiffeur allât raconter ce qu'il avait vu que, le dernier coup de ciseau donné, il lui trancha la gorge.

Une semaine plus tard, les crins avaient repoussé. Il fit

venir un autre coiffeur et, son travail terminé, l'occit comme le premier. Les semaines se succédèrent et chacune fit une victime dans la corporation des figaros, tant et si bien qu'un jour vint où il ne resta plus dans tout le royaume un seul maître coiffeur, garçon coiffeur ni apprenti coiffeur. Ou plutôt si, il en restait un, c'était Yeunig qui avait été le coiffeur attitré du roi avant l'événement. Marc'h l'aimait bien et l'idée de lui couper le cou lui était désagréable. Mais quand la crinière se fut allongée au point de traîner par terre, il fallut bien se résoudre à avoir recours à lui.

— Fidamdoué! s'exclama Yeunig en découvrant le prodige capillaire dont était affligé son souverain, pourquoi n'avez-vous pas fait appel à moi plus tôt? Je possède des ciseaux magiques. Les cheveux... ou les crinières coupés par eux ne repoussent jamais plus. Mais je ne m'en servirai que si vous me promettez de me laisser la vie.

Le roi promit avec empressement, exigeant seulement que le petit coiffeur lui jurât de ne confier à personne, sous aucun prétexte, qu'il avait les oreilles de son cheval Morvarc'h. Yeunig jura. Il coupa la crinière avec ses ciseaux enchantés et plus jamais elle ne repoussa.

Les plus grands personnages du royaume cherchèrent par tous les moyens à savoir quel secret ce Yeunig pouvait détenir, qui avait coûté la vie à tant d'autres perruquiers. Mais il ne parla pas. Cependant, ce secret l'oppressait de plus en plus. S'il avait pu le crier, ne serait-ce qu'une fois, il se serait senti délivré. Mais il ne voulait pas le faire au fond des bois, car les feuilles des arbres auraient pu le répéter, il ne voulait pas le faire au bord de la mer, car les vagues auraient pu le redire, il ne voulait même pas le faire sur la lande, au sommet d'un mont, car le vent aurait pu l'emporter avec lui.

Un jour, n'y tenant plus, il s'en fût sur la dune, creusa dans le sable un trou profond mais pas plus large que sa tête, y enfouit son visage et hurla : « Le roi Marc'h a les oreilles du cheval Morvarc'h! » Puis il reboucha le trou avec soin. Il se sentit soulagé. Il prêta l'oreille : ni le vent, ni les vagues ne répétaient son secret. Il n'avait pas été entendu. Par la suite, trois roseaux poussèrent à l'endroit où il avait fait son trou dans le sable.

Un jour vint où le roi Marc'h maria sa sœur, la douce Bleunwenn, au roi de Léon, Rivalen. Sa dignité voulait qu'il offrît un festin somptueux et y invitât tous les rois, princes et princesses du pays. Mais comment les accueillir convenablement sans leur montrer pour autant ses oreilles de cheval? Le brave Yeunig imagina de lui entortiller la tête dans une écharpe, en lui disant de raconter qu'il souffrait d'une otite.

On avait fait venir pour la noce les meilleurs sonneurs de bombarde et de biniou de tout le pays breton. Assoiffés et affamés comme tous sonneurs qui se respectent, ces talentueux artistes avaient, dès leur arrivée, fait ripaille si goulûment qu'ils avaient oublié de laisser des miettes dans la cheminée et à l'entrée de l'écurie à l'intention des korrigans. Quand ceux-ci arrivèrent, vers minuit, pour balayer les grandes salles du palais et faire la toilette des chevaux, ils furent si dépités que, pour se venger, ils subtilisèrent les anches de tous les binious et de toutes les bombardes.

On imagine l'affolement des sonneurs, le lendemain, quand ils voulurent accorder leurs instruments avant de donner le branle aux premières gavottes. On chercha dans tous les coins les anches disparues et, lorsqu'on eut définitivement perdu tout espoir de remettre la main dessus, on se précipita sur la dune pour couper des roseaux. On en trouva trois avec lesquels il y eut assez pour fabriquer des anches pour toutes les bombardes, tous les chalumeaux des binious et tous les bourdons.

Il était temps. Le moment était venu de commencer les danses. Les binious gonflèrent leurs outres, les talabarders portèrent leurs bombardes à leurs lèvres, et en avant la musique!... C'est alors que la stupeur se peignit sur tous les visages. Au lieu de sonner leurs airs, les instruments, à l'unisson, clamaient :

— Le roi Marc'h a les oreilles du cheval Morvarc'h!

Au même moment un coup de vent malicieux fit voler l'écharpe qui couvrait l'auguste crâne et toute l'assistance éclata de rire en répétant : « Le roi Marc'h a les oreilles du cheval Morvarc'h! » On vit alors le pauvre roi, rouge de confusion, s'enfuir en courant, si précipitamment qu'il trébucha au bord de la falaise et tomba à la mer, en se fracassant la tête contre les rochers. On entendit aussitôt un ricanement perçant. Une sirène apparut, chevauchant un cheval sans crinière aux oreilles humaines, et cria : « Voici Morvarc'h, cheval de Marc'h! Morvarc'h a les oreilles de Marc'h et Marc'h a les oreilles de Morvarc'h! »

Je pense qu'elle eut cependant pitié du roi Marc'h, le transporta des côtes de la Cornouaille armoricaine à celles du Cornwall britannique, où vivait le même peuple, parlant la même langue, et qu'elle l'y ressuscita d'un coup de sa baguette magique, comme elle l'avait fait du cheval Morvarc'h. Je pense même qu'elle lui rendit sa chevelure et ses oreilles d'homme. Car nous le retrouvons régnant à Tintagel, à l'époque où le fils de sa sœur Bleunwenn et de Rivalen, roi de Léon, atteignait l'âge d'homme.

Bien des malheurs étaient survenus, entre-temps, au royaume de Léon. Le seigneur Rivalen avait été tué dans une rude guerre contre un certain duc Morgan et son épouse Bleunwenn en était morte de chagrin, après avoir donné le jour à leur fils. Le duc Morgan s'était emparé du royaume. Quant au bébé, nul ne savait ce qu'il était devenu.

Quelque dix-huit ans plus tard, un beau garçon

échouait sur la côte de Cornwall après avoir été prisonnier de pirates et leur avoir faussé compagnie à la nage. Il avait de bonnes manières, il jouait de la harpe à ravir, au combat il valait bien cinq guerriers des plus valeureux. Le roi Marc'h l'accueillit en son palais et s'attacha à lui comme s'il avait été son fils.

Le jeune homme ignorait sa propre identité. Il savait seulement son nom, Tristan, mais ne pouvait dire ni où il était né, ni quels étaient ses parents. Ce, jusqu'au jour où débarqua à Tintagel un noble seigneur de petite Bretagne nommé Talhouc'h, qui allait de port en port à la recherche de son fils adoptif enlevé par des pirates. On lui dit qu'il y avait à la cour un jouvenceau dont on ne savait rien, si ce n'est qu'il avait échappé à des pirates et qu'il se nommait Tristan. Talhouc'h ne fit qu'un bond jusqu'à la cour et reçut Tristan dans ses bras. Quand leurs effusions furent terminées, il expliqua au roi Marc'h :

– Celui-ci est Tristan de Léon, ton neveu, fils de ta sœur Bleunwenn et du roi Rivalen. Ta sœur me l'a confié, encore au berceau, pour que je le cache du duc Morgan. Je l'ai élevé et en ai fait un chevalier accompli.

– Voici, répondit le roi, une révélation qui me cause grande joie. Je comprends maintenant pourquoi j'ai éprouvé tout de suite de l'affection pour lui : c'était le sang qui parlait. A ma mort, c'est lui qui me succédera, il en est digne. Il n'y a pas de guerrier plus intrépide ni d'artiste plus habile. C'est aussi un inventeur, un des trois maîtres ès mécaniques de l'île de Bretagne. Et l'un des trois têtus qu'on ne peut jamais faire changer de résolution [1]. Je serai heureux de lui laisser mon royaume.

---

1. Cf *Triades de l'Ile de Bretagne*, in *Mabinogion*, trad. Loth, Triades n° 43 et 98.

Il associa dorénavant Tristan à toutes ses décisions. Il l'autorisa à porter sur son casque un diadème d'or [2]. Il lui remit une épée de l'acier le plus dur qui portait le nom d'*Arvwl,* « la très forte ». Il lui fit confectionner un bouclier sur lequel on voyait, en relief, un sanglier.

Par malheur, à Tintagel comme partout ailleurs dans le monde, dès que quelqu'un parvient à s'élever, même et surtout si c'est par ses mérites, il suscite la jalousie des malchanceux et des médiocres. Tristan n'échappa pas à cette loi commune. Un petit groupe de seigneurs jaloux s'en vint trouver le roi Marc'h pour lui représenter qu'il était grand temps qu'il prît pour femme une fille de roi, afin d'en avoir de légitimes héritiers. Marc'h, qui ne se souciait pas d'avoir d'autre héritier que son beau neveu, voulut les berner. Avisant sur sa fenêtre un long cheveu de femme, fin comme la soie et brillant comme un rayon de soleil, que venait de laisser tomber une hirondelle qui bâtissait son nid, il s'en saisit et déclara qu'il ne voulait d'autre femme que celle à qui avait appartenu ce cheveu d'or.

Les seigneurs comprirent qu'il se moquait d'eux et regardèrent haineusement Tristan qui se trouvait là, près de lui. Mais Tristan avait reconnu le cheveu d'or : il ne pouvait appartenir qu'à la princesse Iseust, une princesse d'Irlande dont il avait fait la connaissance après avoir tué en combat singulier un monstre redoutable, le Morholt, le propre oncle de la jeune fille. Tristan savait que les Irlandais, avides de venger la mort du Morholt, avaient mis sa tête à prix; mais, comme il ne voulait pas être soupçonné de n'aimer son oncle que par ambition, il déclara qu'il irait chercher la princesse aux cheveux d'or et la ramènerait à Tintagel ou qu'il y laisserait la vie.

Il aurait mieux valu pour le roi Marc'h comme pour

2. *Ibid.,* n° 29.

lui qu'il ne fît jamais cette proposition. Il partit sur-le-champ quérir la belle Iseult et il n'en résulta que de grands malheurs, puisqu'il devint l'amant de la femme de son oncle, le roi Marc'h [3].

Ainsi Marc'h est-il une des figures du Roi Cocu.

Ce que le Roman de Tristan et Iseult ne dit pas, c'est ce qu'il advint du roi Marc'h après la mort tragique de son neveu et de son épouse. Toutefois, en Basse-Bretagne, nous le savons. Pour fuir ses douloureux souvenirs, il revint en Armorique, releva de ses ruines son palais envahi par les ronces et à demi écroulé et reprit le gouvernement du pays. Mais il était aigri et se montrait tyrannique et dur. Il avait commencé à s'adonner à la boisson et se livrait à toutes sortes d'orgies. Cependant il avait aussi ses bons côtés. Il lui arrivait de faire des largesses aux pauvres. Il manifestait aussi une dévotion toute particulière à sainte Marie, à qui il avait fait construire une jolie chapelle sur le flanc du Menez-Hom [4].

Quand il mourut, d'avoir bu trop d'hydromel, le bon Dieu parla de l'envoyer en enfer, mais madame sainte Marie protesta et prit sa défense. On convint d'un compromis : il n'irait pas brûler en enfer, mais son âme devrait demeurer dans sa tombe jusqu'à ce que cette tombe fût assez haute pour que, de son sommet, il pût voir le clocher de la chapelle Sainte-Marie. Or il avait été enterré sur le Menez-Hom, comme il convenait à sa dignité royale, mais sur le versant opposé à celui où s'élevait la chapelle. C'est pourquoi quiconque, voyageant à travers le Menez, passe devant le monticule de pierres qui marque sa sépulture, doit y rajouter un

---

3. Je raconterai cette aventure dans le prochain chapitre.
4. C'est du moins ce que l'on dit depuis que la Bretagne est chrétienne. Je pense qu'auparavant on louait sa dévotion à la déesse Brigitte dont on a retrouvé, précisément, une très jolie statuette au Menez-Hom.

caillou. Quand le tas sera assez haut pour que l'âme du vieux roi celte puisse contempler le clocher de la chapelle qui est de l'autre côté, cette âme sera délivrée et gagnera le Tir na n-Og.

Conchobar

Le roi d'Ulster Eochaid au Talon Jaune avait une fille douce et gentille qui avait reçu le nom d'*Assa*, c'est-à-dire « Facile ». Il lui nomma douze tuteurs chargés de mener à bien son éducation. Un jour qu'ils étaient réunis pour festoyer, les douze tuteurs furent attaqués et tués par un druide guerrier de grande sagesse et de grand savoir nommé *Cathbad* [5]. Seule la jeune fille échappa au massacre. Mais nul ne sut qui avait tué les tuteurs.

Assa alla se plaindre à son père. Mais celui-ci lui dit qu'il ne pouvait venger ce meurtre, puisqu'il en ignorait l'auteur. Alors elle entra dans une violente colère et jura d'exercer elle-même la vengeance. On cessa, dès ce moment, de l'appeler Assa et elle fut baptisée *Ness* (génitif : *Nessa*), « la Belette ». Elle réunit trois neuvaines d'hommes et, à leur tête, dévasta tous les pays qu'elle traversait.

Elle se trouva un soir faire étape dans un lieu désert. Pendant que ses gens préparaient le repas, elle partit seule pour prendre un bain. Elle marcha jusqu'à un lac de belle eau pure, posa ses armes, se déshabilla et commença à se baigner. Soudain survint une autre bande de guerriers : c'était Cathbad et les siens. Avant qu'elle fût sortie de l'eau, le druide vint se mettre entre elle et son tas d'armes et de vêtements. Il tira son épée. Elle l'implora de lui laisser la vie. Il répondit qu'il ne le ferait que si elle consentait à l'épouser. Elle y consentit

5. « Qui tue en combat ». Prononcer « Cava ».

volontiers et le roi Eochaid fit bon accueil à son gendre. Il lui donna une terre en Ulster, près d'un cours d'eau appelé le Conchobar.

Une nuit, Cathbad eut grand soif. Ness se leva pour lui chercher à boire mais ne trouva pas d'eau dans le château. Elle descendit en puiser dans le Conchobar et l'apporta à son mari. Il demanda de la lumière pour vérifier s'il n'y avait pas de bête dans l'eau. Il y trouva deux vers. Alors il se fâcha et tira son glaive contre sa femme, lui ordonnant de boire ce qu'elle lui avait offert. Ness but deux gorgées et, à chaque gorgée, avala un ver. Elle devint grosse...

Cathbad et Ness se mirent en route pour aller rendre visite au roi Eochaid. La femme fut prise en chemin des douleurs de l'enfantement et Cathbad lui dit : « S'il est en ton pouvoir, ô femme, de ne pas mettre au monde avant demain matin l'enfant qui est dans ton sein, il sera roi de toute l'Irlande et son nom vivra éternellement. » Ness répondit qu'elle le ferait et qu'à moins de lui sortir par le côté, son fils ne naîtrait pas avant le lendemain. Elle s'assit sur une pierre plate, au bord du Conchobar.

A l'aube, l'enfant vint au monde, comme s'il était né de la pierre. Dans chacun de ses poings, il tenait un ver. Il se mit tout aussitôt à quatre pattes et alla se baigner dans la rivière. En l'en retirant, Cathbad lui donna pour nom celui de la rivière, Conchobar, et prophétisa qu'il serait un roi gracieux et juste, qu'il serait poète et chef des guerriers sur la mer.

C'est par une ruse de sa mère qu'il obtint la royauté. Le roi d'Ulster était alors Fergus. Ness lui accorda ses faveurs, moyennant qu'il lui cédât la royauté pour un an, afin que son fils eût le titre de roi. Elle se révéla une si bonne reine, prodigua tant de largesses qu'au bout de l'an les Ulates décidèrent de ne pas rendre son trône à Fergus.

Conchobar fut un grand et un bon roi. Jamais il ne rendit de jugement injuste. Son royaume était une fontaine d'abondance et de justice, si bien qu'il n'y avait plus une ferme abandonnée. Il possédait un chaudron si vaste qu'il y avait une échelle pour y monter. Il lui était interdit de participer en personne aux batailles, car il était un personnage sacré et sa puissance magique devait être telle que sa seule présence assurât la victoire à ses troupes sans qu'il se jetât dans la mêlée. Il était le grand maître d'une sorte d'ordre de chevalerie avant la lettre, une confrérie appelée *la Branche Rouge,* dont les membres se réunissaient dans la salle des trophées de son palais d'Emain Macha.

Pourtant, s'il était dans l'ensemble un bon roi, il était loin de n'avoir que des qualités. Il avait même des côtés franchement déplaisants et il a parfois attiré de grands malheurs sur son peuple. On se souvient de l'histoire de Macha qu'un roi cruel obligea à disputer une course contre ses chevaux, alors qu'elle était enceinte et sur le point d'accoucher. Eh bien, ce roi cruel, on peut même dire ignoble, c'était Conchobar mac Nessa. Et sa cruauté valut aux Ulates leur faiblesse annuelle qui leur coûta si cher lors de l'invasion de leur pays par les armées d'Ailill et Medb. Il eut également un comportement odieux à l'égard des fils d'Usliu, dont l'un, Noisé, avait enlevé sa fiancée, Deirdré. Après avoir promis qu'il ne leur serait fait aucun mal s'ils revenaient à Emain Macha, il fit tuer Noisé par traîtrise. Et il traita sans ménagements la pauvre Deirdré dont il fit de force sa concubine. A cause de cela, beaucoup de sang coula en Ulster; et c'est pour cela aussi qu'il se brouilla avec le vaillant Fergus qui avait été l'un de ses plus fermes soutiens. Fergus émigra en Connaught avec plusieurs autres chefs ulates et combattit contre lui.

Conchobar n'a pas été trompé par sa femme, à proprement parler, puisque Deirdré n'était que sa fiancée, mais il n'en était pas moins, dans sa vie intime, un homme abandonné et humilié. Cela ne l'a, d'ailleurs, pas empêché d'avoir plusieurs fils. Cûchulainn était l'un d'eux. En effet, Conchobar, un soir qu'il était ivre, avait couché avec sa sœur Dechtiré, qui lui servait de cocher, et Cûchulainn avait été le fruit de cet inceste. Pas uniquement, d'ailleurs, car Cûchulainn, étant un être hors du commun, avait été engendré trois fois et était né trois fois.

Sous la forme bretonne de son nom, *Konomor,* le roi Conchobar tient une place importante dans le légendaire d'Armorique. Il semble d'ailleurs qu'un roi de Poher a réellement porté ce nom de Konomor et, du coup, a pris dans la mémoire populaire les traits de son homonyme mythique. Les débuts de son règne, dit-on, avaient été bons; c'est même lui qui avait aidé le barde Hoarvian à obtenir la main de la belle Rivanone et c'est de ce mariage que devait naître saint Hervé. C'est également Konomor qui avait pris sous sa protection le jeune prince Méloir, que son oncle, le sinistre Rivod, cherchait à faire assassiner. Rivod avait déjà égorgé son frère Miliau, le père de Méloir, pour usurper son trône et il avait fait trancher la main droite de son malheureux neveu pour que, infirme, il ne puisse plus régner. Mais comme Nuada, Méloir se vit doter par la Providence d'une main d'argent qui devint une véritable main, apte à tous les mouvements et participant à la croissance de son corps. L'assemblée des nobles confia la garde de Méloir à un gouverneur, Kerialtan, mais un jour la femme de Rivod avertit le jeune prince que son mari et Kerialtan s'étaient entendus pour le supprimer. Méloir se réfugia auprès de Konomor qui l'abrita à sa cour et le traita comme son propre fils (cela n'empêcha d'ailleurs pas les assassins d'arriver à leurs fins par traîtrise, mais ce ne fut pas la faute de Konomor).

Konomor, qui était un guerrier redoutable, agrandit

son royaume et finit par régner sur toute la Domnonée, une partie de la Cornouaille, et même cette autre Domnonée qu'est le Devon britannique. Il y faisait régner la justice et assurait le bonheur de ses vassaux. Il se montra plein de sollicitude pour la veuve du roi Iona, mystérieusement assassiné, et la prit pour femme. Elle avait un fils, Judual : il se comporta envers lui comme un véritable père et lui donna, à la cour, la meilleure éducation possible.

Hélas! après ce début de règne prometteur, Konomor tourna mal et devint non seulement un odieux tyran, mais une sorte de Barbe-Bleue. A l'origine, il y eut un rêve. Il rêva que son fils l'assassinait et s'asseyait sur son cadavre, au sommet d'une montagne, pour recevoir l'hommage de tous les princes de Bretagne. Il se persuada que Judual serait cet assassin et s'en ouvrit à sa femme, lui expliquant, d'un air navré, qu'il ne voyait pas d'autre solution que de prendre les devants en tranchant la tête de l'enfant. Il lui demandait donc d'aller le chercher pour qu'il s'acquittât de cette pénible obligation. La mère, affolée, courut vers son fils, mais ce ne fut pas pour l'amener à son bourreau : pour s'enfuir avec lui, je ne dis pas. Ils s'exilèrent tous les deux en France et demandèrent « l'asile politique » au roi Childebert.

Konomor se remaria, mais son humeur était devenue sombre et on le vit commettre des injustices et des actes de cruauté. Au bout de quelques mois, sa nouvelle femme mourut brusquement, nul ne sut dans quelles circonstances. Il ne tarda pas à reprendre une autre épouse, mais elle aussi connut une mort subite et inexpliquée. Il convola encore deux fois et les deux nouvelles épousées disparurent également très vite. Le peuple commençait à jaser.

En ce temps-là, régnait sur le pays de Vannes un glorieux souverain, Waroc, qui avait fait de grands carnages de Francs. Waroc avait une fille, Trifina, qui passait pour la plus belle princesse du monde. Elle était pieuse, bonne et aimée de tous. Konomor se mit en tête qu'une alliance entre la Domnonée et le Vannetais renforcerait sa puissance; aussi envoya-t-il des messagers à Waroc pour lui demander la main de Trifina. Waroc ne tenait pas à avoir pour gendre un roi d'aussi mauvaise réputation et refusa tout net. Konomor lui déclara la guerre et des Bretons répandirent le sang d'autres Bretons. Cette lutte fratricide alarma un pieux ermite, saint Gildas, qui vivait dans une grotte près de Bieuzy. Il alla trouver Trifina et lui représenta qu'elle pouvait sauver la vie de milliers de chrétiens, ses compatriotes, en consentant à devenir la femme de Konomor. Elle accepta de se sacrifier, mais, voyant combien elle avait peur, il lui remit un anneau magique en lui disant que si jamais Konomor projetait un crime contre elle, de tout blanc qu'il était cet anneau deviendrait noir.

Les premiers mois du mariage s'écoulèrent dans un parfait bonheur. Konomor était profondément épris de son adorable Trifina et l'amour le transformait. Sa morosité avait fui, il redevenait le bon géant joyeux, plein d'allant, juste et généreux d'autrefois.

Cela dura jusqu'au jour où Trifina lui annonça qu'elle attendait un enfant. Il entra dans une colère épouvantable et la fit enfermer dans son château de Saint-Aignan, en attendant d'avoir trouvé le moyen de la supprimer discrètement.

Quand Trifina s'aperçut qu'à son doigt l'anneau donné par saint Gildas était devenu noir, elle ne songea plus qu'à fuir. Mais comment s'évader du château? Il lui vint l'idée d'explorer la crypte de la chapelle, où étaient enterrées les quatre précédentes épouses de Konomor. Et voilà que, sur le coup de minuit, les quatre tombes s'ouvrirent et les mortes en sortirent couvertes de leurs suaires. Elles lui expliquèrent qu'elles avaient toutes péri de la main du roi quand elles lui avaient annoncé qu'elles attendaient un fils de lui. Pour lui permettre de s'enfuir, l'une d'elles lui remit la corde avec laquelle elle avait été étranglée : elle pourrait ainsi descendre le long de la muraille. Une autre lui remit, pour se débarrasser du chien gigantesque de Konomor, le poison qui lui avait été administré. La troisième lui donna, afin de se guider dans la nuit, la flamme qui l'avait brûlée. La dernière lui tendit le coutelas qui lui avait percé le cœur, pour qu'elle pût se frayer un chemin à travers les ronces.

Ainsi Trifina s'échappa-t-elle du château. Elle prit la direction de Vannes, la capitale de son père. Mais quand il s'aperçut de sa disparition, Konomor sauta à cheval et se lança à sa poursuite, suivi de ses hommes d'armes.

La fugitive fut obligée de s'arrêter lorsqu'elle ressentit les douleurs de l'enfantement que sa dure course et les émotions provoquaient plus tôt que prévu. Elle mit au monde un petit garçon qu'elle prit dans ses bras pour poursuivre sa fuite. Mais Konomor ne tarda pas à la rattraper. D'un seul coup d'épée, il fit voler sa tête. Et il repartit sans dire mot, laissant le nourrisson mourir de faim près du cadavre de sa mère.

Cependant, Trifina, au moment où elle allait être rejointe par ses poursuivants, avait eu le temps d'apercevoir, planant au-dessus d'elle, le faucon de chasse de son père. Elle avait retiré de son doigt son anneau noirci et le lui avait tendu. L'oiseau apporta l'anneau à Waroc qui comprit ce que cela signifiait et se laissa égarer par la douleur au point de faire d'amers reproches à saint Gildas, lui criant : « C'est toi qui m'as fait donner ma fille, tu dois me la rendre. » Le moine lui répondit que ce malheur avait été permis pour qu'éclatât la gloire de Dieu. Ils sellèrent leurs chevaux et, guidés par le faucon, se hâtèrent vers le lieu du crime. Par ses prières et avec le secours des antiques secrets de la médecine druidique auxquels il avait été initié par son maître, saint Iltud,

Gildas ressuscita Trifina. La princesse prit son enfant sur le bras et précéda les deux cavaliers vers le château de Konomor. A peine furent-ils arrivés à une portée de flèche de l'entrée, que le nourrisson se dégagea des bras de sa mère, courut tout seul jusqu'au bord des douves, prit une poignée de terre et la jeta sur la muraille en criant : « Voici la justice de la Trinité! » Aussitôt remparts, tours et donjon s'écroulèrent, ensevelissant sous leurs ruines les meilleurs guerriers de Konomor. Le tyran lui-même ne s'échappa qu'à grand-peine et fort mal en point.

Lorsqu'il baptisa l'enfant, saint Gildas lui donna le nom de *Tremeur,* c'est-à-dire « Grande Victoire ». Trifina et Tremeur vécurent à la cour de Waroc jusqu'à ce que le petit garçon eût atteint l'âge de cinq ans. Alors, sa mère le confia au monastère de Rhuys où il fut instruit aux lettres et à la piété. Quant à elle, elle se retira dans un couvent et y mourut en odeur de sainteté.

Entre-temps, Gildas avait parcouru toute la Bretagne pour dénoncer partout les crimes de Konomor et réclamer son châtiment. Il avait fini par obtenir la réunion sur le Méné-Bré, en plein cœur des États du criminel, d'une grande assemblée de rois, princes, tierns, machtierns, évêques et abbés. Konomor n'y comparut pas mais, par contumace, fut déclaré déchu de sa royauté.

En apprenant la sentence, Konomor éclata de rire, car il savait que personne n'était en mesure de la faire exécuter. Il continua sa vie de violences et d'actes de cruauté. Un jour qu'il chevauchait à la limite de la Domnonée et du Vannetais, il entendit des enfants qui jouaient à la soule appeler un de leurs petits camarades Trémeur. Ce nom le fit sursauter. Il interrogea le gamin, lui fit raconter sa vie et conclut avec un ricanement féroce : « Tu es donc le fils du géant Konomor qui te cherchait depuis neuf ans. » Ce disant, il tira son épée et, d'un seul coup, comme pour Trifina, il lui trancha la tête.

Trémeur le laissa s'éloigner, après quoi il ramassa sa tête et la porta dans ses mains jusqu'à la chapelle où avait été enterrée sa mère. Il la déposa sur son tombeau.

Konomor subit peu après le juste châtiment de ses forfaits. Une délégation de saints bretons, Samson, Magloire et Malo, se rendit à la cour de Childebert et réclama le jeune prince Judual pour le rétablir sur le trône de Domnonée. Judual rentra en Bretagne, y leva une armée et combattit le tyran. Après de sanglantes batailles, la rencontre décisive eut lieu au Relecq, près de Plounéour-Ménez. Judual remporta la victoire et tua Konomor de ses propres mains.

Arthur

Le mythe d'Arthur est commun à tous les peuples bretons, celui de Galles, celui de Cornouailles et celui d'Armorique, et il est assez probable qu'un chef gallois de ce nom a animé en Grande-Bretagne la résistance contre les envahisseurs saxons, remporté sur eux, en l'an 516, la victoire de Mont-Baddon et trouvé la mort à la bataille de Camlan, en 542. Parce qu'il avait remporté le plus grand succès de cette guerre, parce qu'il avait fondé l'ordre chevaleresque de la Table Ronde et parce qu'il portait un nom évoquant l'ours (artos), symbole polaire, il est devenu dans la mémoire populaire l'incarnation de la royauté universelle. Il est, dans le ciel, la constellation où brille l'étoile qui guide les hommes.

Lorsqu'il rendit son âme à Dieu, le glorieux roi Uther Tête-de-Dragon ne laissait pas d'héritier connu. Mais il avait un fils secret qu'il n'avait pu élever à la cour, car sa mère n'était point une reine légitime. Il l'avait confié à un preux du royaume, Seven, qui lui avait donné une éducation digne de sa haute naissance et lui avait fait partager les jeux, les leçons et l'entraînement guerrier de son propre fils, Kei. L'enfant, baptisé Arthur, allait sur ses seize ans quand son père trépassa.

Les chefs de clans gallois s'assemblèrent et demandèrent à Merlin, le devin qui avait été le conseiller du roi Uther, qui devrait succéder à leur seigneur. Merlin leur répondit d'attendre la fête du solstice d'hiver, pendant laquelle il se passe de grands prodiges.

La nuit de Noël, donc, tous les clans se retrouvèrent à la messe de minuit en la cathédrale de Caerlleon-sur-Wysc et prièrent pour que Dieu désignât par quelque signe celui qui serait digne d'être leur roi. Lorsqu'ils sortirent, ils eurent la surprise de voir au milieu de la place, vide auparavant, un perron de pierre portant une enclume dans laquelle était fichée jusqu'à la garde une épée au pommeau d'or. Sur la pierre étaient inscrits ces mots : « Celui qui retirera l'épée de l'enclume sera le roi élu par Jésus-Christ. »

Les deux cent cinquante chevaliers présents essayèrent à tour de rôle d'arracher l'épée de son socle, mais aucun n'y parvint. Après eux, tous ceux qui se trouvaient là furent autorisés à tenter leur chance. Mais bardes, gens d'église, bourgeois, paysans échouèrent tous, comme avaient échoué les nobles guerriers.

Le jeune Arthur n'avait pas suivi ce qui se passait, car il était en grande conversation avec Merlin, dont il venait de faire la connaissance. Pour se moquer de lui, Kei, son frère de lait, lui dit :

— Il y aura tout à l'heure des jeux guerriers et j'ai oublié mon épée. Pourrais-tu aller me chercher celle qui est plantée là, dans l'enclume? Elle n'est à personne.

Le candide enfant s'approcha du perron de pierre, mit la main sur la poignée de l'épée et, sans peine, la retira de sa gaine. Le peuple l'acclama, mais les nobles exprimèrent leur dépit, prétendirent que l'épreuve avait dû être truquée et exigèrent qu'on la recommençât. Arthur remit l'épée dans l'enclume et chacun de s'efforcer de l'en tirer. Cette fois encore, lui seul y parvint. On le proclama donc roi.

Une délégation de chefs de clans lui fit savoir que la noblesse n'était pas disposée à reconnaître un souverain d'aussi bas lignage, mais Merlin intervint et révéla qu'il n'était pas, comme on le croyait, fils de Seven, mais bel et bien d'Uther Tête-de-Dragon. Cela n'apaisa pourtant pas les envieux qui lui déclarèrent la guerre. Arthur rassembla une armée de gens du peuple, paysans, artisans et mendiants et tint tête aux révoltés. Il frappa de grands coups de Caletfwlch, l'épée magique qu'il avait retirée de l'enclume, et les bataillons de grands seigneurs s'enfuirent en déroute. Ce qui prouve que la royauté universelle émane du peuple et repose sur le peuple.

Peu après, Merlin informa le jeune roi que les Saxons avaient envahi le territoire d'un brenin nommé Gogrvan Gawr et lui conseilla de se porter au secours de ce brenin avec quarante chevaliers, mais sans dire qui il était. Gogrvan Gawr reçut ce renfort avec joie. Juste à ce moment, les Saxons attaquaient. Les Bretons se portèrent à leur rencontre. Ils étaient douze fois moins nombreux mais, grâce à la vaillance d'Arthur, et aussi à la magie de Merlin, qui fit naître un nuage de poussière pour aveugler l'ennemi, la victoire fut complète. Les dames y avaient assisté du haut des remparts du château et la fille aînée de Gogrvan ne voulut laisser à personne d'autre le soin de désarmer Arthur, le héros du jour, et de lui laver le visage, le cou et les mains. Cette charmante jeune personne avait nom Gwenhwyfar – « Blanc fantôme » – et était la plus jolie jouvencelle de toute l'île de Bretagne. Elle s'agenouilla devant lui pour lui tendre une coupe de vin et leurs regards se rencontrèrent. Ils en furent si troublés l'un et l'autre qu'Arthur gardait la coupe en l'air sans songer à boire et que la jeune fille oubliait de se relever.

Merlin fit alors remarquer, en souriant dans sa barbe, qu'il était étonnant que le brenin, ayant une fille aussi charmante, n'eût pas encore songé à la marier. Gogrvan répondit qu'il lui faudrait un gendre capable de le défendre contre les Saxons. Mais Gwenhwyfar protesta :

— Père, pour accepter un époux, je ne considérerai ni le rang, ni le sang, ni la fortune de l'homme que vous me proposerez, mais seulement sa vaillance et... l'émoi de mon cœur.

Elle rougissait et son père, qui la connaissait bien et ne l'avait jamais vu si troublée, fut assez fin pour comprendre. Il dit à Merlin :

— J'ignore, puisqu'il ne s'est pas nommé, qui est le courageux jouvenceau qui m'a sauvé aujourd'hui, mais quel qu'il soit, prince ou valet, riche ou pauvre, je serais heureux de l'avoir pour gendre. Si je lui propose ma fille, sera-t-elle refusée?

— Elle ne sera pas refusée, s'écria le roi Arthur, sans attendre la réponse de Merlin.

Alors seulement Merlin révéla au seigneur Gogrvan qu'il serait le beau-père du roi de Bretagne, fils d'Uther et son légitime suzerain. Il y eut grande joie dans le pays quand on célébra les noces.

Arthur accomplit une multitude d'exploits et se couvrit de gloire. Il vainquit les envahisseurs saxons et assura son pouvoir sur la Grande et la Petite Bretagne. Il conduisit une expédition en Irlande pour s'emparer du chaudron magique de Diwrnach le Gaël, comme je l'ai déjà raconté. Il mena la chasse pour s'emparer du Twrch Trwit. Il combattit les Saxons qui attaquaient la ville de Baddon et les battit sur la montagne au terme d'une bataille de trois jours où il tua lui-même quatre cent soixante-dix chefs ennemis.

Telle était la renommée de la cour d'Arthur que les plus vaillants chevaliers du monde entier tenaient pour un honneur d'y être accueillis. Le roi réunissait ses preux, pour les repas, autour d'une table circulaire, afin qu'il n'y eût pas, parmi eux, de premier ni de dernier. C'est pourquoi on les appelait les Chevaliers de la Table Ronde. Ils constituaient une communauté guerrière, un ordre de chevalerie, et il n'y eut jamais meilleurs chevaliers qu'eux. Mais chacun d'eux, après avoir séjourné un certain temps auprès du roi, finissait par repartir en quête d'aventures et ne revenait qu'après avoir accompli maintes prouesses et s'être couvert de gloire.

Les rois d'Irlande et de Scandinavie prêtaient l'hommage à Arthur. Il décida d'étendre encore l'Empire breton. Il passa en Gaule, battit le tribun Flollo qui la gouvernait, et s'empara de tout le pays qu'il partagea entre ses féaux, tels Kei et Bedwyr. Il put alors rentrer à Caerlleon-sur-Wysc et s'y faire couronner empereur.

Ceci ne fut pas du goût de l'empereur de Rome qui lui envoya un ambassadeur pour le sommer de comparaître devant lui. Arthur prit conseil des chefs bretons, prononça un grand discours exaltant la grandeur bretonne, et il fut décidé à l'unanimité de déclarer la guerre à l'empereur de Rome et de conquérir sa ville prétendue éternelle.

L'expédition fut fixée aux calendes d'août. Avant de s'embarquer, Arthur confia la garde de son royaume à son neveu Medrawt, le puissant seigneur du Pays de Verre où il n'y a ni hiver ni été.

Quand il apprit l'arrivée de l'armée bretonne (à laquelle s'étaient joints les Irlandais, les Danois, les Islandais, les Norvégiens, les Gaulois et quelques autres), l'empereur de Rome résolut de marcher à sa rencontre. Le heurt des deux grandes armées fut terrifiant. Le combat dura trois jours et sur cent cinquante chevaliers de la Table Ronde, il n'en resta pas dix vivants. Mais les Romains furent contraints de battre en retraite et de retourner s'abriter derrière les murailles de leur ville. Les troupes d'Arthur vinrent les y assiéger. Hélas! au moment où le roi allait ordonner l'assaut, trois messagers venus de Caerlleon-sur-Wysc se présentèrent devant sa tente. Ils apportaient de tristes nouvelles de son royaume. Medrawt, le félon, était devenu l'amant de la reine Gwenhwyfar. Il l'avait emportée, sur son cheval noir comme la nuit, jusqu'en son château, au milieu du Pays de Verre, l'avait épousée et s'était proclamé roi des deux Bretagnes. Arthur, bouleversé, décida de lever le siège de Rome et de regagner la Bretagne à marches forcées pour châtier le traître.

Par malheur, Medrawt avait fait alliance avec les Saxons et, quand ils abordèrent aux rivages de leur patrie, les Bretons y étaient attendus par cinquante mille ennemis à la tête desquels se pavanait l'ignoble félon. Leur débarquement s'effectua sous une grêle de traits et nombreux furent ceux qui y laissèrent la vie. La mer était rouge de leur sang. Mais ceux qui purent prendre pied sur le sol natal étaient animés d'une telle colère qu'ils taillèrent les Saxons en pièces. Medrawt chercha son salut dans la fuite, avec les survivants. Arthur se lança à leur poursuite et l'affrontement décisif eut lieu à Camlan, en Cornwall [6]. Ce fut la bataille la plus meurtrière qu'eussent connue les gens d'Arthur. On dit que les morts y furent au nombre de cent mille. De tous les chevaliers de la Table Ronde ne survécurent que Morvran ab Tegit, à cause de sa laideur (chacun, pensant que c'était le diable en personne, l'évitait), Sandde Bryd Angel, à cause de sa beauté (personne ne leva la main sur lui, croyant que c'était un ange) et Glewlwyt Gavaelvawr dont la stature et la force étaient

6. Autre nom de la Cornouailles britannique.

telles que chacun fuyait devant lui. Arthur et Medrawt se trouvèrent presque seuls, face à face, au milieu du champ de bataille. Alors Arthur pointa sa lance et éperonna Llamrei, sa jument blanche. Il frappa le traître en pleine poitrine et le traversa d'outre en outre. On vit un rayon de soleil traverser le corps en même temps que la lance.

Mais avant de rendre l'âme, Medrawt eut le temps d'enfoncer son épée dans le flanc du roi qui chancela, tomba de sa selle et resta inanimé sur le sol. Hywydd et Henwas, ses serviteurs, l'emmenèrent hors du champ de bataille et le portèrent dans une chapelle proche de la mer, qu'on appelait la « Chapelle Noire », où il pria toute la nuit pour ses hommes qui avaient été tués. Au matin, les deux serviteurs, le voyant étendu sans mouvement, les bras en croix, le crurent mort et se lamentèrent. Il se redressa et, dans un élan de tendresse, pressa si fort Hywydd sur son cœur qu'il lui écrasa la poitrine et tous les organes qui sont dedans. Le malheureux Hywydd expira sur-le-champ. Le roi le pleura amèrement, puis ordonna à Henwas de le porter jusqu'au rivage. Arrivé là, il tira son épée Caletfwlch du fourreau, la contempla longuement et lui fit ses adieux. Il dit alors à Henwas de la prendre et de la jeter dans les flots.

La lame brillait d'un tel éclat que Henwas détourna les yeux et n'osa tendre la main. Arthur dut répéter son ordre. Henwas prit donc l'arme et la lança dans la mer. Or voici qu'au moment où elle touchait l'eau, un bras émergea, l'attrapa par la poignée, la brandit trois fois, puis replongea en l'emportant.

— Laisse-moi, maintenant, dit le roi à Henwas. Retire-toi. Là où je vais, tu ne peux me suivre. Sache qu'un jour je reviendrai, mais tu ne seras plus là pour m'accueillir. Adieu, bon serviteur.

Henwas s'en fut, les larmes aux yeux. Lorsqu'il fut au milieu de la lande, il se retourna et regarda vers la mer.

Il vit arriver une belle nef qui aborda non loin de l'endroit où il avait laissé le roi. Une belle dame en descendit et il reconnut la fée Morgane (« Née de la Mer »), reine de l'île d'Avalon, l'île de l'Autre Monde dont le nom signifie « la Pomme ». Elle s'avança vers le roi, lui effleura l'épaule du doigt. Alors, il se leva, comme s'il n'avait jamais été blessé, et monta avec elle à bord de la nef, où il fut accueilli par tout un groupe de fées, les sœurs de Morgane.

Le vaisseau tendit ses voiles au vent et s'enfuit comme un oiseau. Il vogua jusqu'à l'île d'Avalon, où, ses blessures bien soignées par les fées, le roi Arthur vit encore, endormi sur un lit d'or.

Avallon est un séjour d'immortalité. La pomme est, en symbolique sacrée, le fruit dont la consommation procure cette immortalité, en même temps que la Connaissance. Les druides dispensaient leur enseignement à leurs disciples sous un pommier, et c'était l'arbre cher à Merlin. Les pommiers abondent en l'île d'Avalon et ils donnent chaque année deux récoltes de fruits. La terre y donne deux moissons par an sans qu'on la travaille et les fleurs y renaissent à mesure qu'on les cueille. Les neuf fées qui règnent sur ce séjour de délices, Morgane et ses huit sœurs, sont versées dans toutes les sciences et dans tous les arts.

Mais Arthur a annoncé qu'il reviendrait de cette terre d'immortalité et les Bretons savent qu'il reviendra pour se mettre à leur tête. Il regroupera sous sa bannière toutes les nations qui parlent encore la vieille langue bretonne : Armorique, pays de Galles et Cornwall, et aussi les cousins gaëls d'Irlande, d'Écosse et de Man, et il rétablira les libertés celtiques. Au Moyen Age, si vous aviez eu l'audace de soutenir devant un Breton qu'Arthur était mort, vous auriez passé un mauvais quart d'heure.

Non! Arthur n'est pas mort et peut-être son retour est-il proche!

X

LES PLUS BEAUX ROMANS D'AMOUR

Les Celtes ne se font pas de la Destinée la même idée que les Méditerranéens. Le mythe d'Œdipe, celui de Pâris, celui de Persée, nous enseignent que pour les Grecs et les Latins les humains sont soumis à la loi implacable de la Fatalité. Le destin de chacun est écrit d'avance et tout ce que l'on peut faire pour lui échapper devient l'instrument de sa réalisation. C'est le thème classique : on prédit à un roi qu'il sera tué par son fils ou son petit-fils; aussi quand l'enfant naît s'empresse-t-il de le faire supprimer, mais le nouveau-né ne meurt pas et c'est cet assassinat manqué qui fera qu'un jour il sera, effectivement, le meurtrier de son père ou de son grand-père. Ce schéma maintes fois reproduit dans la mythologie gréco-latine ne se retrouve pas dans la mythologie celtique. Faisons abstraction, bien entendu, de la légende de Konomor, car elle ne remonte qu'au haut Moyen Age et, si elle est tissée autour du personnage archaïque du roi Conchobar, elle s'est incorporé des éléments latins et chrétiens.

Les anciens Celtes n'auraient pas compris la tentative illusoire du roi pour échapper à son destin. S'insurger contre la Fatalité était pour eux impensable. La grandeur de l'homme est, au contraire, d'assumer sa destinée et d'aller au-devant d'elle. Quand ils avaient envie de courir une aventure et qu'on leur annonçait qu'elle serait mortelle, ils ne mettaient que plus d'empressement et de résolution à la courir, puisqu'ils y voyaient l'accomplissement de leur destin. Gwalchmei n'a pas hésité à couper la tête du Chevalier Vert en sachant qu'au bout de l'an le Chevalier Vert lui couperait la sienne et que lui ne ressusciterait pas. Et au moment voulu il s'est mis à la recherche du Chevalier Vert afin que ce qui devait arriver s'accomplît. De même Owein n'a rien eu de plus pressé que d'aller répandre sur la dalle magique de l'eau de la Fontaine de Barenton, dès qu'il a su que l'aventure était périlleuse.

Ce qui doit être, il faut l'accomplir : c'est cela le vrai sens de la Fatalité. Et c'est dans cet esprit que les Celtes ont toujours considéré l'amour comme fatal. L'amour est comme un sortilège et celui sur qui ce sortilège est jeté ne peut échapper à ses effets magiques, et ne doit pas chercher à y échapper.

Ce sont les romans bretons qui ont introduit dans la littérature européenne la notion de l'amour-passion. Il était aussi ignoré de la littérature germanique que de la littérature latine. Dans les Chansons de Geste, la femme n'apparaît qu'à titre de repos du guerrier et de bonne reproductrice qui engendrera de vaillants soudards. A l'inverse, dans les cours d'amour de la délicate Occitanie, l'amour courtois se présente comme un pur jeu d'intellectuels, soumis à des règles conventionnelles et entaché d'une certaine préciosité. Mais pour les Celtes, l'amour est aussi éloigné de la simple satisfaction des instincts de la chair que des jeux raffinés de la courtoisie : c'est une flamme qui embrase l'être tout entier, le brûle et le dévore. Il ne concerne pas seulement le corps ou l'esprit, il s'empare de l'individu dans sa totalité, à la fois dans son corps, dans son âme et dans son esprit.

Dans l'amour se réalise la finalité du monde, le retour

à l'unité primordiale, puisque l'homme et la femme, qui sont les deux principes opposés de la fonction créatrice, se fondent en un seul par la chair, le sentiment et la pensée. Voilà pourquoi la littérature celtique, à partir de thèmes mythologiques, a imaginé le roman d'amour... un genre littéraire bientôt appelé à une belle carrière dans tout l'Occident.

On s'accorde à considérer l'un des romans bretons, celui de Tristan et Iseult, comme le plus beau roman d'amour de tous les temps. Il exprime, précisément, la fatalité de l'amour. En fait, il constitue la forme évoluée de mythes beaucoup plus anciens, que l'on retrouve sous des aspects plus archaïques chez les Gaëls, ce qui prouve qu'ils faisaient partie du fonds commun de l'ensemble de la Celtie.

Le roman de Deirdré

Les chefs ulates étaient réunis pour festoyer chez Fedelmid, le conteur du roi Conchobar. La femme de leur hôte faisait les honneurs de sa maison, quoiqu'elle fût enceinte. L'ambiance était joyeuse, les cornes d'hydromel et de bière circulaient autour de la table. L'épouse de Fedelmid traversa la salle pour se retirer. Alors, l'enfant qui était dans son sein poussa un cri si aigu que les guerriers qui se trouvaient dehors accoururent, les armes à la main. On les rassura et l'on pria le druide Cathbad, qui était présent, de se prononcer sur ce cas extraordinaire. Il chanta que l'enfant à naître serait une fille aux cheveux blonds, aux merveilleux yeux bleus, aux joues couleur de la digitale, que sa peau et ses dents auraient la blancheur de la neige vierge et que ses lèvres seraient écarlates, mais que pour elle les hommes se battraient et le sang coulerait. Il mit la main sur le ventre de la future mère et l'enfant remua fortement. Il déclara alors que son nom serait *Deirdré* (« Danger ») et qu'elle serait la cause de bien des malheurs pour l'Ulster.

Quand la petite Deirdré fut née, Cathbad renouvela sa prophétie et les jeunes guerriers de la suite royale, effrayés, n'eurent qu'un cri : « Il faut tuer cette fille! » Mais le roi Conchobar s'y opposa. Il n'avait qu'un désir, c'était qu'une enfant vouée à devenir aussi merveilleusement belle fût un jour sa femme. Pour qu'elle ne fût vue par aucun homme avant d'avoir partagé sa couche, il l'enferma avec une nourrice dans un château à l'écart des routes. L'entrée en était strictement interdite à tout le monde, sauf à la nourrice, au gardien et à la magicienne Leborham, sa femme de confiance.

Quand Deirdré eut grandi et fut devenue une jeune fille ravissante à voir, il arriva que le garde écorchât un veau sur la neige de la cour et qu'un corbeau vînt boire le sang répandu. Deirdré dit à Leborham :

– Le garçon que j'aimerai aura les cheveux noirs comme le corbeau, la joue rouge comme le sang et la peau blanche comme la neige.

– Tu tombes bien, répondit Leborham, celui que tu décris n'est pas loin, c'est Noisé [1], fils d'Uisliu. C'est lui que tu entends souvent chanter en haut du rempart d'Emain Macha. Lorsqu'il chante, les vaches qui l'entendent donnent un tiers de lait en plus [2].

Dès qu'elle entendit la voix enchanteresse, portée par le vent depuis Emain Macha, Deirdré s'évada du château et courut jusqu'au pied de la muraille de la ville. Elle vit le beau jeune homme qui chantait, nonchalamment étendu sur le chemin de ronde, appuyé sur un

---

1. « Homme de réputation. » Prononcer Noïché.
2. Ce qui prouve que l'effet bénéfique de la musique sur la lactation des vaches, découvert il y a quelques années, était déjà connu des anciens Celtes.

coude. Elle s'éprit aussitôt de lui. Il souriait et il s'exclama galamment :

– Voilà une belle génisse qui passe devant nous!

– Les génisses, rétorqua-t-elle sans fausse pudeur, se promènent quand elles n'ont pas de taureau.

– Tu es Deirdré, n'est-ce pas? Alors, tu as le taureau du pays, le roi Conchobar.

La jeune fille fit la moue :

– S'il me fallait choisir entre vous deux, ma préférence irait au taurillon.

Elle escalada le mur d'enceinte, s'approcha du jeune homme et lui saisit les oreilles de ses deux mains.

– Voici, dit-elle, deux oreilles de honte et de moquerie, si tu ne m'emmènes pas avec toi.

Il protesta qu'il ne le pouvait pas, puisqu'elle était l'épouse promise du roi Conchobar. Il n'en était pas moins fort embarrassé et il appela ses deux frères, Ainnlé et Arden, pour leur demander leur avis. Tous deux répondirent qu'on ne pouvait rien contre le Destin, que le sort jeté par la jeune fille ne pouvait plus être rompu et que la prédiction de Cathbad devait s'accomplir.

– Nous ne t'abandonnerons pas, promirent-ils. Noir est l'horizon où s'enfonce notre route. Cependant, tu ne seras pas bafoué tant que nous serons en vie. Emmène Deirdré et fuyons tous les quatre outre-mer car personne, en Irlande, ne nous donnera asile.

A cette époque, de nombreuses colonies de Scots, c'est-à-dire d'Irlandais, s'étaient installées en Alba, la grande île face à la leur, en repoussant les Pictes qui en peuplaient le nord et étaient des Celtes comme eux [3]. Deirdré et les trois fils d'Uisliu allèrent donc s'établir eux aussi dans les Highlands d'Alba. Ils vécurent de la

_____

3. C'est à cause de ces colonies de Scots que le pays est appelé aujourd'hui Scotland, ou Écosse.

chasse dans une vallée sauvage, tant qu'ils y trouvèrent du gibier. Lorsqu'ils eurent tué le dernier daim, les trois frères allèrent offrir leurs services au roi. Leur réputation les avait précédés : on savait qu'ils étaient capables de vaincre une biche à la course et qu'à eux trois ils pouvaient battre une armée. Ils furent engagés immédiatement.

Ils construisirent une maison de bois pour Deirdré, afin que personne ne la vît, car ils savaient que sa beauté attirerait le malheur. Un jour vint, cependant, où l'intendant du roi, venu à l'aube remettre un ordre à Noisé, entra dans la maison et vit les deux époux endormis côte à côte. Il fut si ébloui de la beauté de la jeune femme qu'il revint en hâte en rendre compte au roi qui, depuis longtemps, était en quête d'une épouse mais n'en trouvait pas d'assez belle. Il lui suggéra de surprendre Noisé pendant son sommeil, de l'expédier dans un monde meilleur et de s'emparer de la Dame. Le roi repoussa la suggestion, car il ne lui convenait pas de prendre sa future épouse de force, il voulait l'obtenir de son plein gré. Il chargea le fidèle intendant d'aller tous les jours, lorsqu'elle serait seule, lui faire la cour de sa part.

Ce petit jeu ne fit qu'amuser Deirdré qui écoutait, goguenarde, les beaux discours du zélé fonctionnaire et racontait tout, le soir, à son cher Noisé. Pour hâter les choses, le roi confia aux trois frères des missions de plus en plus périlleuses, en espérant bien qu'ils n'en reviendraient pas. Mais ils triomphaient de toutes les embûches, défaisaient tous leurs adversaires et revenaient sans une blessure.

Le roi voulut en finir et décida de se débarrasser d'eux en les faisant assassiner par traîtrise. Mais l'intendant ne put cacher ce projet à Deirdré qui les en informa aussitôt. Ils s'enfuirent tous les quatre pendant la nuit et gagnèrent une île au large où ils vécurent tranquilles.

Ces événements ne restèrent pas ignorés de Conchobar qui possédait un excellent service de renseignements. Il avait éprouvé une sombre fureur lorsque Deirdré était partie avec Noisé, et ne le leur avait pas pardonné. Il n'avait pas perdu l'espoir de se venger et résolut d'y parvenir par la ruse. A l'issue d'un banquet qui réunissait tous les plus nobles guerriers d'Ulster, il déclara que ce qui le chagrinait, en contemplant une si belle assemblée, c'était de penser que les trois fils d'Uisliu en étaient absents. Il ne demandait, affirmait-il, qu'à les accueillir à bras ouverts, et tout le monde fut bien d'avis qu'il convenait d'envoyer un messager les chercher. Trois hommes paraissaient susceptibles au roi de mener à bien cette mission, Cûchulainn, fils de Lug, son frère de lait Conall Cernach (« le Victorieux ») et Fergus, l'ancien souverain. Pour choisir entre eux, il les mit à l'épreuve en leur demandant à tour de rôle : « Que ferais-tu, si tu allais chercher les fils d'Uisliu et qu'il leur arrivât quelque chose de fâcheux pendant qu'ils seraient sous ta protection? » Cûchulainn et Conall répondirent l'un et l'autre qu'ils n'hésiteraient pas à couper la tête à tous ceux qui auraient trempé dans la trahison, y compris, le cas échéant, à lui-même, Conchobar. La réponse de Fergus fut plus nuancée. S'il arrivait du mal aux fils d'Uisliu, il punirait de mort tous les coupables, sauf qu'il ne porterait pas la main sur son roi ni sur nulle personne de sang royal. Conchobar décida sans hésiter de confier à Fergus le soin d'aller quérir Noisé et ses frères. Et il lui fit jurer, d'une part, de s'arrêter avec eux saluer son ami Borrach, d'autre part de les ramener à Emain Macha le soir même du jour où ils auraient débarqué. Fergus jura et se mit en route, accompagné de ses deux fils, Illan et Buinné.

Conchobar s'en fut alors trouver Borrach et lui fit promettre de retenir Fergus à dîner, lorsqu'il s'arrêterait chez lui. Fergus ne pourrait faire autrement que d'accepter, car c'était pour lui un geis que de ne jamais refuser une invitation à un repas.

Lorsqu'il débarqua sur la grève de l'île où Deirdré et les fils d'Uisliu coulaient des jours heureux, Fergus poussa un long cri de reconnaissance. Noisé s'exclama : « J'entends l'appel d'un Irlandais. » Deirdré, qui avait reconnu la voix, mentit : « Ce n'est pas un Irlandais, c'est un homme d'ici. » Fergus lança un nouvel appel et Deirdré prétendit à nouveau que c'était le cri d'un Écossais. Mais Fergus appela encore, plus près, et sa voix était si reconnaissable que Deirdré dut admettre que c'était bien lui qui criait. Noisé lui demanda pourquoi elle avait menti.

— C'est, répondit-elle, à cause d'un rêve que j'ai eu cette nuit. J'ai vu trois oiseaux arriver d'Emain Macha avec chacun une goutte de miel dans le bec. Ils déposaient le miel sur nous et nous prenaient en échange trois gouttes de sang. Cela signifie que Fergus et ses deux fils viennent à nous en messagers de paix, mais que vous perdrez la vie tous les trois si vous les suivez.

— Ne te laisse pas impressionner par un simple rêve, dit Noisé. Fergus nous attend, allons vers lui.

Ils tombèrent dans les bras les uns des autres et Fergus leur annonça la bonne nouvelle du pardon de Conchobar qui l'avait envoyé les chercher. Mais Deirdré s'opposa au départ. « Vous avez plus de bien ici, dit-elle à son mari et à ses beaux-frères, que vous n'en aurez en Irlande. » Mais Fergus fit observer :

— La richesse n'est pas tout. Il est plus doux de vivre modestement, mais au pays natal.

— C'est vrai, reconnut Noisé. Je serais plus heureux en Irlande, bien qu'ici je sois plus riche.

Il exigea cependant, pour accepter de revenir, que Fergus lui-même, Cormac fils de Conchobar, et un autre guerrier ulate nommé Dubthach, se portassent garants de leur sécurité.

Quand Fergus, Cormac et Dubthach se furent solennellement déclarés leurs garants, les fils d'Uisliu se disposèrent à regagner leur patrie. Deirdré, alors, se tordit les bras et, les yeux remplis de larmes, les conjura de n'en rien faire, car elle savait qu'on les tuerait.

— Même si toute l'Irlande les trahissait, protesta Fergus, il n'y a ni casque, ni bouclier, ni glaive qui saurait parer mes coups et je les vaincrais tous.

Forts de ces assurances, les trois frères embarquèrent sur le bateau de Fergus et Deirdré les suivit en pleurant. Assise à la poupe, elle exhala ses plaintes, disant à travers ses larmes que son cœur était en Écosse, terre des merveilles, et qu'elle ne l'aurait jamais quittée si ce n'avait été pour suivre l'aimé.

Fergus amena, comme il l'avait promis, les rapatriés saluer au passage Borrach qui les accueillit avec effusion et les invita à dîner. Fergus devint rouge de colère.

— Veux-tu me faire manquer à l'honneur? s'indigna-t-il. Tu sais que je ne puis refuser une invitation. Or j'ai juré au roi de conduire les enfants d'Uisliu ce soir même à Emain.

— Mais moi je lui ai promis de t'inviter à manger avec moi. La seule solution, c'est que tu restes ici et que Noisé et ses frères poursuivent leur chemin pour être à Emain ce soir, comme tu en as pris l'engagement.

Fergus demanda aux fils d'Uisliu ce qu'ils en pensaient et ce fut Deirdré elle-même qui répondit :

— Il n'y a, en effet, pas d'autre solution. Il est clair que tu dois te séparer de nous. Mais c'est un dîner qui te coûtera bien cher.

— Ma protection ne vous abandonne pas. Je délègue mes deux fils, Illan et Buinné, pour vous accompagner.

Pendant qu'ils cheminaient tous les six, Deirdré, qui cherchait le moyen de se soustraire à une trahison qu'elle pressentait, suggéra :

– Je vous donnerai un avis, quoique je sache que je perde mon temps. Prenons une barque et allons à l'île de Rachlinn, entre l'Irlande et la Bretagne, pour y attendre que Fergus soit libéré de son banquet. Ainsi Fergus n'aura pas trahi son serment et vous garderez la vie sauve.

– C'est un mauvais conseil, répondirent Illan et Buinné, car il montre que tu n'as pas confiance en nous. Rassure-toi, nous ne vous trahirons jamais, nous en faisons le serment.

Ils firent une halte et Deirdré sommeilla. Elle eut un rêve qu'elle raconta à Noisé dès son réveil :

– Je vous ai vus tous les trois et Illan décapités et Buinné sain et sauf qui n'était pas venu à votre secours. Mon cœur est en deuil. Je vois un nuage sanglant au-dessus de ta tête, cher Noisé. Cette fois, je te donnerai un avis pressant : va au château de Dalgan, chez Cûchulainn, et restes-y jusqu'au retour de Fergus. Ou bien, tout au moins, rends-toi à Emain sous la protection de Cûchulainn.

– Me prends-tu pour un lâche? Je n'en ferai rien. Je n'ai pas peur.

– Tu n'as pas peur? Regarde au-dessus de ta tête le nuage rouge qui s'étend sur toute l'Irlande! Mon cœur est une pierre lourde d'angoisse et de regrets. Un jour, tes paroles étaient sages et ma folie t'a entraîné. Aujourd'hui, la folie te mène et tu n'écoutes pas la sage Deirdré.

Quand ils se furent remis en route, elle chercha encore le moyen de sauver son amour et une idée lui vint :

– Je sais comment vous pourrez connaître les intentions de Conchobar.

– Comment?

– S'il vous invite dans la salle où il se tient, c'est qu'il a l'intention d'être loyal envers vous. Mais s'il vous envoie dans le bâtiment de la Branche Rouge et ne vous y rejoint pas, attendez-vous au pire.

– C'est bien pensé, approuva Noisé.

Lorsqu'ils se présentèrent au portier du palais, celui-ci leur dit qu'il avait ordre de les conduire au bâtiment de la Branche Rouge. Deirdré les conjura : « Il est encore temps de nous sauver. » Mais à quoi bon résister au Destin? Les hommes haussèrent les épaules et suivirent le portier.

Dans le bâtiment de la Branche Rouge, on leur servit des viandes succulentes et des boissons enivrantes. Ils se gardèrent bien de boire jusqu'à l'ivresse. Ils réclamèrent un échiquier et Deirdré engagea une partie d'échecs avec Noisé.

Pendant ce temps, Conchobar ne tenait plus en place. Il s'asseyait, se relevait, changeait de siège. Il finit par demander : « Qui de vous ira voir si Deirdré est toujours aussi jolie que naguère? » Leborham dit qu'elle irait. Elle était autant attachée à Noisé qu'à Deirdré. Elle avait été complice de leur fuite et leur avait servi de messagère entre l'Écosse et l'Irlande. Quand elle fut près d'eux, elle les embrassa en pleurant. Elle ne leur cacha pas les intentions perfides du roi et les invita à barricader toutes les ouvertures de la salle.

A son retour, elle dit au roi que Deirdré, avec l'âge et les soucis, avait perdu toute sa beauté. Mais il se méfiait et il décida d'envoyer quelqu'un d'autre vérifier. Il s'adressa pour cela à un ennemi juré de Noisé, qu'il chargea de lui rapporter s'il y avait sur la terre une fille plus désirable que Deirdré. L'espion trouva les portes et les fenêtres du bâtiment de la Branche Rouge fermées, mais il découvrit une petite fenêtre qui avait été oubliée. Il s'y hissa et jeta un regard dans la salle. Noisé l'aperçut et lui lança au visage la pièce du jeu d'échecs qu'il tenait à la main. L'homme retourna vers Conchobar avec un œil pendant sur la joue, et lui rendit compte qu'il y avait là-bas une fille qu'on pouvait désirer avant toutes les femmes de la terre.

330

La passion se réveilla avec violence dans le cœur du roi qui fit sonner le rassemblement et emmena ses soldats à l'assaut du bâtiment de la Branche Rouge. Ils poussèrent des cris de guerre et lancèrent des tisons enflammés.

— Roi Conchobar, interrogea Illan d'une voix forte, vas-tu donc manquer à la parole que tu as donnée à Fergus?

— Je jure, tonna le roi en guise de réponse, que je vous ferai regretter d'avoir séquestré ma femme.

Deirdré dit à ses compagnons : — Vous voyez, Fergus nous a trahis.

— S'il vous a trahis, dit son fils Buinné, nous ne le ferons pas.

Il fit une sortie, massacra tous les soldats à sa portée et éteignit les tisons. Conchobar lui proposa une récompense somptueuse s'il abandonnait la cause des fils d'Uisliu : un territoire de cent villages et une place au conseil. Il se laissa tenter.

— Ton frère, dit Deirdré à Illan, nous a trahis comme ton père.

— Moi, je ne vous abandonnerai pas.

Il fit une sortie, massacra deux fois plus d'ennemis que son frère, mais tomba percé de coups. Arden le remplaça, fit autant de ravages dans les rangs ennemis et fut rejoint par Ainnlé. Puis Noisé sortit à son tour. La troupe de Conchobar subit des pertes effroyables. Mais les trois frères arrivaient au bout de leurs forces. Ils se mirent dos à dos, Deirdré au milieu d'eux. Personne n'osa les approcher.

Alors Conchobar appela le druide Cathbad et lui demanda d'enchanter les trois hommes pour éviter qu'ils ne semassent la ruine dans toute l'Irlande. Il lui donna sa parole qu'il ne leur serait fait aucun mal. Sur cette promesse, Cathbad fit naître une mer gluante qui enveloppa les fils d'Uisliu. Ils étouffaient et ils lâchèrent leurs armes pour élever Deirdré au-dessus de leurs épaules. Leurs adversaires en profitèrent pour se saisir d'eux et leur lier bras et jambes.

Conchobar avait promis de ne leur faire aucun mal, mais chacun de nous sait ce que valent les promesses d'un chef d'État. Il donna l'ordre de les tuer. Aucun des guerriers ulates ne voulut le faire. Mais il y avait là Mané Main-Rouge, fils du roi de Norvège, dont le père avait été tué par Noisé. Il accepta. Il coupa les trois têtes.

Les Ulates poussèrent trois gémissements de deuil.

Quand ils apprirent le crime, Fergus, Cormac et Dubthach, qui s'étaient portés garants de la sécurité des fils d'Uisliu et voyaient ainsi leur honneur terni, entrèrent en révolte. Ils firent un grand massacre de partisans de Conchobar et Fergus se battit toute une journée avec le roi lui-même, mais sans résultat. Fergus saccagea Emain Macha et y mit le feu, puis les trois garants quittèrent l'Ulster et se réfugièrent en Connaught chez Ailill et Medb qui les accueillirent avec joie. Avec eux s'exilèrent trois cents autres guerriers et tout cela devait coûter très cher aux Ulates lors de la Razzia des Bœufs de Cualngé.

Quant à Deirdré, elle avait été amenée, les mains liées, le visage ruisselant de larmes, devant le roi Conchobar qui prit son plaisir d'elle. Elle partagea sa couche, malgré elle, pendant un an. De toute cette année, personne ne la vit jamais sourire. Elle mangeait à peine. Quand le roi envoyait des bouffons essayer de la distraire, elle chantait pour elle-même une élégie qu'elle avait composée en mémoire de Noisé. Aux déclarations passionnées de Conchobar, elle répondait : « Tu es cause de ma douleur et aussi longtemps que je vivrai, je n'aurai jamais pour toi la moindre parcelle d'amour. L'homme le plus beau sous le ciel est celui que j'aimais, et tu me l'as arraché. » Tant et si bien qu'au bout de l'an le roi perdit patience et lui demanda :

– Qui détestes-tu le plus parmi ceux que tu vois?

– Toi et Mané Main-Rouge, le bourreau de Noisé, répondit-elle sans hésiter.

– Eh bien, tu as été à moi pendant un an; tu vas rester maintenant une année chez Mané Main-Rouge.

Il la donna à Mané et, comme il y avait le lendemain une assemblée à Tamar, ils l'y emmenèrent. Ils étaient tous les trois sur le même char et Conchobar ricana en disant : « Ha! Ha! belle Deirdré, tu as l'air d'une brebis entre deux béliers! »

Le char roulait, au galop des chevaux, au long d'escarpements crevés de rocs. La pauvre Deirdré en profite. Elle attend que se présente devant elle une haute roche en saillie et se jette contre elle, du haut du char. Elle s'y fracasse la tête et meurt sur le coup.

Ce tragique dénouement confère à l'histoire de Deirdré une grandeur sublime. Elle reste jusque au bout un drame poignant où l'amour et la mort ne cessent de se côtoyer. Mais quelque place qu'y tienne l'amour-passion, ce n'est pas seulement un roman d'amour. Le récit supporte plusieurs niveaux de lecture. C'est une leçon sur la fatalité du Destin, mais c'est aussi une leçon sur le sens de notre vie. Nous y sommes invités à réfléchir sur le fait que nous ne sommes pas sur terre pour y jouir du bonheur, mais pour marcher hardiment vers la mort qui nous attend inéluctablement.

Deirdré, en un certain sens, représente tout ce qui peut nous séduire en ce monde. C'est bien elle, en effet, qui a séduit Noisé, l'a ensorcelé. Comme elle le reconnaît elle-même, sa folie l'a entraîné. Elle incarne toutes nos attaches terrestres, les affections, le bien-être, le niveau de vie, le progrès. Tout cela voudrait nous retenir ici-bas, mais il n'y a rien à faire, il faut que nous retournions, lorsque l'appel se fera entendre, vers notre patrie, c'est-à-dire l'au-delà. L'honneur de l'homme digne de ce nom, c'est de savoir, comme Noisé et ses frères, renoncer à la richesse et à la tranquillité pour retourner vers le séjour d'éternité en regardant la mort en face.

Il existe du roman de Deirdré une version écossaise quelque peu différente, mais dont l'esprit et le sens restent les mêmes. L'héroïne y est appelée non pas Deirdré, mais *Darthula,* et les trois frères, Nathos, Althos et Ardan, fils d'Usnoth, ne sont pas des Ulates qui vont connaître l'exil en Écosse, mais, au contraire – amour-propre national oblige – de bons Écossais. Ils ont été envoyés par leur père en Irlande pour s'y perfectionner dans le métier des armes sous la bannière de leur illustre compatriote Cuchullin. Car, bien entendu, Cuchullin est, lui aussi, écossais. Ce qu'ils ignorent, c'est que Cuchullin vient de mourir. Ils vont faire la guerre au roi Caïrbar (Conchobar), car il n'y a pas de bonne légende écossaise sans un conflit armé. Comme dans la version irlandaise, Nathos enlève la belle Darthula dont Caïrbar voulait faire sa femme malgré elle. Ils s'embarquent pour l'Écosse. Mais s'ils reviennent en terre irlandaise ce n'est pas volontairement et sur la foi de fallacieuses promesses, comme dans le roman de Deirdré, c'est parce que la tempête les y rejette. Le dénouement serait assez semblable à celui de la légende originelle, puisque les trois fils d'Usnoth, se battant seuls contre toute l'armée de Caïrbar et en faisant grand carnage, finissent par succomber, si le poème écossais (attribué à Ossian) n'éliminait l'épisode trop décevant de la réduction de la malheureuse amante du héros à l'état de concubine du vainqueur. Darthula a pris les armes d'un jeune guerrier et combat au côté de son cher Nathos. Quand il est tué, elle expire sur son corps, la poitrine percée d'une flèche. Mais il convient de préciser qu'en Irlande même diverses versions de l'histoire de Deirdré lui donnent une fin moins affligeante que dans le récit archaïque.

334

Pourtant, il y a un sens profond à la déchéance dans laquelle tombe la femme qu'a aimée Noisé. Dès l'instant que l'on a compris que Deirdré représente la richesse, le bien-être, les attachements terrestres, l'enseignement à tirer de ce dénouement est évident : des mêmes biens de ce monde il peut être fait un bon usage ou un usage dégradant, selon que celui qui les possède est une âme noble ou une âme vile. Il est mis aussi en évidence que, dans les affaires terrestres, les hommes dépourvus de scrupules l'emportent fatalement sur ceux qui ont le sens de la loyauté, mais que leur victoire est illusoire et qu'ils n'en profitent pas longtemps.

Le roman de Diarmaid et Grainné

Le vieux roi Finn, devenu veuf une fois de plus, s'était mis en tête de prendre une nouvelle épouse. Il demanda la main de Grainné, la fille de Cormac mac Airt, roi suprême de l'Irlande. Mais la belle n'était pas du tout enthousiasmée par ce mariage avec un barbon, tout auréolé de gloire qu'il fût. Pour l'écarter sans le vexer, elle réclama comme douaire un couple de chaque animal sauvage qui existait en Irlande. Elle était persuadée que c'était une condition impossible à remplir. Mais Cailté, le neveu de Finn, se mit en chasse et réussit à ramener en un seul troupeau tous les animaux demandés. C'était le renard qui lui avait donné le plus de peine.

Grainné ne pouvait plus refuser d'épouser le vieux roi Finn. Elle l'épousa donc, mais ce ne fut pas une bonne chose, car elle se mit aussitôt à le haïr. Cela ne l'empêcha pas, cependant, de se rendre avec lui à un festin offert par son père, Cormac, aux Fianna. Elle n'y allait pas sans arrière-pensée. Après s'être fait nommer tous les Fianna, elle appela sa servante et l'envoya chercher une coupe d'or où elle versa un breuvage magique. Elle présenta la coupe, tour à tour, à son mari et à chacun des chefs Fianna. Quand ils eurent bu, ils s'endormirent tous, à l'exception d'Oisin [4], fils de Finn, et de Diarmaid.

La particularité de Diarmaid, c'est qu'il avait sur le front un grain de beauté qui le rendait irrésistible aux femmes. Cela remontait à une aventure qui lui était arrivée un jour qu'il chassait avec trois de ses compagnons d'armes, Conân, Goll et Osgar. Ils avaient demandé l'hospitalité dans une maison isolée où vivaient un vieillard et sa fille. Pendant le repas, un bélier attaché dans un coin de la salle se dégagea de ses liens. A tour de rôle, ils luttèrent avec lui dans l'intention d'aller le rattacher, mais le bélier les renversa et garda l'un d'eux sous chacun de ses pieds. Alors, le chat de la maison se rendit maître du bélier et le rattacha. « Vous êtes, leur dit leur hôte, les meilleurs guerriers du monde, car ce bélier est le Monde et vous avez lutté avec lui; il a toute la force du monde; et le chat est la Mort, la Mort qui vient à bout du Monde. » Quand ils allèrent se coucher, la fille de leur hôte se mit au lit dans la même chambre qu'eux. Elle était très belle et, l'un après l'autre, ils firent des travaux d'approche pour essayer de se faire admettre dans son lit. Mais à chacun elle dit : « Retourne sur tes pas. Je suis la Jeunesse. J'ai déjà été à toi et je ne serai pas à toi de nouveau, jamais. » A Diarmaid, elle ajouta cependant : « Je vais mettre ma main sur ton front et j'y laisserai un grain de beauté, de telle sorte qu'aucune femme ne te verra jamais sans que tu puisses la séduire. »

Mais quand elle eut endormi les autres Fianna, Grainné se garda bien de laisser voir combien la séduction de Diarmaid agissait pour elle. C'est, au contraire, à Oisin qu'elle proposa de partir avec elle.

4. Forme irlandaise d'*Ossian* (prononcer « Ochinn »).

336

Oisin déclina l'invite, en invoquant un geis qui lui avait été imposé : il lui était interdit de prendre une femme ayant appartenu à son père. Grainné n'insista pas. Elle n'avait sans doute fait cette offre que pour donner le change. Elle se tourna vers Diarmaid :

– Emmène-moi, toi, lui dit-elle. Enfuyons-nous ensemble.

Diarmaid protesta qu'il ne voulait pas détourner de ses devoirs l'épouse de son roi. Alors la jeune femme se fâcha et mit sur lui un geis de danger et de destruction s'il ne l'emmenait pas avant que Finn et les autres ne sortissent de leur sommeil. Diarmaid ne pouvait plus se dérober. La force magique du geis le liait inexorablement. C'est à ce moment seulement que Grainné lui avoua qu'elle l'aimait depuis longtemps, depuis la première fois qu'elle l'avait aperçu par la fenêtre de sa chambre. Quand, à son réveil, Finn constata leur disparition, il entra dans une violente fureur et se lança à leur poursuite, donnant à ses Fianna – qui, pourtant, s'en seraient bien dispensés – l'ordre de l'accompagner.

Nous avons déjà vu, lorsque nous avons parlé des aventures de Finn [5] que Diarmaid et Grainné s'étaient réfugiés dans une grotte et qu'ils y vivaient comme frère et sœur parce que Diarmaid se méfiait de la ruse de Grainné et avait peur d'elle autant que de la vengeance de Finn. Il y avait avec eux dans la grotte une vieille femme qui leur servait de gardienne et avait la charge de les prévenir en cas de danger. Cette vieille monta un jour sur la colline au-dessus de la grotte et y rencontra un guerrier solitaire. C'était Finn, et elle lui demanda ce qu'il venait faire dans ces parages. Il comprit qu'elle exerçait une surveillance et imagina une ruse. Il lui répondit qu'il était venu pour la demander en mariage et la désirait pour unique femme. Elle en fut toute

5. *Supra*, chapitre III.

bouleversée de joie et de fierté et lui promit de faire tout ce qu'il désirerait. Ce qu'il désirait, il l'expliqua aussitôt, c'était qu'elle l'aidât à capturer Diarmaid. Elle y consentit, lui indiqua la cachette des deux jeunes gens et lui dit qu'elle allait faire en sorte qu'ils n'en bougent pas pendant qu'il allait chercher ses guerriers.

La vieille mégère saupoudra son manteau de sel et rentra dans la caverne en disant qu'il neigeait et gelait, et qu'elle n'avait jamais vu de sa vie un froid pareil. Elle secoua son manteau à travers la caverne et conseilla à Diarmaid et Grainné de rester bien au chaud sous leurs couvertures, car ç'aurait été folie de leur part de sortir par un temps pareil. Après quoi elle repartit pour se porter à la rencontre de Finn et de ses hommes. Mais ce départ parut suspect à Grainné. Elle mit la main sur le manteau, suça ses doigts et trouva que la neige avait ce jour-là un curieux goût de sel.

– La vieille nous a trahis, dit-elle à Diarmaid. Lève-toi vite, mets ta tenue de combat et filons d'ici.

Quand ils se glissèrent hors de la caverne, ils aperçurent le roi des Fianna qui arrivait, entouré de ses guerriers. Ils prirent la fuite en direction de la mer et virent un bateau sur le rivage. Dans ce bateau les attendait un homme vêtu d'un étrange manteau à raies d'or. C'était le dieu solaire Oengus, le Mac Oc, père nourricier de Diarmaid qui venait à leur secours. Il leur proposa de les emmener au loin, mais Diarmaid refusa de partir. Oengus emporta Grainné sous les plis de son manteau.

Diarmaid se dirigea vers les Fianna pour avoir une franche explication. Il était prêt à retourner avec eux. Mais l'entrevue fut plutôt orageuse et Finn engagea le combat contre lui. Heureusement, la magie d'Oengus le rendit invisible et il traversa les rangs des Fianna sans être aperçu. Il rejoignit Oengus et Grainné. Son père adoptif lui prodigua de sages conseils : ne jamais entrer dans une grotte qui n'ait qu'une seule issue, ne jamais aller dans une île qui ne soit séparée de la terre que par un seul chenal, ne pas manger là où il aurait fait la cuisine et ne pas dormir là où il aurait mangé, ne pas attendre le matin pour quitter le lieu où il aurait dormi... Après quoi, il disparut, le laissant en tête-à-tête avec Grainné.

C'était une vie de bêtes traquées qui s'annonçait pour les deux jeunes gens. Diarmaid exhala son désespoir :

– Tu m'as mis en douloureuse détresse, ô Grainné! Tu m'as enlevé du palais d'un roi pour passer mes jours dans l'exil, pleurant mon bonheur disparu. A cause de toi, j'ai perdu mes terres, mes bateaux, l'affection de mes compagnons et mon honneur même. Je suis abandonné de tous à cause de ton amour.

Grainné encaissa les reproches. Elle savait que sa féminité signifiait possession et domination et qu'elle triompherait de celui qu'elle aimait. Un jour qu'elle marchait à côté de lui sur un terrain boueux, une éclaboussure jaillit entre ses doigts de pied et alla s'écraser sur sa cuisse.

– Peste sur toi, éclaboussure lumineuse! s'exclama-t-elle. Tu es plus hardie que Diarmaid!

Diarmaid lui demanda de s'expliquer et elle le fit sans détours, émettant même des doutes sur sa virilité. Il ne put résister à cette provocation ni supporter plus longtemps ses reproches, et ils devinrent amants. Il n'y eut jamais d'amour plus passionné. Leurs corps étaient ivres de la fougue de leurs élans et leurs âmes inondées de mutuelle tendresse. Écoutons le joli chant d'amour de Grainné veillant sur le sommeil de son bien-aimé :

– *Dors un petit peu, un tout petit peu, et ne crains rien, homme à qui j'ai donné mon amour, Diarmaid O' Duibhné... Je resterai veiller sur toi, rempart du combat de l'ouest; mon cœur se briserait de douleur, si jamais je cessais de te voir. Nous séparer, guerrier du*

*beau lac de German, serait arracher l'enfant à sa mère,
éloigner le corps de l'âme. Le cerf, à l'est, ne dort pas. Il
ne cesse de bramer dans les buissons pleins d'oiseaux
noirs, il ne veut pas dormir. La biche sans cornes ne dort
pas. Elle gémit pour son petit tacheté, elle court à
travers les buissons, elle ne dort pas dans sa remise... Ce
soir, le coq de bruyère ne dort pas dans les landes
battues par les vents. Sur la colline, son cri est doux et
clair. Près des ruisseaux, il ne dort pas. Dors un petit
peu, un tout petit peu, et ne crains rien, homme à qui j'ai
donné mon amour* [6].*

On aura reconnu dans le cerf, à l'est, Finn, avatar de
Cernunnos, et dans la biche sans cornes Grainné
elle-même, son épouse, qui gémit pour Diarmaid.

Les deux amants tinrent le maquis pendant sept ans.
Finn n'avait pas renoncé à les poursuivre. Il avait même
été jusqu'à se réconcilier avec ses ennemis mortels, le
clan de Morna, pour que trois des fils de ce clan se
missent en quête des fugitifs. Mais leur recherche fut
vaine.

Après une longue errance, Diarmaid et Grainné
s'étaient terrés dans une caverne traversée par un
ruisseau souterrain qui leur fournissait l'eau nécessaire à
la vie. Ils ne sortaient que la nuit pour chercher leur
nourriture. Mais un jour le roi Finn remarqua des
épluchures et des copeaux sur l'eau d'un ruisseau qui
s'écoulait de l'orifice d'une caverne et il en déduisit que
cette caverne était habitée. Les habitants ne pouvaient
guère être que ceux qu'il recherchait.

Il lui eût été facile de faire irruption dans la grotte
avec ses guerriers et de tuer Diarmaid. Mais il ne voulait
pas se voir reprocher le meurtre d'un protégé du dieu
solaire Oengus. Pour lui, maître de la Nature, la
vengeance d'Oengus aurait été une catastrophe. Il lui

6. *Duanairé Finn*, éd. Eoin Mac Neill, p. 197.

fallait se débarrasser de son rival en ayant l'air de n'y être pour rien. Or il savait qu'un des *geasa* [7] de Diarmaid était qu'il ne devait pas entendre les aboiements d'un chien poursuivant le gibier sans se joindre à la chasse. Il fit aboyer son chien près de l'entrée de la caverne et Diarmaid ne put faire autrement que de sortir. Alors, il feignit de se réconcilier avec lui et l'invita à venir chasser le sanglier de Ben Culbainn. C'était un autre geis de Diarmaid que de ne jamais refuser une demande d'un de ses compagnons... et par leur réconciliation, Finn était redevenu son compagnon. Il se joignit donc aux chasseurs qui partaient débucher le sanglier monstrueux. La bête aperçut la troupe des Fianna s'avançant dans la vallée. Elle s'irrita, sortit de sa bauge et chargea.

Diarmaid lança son javelot. L'arme alla se briser contre un arbre, mais après avoir percé le sanglier. Alors il tira son épée, s'avança courageusement vers le fauve blessé et l'acheva.

Finn était fort déçu, car il avait caressé l'espoir que l'amant de Grainné serait massacré par la bête en fureur. Mais il n'avait pas dit son dernier mot. Il demanda à Diarmaid de mesurer avec ses pieds le cadavre du sanglier. Diarmaid obéit, mais les rudes crins de l'animal le piquèrent au pied et ils étaient venimeux. Cette blessure empoisonnée était mortelle, mais Finn avait le pouvoir de guérir un blessé en lui apportant lui-même de l'eau à boire. Diarmaid le supplia de le faire, lui rappelant tous les exploits qu'il avait accomplis pour lui. Osgar, fils d'Oisin, se joignit à cette requête et obligea son grand-père à aller chercher de l'eau. Finn le fit, mais en traînant et quand il eut puisé de l'eau dans ses mains, il la laissa couler entre ses doigts à la moitié du chemin. Osgar, furieux, le menaça d'un combat à mort s'il ne retournait pas à la fontaine et ne rapportait

7. Pluriel de *geis* (obligation ou interdit résultant d'une incantation magique).

pas de l'eau pour de bon. Finn revint effectivement avec de l'eau, mais il arriva auprès de Diarmaid au moment où la vie venait de quitter son corps.

Tous les Fianna poussèrent des lamentations. La malheureuse Grainné, en apprenant la mort de son amant, trépassa de douleur. On les enterra dans le même tombeau.

Le mythe de Diarmaid et Grainné a évolué en Écosse de façon assez curieuse. Graïna n'est nullement l'épouse de Fingal mac Comhal (Finn mac Cumaill). Elle s'est réfugiée avec Dermid dans une grotte pour abriter leurs amours de la haine d'un jaloux, Connan, qui la convoite. Comme dans l'archétype irlandais, Dermid quitte la grotte pour se joindre à la chasse de Fingal qui traque le sanglier de Golbun. Après une longue poursuite, il blesse la bête, non loin de leur grotte, et parvient à la tuer, grâce à Graïna qui lui apporte sa lance de guerre. C'est alors Connan qui le défie de mesurer l'animal et l'histoire se termine de la même manière que dans la légende irlandaise. Manifestement, le fait que Fingal ne soit pas ici un mari trompé est une altération du mythe. Cela lui retire sa signification ésotérique. Le thème du roi divin à qui la reine fait porter des cornes est indispensable pour mettre en évidence la nature et les sujétions de la souveraineté et, par ailleurs, exprimer l'idée métaphysique que la création ne pourrait se maintenir ni se régénérer si les forces spirituelles n'étaient parfois trahies par la matière soumise à la fatalité.

Sans doute peut-on également proposer une lecture du mythe de Diarmaid au niveau de l'histoire de la pensée religieuse des Celtes. Finn, divinité de la Nature et avatar de Cernunnos, est représentatif des conceptions mystiques des populations préceltiques. Mais la puissance que détient son clergé le trahit et l'abandonne au profit d'une spiritualité nouvelle rattachée, par filiation adoptive, au culte du dieu solaire Oengus, alias Belenos. Pourtant, après un temps, la magie de la pensée mystique incarnée par le dieu-cerf l'emporte sur les idées nouvelles professées dans la clandestinité.

On remarquera nombre de points communs entre le roman de Diarmaid et celui de Deirdré dont le thème fondamental demeure identique. On y trouve toujours, comme point de départ, un geis par lequel la femme ou la fiancée du roi obtient du héros qu'il l'enlève, puis qu'il devienne son amant. On y trouve la poursuite par le roi cocufié des deux jeunes gens qui prennent le maquis. Puis, au bout de plusieurs années, le piège que tend à l'homme le déloyal souverain, feignant de vouloir se réconcilier avec lui. Et, pour finir, la mort du héros et le désespoir de sa douce amie.

L'évolution chez les Bretons de l'archétype représenté chez les Gaëls par le mythe de Diarmaid et Grainné a abouti au roman de *Tristan et Iseult,* qui a enchanté toute l'Europe médiévale et n'a pas fini de nous faire rêver.

Je ne crois pas que l'histoire de Tristan et d'Iseult ait été puisée par les conteurs bretons de Galles ou de Cornwall dans le fonds mythologique de l'Irlande. Il est infiniment plus vraisemblable que ce roman et celui de Diarmaid et Grainné procèdent d'un archétype commun à tous les Celtes. Et il est tout à fait certain que la version bretonne n'appartient pas plus aux Gallois qu'aux Corniques ni aux Corniques qu'aux Armoricains, car il existait encore au haut Moyen Age une totale unité de langue et de culture entre les trois territoires bretons. Prêtres, moines, poètes, ambassadeurs, soldats et marchands voyageaient constamment de l'un à l'autre. Les bardes de tous les trois étaient formés dans les mêmes écoles et employaient les mêmes règles (extrêmement complexes) de versification. C'était donc nécessairement les mêmes récits qui s'y contaient et les mêmes chants qui s'y chantaient. L'histoire de Tristan et Iseult ne pouvait être récitée différemment à Caerlleon-sur-Wysc, à Tintagel et à Quimper. Mais ce qui n'est nullement sûr, c'est que les trouvères normands, à qui nous devons de la connaître encore, nous l'aient transmise telle qu'ils l'avaient recueillie. Ni leurs conceptions ni leur sensibilité n'étaient celles des Celtes. Il y avait forcément des éléments du récit dont le sens leur échappait et qu'ils transformaient pour adapter l'ensemble à leur manière de penser et à celle de leurs auditoires.

Or aucune version originale en langue bretonne ne nous est parvenue. Si, comme ils l'ont fait pour divers autres récits mythiques, des moines gallois ont mis par écrit la légende qui se transmettait oralement, leurs manuscrits ont disparu. Nous ne possédons qu'un assez court fragment, l'*Ystoria Trystan,* figurant dans le Livre Noir de Carmarthen, et de simples allusions dans les Triades et dans le mabinogi du *Songe de Ronabwy.* Ces quelques bribes ne nous permettent pas de reconstituer le mythe authentique, mais de rectifier du moins sur certains points les versions altérées léguées par Béroul, Thomas, Eilhart et Gottfried de Strasbourg.

Le roman de Tristan et Iseult

Nous avons déjà fait, au chapitre précédent, la connaissance du Roi-Cheval Marc'h et de son neveu, le beau Tristan. La capitale du roi Marc'h était Tintagel, en Cornwall, où l'on voit encore les vestiges de sa forteresse. Or le Cornwall était tenu de payer tous les cinq ans à l'Irlande un tribut de trois cents jeunes gens et trois cents jeunes filles, destinés à être dévorés par un monstre, le Morholt, frère de la reine d'Irlande. Les sujets du roi Marc'h n'auraient pu échapper à cette terrible obligation que si l'un d'eux avait eu le courage d'aller se battre en combat singulier contre le Morholt. Mais il ne s'était jamais trouvé personne d'assez téméraire pour s'y risquer.

Ce thème du tribut à payer en vies humaines à un monstre dévorant, incarnation des forces maléfiques de la nature, est commun à toutes les mythologies indo-européennes. Que l'on songe, par exemple, à la légende grecque du Minotaure. Il est puéril de prétendre, comme certains n'ont pas manqué de le faire, que la légende bretonne ait pu être influencée par le mythe grec. Tous les deux dérivent d'un archétype commun dont l'origine se perd dans la nuit de la préhistoire. Le monstre dévoreur qui ne peut être vaincu que par le Héros, c'est, sur le plan métaphysique, le Mal, principe négatif de la création, sur le plan moral l'esprit de jouissance, le désordre, le vice et sur le plan social l'influence des fausses doctrines, les idéologies pernicieuses et la volonté de puissance. Il existe dans la statuaire celtique une représentation impressionnante de ce monstre croquant un bras humain et posant ses griffes sur deux têtes coupées, c'est la *Tarasque de Noves*, qui se trouve au Musée lapidaire en Avignon.

Tristan venait à peine d'arriver à la cour de son oncle Marc'h, le Roi-Cheval, quand le Morholt s'y présenta pour rappeler que le terme était échu et exiger la livraison immédiate des six cents victimes, à moins qu'un champion cornouaillais ne le défiât. Mais les chevaliers de la cour, considérant la stature gigantesque du monstre et connaissant ses pouvoirs magiques, se disaient que le combat proposé serait inutile puisqu'ils seraient vaincus et que leur mort ne sauverait pas leurs malheureux compatriotes. C'est alors que Tristan s'agenouille aux pieds du roi Marc'h pour lui demander l'autorisation de relever le défi et de combattre comme champion de Cornwall. Marc'h voudrait bien refuser, car il voue à son neveu une tendre affection et ne tient pas à le voir périr sous les coups du monstre, mais Tristan insiste et jette son gant au Morholt.

— A trois jours d'ici, dit le Morholt, nous gagnerons sur des barques l'îlot désert de Saint-Samson, au large de Tintagel, et y combattrons seul à seul jusqu'à ce que l'un de nous deux perde la vie.

Trois jours plus tard, donc, Tristan monte dans une barque, cingle vers l'île Saint-Samson et y rencontre le monstre. Ils se ruent furieusement l'un contre l'autre et leurs fers se heurtent. Après plusieurs rudes assauts, Tristan est blessé à la hanche par la lame empoisonnée de son adversaire. Alors, il frappe un si grand coup sur le crâne du Morholt qu'il ébrèche son épée, dont un éclat reste figé dans la tête. Mais le coup est mortel et le monstre s'effondre, foudroyé.

Lorsqu'elle vit revenir, debout sur sa barque, son champion toujours en vie, la population de Tintagel, qui n'en croyait pas ses yeux, lui fit un accueil délirant. Mais lorsque Tristan eut, sous les acclamations, gagné le château de son oncle, il perdit connaissance et dut être porté dans son lit. Le venin de l'épée du Morholt commençait à agir.

Pendant ce temps, les compagnons du Morholt ramenaient en Irlande, cousu dans une peau de cerf, le cadavre de leur chef. Il fut accueilli avec de grandes lamentations par sa sœur, la reine, et sa nièce, la princesse Iseult aux Lèvres Blanches dont la beauté brillait déjà comme l'aube qui se lève. Elles l'ensevelirent et Iseult remarqua, enfoncé dans la tête, le fragment de l'épée qui avait donné le coup mortel. Elle l'en retira et l'enferma dans un coffret d'ivoire. En son âme montait un désir de vengeance; elle se prenait d'une haine féroce contre le meurtrier qu'on lui disait se nommer Tristan de Léon.

Il semblait, d'ailleurs, que celui-ci n'eût plus pour bien

longtemps à vivre. Sa blessure empoisonnée s'était infectée et devenait horrible à voir. Une telle puanteur s'en exhalait que nul n'osait plus l'approcher. Les médecins s'avouaient impuissants à le sauver. Honteux d'être un objet de dégoût, Tristan demanda qu'on le déposât dans une barque, avec des provisions et sa chère harpe, et il hissa la voile. Il se laissa porter au hasard par les flots et les vents, avec l'espérance d'atteindre peut-être les rivages des îles Fortunées, des îles de l'Éternelle Jeunesse, où la maladie n'existe plus. Mais c'est vers les côtes d'Irlande que le caprice des vents le poussa. Des pêcheurs entendirent la douce musique de la harpe et en furent charmés, mais lorsqu'ils recueillirent Tristan il venait de sombrer dans l'inconscience. Ils le portèrent jusqu'au château royal. La reine et sa fille étaient magiciennes et avaient la réputation de guérir les plus graves blessures. De fait, elles prirent soin de lui, mirent sur sa plaie les herbes qui convenaient, lui firent boire des philtres de leur composition et au bout de quelques jours il revint à lui et commença à se sentir beaucoup mieux. Mais il ne tarda pas à prendre conscience de la situation périlleuse où il se trouvait : il était en Irlande, donc chez l'ennemi, et il découvrait que les deux femmes qui l'avaient ramené à la vie n'étaient autres que la sœur et la nièce de ce Morholt qu'il avait tué. Si elles surprenaient son identité, ç'en était fait de lui. Il leur raconta donc qu'il s'appelait « Tantris », qu'il était harpeur de profession et voyageait sur un vaisseau marchand quand ce vaisseau avait été attaqué par des pirates. Il avait pu s'enfuir sur un canot, mais non sans avoir reçu une mauvaise blessure. Elles crurent cette histoire et le soignèrent si bien qu'il recouvra promptement ses forces. Pour les remercier, il enseigna à la jeune princesse Iseult le chant et la musique. Est-il besoin de dire que ces leçons firent naître dans le cœur de l'élève non seulement de l'admiration, mais beaucoup d'intérêt

347

pour son beau professeur? Mais Tristan eut la prudence de faire comme s'il ne s'en apercevait pas et, dès qu'il se sentit assez bien, s'empressa de prendre congé du roi et de la reine, d'affréter une nef et de regagner Tintagel où son retour fut fêté dans l'enthousiasme.

Comme nous le savons, il ne tarda pas à prendre tant d'ascendant sur son oncle, le roi Marc'h, que cela suscita la jalousie de plusieurs grands seigneurs. Hantés par le désir de l'écarter de la succession au trône, ces envieux pressèrent le roi de prendre femme. Marc'h crut habile de leur répondre qu'il y était tout disposé, mais qu'il n'épouserait que la princesse à qui appartenait le cheveu d'or qu'une hirondelle venait de laisser tomber sur sa fenêtre. Le malheur voulut que Tristan reconnût ce cheveu : ce ne pouvait être qu'un des cheveux de la princesse irlandaise Iseult aux Lèvres Blanches. Par défi à l'égard des jaloux, pour bien leur montrer que son affection pour son oncle était désintéressée, il s'offrit à aller lui-même solliciter pour le roi la main de la belle. Marc'h ne pouvait refuser. Il envoya un messager à la cour du roi et de la reine, parents d'Iseult, avec mission de leur demander une entrevue pour un ambassadeur qu'il se proposait de leur adresser au sujet d'une affaire de grande importance.

Le messager qui fut ainsi dépêché en Irlande était le porcher du roi Marc'h. Pendant son absence, c'est Tristan lui-même que le roi chargea de garder son troupeau de porcs. Afin de l'éprouver, Marc'h, Arthur, Kei et Bedwyr vinrent tous les quatre tenter de lui enlever des bêtes, mais ni par ruse, ni par violence, ni par larcin ils ne purent parvenir à lui prendre une seule truie. C'est pourquoi Tristan fut considéré comme un des trois grands porchers de l'île de Bretagne [8].

L'entrevue sollicitée fut accordée et Tristan s'embar-

_____
8. Triades du *Livre Rouge* de Hergest.

qua avec une suite importante sur une nef chargée de précieux présents. Lorsque le vaisseau toucha au port irlandais où demeuraient les parents d'Iseult, les hommes de Cornouaille entendirent un cri puissant et horrible qui se répercutait comme les grondements de l'orage et ils virent, dans les rues, manants et seigneurs, pris de panique, fuir vers le rivage et s'entasser dans des barques qui, aussitôt, prenaient la mer. Ils s'enquirent de ce qui se passait, et on leur expliqua qu'un horrible dragon vomissant des flammes sortait chaque matin de sa caverne et s'avançait dans la ville, tuant et dévorant tous ceux qu'il pouvait rencontrer. Le roi avait fait proclamer qu'il donnerait sa fille, Iseult aux Lèvres Blanches, à qui débarrasserait le pays de ce fléau, mais de tous ceux qui l'avaient tenté, aucun n'était revenu vivant. Tristan se fit indiquer où se trouvait la tanière du monstre et, dès le lendemain, à l'aube, il enfourcha son cheval et s'en fut vers cette tanière. A la vue de la bête gigantesque semblable à un serpent avec des cornes de bouc sur la tête, son cheval se cabra, mais il le piqua des deux éperons et chargea, la lance en arrêt. Le fer s'enfonça dans la gueule du dragon, le transperçant. De ses griffes puissantes, la bête écarta le bouclier à tête de sanglier dont Tristan se couvrait, s'apprêtant à le déchirer et le frapper à mort. Mais, plus prompt, le chevalier lui assena un violent coup d'épée qui la fit chanceler. Elle vomit un tourbillon de flammes qui tua net le cheval. Tristan continua le combat à pied et enfonça son épée dans le cœur du monstre. Alors, il lui coupa la langue et, porteur de ce trophée, prit le chemin du château royal.

Mais il avait été sérieusement intoxiqué par les vapeurs empoisonnées crachées par le serpent et, en cours de route, il fut pris de malaise. Il descendit au bord d'un étang, pensant que boire un peu d'eau le soulagerait, mais il s'écroula sur le sol et perdit connaissance.

Pendant ce temps, le sénéchal du roi, qui, depuis longtemps, convoitait la belle Iseult, chevauchait vers la caverne du dragon. Il avait aperçu Tristan qui partait le combattre et voulait s'assurer du résultat de la lutte. Quand il découvrit l'un près de l'autre le cadavre du cheval et celui du dragon, il ne douta pas qu'avant de périr le dragon avait dévoré le chevalier. Il lui coupa la tête et rentra au palais proclamer qu'il avait tué le monstre et avait le droit d'épouser la princesse.

Iseult détestait le sénéchal qu'elle savait couard et fourbe. Elle était horrifiée à l'idée de devenir sa femme et, comme elle soupçonnait quelque imposture, elle décida de faire sa propre enquête. Accompagnée de sa fidèle suivante Branwen (Corneille blanche), elle se rendit à la caverne du dragon et vit, près du cadavre de la bête, le bouclier de Tristan dont l'umbo avait la forme d'une tête de sanglier. Il n'existait pas de bouclier semblable chez les Irlandais et, d'ailleurs, les harnachements du cheval n'avaient pas la forme de ceux auxquels on était habitué en Irlande. Elle rechercha donc des traces sur le sol, trouva celles des pas de Tristan et les suivit jusqu'à l'endroit où il gisait. Elle le reconnut pour être « Tantris », son professeur de harpe et découvrit entre ses mains la langue de la bête, ce qui lui permit de comprendre ce qui s'était passé. Elle alla chercher sa mère et toutes deux, à l'aide de leurs herbes magiques, le guérirent. Elles lui donnèrent une chambre au palais et Iseult se chargea elle-même de le désarmer. Elle voulut nettoyer son épée du sang du dragon et la tira du fourreau. C'est alors qu'elle constata que la lame était ébréchée. La forme de l'ébréchure lui disait quelque chose. Elle courut chercher dans son coffret d'ivoire l'éclat retiré de la tête du Morholt : il s'adaptait parfaitement à l'entaille. Saisie de colère, elle brandit l'épée et marcha vers Tristan.

— Ton nom n'est pas Tantris, grinça-t-elle, tu es

Tristan, le meurtrier de mon oncle bien aimé. Je vais le venger.

Le chevalier, la poitrine découverte, s'offrait à ses coups.

— Frappe, dit-il avec douceur, si tu crois que je l'ai mérité. Ma vie t'appartient, puisque tu l'as sauvée deux fois. Je m'imaginais cependant que tu m'aurais gardé plus de gratitude pour avoir sauvé ton peuple du fléau qu'était le dragon. Songe, d'ailleurs, que lorsque je serai mort, tu seras livrée aux entreprises du sénéchal... Enfin, je suis heureux d'avoir exposé ma vie pour te défendre.

Ces douces paroles la touchèrent et l'apaisèrent. Elle rejeta l'épée loin d'elle et lui donna le baiser du pardon.

— Je t'ai gagnée de haute lutte sur le serpent cornu, dit-il. Or il faut que tu saches que je suis venu, justement, en Irlande pour demander ta main...

La jeune fille pâlit et ses yeux s'illuminèrent d'une joie éperdue, mais avant qu'elle eût pu dire un mot, il acheva :

— Pour mon oncle, le roi Marc'h de Cornwall.

Elle déchanta, refoula une larme, mais ne put refuser. Le roi son père reçut tous les présents que la nef bretonne avait apportés et donna son consentement à un mariage qui assurait la paix entre les deux pays.

Avant que le vaisseau de Tristan ne repartît pour le Cornwall, emmenant la jeune fiancée vers son futur époux, la reine magicienne alla cueillir des simples par une nuit de pleine lune, en fit un philtre et appela la fidèle Branwen qui devait accompagner Iseult à Tintagel.

— J'ai de bonnes raisons, lui dit-elle, de craindre que notre Iseult ne soit pas prête à aimer le roi Marc'h comme une bonne épouse doit aimer son mari. Je vais te remettre une fiole qui contient un philtre d'amour si puissant que ceux qui en boivent s'attachent d'un lien indestructible, dans la mort comme dans la vie. Ne dis à personne ce qu'elle contient et cache-la soigneusement jusqu'au soir des noces. A ce moment-là, tu verseras le philtre dans une coupe et la présenteras au roi Marc'h et à la reine Iseult pour qu'ils la vident ensemble. Ils s'aimeront alors de tous leurs sens et de toute leur pensée, pour toujours. Ainsi ma fille oubliera-t-elle la petite inclination qu'elle peut avoir pour le beau Tristan.

Las! sur le bateau, un soir qu'il fait très chaud et que Tristan et Iseult réclament à boire, Branwen se trompe de flacon et leur offre une coupe de la liqueur de la fiole. A peine l'ont-ils bue que Tristan tombe éperdument amoureux d'Iseult et que l'amour qu'Iseut lui portait déjà dans le fond de son cœur devient une violente passion. Lorsqu'elle les voit se tenant les mains et se contemplant en une muette extase, Branwen réalise son erreur et s'exclame avec douleur :

— Malheureuse que je suis! Maudits soient le jour où je suis née et celui où je suis montée sur cette nef! Chère Iseult et noble Tristan, c'est votre mort que vous avez bue.

Pendant quelques jours, les deux jeunes gens luttent de leur mieux contre la passion qui les brûle, tentent de résister à l'appel de leur chair, mais c'est en vain; ils ne peuvent échapper à leur destin. Ils ont bu le philtre, ils doivent appartenir l'un à l'autre à jamais. Un moment vient où, devant la tristesse et le trouble d'Iseult, Tristan ne peut se retenir de la prendre dans ses bras et de lui murmurer :

— Douce Iseult, qu'est-ce qui te tourmente?

Et elle de répondre :

— L'amour de toi.

Qu'aurait-il pu faire d'autre que de l'emporter sur son lit en pressant ses lèvres sur les siennes?

Le peu de temps qui restait pour que s'achève la traversée fut pour eux un temps d'intense bonheur. Mais quand ils débarquèrent en Cornwall, seule Branwen – qui les avait surveillés depuis qu'ils avaient bu le philtre – était au courant de leur liaison. Le mariage d'Iseult et du roi Marc'h put donc être célébré en grande pompe. Le soir des noces, Branwen répara un peu sa fatale erreur en prenant dans le lit conjugal, à la faveur de l'obscurité, la place de sa maîtresse. Ainsi le roi put-il rester persuadé qu'il avait épousé une vierge.

Malheureusement, la nouvelle reine ne pouvait détacher ses pensées de celui avec qui elle avait connu l'ivresse de l'amour et qui était devenu son neveu par alliance. Tristan, de son côté, se minait du désir du beau corps de sa tante dont il avait goûté les prémices. Il ne se passa pas bien longtemps avant qu'ils ne se retrouvassent en secret... Le philtre qu'ils avaient bu était non seulement l'excuse, mais la justification de leur adultère aggravé d'inceste. Tout comme l'était pour Diarmaid le geis jeté sur lui par Grainné. Philtre ou geis, c'est la même chose : il s'agit toujours d'une force magique, d'une force d'ordre surnaturel qui lie le destin d'une manière irrémédiable.

Mais que représente cette force magique? De quoi est-elle le symbole? Il existe, comme toujours, plusieurs réponses selon le plan auquel on se place. Dans l'acception la plus simple et la plus directe, cette force magique est la puissance même de l'amour. Il y a, en effet, dans l'amour quelque chose de surréel, une magie, une force qui élève deux êtres au-dessus d'eux-mêmes, leur permet de se réaliser pleinement en sublimant les élans de leur cœur. Les Celtes sentent sans doute cela mieux que d'autres; mieux, en tout cas, que ne pouvaient le faire les rudes soudards germaniques d'un Clovis ou d'un Charlemagne. Renan a fort justement écrit que l'amour, chez les Bretons, *est une volupté intérieure qui use et qui tue.*

De ce qu'il est parfois comme un envoûtement, un envoûtement irrésistible, il faut tirer la conclusion, et c'est la leçon du mythe de Tristan et Iseult, que nous n'avons pas le droit de juger ceux qu'il entraîne hors des sentiers habituels. Un amour véritable, profond, peut rendre parfaitement pur un comportement que la société qualifiera d'inconduite. Qui donc oserait condamner l'amour de Tristan et d'Iseult?

Il faut remarquer que c'est Iseult qui s'est éprise d'abord de Tristan et que c'est elle qui l'a provoqué, tout comme c'était Grainné qui avait mis un geis sur Diarmaid et Deirdré qui en avait mis un sur Noisé. Ce sont des femmes libres et dominatrices. Comme l'élixir de Branwen, l'amour, aux yeux des Celtes, est destiné à fonder la vie conjugale, mais il y a des cas où il se trouve détourné de cette destination. Iseult n'a pas été mise à même d'exercer, quand elle le pouvait encore, la liberté que possédait toute femme celte de choisir son mari, puisque Tristan, à ce moment, ne lui témoignait que de l'indifférence. S'il avait alors partagé l'amour qu'elle lui portait, elle n'aurait pas hésité, bien entendu, à lui déclarer : « Ce n'est pas ton oncle que je veux épouser, c'est toi. » Malheureusement, quand le cœur du jeune homme s'est enflammé pour elle, il était trop tard. Elle était promise au roi Marc'h et ne pouvait renier sa parole. Alors la Fatalité, incluse dans le philtre, s'est substituée à la liberté pour lui procurer l'amant dont elle rêvait. C'est une situation exceptionnelle, en marge des normes et qui ne peut être prise comme modèle; néanmoins, elle ne devait pas autrement scandaliser les auditeurs celtes. Pour eux, la liberté de la femme était aussi fondamentale que celle de l'homme – contrairement aux conceptions latines – et ils ne pouvaient s'offusquer de la conduite d'Iseult puisque, par hypothèse, elle ne pouvait pas aimer le roi Marc'h.

Mais, sur un autre plan, le philtre, puisqu'il est

magique, représente la force spirituelle qui unit la Souveraineté, incarnée par la Femme dominatrice, à celui qui l'a épousée en accédant à la dignité royale. La Souveraineté est unie au roi, c'est-à-dire à l'État, mais elle ne lui appartient pas et elle est fondée à l'abandonner, sous l'effet des impératifs de la spiritualité, pour un autre maître, un idéal nouveau, plus jeune et plus beau. Mais l'ordre ancien a toujours tendance à se défendre. Comme Conchobar ou Finn, le roi Marc'h, lorsque de bonnes âmes lui auront révélé son infortune, n'aura de cesse qu'il n'ait vengé son honneur.

Tristan et Iseult s'enfuient dans la forêt de Celyddon en la seule compagnie de Branwen et du page de Tristan, Bach Bychan. Comme le veut le droit gallois, Marc'h s'en va trouver le roi du niveau supérieur, qui est son cousin, le roi Arthur, pour porter plainte contre les deux amants. Arthur juge la plainte recevable et bien fondée et réunit ses gens pour aller encercler la forêt de Celyddon. Le problème, c'est qu'on ne peut pas recourir à la force des armes, car c'est une particularité de Tristan que « quiconque lui tire du sang meurt et que quiconque à qui il tire du sang meurt aussi ».

En entendant le tumulte des guerriers, Iseult s'effraie et se jette dans les bras de Tristan. Il la rassure, affirmant que nul n'osera s'attaquer à lui. Il prend son épée et marche hardiment vers les assiégeants.

– Je vais en mourir, clame Marc'h, mais je le tuerai.

Ce n'est qu'une fanfaronnade. Il ne met pas sa menace à exécution et les autres guerriers s'écartent pour laisser passer Tristan.

Iseult et sa suivante sont restées dans le bois. Kei, l'Homme Long (*Kei Hir Dyn,* d'où le français Kaherdin), qui est depuis longtemps amoureux de Branwen, profite de la situation. Il va les trouver, annonce à Iseult que Tristan est sain et sauf, ce qui la rend toute joyeuse, et n'attend pas plus longtemps pour lui demander la main de sa suivante. Toute à sa joie, Iseult ne fait aucune difficulté pour la lui accorder.

Après cela, Iseult n'a plus qu'une chose à faire, c'est de retourner vivre auprès de Marc'h. Celui-ci la reprend, mais il n'a pas pardonné pour autant à son neveu. Il est le Roi-Cheval, le dieu psychopompe dont le rôle est de conduire les âmes dans l'autre monde, il est donc un dieu vengeur. Il va de nouveau trouver Arthur et lui réclame la mort de Tristan. Mais Arthur ne cherche qu'à rétablir la paix entre les siens. Il veut ouvrir un dialogue entre les deux adversaires, mais il sait que Tristan est aussi entêté que son oncle; c'est un des trois têtus de l'île de Bretagne. Il engage Marc'h à lui envoyer des musiciens pour l'amadouer et apaiser sa colère. Marc'h suit ce conseil et la musique adoucit l'humeur de Tristan, qui récompense les artistes. Alors Arthur lui envoie Gwalchmei, dont nous connaissons l'éloquence, pour entamer des négociations de paix.

Gwalchmei s'acquitte à merveille de sa tâche. Il rappelle à Tristan le temps où ils étaient compagnons d'armes, lui garantit sa sauvegarde s'il vient avec lui s'entretenir avec Arthur, et finalement le décide. Tristan arrive à la cour d'Arthur, y est accueilli chaleureusement par le roi qui l'exhorte à la conciliation. Il reste muet pendant tout le discours, mais il répond enfin :

— Arthur, je prends tes paroles en considération et c'est toi, d'abord, que je salue : ce que tu voudras, je le ferai.

Ce que veut Arthur, c'est une entrevue entre Marc'h et Tristan, sous sa médiation. L'entrevue a donc lieu et il arrive à les réconcilier. Il subsiste tout de même une grosse difficulté, c'est que ni l'un ni l'autre n'entend se passer d'Iseult. Alors Arthur rend un jugement de Salomon : l'un des deux l'aura pendant qu'il y aura des feuilles aux arbres, l'autre pendant qu'il n'y en aura pas.

Et comme Marc'h est le mari, c'est à lui de faire son choix. Marc'h n'hésite pas : il choisit la période où les arbres n'ont pas de feuilles parce que, explique-t-il, c'est celle où les nuits sont les plus longues.

Arthur s'en va gravement annoncer à Iseult ce qui a été décidé. Il appréhende la façon dont elle va prendre la chose, mais – ô surprise! – elle manifeste aussitôt une grande joie. Et d'expliquer : « Trois arbres sont d'espèce généreuse : le houx, le lierre et l'if, qui gardent leurs feuilles tout l'hiver. Je suis à Tristan tant qu'il vivra... »

Et voilà! L'amour l'a emporté sur les lois humaines, sur l'ordre établi, sur les belles règles qui régissent la société. C'est cela qui est important, que l'amour l'emporte sur toutes les lois. Cette leçon du mythe de Tristan et Iseult ne s'applique pas seulement à l'amour entre l'homme et la femme, mais aussi à la charité fraternelle entre les humains. Nous devons, lorsqu'il y a entre eux contradiction, faire passer l'amour des autres hommes avant le respect des lois et des ordres de l'autorité. La charité, c'est le philtre qui justifie que l'on soit infidèle à l'ordre établi pour aller vers ceux qui ont le plus besoin de nous.

On ne relève pas le même optimisme dans la version de Tristan et Iseult que nous ont transmise les trouvères normands, puisque les deux amants ne se rejoignent que dans la mort. Il est possible que ce soit une des versions qui avaient cours chez les Bretons, mais celle qui nous a été conservée, sans posséder autant de grandeur dramatique, est charmante, nuancée d'humour, et célèbre très joliment le triomphe de l'amour.

XI

L'ÉTERNITÉ

Ce voyage à travers les mythes nous a permis de découvrir le sens que nos ancêtres, les anciens Celtes, donnaient à la vie. Elle est une quête aventureuse. Une quête où souffrances, épreuves et exploits permettent à l'individu de se dépasser lui-même, d'accéder à des niveaux supérieurs de conscience. Pour qu'elle constitue une expérience féconde, il faut avoir le souci très vif d'accomplir son destin (sa « planète », disent les Bretons); il ne suffit pas de l'accepter passivement, de s'y résigner, il faut se précipiter à sa rencontre. Et la vie atteint d'autant mieux à sa plénitude qu'elle est régie par l'amour, cet amour mystique qui est au-dessus de toutes les lois et qui est plus puissant que la mort. Par lui, l'être est réintégré dans l'unité dont il était séparé.

De même que les personnages de la mythologie peuvent, sans cesser d'être eux-mêmes, changer d'apparence, prendre toutes sortes de formes, de même l'homme n'est jamais ce qu'il a été. Il lui est donné de se transmuer et de franchir progressivement les étapes qui mènent à sa propre réalisation.

Dans une perspective aussi vaste, la mort n'apparaît qu'une étape comme les autres, en principe la dernière, mais pas plus redoutable que les autres. Elle n'est rien en soi. Ce n'est qu'une nouvelle expérience peu propre à nous effrayer et qui n'a d'importance que parce qu'elle est la porte à franchir pour accéder à notre condition authentique et définitive.

Cette conception était infiniment plus enrichissante et plus consolante que celle qu'avaient de la vie et de la mort les peuples méditerranéens. Il est dommage que les idées plutôt sinistres des Grecs et des Latins aient, depuis la romanisation, profondément marqué les descendants des heureux Gaulois.

Pour la pensée latine, l'être est étroitement inséré dans le temps. Il y a un moment donné du temps où, par la naissance, il passe du néant à l'existence. A partir de là s'écoule sa vie, soumise à l'écoulement du temps. Puis vient un autre moment du temps où il passe de l'état de vivant à l'état de mort. Moment redoutable car, alors, son ombre descend aux Enfers. Conduite par Mercure, elle arrive dans une contrée souterraine triste et désolée, où le sol est nu et l'atmosphère chargée de vapeurs pestilentielles. Au bord d'un fleuve aux eaux noirâtres, le Styx, affluent de l'Achéron, elle attend pendant cent ans, avec une foule d'autres ombres, d'embarquer sur la barque du nocher Charon pour être transportée de l'autre côté. Encore faut-il, pour qu'elle soit admise à faire la traversée, que son corps ait reçu une sépulture selon les rites, sans quoi elle continuera à errer sur la rive lugubre et froide pendant toute l'éternité. Quand elle a passé l'eau, elle entre dans le Champ de Vérité d'où partent deux routes, celle du Tartare et celle des Champs-Élysées. Lorsque le tribunal infernal composé des trois juges, Minos, Éaque et Rhadamante, estime que l'ombre est celle d'un méchant, la déesse Némésis la conduit dans le noir Tartare où elle subira des tourments éternels. Si, au contraire, les trois juges la reconnaissent digne d'une félicité sans fin, elle sera admise à boire de l'eau du fleuve Léthé qui procure l'oubli de toutes les souffrances de l'existence et à franchir la porte d'airain, gardée par Cerbère, le féroce chien à trois têtes, qui donne accès aux Champs-Élysées. C'est un lieu de délices, au printemps perpétuel, encore qu'on doive y avoir le bonheur quelque peu gâché par la vue du palais de Pluton autour duquel voltigent avec des ailes de chauves-souris les vices et les crimes, tandis que la Mort aux orbites vides et à l'affreux rictus inscrit sur son registre les noms de ses victimes. Mais enfin tant mieux pour les âmes qui sont admises dans les Champs-Élysées... et tant pis pour les autres!

Les croyances des Celtes n'étaient pas aussi horrifiantes. Non seulement, comme nous l'avons dit, ils ne prêtaient pas au Créateur la souveraine injustice de créer des bons et des méchants afin de faire bénéficier les uns du bonheur éternel, et de condamner les autres à des tortures éternelles, mais ils avaient de l'existence une tout autre notion métaphysique. En vérité, l'être n'est pas soumis au temps : il est. Il ne peut pas avoir de commencement ni, a fortiori, de fin. Soyons francs : puis-je m'imaginer inexistant? Pouvez-vous vous imaginer inexistant ou inexistante? Si je me demande quel sens pouvait avoir pour moi le temps quand je n'existais pas, je me pose une question absurde. C'est donc une question qui ne peut pas se poser. Ce « quand je n'existais pas » ne peut pas avoir été une réalité. Ce n'est pas nous qui sommes dans le temps, c'est le temps qui est en nous. Le passé n'est pas une réalité, puisque c'est ce qui n'est plus, il n'existe que dans le présent. C'est pourquoi l'éternité n'est pas quelque chose qui nous est réservé pour l'avenir : l'éternité, nous y sommes. Quand je dis : « Je suis né à telle date », cela veut dire que j'ai éternellement la qualité de « né à cette date » qui est une qualité actuelle.

Notre existence peut prendre des formes multiples, mais ce sera toujours notre existence. La naissance et la mort ne sont que deux points de passage sur le parcours de notre éternité, que nous sommes tous obligés de franchir une fois et entre lesquels nous sommes provisoirement soumis au temps et à l'espace. C'est entre ces deux points que nous avons à faire nos preuves. Mais ni la naissance, ni le temps, ni l'espace, ni la mort ne sont des absolus. Tout n'est que transformation, métamorphose et effort vers la réalisation de soi-même.

Que nous n'ayons pas de commencement, parce que la naissance n'est pas un commencement, c'est ce que nous enseignent sans ambiguïté les mythes où l'on voit le héros naître plusieurs fois. Ainsi en est-il de Cûchulainn. Pris un jour dans une tempête de neige, le roi Conchobar demande l'hospitalité pour lui et sa suite dans une maison où une femme est en train d'accoucher. Sa sœur Dechtiré, qui lui sert de cocher, va aider la parturiente et celle-ci donne naissance à un garçon. Juste au même moment, dans l'écurie, une jument met bas deux poulains. On donne les deux poulains comme jouets à l'enfant, dont Dechtiré s'occupe. Mais le lendemain la maison a disparu, ainsi que l'hôte et sa femme. Il ne reste que l'enfant et les poulains.

Conchobar et ses gens rentrent chez eux, à Emain Macha, en emmenant le bébé inconnu. Dechtiré prend soin de lui avec une tendresse maternelle et se charge de l'élever. L'enfant, cependant, tombe malade et meurt. Elle en éprouve un immense chagrin.

Après les funérailles de ce fils adoptif, elle demande à boire et, en buvant, avale une petite bête qui était dans l'eau. La nuit suivante, elle fait un rêve : un homme se présente à elle, lui dit être le dieu Lug, et lui apprend qu'elle est enceinte de lui. Effectivement, son état de grossesse ne tarde pas à être manifeste et cela fait jaser les Ulates. Il ne manque pas de mauvaises langues pour raconter que Conchobar a couché avec sa sœur dans un moment d'ivresse. Ce qui, d'ailleurs, est vrai. L'enfant à venir a été conçu à la fois par Lug, par voie buccale, et par Conchobar selon un mode plus naturel.

Conchobar n'est pas très fier de cette situation et marie en toute hâte Dechtiré à un brave homme, Sualtam. Mais Dechtiré est toute honteuse à l'idée d'entrer dans le lit conjugal dans l'état où elle se trouve et elle commet ce qu'on appelle par euphémisme, de nos jours, une « interruption volontaire de grossesse ». Mais, comme elle a des pouvoirs magiques, elle retrouve tout aussitôt sa virginité.

De son mariage avec Sualtam naît un fils, Sétanta, le futur Cûchulainn. Mais, en fait, il est l'enfant qui était né de la femme accouchée par Dechtiré, en même temps que le fœtus engendré à la fois par Lug et par Conchobar. Il a quatre pères, et ce n'est pas trop pour un héros extraordinaire comme lui. Il a quatre pères et il est né trois fois.

On peut naître aussi plusieurs fois, mais par l'effet de la réincarnation, quand on n'a pas eu le temps, lors d'une première vie, de réaliser sa destinée. C'est ce que nous montre le mythe d'Étaine.

On se rappelle peut-être que Œngus – comme Tristan qui en est un avatar – avait été quérir pour son oncle la femme dont ils étaient tous les deux amoureux. L'oncle était le roi Midir et la femme s'appelait Étaine. Mais, à la différence d'Iseult, Étaine n'a pas trompé son mari pour le neveu. Bien loin de là; un amour profond unissait Midir et son épouse et leur bonheur eût été sans nuage n'eût été cette circonstance contrariante que Midir était déjà marié et que sa première épouse, Fuamnach, avait une nette préférence pour la monogamie. Dissimulant ses sentiments, Fuamnach fit, en apparence, bon accueil à sa rivale. Elle l'invita à s'asseoir sur un siège, au milieu de la maison. Mais, soudain, elle la frappa avec une branche de sorbier et la transforma en flaque d'eau. L'eau s'évapora et, en se desséchant, la flaque produisit une larve qui devint une mouche pourpre, le plus bel insecte de toute la terre. Son éclat émerveillait tous ceux qui s'en approchaient; le murmure de sa voix et le bruissement de ses ailes étaient plus doux que le son des cornemuses et des harpes. Midir savait que c'était Étaine figurée sous cet aspect, et sa contemplation suffisait à le rendre heureux. Il ne voulait plus d'autre femme. L'insecte veillait sur lui, l'avertissant des dangers qui le menaçaient, et il s'endormait doucement, bercé par son chant.

L'émouvante fidélité de Midir à l'être aimé, sous quelque forme qu'il le vît, ne faisait pas l'affaire de Fuamnach. Elle déclencha le vent druidique qui emporta l'insecte dans ses tourbillons et le ballotta dans les airs pendant sept ans sans qu'il pût se poser sur les arbres ni les collines d'Irlande, mais seulement sur les vagues de la mer et les rochers au large. Au bout des sept ans, Étaine-insecte tomba sur une frange du manteau d'Œngus, comme il se trouvait sur le tertre de la Brug. La protégeant dans un pli de son manteau, Œngus l'emmena à sa « chambre de soleil », y dormit chaque nuit près d'elle et la réconforta jusqu'à ce qu'elle eût retrouvé sa joie et ses couleurs.

Fuamnach s'avisa que sa vengeance lui échappait si elle ne parvenait pas à éloigner le Mac Oc. Elle lui demanda de venir arbitrer son différend avec Midir et, dès qu'il eut quitté la chambre de soleil, déchaîna un nouvel ouragan magique qui entraîna l'insecte au loin. Étaine finit par tomber par le trou de fumée du toit, dans une maison d'Ulster où la femme du héros Étar était en train de boire dans une coupe. Elle atterrit droit dans la coupe et la femme d'Étar l'avala avec le liquide. Aussitôt, cette femme devint enceinte. Étaine se développa en son sein et, au bout de neuf mois, revint au monde. On l'appela Étaine fille d'Étar.

Bien que certains le contestent, la croyance des Celtes en la réincarnation est indubitable. Ce qui est toutefois exact, c'est qu'ils n'y voyaient pas le sort commun de toutes les âmes après la mort. Elle est seulement le moyen, pour celles qui n'ont pas pu se réaliser pleinement durant leur vie, de compléter l'expérience. Cette croyance n'était, d'ailleurs, pas particulière aux Celtes; elle était très répandue dans l'Antiquité. Même le christianisme primitif ne la repoussait pas. Elle était courante chez les chrétiens d'avant le concile de Constantinople (553), et, si elle a été condamnée par ce concile, il faut bien constater qu'il ne s'agissait que d'un prétendu concile tout à fait dépourvu de validité au regard du droit canon. Il n'était, en effet, pas convoqué par le pape mais par un homme politique laïque, l'empereur Justinien (qui ne faisait qu'obéir à sa femme, l'ancienne prostituée Théodora); tous les évêques légitimes n'y étaient pas appelés, l'empereur n'ayant convoqué que ceux qu'il savait favorables à ses thèses; il n'était pas présidé par le pape et les participants n'y étaient pas « libres de toute contrainte physique ou morale ». Ainsi était-il affecté de quatre causes de nullité absolue et ses décisions doivent être tenues, bien évidemment, pour sans valeur.

Ainsi donc, Étaine s'était réincarnée. Dans sa seconde vie, elle était la fille du noble Étar. Quand elle fut devenue une belle jeune fille, elle fut remarquée par les messagers du roi suprême d'Irlande, Eochaid Aireann, qui étaient à la recherche d'une épouse pour leur souverain. Ils lui en firent une description si enthousiaste qu'il décida de se rendre compte par lui-même de ce qu'il en était. Il rencontra Étaine au bord d'une fontaine. Elle était vêtue d'un manteau brodé de pourpre claire sur une longue robe de soie verte à bordure d'or rouge. Elle avait deux tresses de cheveux dorés, mais elle les défaisait pour se laver la tête et elle prit ses cheveux à deux mains, les faisant retomber sur sa poitrine. Ses mains étaient plus blanches que la neige d'une nuit et ses joues plus rouges qu'une digitale. Dans sa bouche fine et régulière brillaient des dents semblables à des perles. Ses yeux étaient plus gris que jacinthe, ses lèvres rouges et fines. Comme on pouvait s'y attendre, le roi Eochaid éprouve le coup de foudre et épouse la belle.

L'ennui, c'est que, dès qu'il la voit, le frère d'Eochaid, Ailill Anguba, tombe lui aussi éperdument amoureux de sa belle-sœur. Il lutte héroïquement contre ce coupable amour, mais il devient la proie d'une maladie de langueur qui l'oblige à s'aliter. Eochaid lui envoie son médecin, Fachta, qui n'est pas long à diagnostiquer le mal d'amour, mais déclare qu'il n'existe pas contre lui de remède connu. Ailill ne veut révéler à personne quelle est la femme qu'il aime et son mal s'aggrave au point qu'il est à l'article de la mort.

Eochaid n'a aucun soupçon et, à un moment où il doit s'absenter, il confie son frère aux bons soins d'Étaine, lui recommandant de rester dormir dans sa chambre tant qu'il vivrait et de lui assurer des funérailles décentes quand il serait mort. Voici donc Étaine garde-malade et consciente de ses responsabilités. Elle interroge le malade sur les raisons de sa tristesse et de sa langueur. Ailill, bouleversé par sa présence, lui avoue son amour et les tortures qu'il en éprouve. Elle ne veut pas qu'il meure à cause d'elle et, avec un sens de la charité que d'aucuns admireront et d'autres condamneront, elle lui dit : « Viens demain dans ma chambre, dans la maison qui est en dehors de la citadelle, et là je me rendrai à ta requête et à ton désir. ».

Mais voilà qu'au moment de se rendre à ce rendez-vous Ailill est terrassé par un étrange sommeil. Étaine, qui l'attend, ne voit arriver qu'une ombre ayant l'aspect d'Ailill et semblant fatiguée et cette ombre disparaît comme elle est apparue. Lorsqu'elle retourne auprès de son malade, Étaine apprend de lui qu'il n'a pu aller la trouver comme prévu, parce qu'il s'est brusquement endormi. Elle reporte donc son rendez-vous au lendemain, mais le lendemain la même chose se passe, et il en est ainsi les jours suivants. Chaque fois, la même ombre lui apparaît, tant et si bien qu'elle finit par l'interroger :

– Tu as l'aspect d'Ailill, mais je sais très bien que tu n'es pas Ailill. Ce n'est pas à toi que j'ai donné rendez-vous. Qui es-tu donc et que viens-tu faire ici? Si j'attends Ailill, ce n'est pas du tout par désir ou par aventure, c'est uniquement pour le sauver, car il est malade d'amour pour moi et risque d'en mourir.

– J'ai donc bien fait de venir, répond l'ombre. Je suis Midir et nous avons été mariés tous les deux autrefois.

Étaine ne peut que s'étonner de cette révélation et demande :

– Si nous étions mariés, qu'est-ce qui t'a séparé de moi?

– Ce n'est pas difficile : c'est la sorcellerie de Fuamnach. Ta pensée ne m'a jamais quittée. Maintenant que je t'ai retrouvée, viendras-tu avec moi?

– Certainement pas. Je suis l'épouse du roi Eochaid et ne désire pas le quitter, ni pour toi, ni pour un autre.

Alors Midir d'expliquer :

– C'est moi qui ai mis dans la tête d'Ailill de t'aimer et c'est moi, ensuite, qui ai empêché Ailill de te rejoindre et de te dépouiller de ton honneur.

– Mon honneur, c'est d'être fidèle à Eochaid.

– En ce cas, viendras-tu dans mon pays avec moi si Eochaid y consent?

– En ce cas-là, oui, j'irai.

Sur ce, Midir disparaît. Étaine va raconter à Ailill tout ce qui s'est passé et Ailill se sent soulagé. Il lui déclare qu'il est maintenant guéri et qu'il se réjouit que Midir ait sauvé leur honneur. C'est ainsi que, lorsqu'il revient de voyage, Eochaid Aireainn trouve son frère en parfaite santé.

Mais voici qu'un jour où il se promène sur la prairie devant la forteresse de Tara, le roi d'Irlande voit arriver un étrange guerrier en tunique pourpre, aux cheveux d'or jaune retombant jusque sur ses épaules et à l'œil étincelant. Il porte une lance à cinq arêtes dans une main et un bouclier blanc incrusté de gemmes d'or dans l'autre. Eochaid lui souhaite la bienvenue et l'étranger déclare se nommer Midir et être venu lui proposer une partie d'échecs. Eochaid, grand amateur de ce jeu, s'empresse d'accepter. Midir met comme enjeu cinquante chevaux gris tout harnachés. Il perd la partie et revient le lendemain avec les cinquante chevaux. Il demande une revanche qu'Eochaid lui accorde, mais il perd une nouvelle fois et doit livrer au roi d'importants troupeaux. Du coup, Eochaid propose de lui-même une autre partie. Il la gagne encore et réclame, comme gage, que Midir accomplisse d'importants travaux d'épierrement, de coupe de joncs, de construction de digue et de défrichage de forêt. Midir y parvient, grâce à l'aide des Tuatha dé Danann et Eochaid, mis en appétit, lui offre de jouer une dernière partie où l'enjeu sera ce que le gagnant décidera. En fait, il tombe à pieds joints dans le piège qui lui était tendu, car Midir ne l'a laissé gagner les trois premières parties que pour en arriver là.

Cette fois, Eochaid perd et Midir réclame son enjeu : ce qu'il veut, c'est Étaine en personne. Voilà Eochaid bien embarrassé. Il ne peut pas se dédire et il ne veut pas perdre son épouse. Il cherche à gagner du temps et invite Midir à revenir au bout de l'an, pour recevoir satisfaction. Midir accepte, en se disant qu'il va pouvoir mettre cette année à profit pour faire sa cour à Étaine. Il lui envoie des billets doux, des missives enflammées, des poèmes où il lui déclare son amour et lui vante les charmes de son pays et de sa demeure. Il s'arrange à plusieurs reprises pour la rencontrer sans témoins. Mais la jeune femme est intraitable; à toutes ses avances, elle répond invariablement : « Je ne quitterai pas mon mari sans son consentement. »

Ce n'est pas sans une profonde angoisse qu'Eochaid voit arriver la fin de l'année, mais au jour où Midir doit venir chercher Étaine il rassemble dans la grande salle de sa forteresse tous ses guerriers armés jusqu'aux dents : si lui s'est engagé à donner Étaine, eux n'ont rien promis du tout.

Midir est ponctuel et se présente au jour dit devant Eochaid pour réclamer qu'il lui remette la reine comme il l'a promis. Le rouge monte aux joues de la reine. Midir se tourne vers elle :

— Ne rougis pas. Tu n'as rien à te reprocher. Depuis que je sollicite ton amour, tu refuses de m'écouter tant que ton mari n'aura pas donné son consentement. Mais le moment est venu où il ne peut plus le refuser.

— S'il me cède à toi, je partirai avec toi.

Eochaid, transporté de courroux, crie à Midir :

— Viens la prendre, si tu l'oses!

A ces mots, cent cinquante guerriers mettent l'épée à la main et dardent sur Midir des regards menaçants, en lui barrant la porte.

— Bon, je vois, dit Midir, d'un ton conciliant; je serais mal venu d'insister. Mais je vous demande au moins une chose : laissez-moi prendre, rien qu'une fois, Étaine par la taille et l'embrasser.

Trop heureux d'en être quitte à si bon compte, le roi y consent. Les guerriers s'écartent et laissent Midir s'avancer vers la reine. Il fait passer sa lance de sa main droite dans sa main gauche et enlace Étaine de son bras droit. Aussitôt, il s'élève dans les airs, emportant la jeune femme avec lui. Ils disparaissent par le trou ménagé au milieu du toit pour la sortie de la fumée.

Les guerriers se précipitent au dehors; mais ils ne voient que deux cygnes unis par un fin joug d'or, qui volent au-dessus de la plaine et s'éloignent de Tara.

Les cygnes sont les oiseaux du Sid et Midir et Étaine se sont métamorphosés en cygnes parce qu'ils sont des esprits du Sid. La patrie de Midir vers laquelle ils s'envolent à tire-d'aile et dont Midir vantait les charmes à sa bien-aimée, c'est le Sid, le bienheureux séjour où ils vont enfin pouvoir goûter la paix et le bonheur pour l'éternité, dans l'épanouissement de leur merveilleux amour que n'ont pu altérer ni les tribulations, ni le temps, ni les réincarnations d'Étaine.

Les délices du Sid, tous les êtres sont destinés à en jouir. Mais ce ne sera pas nécessairement, en ce qui concerne les mortels, tout de suite après le trépas qui marquera le terme de leur condition actuelle. Ce pourra être après une ou plusieurs réincarnations, comme le montre le mythe d'Étaine et comme nous l'avaient montré aussi celui de Tuan, passé par diverses formes animales avant de renaître à l'état humain, ou celui de Gwyon Bach, devenu, après sa renaissance, le barde Taliésin. Ce pourra être également après un séjour sur terre dans l'état d'âme errante. Les divers peuples celtes – Bretons et Irlandais, en particulier – ont conservé jusqu'à nos jours la croyance en l'errance d'âmes trépassées (les Bretons les appellent *Anaon*) qui accomplissent une pénitence sur terre, en expiation de leurs fautes, avant d'être admises à la félicité éternelle dans le Tir na n-Og christianisé en Paradis.

Voilà pourquoi, bien qu'ils n'y voient pas une fin de la vie, mais seulement un changement de condition, la mort tient une si grande place dans la pensée des Celtes. Elle ne les attriste pas. Elle leur est familière et ils ne la redoutent pas. Mais ils n'en écartent pas l'image de leurs pensées.

Le personnage de la Mort, dans la mythologie celtique, ne ressemble en rien à la Camarde qui donne des cauchemars aux Latins. Pour commencer, ce n'est pas une femme, mais un homme. On l'appelle en

Bretagne *Ankou,* et ce nom n'est rien d'autre que le vieux-celtique *Ankavos* signifiant « la mort » (mot masculin). On le figure sous l'aspect d'un squelette vêtu, non d'un suaire, mais d'un costume de laboureur du pays, comportant une chupenn (veste) et des bragou braz [1] noirs, avec, sur ses cheveux blancs, un large feutre à rubans. Sa tête tourne sans cesse autour des vertèbres cervicales comme le radar d'un navire autour du mât. C'est que lui aussi fouille l'horizon à la recherche des objectifs qu'il a mission de détruire. Il est, comme la Mort de l'iconographie classique, armé d'une faux : mais cette faux offre une particularité, c'est qu'elle est emmanchée à l'envers, le tranchant vers l'extérieur. Car l'Ankou ne fauche pas en ramenant la lame vers lui, ainsi que font les moissonneurs, mais en la poussant en avant.

Ses victimes, il les entasse dans une charrette délabrée qu'on appelle *karrigell an Ankou,* la brouette de l'Ankou. Brouette? Sans doute par dérision, et aussi parce qu'elle ne cesse de grincer à la manière des vieilles brouettes de jardinier. Mais, en réalité, c'est une charrette à cheval. Son fond est fait de planches disjointes, ses montants sont à claire-voie. Elle est attelée de deux chevaux : celui de tête, maigre, efflanqué, à la crinière si longue qu'elle traîne à terre, est de couleur blanche; le limonier, par contre, est gras et sa robe noire est luisante. Lorsque quelqu'un est près d'expirer, on entend le bruit des roues de karrigell an Ankou. Beaucoup de gens ont rencontré l'étrange attelage la nuit dans un chemin creux, spécialement dans un de ces « chemins de la mort » qui ne sont utilisés que par les convois funèbres pour aller de l'église au cimetière. C'était le signe qu'un de leurs voisins était sur le point de quitter ce monde.

1. Pantalons bouffants que portaient les Bretons jusqu'au XIXe siècle.

La charrette de la mort est connue dans les autres pays celtiques. En Cornwall, c'est un carrosse à la mode d'autrefois traîné par des chevaux qui paraissent sans tête, car ils ont une tête humaine (comme les chevaux figurés sur les monnaies gauloises d'Armorique), mais elle est invisible. En Irlande, le *dead coach* est également attelé de chevaux sans tête et conduit par un cocher décapité.

Lorsque le char de la mort est passé, l'âme du défunt quitte son corps. C'est, d'ailleurs, la même chose qui se passe lorsque l'on rêve. Quand vous rêvez, votre âme sort de votre corps et s'en va vivre une autre vie, dans une condition différente. A mon avis, il serait plus juste de dire que c'est le corps qui quitte l'âme, car le corps est un ensemble de sensations – visuelles, tactiles, auditives, olfactives – et de perceptions, qui sont toutes des phénomènes psychiques. Quoi qu'il en soit, dans le rêve vous changez de condition et vous pouvez vous retrouver aussi bien roi, gangster ou éléphant qu'écolière ou papillon, sans plus avoir conscience que dans une autre vie vous aviez une autre condition ni vous douter que dans une vie future – celle d'après votre réveil – vous la retrouverez. Cette provisoire métamorphose fait qu'on dit au pays de Galles que l'âme d'un dormeur peut sortir de sa bouche sous la forme d'un petit bonhomme noir ou d'un lézard noir, et y revenir au moment où il va se réveiller. En Irlande, comme au pays de Galles, on considère qu'il serait très dangereux de réveiller un homme qui rêve, puisque son âme est partie se promener. Il mourrait ou deviendrait fou.

La mort est de même nature que le rêve. L'âme perd son corps, c'est-à-dire qu'elle cesse d'avoir les sensations et les perceptions qui lui étaient habituelles et lui construisaient son petit univers, et elle se met à éprouver des sensations et à avoir des perceptions qui sont tout autres et lui confèrent une condition différente. L'ordre et la logique qui règnent dans notre perception de l'univers d'ici-bas ne se retrouvent certainement pas dans celui d'au-delà de la mort et c'est si vrai qu'ils ne se retrouvent déjà pas dans le rêve. Dans notre état de veille, tout ce qui nous entoure a une existence fixe et tout effet a une cause. Il n'en est pas de même dans nos songes où le personnage qui était, l'instant d'avant, notre belle-mère peut être maintenant une chèvre sans que nous en éprouvions la moindre surprise, et où le coup de pistolet que nous tirons à bout portant sur l'ennemi qui nous poursuit, n'est pas du tout obligé de le tuer. La logique de ce monde est réservée à l'usage interne de ce monde, et encore n'est-ce que du fait de notre éducation qui nous a forgé des structures mentales dans lesquelles tout s'articule autour du principe de causalité. La nécessité de la logique et de la causalité s'estompe quand nous entrons dans le rêve et il est possible qu'elle disparaisse tout à fait quand nous entrons dans l'état de trépassé. Quoi qu'il en soit, selon la tradition celtique, l'âme une fois libérée de son corps continue en général d'errer dans l'espace en attendant son transport dans la terre d'éternelle jeunesse. Le peuple des âmes en peine, des Anaon, reste mêlé aux vivants, bien qu'invisible d'eux, et peut parfois manifester sa présence.

Aussitôt après la mort, l'âme rend habituellement une dernière visite aux lieux qui lui étaient chers. Ainsi peut-elle, sous la forme d'un moucheron, voleter à travers sa maison pour prendre congé de chacun des meubles et faire le tour des écuries et des hangars pour dire adieu à ses bêtes et à ses instruments de travail. Dans l'est de l'Irlande, on disait que l'esprit, au moment où il quitte le corps, doit voyager partout où il a été pendant sa vie et que, durant tout ce temps-là, il est visible.

Ce pèlerinage achevé, l'âme se voit assigner sa pénitence. Elle aura, selon les fautes à expier, à demeurer un temps plus ou moins long dans l'espace d'ici-bas, et dans une condition plus ou moins pénible. Elle peut flotter, immatérielle, dans les airs ou s'incarner dans un insecte, dans un oiseau, dans un animal. Bien souvent, elle doit subir sa pénitence dans le lieu même où elle a vécu et il arrive qu'elle soit condamnée à demeurer assise sur une branche d'arbre ou enfermée dans un menhir ou un tronc d'arbre. Ou bien encore qu'elle ne puisse quitter un champ ou qu'elle ne doive pas s'éloigner de buissons d'ajoncs. En Bretagne, au siècle dernier, quand on s'apprêtait à franchir un talus planté d'ajoncs, on toussotait pour avertir les âmes qui y faisaient pénitence et leur permettre de s'écarter. Avant de commencer à faucher un champ de blé, beaucoup de paysans disaient : « Si les Anaon sont ici, paix à leurs âmes. »

Le châtiment est quelquefois en rapport avec la nature de la faute. Ainsi les cultivateurs malhonnêtes qui ont déplacé des bornes pour agrandir leur champ au détriment de celui du voisin doivent-ils, après leur mort, errer lamentablement, courbés sous le poids des pierres bornales en équilibre sur leur tête, à la recherche des points précis où elles étaient primitivement placées. Mais ils sont incapables de les retrouver par leurs seuls moyens. De même raconte-t-on dans les Hébrides que l'âme d'une femme qui avait dérobé une partie de la filasse que des voisins lui avaient confiée à filer n'arrivait pas à suivre les autres âmes et restait toute seule en arrière, parce qu'elle était empêtrée, dans sa marche, par la filasse volée.

Sa pénitence subie, l'âme est purifiée et peut, soit se réincarner sur terre [2], soit être transportée par la barque

2. Mac Anally, *Irish Wonders;* Lady Wilde, *Ancient legends,* cités par Anatole Le Braz in *La Légende de la Mort en Basse-Bretagne,* T. II, p. 71, note 1.

des âmes ou par une divinité psychopompe comme la déesse-jument Epona, ou le dieu marin Manannan, jusqu'aux îles de l'Autre Monde. Nous avons déjà vu que les Gaëls donnent à ce séjour de félicité des quantités de noms féeriques comme Terre des Jeunes (Tir na n-Og), Plaine du Bonheur ou Terre des Femmes et que les Bretons l'appellent Avalon, l'île des Pommes. Mais il existe un terme, commun à tous les Celtes, qui correspond plus précisément à l'idée de Paradis, c'est-à-dire de cercle d'existence hors de notre espace et de notre temps d'ici-bas, où l'être vit une vie nouvelle, dans un nouvel état que nous ne pouvons pas plus imaginer qu'un aveugle de naissance ne peut imaginer les couleurs. Ce terme, c'est celui d'Espace Blanc, blanc ayant le sens de pur, sacré, heureux. En vieux celtique, cela se disait *Vindomagos*, d'où l'irlandais *Findmag*, le gallois *Gwynfa*, le breton *Gwenva*.

Bien que nous ne puissions pas l'imaginer tant que le champ de nos perceptions reste limité par la possession de cinq sens seulement, et bien qu'il soit intemporel (l'éternité, ce n'est pas un temps qui dure toujours, c'est une absence de temps) et non spatial, le Gwenva nous est décrit par de nombreux textes assez concordants. Il ne s'agit bien sûr que de descriptions allégoriques destinées à nous suggérer l'idée de la beauté absolue et du bonheur parfait. Elles ne sont pas plus à prendre à la lettre que les évocations chrétiennes du Paradis sous l'aspect d'un céleste séjour où, assis sur un nuage, vous écoutez à longueur de journée des anges à grandes ailes blanches chanter et jouer de la musique.

Le séjour d'éternelle félicité, selon les Celtes, est une plaine de jeux aux nombreuses couleurs où croissent des pommiers qui donnent chaque année deux récoltes de fruits d'or dont la consommation procure l'immortalité et l'oubli du passé. Sa terre fertile donne aussi deux moissons par an sans que personne ne la travaille, et les fleurs repoussent à mesure qu'on les cueille. Il y a un arbre en fleurs sur lequel chantent les oiseaux, tous ensemble, à chaque heure. Les ruisseaux chantent parmi les fleurs sous un ciel éternellement bleu, car c'est un jour d'éternel beau temps.

Dans ce pays merveilleux qui ne connaît ni mensonge ni injustice, on ne rencontre ni tristesse ni trahison, on n'entend aucune parole rude ou grossière. On y écoute une musique douce tout en buvant un vin exquis. C'est un pays d'abondance et de paix. Le fer y est inconnu, ce qui signifie qu'on n'y fait pas plus la guerre que l'on n'y travaille la terre. Par contre, on peut s'y livrer aux joies des grandes chevauchées et des fougueuses galopades, car on y rencontre des chevaux gris et des chevaux rouges.

Sur ces îles sans chagrin, sans deuil, sans mort, sans maladie, sans faiblesse, rient et chantent des femmes d'une merveilleuse beauté. Certains textes en dénombrent neuf, d'autres dix-huit, ou vingt-sept, ou cent cinquante, ou plusieurs milliers, mais ces chiffres sont semblables, car ils sont symboliques. Ces jolies filles, précise une interpolation chrétienne, prodiguent leurs faveurs aux élus « sans péché ni transgression ».

Tous ces détails sont mis là pour nous faire sentir que dans l'éternité l'être est parvenu à la plénitude de son accomplissement et ne se trouve plus en présence que du Parfait et de l'Infini. Le Parfait et l'Infini sont indicibles en langage humain.

***

C'est sur cette image exaltante que nous achèverons notre petite navigation à travers l'archipel enchanté de la mythologie celtique. Ce n'est pas une véritable exploration, car je n'ai pas évoqué le dixième des richesses que nous ont léguées nos pères, les anciens

Celtes. Il y a beaucoup d'autres récits qui me ravissent, mais que je n'ai même pas mentionnés, parce que je tenais à me limiter à quelques schémas aussi simples que possible. Je n'ai eu d'autre propos que d'indiquer la route à ceux qui veulent partir à la quête du Graal. A eux, maintenant, de s'avancer sur cette route aventureuse. Ils auront à découvrir bien d'autres mythes, à s'orienter à travers la forêt enchantée des thèmes légendaires révélés par les épopées gaéliques, les Mabinogion gallois, les poèmes des anciens bardes, les contes populaires bretons, les monnaies et les monuments gaulois. Dans cet univers de merveilles, ils apprendront que l'existence est indépendante des apparences qui se modifient, se transforment et sont illusoires. Rien, dans l'aventure celtique, n'est fixe, rien n'est stable, tout est métamorphose et magie. Il reste, sous les apparences trompeuses et les formes fugitives, à découvrir la réalité profonde et éternelle...

Celui qui aura entrepris la quête du Graal devra parcourir un long chemin, de château enchanté en château enchanté. Il aura bien des épreuves à subir, bien des dragons et des chevaliers noirs à combattre. L'initiation se mérite.

TABLE DES MATIÈRES

Achevé d'imprimer sur les presses de **Scorpion**
pour le compte des **nouvelles Editions Marabout**
D. janvier 1983/0099/24
ISBN 2-501-00346-2

marabout université

marabout université ⊘

Les grandes disciplines du Savoir

Biographies

Histoire

Sciences

Sciences Humaines

Sexologie et psychologie

Dictionnaires

Encyclopédies

Histoire mondiale de l'art :

Histoire universelle :

Anthologies